PERÓN
Y SU TIEMPO

FÉLIX LUNA

PERÓN Y SU TIEMPO

La Argentina era una Fiesta
1946-1949

EDITORIAL SUDAMERICANA
BUENOS AIRES

PRIMERA EDICION
Junio de 1984

QUINTA EDICION
Febrero de 1987

ISBN 950-07-0226-6

PRÓLOGO

El libro que el lector tiene en su mano es el primer tomo de Perón y su tiempo, *una obra dedicada a estudiar el régimen que se extendió en la Argentina entre 1946 y 1955. Esta entrega, con el título de* La Argentina era una fiesta, *comprende la primera etapa del gobierno peronista, es decir, la que corre entre 1946 y 1949. Las dos restantes abarcarán los períodos comprendidos entre 1949 y 1952 y entre 1952 y 1955, y serán publicadas a medida que se vayan completando —si hay vida y salud para hacerlo.*

Perón y su tiempo *es la culminación de una labor que empezó con* Yrigoyen, *publicado en 1954 que, a través de la personalidad del caudillo radical, intentó reconstruir la evolución política del país desde la batalla de Caseros hasta los primeros años de la década de 1930. En* Alvear *(1957) traté de profundizar la significación de este decenio. En* Ortiz *(1978) aporté puntos de vista nuevos al estudio del mismo período. En* El 45 *(1969) ensayé evidenciar la importancia de los procesos populares desatados ese año. Finalmente, en* Argentina de Perón a Lanusse *(1973) se incluye un capítulo que es como un índice de la obra que se inicia con el presente tomo.*

Entre Yrigoyen *y* Perón y su tiempo *corren, pues, más de treinta años de mi propia vida. Es natural que a lo largo de este lapso haya mudado conceptos, creencias y juicios valorativos: decía Collingwood que no podía sentir respeto por un historiador que piensa lo mismo durante treinta años... Lo que no ha cambiado es el designio que me animó desde el principio: brindar a mis compatriotas una visión fundada, honrada y razonablemente imparcial del pasado común, a fin de que todos estemos en mejores condiciones para entender de dónde venimos, por qué somos como somos, qué pistas nos conducen al futuro.*

Por eso, ni esta ni las anteriores obras han sido concebidas como una pura investigación académica. Mi propósito ha sido escribir libros ilustrativos y amenos; historias que cualquiera pueda leer y comentar con su vecino. Respeto la historia erudita, la considero indispensable, cosecho y utilizo permanentemente sus frutos, saludo a quienes avizoran sus alquimias a través de un celaje de estadísticas y sobre un lastre de notas de pie de página, o a aquellos que la componen redoblando las teclas de la computadora. Pero esta no es mi cuerda. Trato de prescindir de los "marcos teóricos", para hacer accesible a todos la evocación de procesos que son de todos y a todos atañen. Por otra parte, este es un libro argentino, como lo son los anteriores; quiero decir que no puedo ni quiero competir con esos admirables investigadores norteamericanos o europeos que vienen a escribirnos nuestra historia. Yo aspiro, más bien, a evocar y transmitir vivencias, la sustancia viva de los procesos, porque no quiero quedarme en la posición de un observador de fenómenos de probeta. Lo cual implica un mayor riesgo de error: como nunca he recibido apoyo de instituciones oficiales o privadas, nacionales o extranjeras, ni jamás he sido becario ni conté con ayuda alguna de fundaciones, universidades o consejos de investigaciones, puedo haber incurrido en fallas, omisiones o errores. La labor historiográfica que ahora empiezo a concluir fue llevada a cabo, además, hurtando mi tiempo a trabajos pro pane lucrando *y también a emprendimientos intelectuales que me fueron seduciendo a lo largo de mi vida. Por consiguiente, estoy dispuesto a reconocer todos los lunares que aparezcan también en esta obra, muy a mi pesar.*

Pero si aquellos quehaceres me impidieron concentrarme totalmente en la tarea que se define a través de los volúmenes que he mencionado al principio, al mismo tiempo me gratificaron maravillosamente al aportarme la compañía y el estímulo de grandes públicos. A esos anónimos cómplices debo expresar mi profundo reconocimiento. Fueron ellos mi único apoyo y no necesito otro para concluir lo que comencé, tal vez con sobrada audacia, cuando era un muchacho de veintitantos años y me propuse reconstruir la historia contemporánea de la Argentina sufriéndola y gozándola como un protagonista más de sus lustros.

Perón y su tiempo *está inspirado en la intención de comprender los años argentinos marcados por la primera y segunda presidencia del líder justicialista. Comprender, digo, y no es poco. Porque en la época que voy a describir en estas páginas yo militaba en un partido opositor, y mi actitud, como la de tantos jóvenes universitarios, era de una cerrada negativa a todo lo que viniera de un régimen que aborrecíamos. Ahora que el tiempo hace posible una perspectiva más ancha, la reconstrucción de aquellos procesos puede hacerse sobre bases de comprensión que entonces no tuve.*

Esto no quiere decir que haya elaborado una posición única sobre el poder peronista de aquellos años. Ya se verán, en el curso de las páginas siguientes, las valoraciones que formulo según mi leal saber y entender. Pero historiar, insisto, significa comprender; no necesariamente condenar o absolver. Quien, como yo, vivió con intensidad y compromiso aquella época, debe hacer un gran esfuerzo para despersonalizar sus recuerdos y evitar que las experiencias indi-

viduales pesen sobre su espíritu crítico. Desde ya declaro
que he tratado de superar todo cuanto pudiera haber pesado
ilegítimamente sobre mis criterios de valor. Pero esto no me
ha llevado a hacer una obra aséptica. Soy un argentino, y
aquellos tiempos no fueron sólo los de Perón: también fueron míos. Por otra parte, mi relato no puede dejar de contener una preocupación ética, pues de mis ancestros yrigoyenistas rescato la convicción de que ética y política no pueden
correr por caminos separados.

Para decirlo de una vez: he querido componer una obra
que, sin dejar de ser respetuosa con los hechos y las precisiones, esté revestida de la carne y la sangre, la naturaleza vital y
desbordante con que se fue haciendo mi país en aquellos
años. Con errores y aciertos, con grandezas y canalladas,
con intenciones levantadas y propósitos mezquinos: en
suma, con el color y el olor de la época, a la que no puedo
mirar como un fenómeno desinfectado y remoto sino como
parte del secular esfuerzo de mi pueblo por ser Nación. Entonces, siento que me meto en un territorio parecido al que
describían los viejos mapas medievales cuando presentaban
comarcas desconocidas y se limitaban a ofrecer esta leyenda: Hic sunt Leonis. Los dominios en los que voy a introdu-
cirme están llenos de leones, y también de alimañas menos
nobles; están en ambas bandas los que se empeñan en exaltar a toda costa a Perón y sus obras, y los que a toda costa
quieren invalidar al líder justicialista y sus realizaciones.
Han de tirarme tarascones y dentelladas a lo largo de mi camino y no digo que no los tema; pero el compromiso que
he asumido conmigo mismo es demasiado riguroso para de-
sistir de recorrerlo hasta el final.

Este prólogo es excesivamente personal, como lo será el
epílogo. Pido que se me perdone: el presente volumen culmina un trabajo de tres décadas y es, sin duda, el más difícil.

Por su naturaleza, por sus implicancias y también por lo que significó en mi propia vida el tiempo de Perón. Un tiempo que pasó y cuyo ciclo histórico está cerrado, pero cuyas proyecciones subsisten. Si estoy tratando de reconstruirlo, pese a las dificultades que lo erizan, es porque quiero ayudar a mis paisanos a pensarnos a partir de nuestra historia, aun de una historia tan conflictiva como la que forma la materia de las páginas que van a leerse.

"MI EMPRESA ES ALTA..."

El 4 de junio de 1946, el recientemente ascendido a general Juan Domingo Perón juraba a su cargo de presidente de la Nación ante la Asamblea Legislativa.

Tres años atrás, exactamente el 4 de junio de 1943, un golpe militar de trámite improvisado y confuso en sus propósitos había derrocado al gobierno conservador. En esa jornada, Perón no había aparecido, manteniéndose prudentemente alejado de los sucesos hasta su definición. Entonces era un desconocido. Pero en solo tres años, ese ignorado coronel se había convertido en el protagonista y animador de un movimiento popular que había prevalecido sobre todos los partidos tradicionales, la fuerza del gran capital, los diarios más prestigiosos, los círculos académicos y universitarios, las organizaciones estudiantiles, los intelectuales, buena parte de la clase media y la totalidad de las clases altas. Y también sobre los Estados Unidos y su omnipotencia.

Ahora venía a homologar su triunfo. En el recinto de la Cámara de Diputados no estaban presentes los legisladores radicales, pero esta ausencia quedaba ampliamente compensada por el gentío que rodeaba el Palacio del Congreso y se derramaba por la Avenida de Mayo hasta la Casa Rosada.

Perón lucía espléndidamente sus cincuenta años. El discurso que pronunció aquella mañana fue una de sus mejores piezas oratorias, aunque delata en ciertos párrafos la pluma de algún colaborador anónimo: "...es un triunfo alborozado y callejero, con sabor de fiesta y talante de romería, con el espíritu comunicativo de la juventud y la alegría contagiosa de la verdad". Daba por concluido el proceso revolucionario iniciado en 1943, "que se cierra el 4 de junio de 1946 y una vez incorporada la savia vivificadora del pueblo, las armas de nuestro Ejército vuelven a los cuarteles con la gloria de haber contribuido a implantar la justicia social, afirmando el intangible principio de nuestra soberanía y restablecido definitivamente el pleno ejercicio de la libertad para cuantos sienten el honor de habitar el suelo argentino".

Se mostraba magnánimo con los derrotados. "El momento de la lucha ha pasado para mí —aseguraba Perón— porque soy y me siento el presidente de todos los argentinos; de mis amigos y de mis adversarios; de quienes me han seguido de corazón y de quienes me han seguido por un azar circunstancial; de aquellos grupos que se encuentran representados por las mayorías de las Cámaras y de los que lo están por la minoría." Dejaba deslizar una piadosa referencia a los socialistas: "...y de los que, por causas que no me corresponde examinar, quedaron sin representación parlamentaria". Agregaba todavía una expresión de grandeza: "Al ocupar la primera magistratura de la República quedan borradas las injurias de que he sido objeto y los agravios que se han podido inferir. De mi voluntad, de mi mente y de mi corazón han desaparecido las pasiones combativas y solo pido a Dios que me conceda la serenidad que requieren los actos de gobierno".

Buen discurso. No abundaba en anuncios sobre su futura acción gubernativa, pero marcaba algunas líneas básicas que deberían haber tranquilizado a quienes temían un huracán revolucionario desde el poder. Remitíase a los discursos que había pronunciado el 12 de febrero, en el acto de proclamación de su candidatura (aquel de "Braden o Perón"), y al que había pronunciado al inaugurar el Consejo Nacional de Posguerra el año anterior. Al formular esas remisiones, imitaba —dijo— a Roque Sáenz Peña. Algunas indicaciones esbozaba, sin embargo, sobre aspectos concretos: prometía establecer "una sana estructura social y económica". De ahí que haya propulsado la industrialización del país. "Ahora —moderaba—, no debe darse un sentido exagerado a ese propósito. Para lograr una industrialización adecuada, se determinarán las actividades que requieren un apoyo del Estado, por la vital importancia que tienen para el país o para contribuir al intercambio mundial con productos elaborados o semielaborados, cuidando todas las posibilidades que permite nuestro pródigo suelo. La consolidación de las actividades básicas, agricultura y ganadería, irá acompañada de la industrialización conveniente".

No menos prudente se mostró al rozar el tema agrario. "La tierra no debe ser un bien de renta sino un bien de trabajo —sostuvo—, y los organismos del Estado deben dar tierra a todos aquellos que la deseen trabajar." Esto debía hacerse para evitar el despoblamiento del campo, activado —poetizó Perón— "por las luces engañosas de la ciudad". Aseguró que el Estado vendería tierra barata y eludió entrar en el fondo del asunto expresando que no era "el momento de tratar el arduo problema de los latifundios y los minifundios".

Fue una tirada tranquilizante, analgésica para la oposición; de tono triunfal y sereno para los suyos. Algunos de los párrafos de este primer mensaje presidencial han quedado como una clarinada convocante: "Quienes quieran oír, que oigan; quienes quieren seguir, que sigan. Mi empresa es alta, y clara mi divisa. Mi causa es la causa del pueblo. Mi guía es la bandera de la Patria…"

El lunes 3 de junio había sido feriado; también lo sería ese día victorioso. Y a la noche, saludando a la multitud desde el balcón de la Casa de Gobierno, el flamante presidente dijo: "Quiero avisarles que mañana será feriado, para que esta noche los descamisados puedan celebrarlo dignamente…"

¡Cuatro días de jolgorio! La Argentina era una fiesta. En la mañana de aquella jornada, unos muchachos de la Alianza Libertadora Nacionalista habían atacado el taller donde se imprimía el diario comunista *La Hora*, y al caer la noche tiraron piedras contra las vitrinas de *La Razón* y de *La Prensa*. Pero esos incidentes no turbaron la alegría profunda y tranquila del pueblo que había rodeado, de cerca o de lejos, la asunción de la presidencia por Perón.

La Argentina era una fiesta y lo sería durante algunos años más.

CAPÍTULO I

EL PAÍS EN LA POSGUERRA

Las condiciones en que Perón recibió el poder en 1946 eran excepcionalmente favorables.

Hacía casi un año que había terminado la guerra, y el acomodamiento de los asuntos mundiales tendía a favorecer a nuestro país. No solamente porque al atenuarse las tensiones propias del conflicto se desvanecían los restos de esos cordones sanitarios que una y otra vez, desde la época de Castillo, lo habían aislado; ni siquiera por su flamante condición de país acreedor (¡la Argentina! ¡la eterna "gran deudora del Sur"!) ni por la segura colocación de sus productos agropecuarios en los mercados europeos, ávidos de alimentos. La tendencia del mundo de posguerra favorecía a nuestro país porque ya se estaba esbozando crudamente la confrontación entre Estados Unidos y la Unión Soviética, y en ese juego supremo no podía ignorarse la baza argentina. Además, Gran Bretaña mantenía todavía tantos intereses comunes con su antigua socia rioplatense, que no podía menos de influir ante Washington para que se apurara a liquidar sus diferencias con el régimen de Buenos Aires, en vías de limpiarse de toda acusación de nazismo después de su reciente baño en las aguas purificadoras de los comicios.

En el continente era grande el prestigio argentino: había sobrellevado la presión norteamericana desde 1941 sin grandes traspiés, y el fracaso de Braden en su oposición a Perón marcaba una línea independiente que los pueblos americanos no dejaban, secretamente, de admirar.

Por otra parte, las gabelas de la guerra no habían aparejado situaciones insuperables. Escasez de diversos productos, entre ellos combustibles y neumáticos, imposibilidad de
reponer automotores y parque ferroviario; pero ninguna
de estas carencias había dañado irreparablemente el aparato productivo argentino. Se miraba con optimismo el futuro y se suponía que la industria liviana, que había sustituido importaciones aceptablemente, podría resistir la situación que inevitablemente se crearía cuando Europa fuera
recomponiendo su economía, una perspectiva muy lejana
todavía.

Estas líneas generales justificaban el tono eufórico que
caracterizaba la etapa que se abría con la presidencia de
Perón, el hombre que se aprestaba a empuñar las claves
del manejo de un país asombrosamente simple, aunque
—como suele ocurrir— en aquel momento pareciera a sus
contemporáneos plagado de problemas graves.

LA ARGENTINA

A fines de 1946 se estimaba que la población llegaba a
15.787.174 habitantes. De este total, la población urbana
componía el 62,5 por ciento, y seguiría aumentando en los
siguientes años, como consecuencia de la inmigración interna que venía produciéndose desde 1935 y se había acen-
tuado durante la guerra. Algunos de los partidos colindantes
a la Capital Federal —por ejemplo Cuatro de Junio (La-
nús), Avellaneda y San Martín— ya sobrepasaban el medio millón de habitantes cada uno.

La comunidad nacional vivía bajo la división política tradicional: catorce provincias y diez gobernaciones. ¡Un Estado para la nostalgia! El sistema judicial federal quedaba

representado por un juzgado en cada provincia y dos en la capital de la República además de media docena de cámaras regionales. El sistema bancario oficial estaba integrado por el Banco Central —nacionalizado poco antes de la asunción presidencial de Perón—, el Banco de la Nación, que atendía los requerimientos rurales, el Banco Hipotecario Nacional, que promovía la construcción de viviendas con sus famosas "cédulas", y el Banco de Crédito Industrial, creado en 1944. Ocho ministerios conformaban el Poder Ejecutivo Nacional: el gobierno de facto había agregado a las carteras tradicionales algunas "Secretarías de Estado" con virtual jerarquía ministerial. Había muy pocas entidades autárquicas: Vialidad Nacional, Yacimientos Petrolíferos Fiscales, Gas del Estado, Ferrocarriles del Estado; ninguna empresa comercial del Estado ni sociedad mixta, salvo algún tímido ensayo en el área de Fabricaciones Militares. ¡Y se acabó el inventario del Estado nacional!

Los poderes provinciales eran todavía más escuetos, y los territorios nacionales, administrados por funcionarios que dependían del Ministerio del Interior, constituían bajalatos donde los enviados de turno manejaban las cosas, a veces bien y a veces mal, pero siempre sin la menor participación de sus gobernados, que no tenían derecho a votar.

Este sobrio organigrama correspondía al perfil de los ingresos y egresos públicos. El presupuesto nacional para 1946 establecía para el Consejo Nacional de Educación una partida superior a la asignada al Ministerio de Justicia e Instrucción Pública, y también a la del Ministerio de Marina. En ese momento existían en el país 1145 establecimientos de educación, oficiales e incorporados, casi por mitades.

Una de las características que se advierte al examinar el panorama de las instituciones en 1946 es la escasa presencia de ese Estado tan diferente del actual, inapetente todavía de ingresos fiscales, sin vocación para invadir el territorio de la iniciativa privada. Porque el centro de gravedad, sólido y poderoso, del dinamismo argentino, era la empresa individual. Las obras de infraestructura realizadas hasta entonces por el Estado no eran muchas: una red vial que había aumentado en la década del '30 y que todavía en 1946 alcanzó a crecer más de 600 kilómetros, pero cuyos únicos caminos pavimentados eran los que unían Buenos Aires con Mar del Plata, Buenos Aires con Córdoba, pasando por Rosario y Buenos Aires con Mendoza, pasando por Río Cuarto. Los principales puertos también habían sido construidos, décadas atrás, por el Estado nacional. Pero dejando de lado estas realizaciones, los ferrocarriles (que en 1946 transportaron a 323 millones de pasajeros, de los cuales, menos de 30 millones los del Estado), los teléfonos (que en casi todo el territorio nacional pertenecían a una subsidiaria de la ITT norteamericana), las emisoras de radio (que en Buenos Aires eran catorce y solamente dos oficiales), la navegación fluvial y de ultramar, las líneas de transporte urbano y de larga distancia, las usinas eléctricas (once nacionales y dieciocho privadas), todo el esqueleto profundo que sostenía la carnadura visible de la Argentina era mayoritariamente privado.

Muchas empresas se habían originado en inversiones extranjeras y no pocas conservaban este carácter. Este era el caso, desde luego, de los ferrocarriles ingleses y franceses, que explotaban los recorridos troncales más importantes; o de la CHADE, que proveía de energía eléctrica a la Capital Federal y su cinturón suburbano, perteneciente a un *holding* internacional; o de los frigoríficos, británicos en su mayoría, aunque ya había algunos de capital nacional. Cuatro grandes firmas, dos de ellas con vinculaciones inter-

nacionales, eran las virtuales monopolizadoras de la comercialización de las cosechas en el exterior. Varias compañías inglesas eran propietarias de enormes extensiones
de campo, en la zona central y en la Patagonia, pero el imperio de La Forestal, en el norte santafesino, ya estaba dis-
gregándose.

La intervención del Estado en los procesos económicos
se manifestaba, principalmente, en las congelaciones de alquileres urbanos y arrendamientos agrarios decretados en
1943 por el gobierno de facto. Aunque en la década del '30
se habían dado pasos decididos hacia una mayor injerencia
estatal en la economía, todavía esta era tímida, no existía
una burocracia competente para efectivizarla ni una mentalidad familiarizada con estos avances.

Conservaba, el país de la época, el estilo rural que había
marcado con su sello el proceso de la opulencia argentina.
La evolución de las cosechas se seguía con un interés que
no excluía a ningún sector, pues a todos afectaba una buena o una mala recolección. Las ferias de ganado, empezando por la ritual de Palermo, eran acontecimientos que todos comentaban y cuya información se daba en varias páginas de los diarios. El peligro de la langosta pesaba como
una catástrofe potencial en el ánimo colectivo. No era solo
que el país dependiera básicamente de la producción del
campo, pues ya en 1943 la producción industrial había superado en términos de renta nacional a la que provenía del
agro; es que la mentalidad de entonces estaba condicionada a la actividad agrícola y ganadera, y hasta el paisaje urbano mostraba a cada momento la presencia rural, como
para recordar a todos que la pampa estaba bajo la piel de la
ciudad: desde el matiz dorado que ponía en los empedra-
dos la reiterada bosta de los caballos de tiro, hasta las ter-
minales ferroviarias, cuyos alrededores eran como un gran

pueblo de campaña, con sus casas de ramos generales, oficinas de consignatarios de frutos del país, fondas para reparación de los "pajueranos" y corralones donde se renovaba la tracción animal de las grandes chatas.

Es que en las 8.199.100 toneladas de exportaciones argentinas había 4.882.600 de cereales y lino; y de los siete millones de vacunos que se faenaron en 1946, se exportaron 1.700.000. Eran estos los rubros que básicamente reunían los casi cuatro mil millones de pesos que redituaban nuestras ventas al exterior, y que permitían un saldo favorable que en 1946 fue de 1641 millones de pesos, descontando los 2331 millones que insumían las importaciones, fundamentalmente combustibles, hojalata y lubricantes. Y la acumulación de estos intercambios permitía que la existencia de oro y divisas, siempre en ese año, significara una garantía de 138,9 por ciento sobre el total de la moneda circulante.

Pero esta riqueza acumulada y ese estilo campero que tenía de distintas maneras todas las expresiones del país de la época no eran la única realidad económica. Ahora se alzaba la impetuosa geometría de la nueva industria, pequeñas y medianas empresas que desde la década del '30 venían buscando su lugar bajo el sol y, activadas por los efectos de la guerra, pisaban fuerte y exigían respeto y protección. Los nuevos industriales, intrusos en el panorama tradicional de la economía, desnudos del prestigio social que acompañaba a los estancieros, compensaban estas carencias con una gran dosis de espíritu aventurero; además, ganaban dinero a montones. Pero la realidad industrial no se manifestaba solamente en la existencia de empresarios, sino también y decisivamente en los hombres y mujeres que servían en las nuevas fábricas, talleres y manufacturas. Los dueños de empresas, que en muchos casos habían sido anteriormente obreros, eran argentinos en su mayoría, contrastando con el panorama de medio siglo atrás, cuando casi todos los industriales eran extranjeros. Pero mucho más argentinos eran los trabajadores de estas empresas, porque en su inmensa mayoría habían venido del interior. Eran los legendarios "cabecitas negras" —la palabra empezó a generalizarse en 1948—, los morochos que habían abandonado sus pagos ancestrales corridos por la crisis de la década del '30 y habían encontrado en los aledaños de las grandes ciudades un sueldo decente, un trabajo menos bruto y nuevas formas de sociabilidad que los deslumbraban y ataban a su flamante radicación.

La población ocupada llegaba a casi cuatro millones y medio de personas, de las cuales el 31 por ciento trabajaba en actividades básicas, el 26 por ciento en actividades secundarias, y un 38 por ciento en servicios. Era una mano de obra constantemente reclamada: el porcentaje de colocación sobre oferta era, en 1946, de 82,4 por ciento y todavía no se había llegado al pico más alto, que en 1947 sería de 89,3 por ciento. Lo cual implicaba una sustancial mejora en los salarios. Tomando un índice 100 como base para 1943, los albañiles, por ejemplo, ganaban 122,3 en 1946 y los tejedores, en el mismo año, 120,5. Un peón industrial cuyo ingreso hubiera sido 100 en 1943, había trepado a 140,5 en 1946. ¿Cómo se gastaba este hombre su salario? Casi el 50 por ciento se iba en alimentación y 20 por ciento en indumentaria: es decir, comía más y se vestía mejor, aunque no se pudiera decir lo mismo de su vivienda, generalmente incómoda e insalubre —y en la inmensa mayoría de los casos, alquilada, no propia. Eran trabajadores que, además de estar amparados por nuevos convenios y "estatutos", gozaban de una mayor seguridad: en 1944 los afiliados al Instituto Nacional de Previsión Social eran casi 700.000; tres años más tarde, los beneficios se habían extendido a casi 2.000.000. Por otra parte, los precios minoristas —al menos en la Capital Federal— no indicaban en 1946 un crecimiento exagerado en relación con los salarios: con un índice 100 para 1943, el arroz había aumentado a 104, el pan a 108, la leche a 126 y el asado a 139. ¡La plata alcanzaba!

Buenos Aires llenaba los espacios vacíos que le quedaban en el reticulado urbano y veía apiñarse las nuevas poblaciones en los partidos bonaerenses que la circundaban. Seguía siendo, como siempre, la Reina del Plata, con sus 25 teatros y sus 175 cines, sus transformaciones edilicias (en 1946, los barrios donde hubo más actividad de construcción fueron San Bernardo, Vélez Sársfield, Belgrano y Palermo, todos ellos, parroquias de clase media), mientras el breve tajo de la avenida 9 de Julio se desplazaba en los papeles y solamente en los papeles, al declararse de utilidad pública todas las fincas de su previsto trazado entre la avenida Alem y Plaza Constitución. Buenos Aires, cuyos 1600 tranvías y 605 colectivos transportaban a 680 millones de pasajeros por año, y cuyas avenidas (ninguna de mano única, todas compartiendo su anchura con los rieles de tranvías y los "refugios" centrales para peatones) ofrecían lugar de sobra para estacionar los automóviles particulares, de colores oscuros y cada vez más anticuados...

País simple, manejable, sin problemas de fondo. La sociedad se miraba en algunos grandes modelos individuales que regían cada segmento de la actividad y a los que se imitaba consciente o inconscientemente: un Levene en la historia, un Finocchieto en la cirugía, un Houssay en la fisiología, un Bustillo en la arquitectura: el *star system* con vigencia social y fuerza espiritual coactiva.

La vida reconocía pausas y disponía de tiempo. La jornada de ocho horas era una realidad; nadie pensaba en tener un segundo empleo y se almorzaba invariablemente en casa. Los rítmicos tranvías daban lugar a una siestita mientras se iba y venía del trabajo. No existían mecanismos que enloquecieran de deseos a los consumidores ni se ofrecían tantas cosas como para que la gente se sintiera insatisfecha por no poseerlas. Los veranos se padecían sin heladeras eléctricas ni acondicionadores de aire, a base de diez centavos de hielo (un bloque enorme y resbaladizo que bastaba para conservar la carne y refrescar la soda) y en el mejor de los casos, un ventilador. Y el invierno se afrontaba con mucha ropa encima y una estufa de querosén. Se trabajaba los sábados hasta el mediodía, incluso la administración pública, los bancos y los tribunales, y la noche de ese día, soñado durante toda la semana, se salía al cine o a alguna confitería del centro, tal vez a alguno de los cafés donde las orquestas de tango hacían las delicias de los fanáticos. Es que el tango pasaba por su mejor momento y compartía con los boleros las preferencias del público; la música folklórica apenas estaba entrando en Buenos Aires y por ese entonces era una exclusividad de los "cabecitas negras" que en peñas y enramadas revivían en la capital el ritmo y las melodías de sus comarcas nativas. El cine nacional lograba creaciones vigorosas y competía bravamente con las películas norteamericanas que ya estaban abandonando la temática bélica para pasar a las producciones de gran espectáculo.

Los libros impresos en la Argentina abastecían las necesidades de los lectores del país y se derramaban por toda América Latina, al igual que algunas de las revistas semanales publicadas en Buenos Aires y consumidas en muchos hogares del continente. Las grandes editoriales fundadas por es-

pañoles que habían huido de la guerra civil lanzaban toneladas de libros de ficción, ensayos, humanidades, ciencia y
técnica, ayudando a elaborar la cultura y el gusto literario
de todo el continente hispanoamericano. Todavía no habían llegado los mensajes de Sartre o de Camus, pero Victoria Ocampo mantenía actualizadas en *Sur* las expresiones europeas, a pesar de las inevitables interrupciones
provocadas por el conflicto. Las universidades —Buenos Aires, La Plata, Córdoba, Litoral, Mendoza y Tucumán, todas nacionales— mantenían un alto nivel académico: su
militante posición antiperonista en 1944/45 sería castigada
por el gobierno de facto con una intervención general dispuesta semanas antes de la asunción presidencial de Perón.

País fácil, simple, el de 1946. Para acreditarlo, basta re-
gistrar algunas de las palabras que hoy son de uso común y
entonces no existían: alergia, bikini, cibernética, cosmo-
nauta, estereofonía, fotocopia, minifalda, misil, narcotrá-
fico, promoción, somatizar, tercer mundo, transistor... Se
hablaba de otra manera que ahora, con otro modo de pronunciar las palabras. Para decir *lluvia* o *llama*, la gente decía *yuvia* o *yama*; no *schuvia* o *schama*, como suele vocali-
zarse en la actualidad. Los abuelos todavía acentuaban
páis y *máiz*, cargaban el acento para decir *telégrama* o *kiló-
gramo*, y no faltaban quienes todavía tomaban un *trán-
guay*. Cuando se hacían presentaciones, la frase sacramen-
tal era "mucho gusto en conocerlo" y la despedida gracio-
sa, "que te garúe finito"... El tratamiento de "usted" era
mayoritario, y pasar del "usted" al "vos", en las relaciones
de distinto sexo, era un paso trascendente.

No es fácil medir la inmensidad de los cambios sobreve-
nidos desde entonces. En primer lugar, los físicos. Mar del
Plata era una pequeña ciudad balnearia en 1946, cuyo bule-

var sobre la costa estaba constelado de chalés de estilo inglés o normando; nadie iba más allá del puerto o del asilo Unzué, porque todo terminaba en esos confines. Córdoba estaba recogida en el fondo de su pozo; las barrancas eran su arisco límite, y hasta Villa María, Alta Gracia, Carlos Paz o Jesús María no había más que campo pelado. No existía el avión como medio de transporte, y dirigirse en automóvil a Mendoza, por ejemplo, era una excitante aventura. La poca gente que viajaba, lo hacía en tren: ¡una noche, un día y otra noche para llegar a La Rioja! ¡Dos días y dos noches para Jujuy! A Comodoro Rivadavia o Río Gallegos, esos lugares inexistentes, solo en barco. Y en ferry o balsa para pasar a la Mesopotamia —como se decía entonces—, donde los caminos eran una fantasía.

¿Un país? Más bien un paraíso para los europeos que llegaban en busca de un horizonte menos enrojecido que el del Viejo Mundo. Sir Reginald Leeper, que vino a Buenos Aires como embajador de Gran Bretaña en junio de 1946, escribía así sus impresiones a los funcionarios del Foreign Office: "Esta gran ciudad, planeada sobre líneas modernas, con calles inmaculadamente limpias, comercios abundantemente abastecidos y automóviles ubicuos y suntuosos, contrasta violentamente con la castigada Londres y otras ciudades europeas no menos averiadas. Para ojos acostumbrados a considerar el lujo como cosa del pasado y el desperdicio de alimentos como un crimen que raramente puede cometerse, el contraste es notorio y chocante". Líneas adelante subrayaba el embajador inglés: "Cuando se advierte que esta llanura, vasta y sin accidentes, que se extiende monótonamente a lo largo de muchos cientos de millas, ha sido poblada, forestada y fertilizada durante el último siglo, no puede sorprender que su población parezca tener pocas raíces en el pasado y sufra de un egoísmo y una presúnción naturales en una sociedad joven e indómita. La Argentina ha escapado a dos guerras que han hecho temblar a la civilización europea. Estas dos guerras la han fortalecido en muchos sentidos, y la han hecho consciente de su propia importancia".

Lo mismo debían pensar los que llegaban a nuestras costas del otro lado del mar: esos centroeuropeos artesanos o especialistas en ignoradas actividades, esos españolitos que lograban escurrirse del régimen de Franco, esos judíos de diversos orígenes, empresarios o capitalistas, esos italianos vagamente *ingegneri*... No vinieron en cantidades importantes, como ocurrió medio siglo atrás, sino con cuentagotas. Pero aportaban diversas ofrendas a su nueva tierra: conocimientos, dinero, experiencias —algunas de ellas, terribles. A cambio de esto, la Argentina les ofrecía campo libre a sus iniciativas, vida barata, orden y un cortés desinterés por el pasado de cada cual. ¡Un paraíso! O para decirlo con las bellas palabras que usó en uno de sus cuentos Scott Fitzgerald para aludir a la América de su época, la Argentina era, en 1946, "una disponibilidad del corazón"...

EL MUNDO

Entretanto se iba poniendo en marcha la difícil reconstrucción del mundo.

Ese año de 1946 asistiría a la primera Asamblea de las Naciones Unidas y a las ejecuciones de Nüremberg; vería alejarse a de Gaulle de la presidencia provisional de Francia y, colgado de un farol en la plaza de La Paz, al presidente Villarroel. Se abolía la milenaria monarquía húngara, para ser reemplazada por una república popular. En Tierra Santa estallaban conflictos entre árabes y judíos, ante la inminente partición del territorio palestino. Alemania seguía ocupada por los vencedores, al igual que Austria. Como un mendigo napolitano, Italia exhibía clamorosamente su indigencia para obtener la ayuda de los Estados Unidos; la Unión Soviética, como un mujik herido, ocultaba cuidadosamente la tremenda hemorragia sufrida en la guerra, para que la siguieran temiendo.

A mediados de 1946, Churchill denuncia "la cortina de hierro que ha caído sobre gran parte de Europa oriental": es la declaración informal de la guerra fría. Claro, Truman no es Roosevelt ni Atlee es Churchill, pero ambos dirigentes hacen lo que pueden para recomponer el mundo sin declinar la hegemonía occidental: el resplandor siniestro de Hiroshima y Nagasaki está fresco en la memoria de todos, a un año de la bomba atómica.

En todas partes hay hambre, un hambre que desespera a los pueblos europeos y preocupa a los estadistas occidentales, cuyos planes de reconstrucción política parten de un postulado muy realista: nadie puede votar acertadamente cuando tiene el estómago vacío... Esa hambruna puede atenuarse con el trigo argentino, la carne argentina, entre otras cosas. Y los argentinos —empezando por su flamante equipo de gobierno— lo sabían perfectamente.

Este era el país de 1946, que Perón tomaba bajo su capitanía entre el delirio popular y el irónico retraimiento de los opositores, convencidos muchos de ellos de que la experiencia iniciada el 4 de junio no podría durar mucho. Los que así pensaban no advertían que las elecciones de febrero habían sido una auténtica revolución en los espíritus porque, por primera vez en la historia contemporánea, el pueblo argentino se había sacudido la tutela de sus dirigentes tradicionales y preferido la aventura que proponía este intruso de la política, que hablaba a la gente común en su propio idioma y expresaba una sensibilidad social existente, sí, hasta entonces, en el plano oscuro e impersonal de las leyes o en la solemnidad del recinto parlamentario, pero que ahora se manifestaba en hechos concretos a través de palabras cálidas y ademanes vecinales.

Lo de febrero había sido una revolución por el atrevimiento que implicaba. Una sociedad estable, convencional, conservadora de sus hábitos y creencias, había osado perpetrar un parricidio, una masacre, desdeñando a sus mayores y optando por un elenco de desconocidos, desertores y marginales, comandado por un hombre —un militar, para peor— tildado de mentiroso, demagogo y nazifascista. Este holocausto se había consumado alegremente, sin remordimiento ni intención de retorno. Había aparejado la cancelación de la condición mayoritaria del radicalismo, la desestimación de los grandes diarios; todo se había trocado por una opción nueva y desconocida. El electorado había demostrado un cambio abrupto y total de su mentalidad, sus lealtades, sus modos de reacción. Y no otra cosa es el comienzo de una revolución.

Pero no había aire revolucionario sino clima de jolgorio en esas jornadas inaugurales de junio de 1946. "Sabor de fiesta y talante de romería…" ¿Por cuánto tiempo? ¿A qué precio?

CAPÍTULO II

HACIA LA COMUNIDAD ORGANIZADA

Fue años después cuando Perón empezó a amolar con el tema de "la comunidad organizada". Pero parece indudable que ya en 1946 acariciaba la idea de estructurar a la sociedad argentina de otra manera que la tradicional.

Su formación militar, su temperamento dominante —disimulado tras maneras corteses y hasta untuosas por momentos—, esa inevitable actitud de superioridad que todo caudillo va asumiendo frente a sus contemporáneos, lo iban llevando hacia la instauración de un orden fundado en su autoridad personal, sostenido por todas las instituciones del Estado y por todos los grupos intermedios posibles, con un mínimo espacio para el disenso. El proceso de estructuración de este orden duró años y se fue llevando a cabo con toda coherencia. ¿Por dónde debía empezar? Naturalmente, por las huestes que lo habían llevado al triunfo.

No se lo puede criticar en esto. Durante la campaña presidencial del verano de 1946, unir los distintos sectores que lo apoyaban había sido una agotadora hazaña y todo hacía suponer que el armisticio tácitamente aceptado por laboristas y renovadores durante la última etapa de la lucha electoral habría de romperse después del triunfo. Efectivamente, así ocurrió, y los escándalos que tuvieron por escenario varias legislaturas provinciales deleitaron a la oposición en las semanas anteriores y posteriores a la asunción presidencial. Es que la llegada al poder había potenciado todas las rivalidades y ambiciones internas. El mosaico oficialista amenazaba resquebrajarse irreparablemente. Entonces Perón dictó un *ukase* el 23 de mayo, transmitido por todas las radios del país: disolvía, por su propia autoridad, al Partido Laborista, la UCR Junta Renovadora y los Centros Cívicos Independientes, con vistas a la formación del partido que necesitaría el gobierno, cuya titularidad habría de asumir pocos días después.

Los renovadores no resistieron la medida. Tenían solo una treintena de bancas sobre las ciento nueve del bloque oficialista en Diputados. Carecían de un líder, pues el vicepresidente Quijano no era una personalidad combativa ni estaba dispuesto a romper lanzas con su compañero de fórmula. Por otra parte, los renovadores eran desertores del viejo tronco radical, y su destino político debía terminar irremediablemente en las filas peronistas. Además, como tenían experiencia política, suponían que les sería reservado un papel preponderante en la nueva fuerza.

El caso de los laboristas era distinto. Muchos de sus dirigentes se habían enamorado de esa creación auténticamente obrera, cuya vertiginosa trayectoria no tenía precedentes: fundado en octubre de 1945, el laborismo ya funcionaba orgánicamente en enero de 1946, en febrero triunfaba sobre todos los partidos tradicionales... ¡y en mayo lo disuelven! Era demasiado duro para alguno de los sindicalistas que habían protagonizado ese fervoroso milagro. "En solo siete días de trabajo —relata el ferroviario Luis Monzalvo—, desde el 17 al 23 de octubre, habíamos constituido el Partido Laborista y el día 27 ya teníamos 85 centros laboristas constituidos en el interior del país. Así, en un período de diez días el líder ya tenía un partido constituido que aseguraría, el día de las elecciones, la existencia de las boletas de votos hasta en el más apartado lugar del país."

Exagera Monzalvo, pero lo cierto es que el laborismo ha-

bía significado un espléndido y exitoso esfuerzo aun teniendo en cuenta que en la mayoría de las provincias sus
cuadros se habían formado en las oficinas de las delegaciones locales de Trabajo y Previsión. Para casi todos sus dirigentes, la *performance* del partido les había aparejado posiciones que nunca habían soñado a lo largo de una carrera
hecha de sacrificios y penurias en sindicatos pobres y azaro-
sos: ahora se encontraban en posesión de vicegobernacio-
nes, diputaciones y senadurías. Romper filas resultaba penoso a todos. Sin embargo, la mayoría de los laboristas estaba dispuesta a acatar la orden de Perón: el prestigio del
líder era demasiado grande para animarse a desobedecer.
Después de todo —pensarían los diputados de origen obrero—, el control de la Confederación General del Trabajo y la
identidad de ideales e intereses con el presidente tornaban
más aceptable la orden: nada cambiaría demasiado.

Pero había un hombre que creía realmente en el Partido
Laborista y tenía agallas suficientes para resistir la orden de
disolución. Su resistencia puso a prueba la fortaleza del oficialismo y constituyó, finalmente, una cruel comprobación de
los extremos a los que podía llegar Perón en su propósito de
unificar en un solo haz las fuerzas que lo sostenían. El proceso que protagonizó durante dos años desnudó la significación de la "comunidad organizada" en lo que tenía que
ver con su base política, y fue una advertencia brutal a cualquier peronista que osara manifestarse en disidencia.

EL CASO REYES

Cipriano Reyes había sido hombre de siete oficios: peón
de circo, mucamo de adentro, croto y, finalmente, obrero
de frigoríficos en Zárate y Berisso. Flaco, enérgico, nervio-

so, era un autodidacto cuya confusión ideológica no se traducía en su fácil oratoria. Dirigente del Sindicato de la Carne en los años '40, había enfrentado a los comunistas de Peter y a balazo limpio conquistó su conducción: dos hermanos suyos habían caído en un tiroteo ocurrido en Berisso en setiembre de 1945. Su participación en la movilización popular del 17 de octubre de 1945 fue innegable, como fue inevitable también su inclusión en la lista del Partido Laborista de la provincia de Buenos Aires, como primer candidato a diputado nacional. Era hombre de armas llevar y, en el fondo, un ingenuo, que creía en el poder de atracción del partido que había contribuido a crear.

Reyes no aceptó la orden de Perón. Sus problemas con el líder arrancaban del verano de 1946, cuando las pujas por las candidaturas bonaerenses, pero se agudizaron el día que Domingo Mercante se hizo cargo de la gobernación de Buenos Aires, dos semanas antes que Perón asumiera la presidencia de la Nación. Para mostrar su fuerza o dejándose sobrepasar por los hechos, ese día Reyes fue aclamado por una verdadera pueblada que lo llevó en andas hasta el recinto donde el presidente electo y su esposa asistían al juramento de Mercante. El flamante gobernador no tuvo más remedio que sentar a Reyes a su lado; el posterior berrinche de Perón, que aguantó estoicamente los gritos y la irrupción de los laboristas, así como una lipotimia de Evita, sofocada por el calor, parecen haber sido épicos...

Cuando el *ukase* del 23 de mayo se difundió, Reyes nucleó a un puñado de compañeros en la Cámara de Diputados y al mismo tiempo trató de hacerse fuerte en la conducción partidaria de Capital Federal y Buenos Aires, copando el local de la calle Bartolomé Mitre. Nadie se animó a sacarlo de allí. Perón, entonces, le habría hecho ofrecer la presidencia de la Cámara de Diputados, pero el desobediente contestó —así lo afirmó años más tarde— que él "no servía para tocar la campanilla"...

A lo largo del invierno de 1946, la existencia del grupo laborista disidente fue una espina irritante para Perón. Mientras se alargaban trabajosamente las gestiones entre los diversos sectores oficialistas para constituir el nuevo partido, Reyes acentuaba su independencia, aunque no aumentaba el núcleo que lo rodeaba. En setiembre ya se hablaba del "Partido Único de la Revolución Nacional", designación poco feliz que no habría de prevalecer; pero Reyes seguía en sus trece. No atacaba directamente a Perón, pero sus actitudes lo iban llevando irresistiblemente hacia una oposición cada vez más dura: así publicó una declaración en relación con el atentado que había sufrido el diputado radical Agustín Rodríguez Araya. Expresaba que el episodio revelaba la indefensión de aquellos que denunciaban a altos funcionarios del Estado y exteriorizaba "su más enérgico repudio por lo que sin lugar a dudas es una inequívoca señal de retroceso de nuestra patria hacia las épocas más lúgubres de nuestra historia".

El plato fuerte se serviría en octubre, en ocasión del primer aniversario de la movilización popular de 1945. Marcando su separación del "Día de la Lealtad", exaltado por todo el aparato oficial, el Partido Laborista resolvió celebrar el "Día del Pueblo" con un acto en La Plata y otro frente al Palacio del Congreso. El oficialismo había organizada un acto multitudinario en Plaza de Mayo, al que seguiría un baile popular en la avenida 9 de Julio. Y entonces, mientras en la Casa Rosada el presidente recordaba el movimiento de 1945 y prometía concurrir al baile popular ("pues soy un hombre de pueblo y quiero divertirme con el pueblo"), el diputado rebelde, a veinte cuadras de distancia, increpaba a los que querían festejar el 17 de oc-

tubre "con acento oficialista". Y afirmaba: "Nosotros no lo
cimentamos (al 17 de octubre, F.L.) en ningún tutelaje político; fue un movimiento del pueblo y así lo celebramos".
Bajo una inesperada lluvia de primavera se oían en la Plaza
de los Dos Congresos las últimas palabras independientes
de un dirigente obrero a cielo abierto: "Aspiramos a una
democracia integral, sin amos ni caudillejos".

Ahora el choque era fatal. Un mes después, el Partido
Laborista denuncia ataques y agresiones contra sus afiliados en Buenos Aires y pide la renuncia del ministro de Gobierno y del jefe de Policía. Días más tarde, en la Cámara
de Diputados, respondiendo a las críticas de un diputado
oficialista, Reyes afirma: "No soy dueño ni patrón ni amo
de ningún movimiento. No ordeno ni mando a nadie". La
alusión era clara, y cuando su atacante le reprochó que se
sentara en la bancada oficialista, Reyes le respondió: "¡Le
cambio el lugar! No son los asientos los que valen, sino las
ideas y el convencimiento".

La disidencia de Reyes evidenció, hacia fines de año,
que no tenía la importancia que se había temido en un principio. Solo un puñado de diputados lo acompañaba, y su
partido, acorralado, apenas tenía alguna influencia en la
Legislatura de Buenos Aires. Carecía de recursos, no disponía de medios de expresión importantes. En enero de
1947, el secretario de Asuntos Políticos de la Presidencia,
Román Subiza, anuncia que el presidente había "terminado por acceder" al requerimiento de sus partidarios en el
sentido de bautizar con su apellido al futuro partido oficial:
sería, lisa y llanamente, "Partido Peronista". Marginado
del proceso de unificación, Reyes parecía condenado a vivir la agonía de su pequeño núcleo.

El 4 de julio de 1947, sin embargo, un suceso espectacular puso al diputado insumiso en primer plano. En la maña-

na de ese día, Reyes se dirigía a la estación de La Plata en un taxi. Un automóvil negro —según se dijo más tarde, estacionado toda la noche frente a la casa de Reyes— se acercó, y sus ocupantes dispararon una ráfaga de ametralladora. El chofer del taxi resultó muerto instantáneamente; Reyes y un custodio se salvaron tirándose al piso.

La Cámara de Diputados estaba sesionando cuando se conoció la noticia del atentado. De inmediato se plantea un debate: aunque los radicales no acusan al gobierno, la sospecha flota en el ambiente. "Para felicidad de la República, no se ha llegado a la organización del crimen político", dice el peronista Vischi. "¡Cállese, viejo zonzo!", le grita Cleve, uno de los amigos de Reyes, en un estado de intensa emoción. Balbín revela que fue víctima de un atentado que no había querido dar a conocer y, contestando a un diputado que había afirmado la responsabilidad del Partido Comunista como inspirador de la violencia, dijo socarronamente: "...y ¡qué casualidad, señor Colom!, los comunistas estaban disfrazados de vigilantes..." Toma después la palabra en defensa del gobierno Bustos Fierro, un cordobés marisabidillo y versátil. De pronto, empiezan a escucharse aplausos en la bancada radical. Asombrados, los diputados oficialistas preguntan qué sucede; entonces aparece Cipriano Reyes por el pasillo que corre junto al palco bandeja de la derecha: impresionante, serio y contenido, con el cuello y la cabeza envueltos en vendas que le dan un aspecto fantasmagórico. Bustos Fierro intenta seguir la perorata, mas sus palabras quedan ahogadas en el barullo. Cleve, trepado en una banca, agita el sombrero agujereado de Reyes y grita: "¡Aquí está el tiro!" "¡Aquí dio el tiro!". Gritos de "¡Asesinos!" y "¡La Mazorca!", en la bancada opositora.

Finalmente, habla Reyes. Recuerda que ya hubo otros

atentados en Berisso, en San Martín, en Mar del Plata, contra los disidentes. "Los bárbaros del siglo están invadiendo, dentro del orden político, la cultura de los pueblos. ¡Guay de los gobiernos y de los hombres que quieren atropellar la cultura con el revólver, el machete o la ametralladora!" Alude a los que aconsejan "dar piolas" y hablan de "llamas de cadáveres para alumbrar el camino" —en alusión a anteriores incontinencias verbales de Perón. "Nosotros no tomamos a la CGT ni a los trabajadores como instrumentos para lanzarlos a la calle y que vengan frente a este Congreso a pedir la cabeza de tal o cual diputado" —se refería a una demostración que había hecho frente al Palacio Legislativo un matón de sindicatos, en contra de los disidentes. Después relata el atentado y acusa al jefe de Policía de la provincia de Buenos Aires de haber quitado al agente de facción que estaba permanentemente frente a su casa.

Al finalizar la sesión se resolvió que la Comisión de Asuntos Constitucionales investigara el caso, con facultades para allanar y detener. Posteriormente, la actuación de la comisión motivó una reclamación opositora: el gobernador Mercante había contestado a una nota diciendo que el gobierno de la provincia, no pondría, "por esta única vez", reparos a su actuación. Después la investigación se fue diluyendo.

Como quiera que fuera, el mandato de Reyes duraba dos años y expiraba en abril de 1948. Sin su banca, su dieta y sus fueros, poco podría hacer en adelante. El Partido Peronista ya empezaba a organizarse en todo el país, y los pocos fieles que le quedaban a Reyes no constituían el menor peligro para la organización oficialista. Además, su influencia en el Sindicato de la Carne, antes incontestable, se había debilitado a lo largo de 1946: presiones, amenazas y llamados a la lealtad a Perón diluyeron el poder de Reyes en su gremio, aunque el eco de su posición independiente persistió durante algún tiempo entre sus compañeros.

Pero, vencido y todo, la rebeldía de Reyes tenía que ser pagada.

Al comenzar la primavera de 1948, Reyes fue fulminado. El 24 y 25 de setiembre iban a ser feriados, para celebrar un nuevo aniversario de la batalla de Tucumán. Contingentes de jóvenes de todo el país viajaban a la ciudad norteña para participar en los festejos. Pero el 24 a la mañana se difunde una noticia sobrecogedora: habíase descubierto un complot para asesinar al presidente y su esposa. La información oficial, lanzada masivamente con los ritos ya habituales de las radios "en cadena", y los títulos catástrofe de los diarios aseguraban que Cipriano Reyes y un grupo de civiles planeaban matar a Perón y Evita el 12 de octubre siguiente, a la salida del teatro Colón. Se habían secuestrado armas largas y cortas, municiones y otros elementos. Los conspiradores habían logrado algunas conexiones con oficiales del Ejército y de la Aeronáutica; un infiltrado tomó el hilo de la conjura. Un joven economista de origen nacionalista, Walter Beveraggi Allende, un hombre de teatro, Luis García Velloso, y dos capellanes navales (de los cuales uno estaba casado, se dijo), además de algunos dirigentes laboristas, formaban el grupo; completaba el cuadro la presencia de un ex funcionario de la embajada de Estados Unidos en Buenos Aires, un tal John Griffith, radicado en ese momento en Montevideo.

El ominoso anuncio de la conspiración canceló los festejos, pero de todos modos no se trabajó en los días previstos porque el mismo 24 la CGT decretó un paro de actividades, en adhesión a Perón. En pocas horas se fueron cerrando fábricas, oficinas, restaurantes y comercios. A las cuatro de la tarde la Plaza de Mayo estaba llena de gente que se agolpaba alrededor de unas horcas de las que colgaban muñecos que representaban a los conjurados. A su debido tiempo apareció Perón en el balcón. "No podía —dijo— ser 'casuístico' *(sic)* lo que ocurría desde hacía tantos años: ayer cae en Nicaragua el defensor del pueblo nicaragüense, Sandino; el líder de los trabajadores colombianos, doctor Gaitán; y hace pocos días, en Cuba, un dirigente obrero, después de sostener como nosotros, la tercera posición, el dirigente metalúrgico Arévalo..." Afirmó que "tres grupos de traidores pagados por el oro extranjero desean mi muerte". Uno sería la oposición parlamentaria; otro, "los que hace cuarenta años hacen el payaso con la intención de hacer creer que luchan por el pueblo trabajador", y, finalmente, la red de corresponsales extranjeros.

Fue un acto y un discurso en la línea "Braden o Perón", un estilo que tenía poca justificación a más de dos años de estar ejerciendo la presidencia, como si en un repentino salto atrás se hubiera regresado al verano caliente de 1946... Esa noche no hubo cines ni teatros, y al día siguiente tampoco se trabajó: como era habitual, Perón había proclamado feriado para que su gente pudiera descansar de los esfuerzos realizados. También el presidente, pues había hecho un denodado trabajo al meter en la misma bolsa a Cipriano Reyes, los diputados radicales, Alfredo Palacios y los periodistas extranjeros, incluyendo un yanqui de dudoso pasado... ¡Todos deseaban su muerte!

Días después de su detención, el juez levantó la incomunicación de Beveraggi Allende, quien fue visitado por su padre. El detenido le relató lo acontecido, y el atribulado progenitor lo transmitió a algún funcionario de la embajada de los Estados Unidos, quien redactó un memorándum para el secretario de Estado en Washington. Al hacerlo, el encargado de negocios en Buenos Aires comentaba que los implicados "fueron un poco ingenuos" y transmitía la "creencia general de que todo el asunto fue preparado para beneficio político de Perón", y que, "sin que hubiera ninguna base para ello, el ex funcionario del Servicio Exterior John Griffith, y, a través de él, el *imperialismo yanqui*, fue convertido en cabeza de turco".

Efectivamente, parece haber sido así. El relato de Beveraggi Allende a su padre comenzaba el 16 de setiembre, cuando Reyes le comunica que dos oficiales de Aeronáutica, en representación del brigadier Francisco Vélez, director general de Aeronáutica Civil, querían hablar con las autoridades del Partido Laborista para preparar una entrevista con dicho jefe. Beveraggi Allende habría desconfiado, pero Reyes aseguró la seriedad de la gestión y su impresión de que Aeronáutica estaba decidida a derrocar a Perón. La entrevista con los dos oficiales se hizo dos días más tarde. Reyes y ocho o diez personas hablaron con los enviados de Vélez, a los que se sumó un capellán naval, Víctor Jorba Farías. Los oficiales hablaron pestes de Perón y su esposa, dijeron que la situación del país era insostenible y afirmaron la decisión del arma a la que pertenecían de derrocar al gobierno. Un poco sorprendidos, los laboristas se limitaron a escuchar.

La siguiente entrevista fue todavía más concreta. Debió haberse realizado tres días más tarde con el brigadier Vélez en su oficina, pero cuando los dirigentes laboristas llegaron allí, el director de Aeronáutica Civil no estaba y los atendieron los oficiales con quienes se habían encontrado antes. ¿Hace falta decir que uno de ellos era un policía? El otro era, efectivamente, un oficial de Aeronáutica que se había comedido a hacer el juego de la conspiración por pedido de Vélez. En esta segunda entrevista ya se habló de asesinar a Perón y a Evita; se mencionó la posibilidad de hacerlo el próximo 12 de octubre en el teatro Colón y se pidió a los civiles que comprometieran a personas representativas de otros partidos para auspiciar el futuro gobierno democrático que habría de formarse después de la eliminación de la pareja presidencial.

Todavía hubo otra reunión más, esta vez con el propio Vélez. Ante la creciente desconfianza de los laboristas, que habrían advertido contradicciones y debilidades en el discurso de los "oficiales", Vélez les pidió que concurrieran a su oficina. Así lo hizo Beveraggi Allende, acompañado por el capellán Jorba Farías. Esta vez, el brigadier en persona jugó el juego de la conspiración: afirmó que los preparativos revolucionarios estaban finiquitados y proclamó su adhesión a los principios del laborismo. Pidió, finalmente, una nueva y final reunión en la Dirección de Aeronáutica Civil, pero esta vez tendría que concurrir Reyes. En un principio, los laboristas accedieron; algunas conjeturas posteriores les hicieron crecer sospechas y, por último, resolvieron dar por terminadas las conversaciones: todo era muy endeble y extraño.

Juntáronse entonces en la casa de Beveraggi Allende mientras el capellán se dirigía a la Dirección de Aeronáutica Civil para comunicar a Vélez la inasistencia de los invitados. No bien entró allá, fue detenido. Al mismo tiempo, la policía allanaba la casa de Beveraggi Allende y se llevaba a todos los concurrentes, incluso un matrimonio que había ido a cenar y no tenía nada que ver con la reunión. En las detenciones actuaron en primera línea el inspector de policía Salomón Wasserman y el teniente de aeronáutica Walter Pereira, los dos "emisarios" del brigadier Vélez... Fue un juego asqueroso, una cama tendida de un modo tan primitivo y elemental que resulta inexplicable que Reyes y sus amigos pudieran haber caído en la provocación.

Aquí empezó el suplicio de Reyes. Fue bestialmente picaneado y se dijo que intentaron castrarlo. Como los diarios traían todo el relato del "complot", los encargados del interrogatorio leían el material periodístico y escribían el sumario sobre esa base, para que los detenidos se limitaran a firmarlo. Se intentó incluir una florcita en el sumario: la intervención del imperialismo yanqui. En consecuencia, se acosaba a los detenidos con preguntas sobre John Griffith: ¿lo conocían? ¿Cuándo lo habían visto por última vez? ¿Qué participación había tenido en el complot? Griffith, que había sido funcionario del servicio extrior norteamericano, vivía de tiempo atrás en el Uruguay y ninguno de los detenidos tenía mayor trato con él. Cuando se habló de pedir al gobierno de Montevideo su extradición, hasta Luis Alberto de Herrera, que simpatizaba con Perón, desestimó tal posibilidad, lo que no obstó para que un mes después del descubrimiento del "complot", el Ministerio de Relaciones Exteriores argentino publicara un informe señalando que el intento de asesinato del matrimonio Perón había sido preparado "por el capitalismo imperialista".

Después de la ordalía policial, los detenidos comparecieron ante el juez federal. El magistrado no pudo encontrar mérito para prolongar la detención y ordenó la libertad de todos. Beveraggi Allende aprovechó el intervalo para fugarse del país. Entonces, la Cámara revocó el fallo de primera instancia y Reyes y sus compañeros volvieron a ser detenidos. Todos fueron recuperando la libertad, poco a poco, incluso los capellanes —que motivaron un telegrama del

cardenal Caggiano a Perón expresando su "pena e indignación al ver figurar a tres sacerdotes en la lista de los detenidos". El único que quedó en prisión fue Reyes.

Se lo condenó al máximo de la pena: cuatro años de prisión. Cumplido el lapso, se le adicionaron cinco años más.
Y cuando, de todos modos, estaba excedido el tiempo de
reclusión, un juego con el cómputo prolongó el encierro de
Reyes hasta la caída de Perón. Fue el decano de los presos
políticos durante el régimen peronista, y su prisión, un
mudo testimonio de los métodos que podía usar el líder
justicialista con sus enemigos.

Reiteramos: no puede criticarse la intención de Perón de
unificar a sus huestes. Dejar avanzar las rivalidades entre los
sectores que lo ayudaron a ser presidente hubiera sido suicida. Habiéndose alejado del radicalismo, los renovadores
dejaron atrás la disciplina de su viejo partido y estaban en
disposición de jugar un "vale todo" con sus competidores
laboristas, a los cuales solo los unía la común adhesión a
Perón. Del otro lado, el laborismo no podía subsistir en actitud independiente: tenía una historia demasiado corta y
había nacido demasiado identificado con Perón. Carecía
de una tradición que le brindara espacio político para vivir
una vida autónoma. Aunque los dirigentes sindicales que
habían puesto en marcha el Partido Laborista vieran en él
un instrumento político idóneo para controlar el creciente
poder presidencial y vigilar el cumplimiento de sus promesas, también comprendían que el terreno de la política partidaria correspondía en exclusiva a Perón, y, en consecuencia, debían regresar al campo gremial, el territorio donde
se movían con más comodidad.

Históricamente, pues, era fatal la disolución de los partidos apresuradamente formados en el verano de 1946 para apoyar la candidatura de Perón. Lo criticable son los métodos mentirosos y crueles que Perón usó o permitió usar para aniquilar la disidencia de Reyes y su grupo. Eduardo Colom, uno de los diputados peronistas que más acosó a Reyes en la Cámara, dijo años más tarde:

"La verdad es que Perón lo mantuvo preso porque le tenía miedo. Cipriano había jurado matarlo y le sobraban agallas como para hacerlo…"

No sabemos si Reyes hubiera sido capaz de matar a Perón. Pero es indudable que Perón aniquiló sin piedad a Reyes. Con este agravante: cuando se descubrió la "conspiración", en setiembre de 1948, el laborismo disidente era una sombra de lo que había sido dos años atrás. No significaba ningún peligro para el régimen. Nadie importante lo seguía, carecía de voceros y de medios, no tenía la menor posibilidad de crear ningún problema grave al sistema.

Ya se sabe: la política no es un concurso para elegir al mejor compañero, y un caudillo no puede guardar gratitudes eternas. Pero el castigo a Reyes fue excesivo, e insólito en la política argentina. Roca tuvo que soportar alzamientos dentro de su montaje, y los fue venciendo con recursos exclusivamente políticos; Yrigoyen debió afrontar desobediencias y sublevaciones, y las derrotó sin salirse del juego de recursos habituales; Justo debió echar mano a todas las armas de su carcaj contra los insumisos de la alianza que comandaba. Ninguno aplicó un recurso de prisión tan prolongado y con tanto ensañamiento como Perón infligió a su antiguo partidario, el hombre que vio caer a dos de sus hermanos por la causa peronista, uno de los animadores principales de la movilización del 17 de octubre. Ese olvidado Montecristo que salió de la cárcel en setiembre de 1955, fantasma del luchador entero y corajudo que había sido en

1946, simbolizaba toda la mezquindad de que era capaz el líder cuyo régimen se derrumbaba en esos días.

DEL PARTIDO ÚNICO AL PARTIDO ÚNICO

Mientras Reyes vivía los comienzos de su ordalía, ya se estaba poniendo en marcha el nuevo partido oficial.

A dos semanas de la asunción presidencial, el Partido Laborista aceptaba transferir sus locales y pertenencias a la junta ejecutiva del que se llamaba, provisionalmente, "Partido Único de la Revolución Nacional". A partir de este momento se intensificaron las reuniones de los dirigentes peronistas para resolver los arduos problemas que planteaba el nuevo organismo, desde el nombre definitivo que llevaría hasta las autoridades que habrían de conducirlo.

Por lógica, fueron los bloques de legisladores oficialistas de Diputados y del Senado los que tuvieron a su cargo los primeros pasos. El senador salteño Ernesto F. Bavio, presidente provisional de la Cámara Alta, se encargó de la gestiones preliminares, pero como su par Alberto Teissaire, senador por la Capital Federal, había sido designado para ocupar el Poder Ejecutivo de la Nación en caso de acefalía, fue este quien se hizo cargo de la conducción: incondicional como era del presidente, la presencia de Teissaire, ratificaba el carácter dependiente del gobierno que tendría el futuro partido. La misma designación de Teissaire, arbitrada por Perón frente al reclamo de los renovadores, apuntaba a un postulado implícito: el jefe del partido debía ser el jefe del gobierno...

El 21 de noviembre a la noche, por Radio Argentina y una red de emisoras, el senador Teissaire leyó el primer manifiesto del Partido Único de la Revolución. No era una pieza muy rica en ideas:

"Las elecciones últimas constituyeron un categórico triunfo de nuestro pueblo que, en una definitiva afirmación de voluntad, abatió las viejas normas, los antiguós y viciosos procedimientos y el inadmisible predominio de la arbitrariedad, es decir, de los menos sobre el derecho de los más. El movimiento no reconoce precedente alguno; él exige métodos y procedimientos nuevos; que el pasado político no debe volver jamás; que la nueva política ha de realizar obra útil, labor patriótica y fecunda en exclusivo beneficio de la colectividad".

Y agregaba una aserción perfectamente irreal, tratándose de una fuerza que venía de la disolución de otras ordenada por Perón y que se aprestaba a titularse "peronista":

"Se necesita el destierro de la política personalista y de círculo y su reemplazo por otra de proyección nacional. El sectarismo y la politiquería que tanto mal han hecho a nuestra sociedad, entorpeciendo su progreso, deben ser proscriptos y ceder el sitio a una política de real elevación de nuestra conciencia social."

Finalizó Teissaire anunciando que la nueva organización llevaría el nombre de "Partido Único de la Revolución" y que su carta orgánica y su programa serían fijados por un congreso nacional por realizarse en breve, en el que se fusionarían "las agrupaciones conocidas por laboristas, radicales renovadores, independientes y centros cívicos".

A mediados de enero de 1947, finalmente, se constituyeron la junta nacional y el consejo superior, que debían instrumentar la organización definitiva. Al anunciar al presidente la existencia de ellos, se le solicitó "autorización para utilizar su nombre como bandera en la formación de un gran partido nacional".

Perón accedió, sin brindar mayores explicaciones sobre este bautismo de mal gusto y contrario a las tradiciones políticas del país —e, inclusive, contrario al proyecto de Estatuto de los Partidos Políticos promovido por el gobierno de facto al que había pertenecido, que prohibía utilizar nombres propios para partidos. Pero hay que reconocer que el nombre de "Peronista" era la única solución para rotular una fuerza sin historia, compuesta por un rejunte de elementos heterogéneos vinculados solamente por la adhesión a su líder. Todavía no había acuñado Perón la palabra "justicialismo", y solo su nombre, como un sello enérgicamente colocado sobre ese compuesto, podía unificarlo. Fue un acto realista, pero a la vez prefiguraba lo que sería en poco tiempo el nuevo partido: un simple apéndice del Estado.

De una u otra manera se habían salvado las primeras instancias de la organización. Pero todavía transcurriría un año hasta que se reuniera el congreso del Partido Peronista. El presidente manifestaba a veces su impaciencia por la lentitud del trámite, pero en el fondo no le preocupaba demasiado. Cuenta Ricardo Guardo:

"En 1947, me parece, hubo una reunión para la organización de lo que después sería el Partido Peronista. Perón se quejó, en el discurso que hizo, de la lentitud con que se iban llevando a cabo los trabajos para organizarlo. Yo me sentí molesto porque era uno de los que estaba trabajando más activamente, y para evidenciar mi disgusto dejé de ir a almorzar a la residencia. A los días Evita notó mi ausencia y le preguntó a mi mujer —que seguía yendo todos los días— qué me pasaba. Mi mujer se lo dijo, y entonces Perón me llamó. Fui allá y me dijo: 'Pero Guardo..., si eso que dije de la organización es para las apariencias... Nosotros ¡somos maestros de gobernar en el quilombo! Tenemos que manejarnos así, en la inorganicidad: cuando este sirve lo dejamos y si no, lo sacamos, cuando esta sube demasiado lo reemplazamos por este otro, y todo así...' "

Por fin, el 1º de diciembre de 1947 se reunía en el Salón Augusteo el congreso general constituyente del Partido Peronista. Mil quinientos delegados se agolpaban en el recinto, presididos por Teissaire. "El Partido Peronista no es de izquierda ni de derecha, ni lateral (*sic*) ni personal", sostuvo. Después de su discurso todos los asambleístas se pusieron de pie en homenaje a Perón y después en honor de Evita. Se designó una comisión que debía estudiar el proyecto de carta orgánica, aprobada dos días más tarde por aclamación, es decir, sin debate. En realidad, lo más recordable de la reunión fue el largo discurso de Perón ante los asambleístas, en la Casa Rosada, donde trazó las líneas generales de la filosofía que animaría a la nueva fuerza.

"Yo uso la tolerancia, aun contra la intolerancia —dijo con la mayor seriedad—. Dejemos ahora las armas y, como digo a menudo, tomemos el violín, que puede ser más efectivo. Esto es de una gran sabiduría, aunque lo exprese de una manera simplista..."

El congreso general constituyente del Partido Peronista presenta, sin embargo, una particularidad: fue la única expresión de democracia interna que tuvo el peronismo hasta 1955. Sus delegados fueron elegidos por la masa de afiliados en casi todos los distritos; en algunos, como la Capital Federal, hubo una intensa competencia interna, matizada de impugnaciones y protestas, con no menos de cuatro listas en pugna. Ninguna de ellas significaba un matiz distinto en la ideología partidaria o la adhesión al líder: eran puras luchas de poder personal, pero de algún modo podían haber iniciado prácticas internas abiertas y democráticas. Primera y única vez que esto ocurrió: el violín de Perón se impuso rápidamente sobre las discordias de los instrumentos en esa confusa orquesta. La vida interna quedó agotada dentro del peronismo en el momento mismo del nacimiento del partido, y debieron pasar muchos años antes de reconstruirse.

Porque de allí en adelante, el Partido Peronista no fue otra cosa que un elemento más de la "comunidad organizada": una repartición burocrática. Si el antipático nombre de "Partido Único" se eliminó, en los hechos el Partido Peronista funcionó como un partido único al servicio directo del Estado. Su consejo superior, siempre presidido por Teissaire, generó todas las candidaturas, designó todos los "interventores" e identificó hasta el máximo punto imaginable al partido y al gobierno. Diría Teissaire ante una de las comisiones investigadoras que lo indagaron en 1955:

"A mí me creían presidente del partido, pero no lo fui. Presidente del partido era Perón. La dirección nuestra era un poco decorativa: no podíamos hacer nada sin una orden que estuviera escrita y planificada."

En 1951, en cambio, Perón decía en una de las clases sobre conducción política que dictó en la Escuela Superior Peronista:

"...mientras he estado en el gobierno no he querido tomar la dirección de la política y he creado el Consejo Superior Peronista, que es quien conduce. Nadie podrá decir que estando yo en el gobierno he dicho 'quiero que Fulano de Tal sea tal cosa' ¡No! A mí me vienen a preguntar —y me lo preguntan todos los días— '¿quién es su candidato?' Yo, invariablemente, contesto lo mismo: 'el que elija el pueblo, ese es mi candidato'. Flaco servicio haría si yo me pusiera a digitar quiénes han de ser los hombres que deben actuar en cada parte".

Es posible que Perón no se ocupara de candidaturas menores. Pero nada se hacía en el consejo superior sin consultarlo, y no mentía Teissaire en 1955 cuando afirmaba que el verdadero presidente del partido era Perón.

La carta orgánica aprobada en 1947 diseñaba una organización calcada sobre la estructura institucional del país: una red de "unidades básicas" y ateneos; las asambleas locales eran depositarias de la soberanía partidaria en los departamentos, partidos o barrios; en cada provincia, las facultades correspondían al consejo partidario. En el orden nacional, el máximo organismo era el congreso general, que debía establecer el programa y designaba los candidatos a presidente y vicepresidente de la Nación. La conducción ejecutiva era ejercida por la mesa directiva del consejo superior. Había también un tribunal de disciplina y un bureau de difusión. Toda esta estructura dependía, en última instancia, de un comando estratégico desempeñado por Perón con asistencia del consejo superior, y un comando táctico, que debía ejecutar las directivas. Los nombres de los organismos, como se advertirá, tenían resonancias militares y se eludían las designaciones tradicionales de los partidos políticos. "No queremos comités —había dicho Perón a los delegados del Partido Peronista reunidos en el Luna Park el 25 de julio de 1949, en un discurso de tres horas de duración— porque huelen todavía a vino, empanadas y tabas. Dejemos el uso del comité a los que prostituyeron su nombre, para que los usen ellos. Lo que fue antro de vicio queremos convertirlo en escuela de virtudes; por eso hablamos de ateneos peronistas, donde se eduque al ciudadano, se le inculquen virtudes, se les enseñen cosas útiles, y no donde se los incline al vicio".

Es cierto: en las unidades básicas no hubo vino, empanadas ni taba, pero tampoco fueron escuela de virtudes... Todo el complejo organigrama del Partido Peronista no merece el gasto de un análisis, siquiera superficial, porque nunca funcionó. Fue puramente teórico. Los distritos partidarios eran manejados por interventores cuyo poder era paralelo al del gobernador local —así como más tarde, en la rama femenina del Partido Peronista, por la "delegada censista". El congreso general jamás se reunió, y los otros organismos sólo funcionaron excepcionalmente; el consejo superior ni siquiera se hizo cargo de responsabilidades de emergencia, como ocurrió con el Gran Consejo Fascista cuando declinó la estrella de Mussolini.

La identificación de partido y Estado se dio en todos los niveles, empezando por la ubicación física: muchos de los locales partidarios fueron cedidos por la administración pública, y los empleados eran pagados por el Estado: en algunos había consultorios, instalados y mantenidos por el Ministerio de Salud Pública. La movilidad y el transporte solían correr por cuenta del ministerio respectivo. Muebles, máquinas de escribir, carteles y hasta gastos postales eran pagados por el erario. No hubo cuotas de afiliados, y los afiliados mismos fueron, en un porcentaje significativo, empleados públicos o de las empresas estatales que debían exhibir el carné que demostrara su adhesión al partido oficial.

El Partido Peronista, fue desde su nacimiento, un cadáver: eso sí, un cadáver lujosamente velado en locales alumbrados por la novedosa luz de neón y decorados por un cierto confort que contrastaba con la clásica fealdad de los comités opositores. Nadie podrá escribir la historia del Partido Peronista entre 1947 y 1955, porque no existió: fueron los suyos, lustros burocráticos y administrativos, chatos, sin alma. Lo increíble es que esto haya ocurrido con un partido que era, formalmente, la expresión política de un sentimiento popular vivo y fervoroso. No encauzar ese sentimiento en una fuerza que lo enriqueciera fue una de las grandes culpas de Perón. El líder no quería un partido con todos los riesgos de una existencia vital y expresiva. Su "comunidad organizada" exigía un apoyo político que se limitara a ser una máquina electoral eficaz. Despreciaba a la mayoría de sus diputados, y alguna razón, es cierto, le asistía en esto, porque el alud de febrero de 1946 llevó al Congreso a mucha gente sin la menor experiencia política; pero tampoco hizo nada por confiarles progresivamente responsabilidades dentro del partido que habían accedido a formar sobre los restos de sus propias formaciones originales. Relata el doctor Mario Oderigo: "Una vez Perón nos invitó a los camaristas de todos los fueros para pedirnos ayuda a fin de reformar los códigos, o revisarlos. 'Ustedes comprenden —nos dijo textualmente— que yo no les puedo confiar esta tarea a esos animales que tengo en el Congreso...' (Por supuesto que al día siguiente llamaría a los diputados y senadores para pedirles lo mismo, diciéndoles que 'a esos oligarcas de los Tribunales no podía confiarles esa tarea...')"

Perón solo entendía la democracia como una comunicación directa entre él y las masas. El 14 de agosto de 1946 dijo: "Contrariamente a lo que sucedía ayer, el comandante político puede hoy dirigirse directamente a las masas, eliminando a los intermediarios. Esto explica la sorpresa de los adversarios cuando ordené ir a votar y la masa votó, a pesar de las burlas". Su genialidad residía, precisamente, en haber descubierto la inutilidad de los intermediarios entre su conducción y el pueblo. El art. 1º de la carta orgánica del Partido Peronista lo definía como "un partido de masas". Pero hasta una fuerza así necesita elencos con cierta independencia para cumplir su rol de canal de comunicación con la comunidad.

De este modo, la idea que subyacía inconscientemente

en el nombre original del Partido Peronista se fue haciendo realidad, y, en efecto, se convirtió en "partido único" al estilo de los que proliferarían en algunos países del Tercer Mundo a lo largo de la década del 60: identificación de partido y Estado, exaltación carismática del líder, ubicación de los opositores en una categoría cercana a la traición a la patria, ideología impuesta a manera de "doctrina nacional". Y también, como subproducto inevitable, la esclerosis, la burocratización y el aislamiento; la frustración, en suma, de un sentimiento popular de adhesión a Perón que existía en los espíritus pero era indiferente al cauce estrecho y venal del partido que pretendía representarlo.

En vísperas de su caída, Perón intentó aliviar a su partido de aquellas gabelas. Fue tarde. El precio que pagó por los años en que manejó sin conflicto a sus huestes fue muy alto y consistió, ni más ni menos que en una parálisis progresiva que impidió a esa estructura aceitada, casi perfecta, jugar papel alguno en la última etapa del Estado peronista.

LOS LÍOS PROVINCIALES

El propósito de Perón de unificar a sus huestes a sangre y fuego acaso sea más comprensible si se consideran los escándalos que en varias provincias se suscitaron entre 1946 y 1949. Fueron hechos de dimensión lugareña y no demasiado distintos de otros que habían acaecido en décadas anteriores. Pero ahora mandaba alguien cuyos métodos eran muy diferentes de los de Yrigoyen, Alvear o Justo: para Perón, esos conflictos significaban verdaderos atentados contra su doble autoridad de presidente de la Nación y jefe del partido oficial. En consecuencia, liquidó drásticamente cada uno de los problemas provinciales, y hacia 1949, con la vigencia de las nuevas Constituciones locales calcadas sobre la de la Nación, el conjunto de los Estados federales ofreció la apariencia de un pacífico y uniforme panorama. El costo de esta paz sería el mismo que se pagó por la estructuración vertical del Partido Peronista: un progresivo agotamiento de la vitalidad partidaria.

El primer escándalo explotó en Córdoba, pocas semanas después de la asunción presidencial. Antes, en realidad, pues el sector laborista de la Legislatura se había negado a formar quórum para recibir juramento al nuevo gobernador y éste tuvo que hacerlo ante el Superior Tribunal de Justicia.

En Córdoba, recordemos, Perón había perdido las elecciones nacionales del 24 de febrero, en compensación, la alianza de laboristas y radicales renovadores había triunfado en el orden provincial por menos de 200 votos, al final de un escrutinio que electrizó al país entero. Había sido una hazaña ganar a los radicales en el bastión de Sabattini. Pero, tal como ocurrió en otros distritos, la batalla había sido librada por una endeble conjunción de fuerzas: desertores del sabattinismo y dirigentes sindicales sin mayor experiencia política. El forcejeo por la candidatura peronista a gobernador había sido prolongado: los laboristas insistían en postular al ingeniero Ramón Asís, mientras los renovadores no cejaban en la nominación de Argentino Auchter. Impuesta, finalmente, la fórmula Auchter-Asís, según se dice por insistencia de Evita, y triunfante en los comicios del modo dicho, el vicegobernador electo solo juró su cargo cuando tuvo la evidencia de que su compañero era legalmente gobernador: hasta ese momento no perdió la esperanza de reemplazarlo en la primera magistratura provincial.

Auchter había sido radical yrigoyenista, muy adicto a

Sabattini, con quien conspiró contra Uriburu y Justo; había soportado prisiones y sinsabores en la década del '30, pero los malos ratos que le brindaron ahora los laboristas no fueron menos penosos que los padecidos en su juventud. Asís y los suyos alegaban haber aportado al triunfo una cantidad de votos que superaba casi tres veces los de los seguidores de Auchter: por otro lado, los radicales y los demócratas, con nutrida representación en la Legislatura, estaban en el fiel de la balanza política que disputaban los divididos peronistas. En estas condiciones, la primera gestión peronista en Córdoba fue un sobresalto permanente, con reiteradas renuncias de ministros y presiones del laborismo en todos los flancos.

Un año duraron estas penurias. En junio de 1947 los diputados laboristas presentaron a la Legislatura un proyecto para iniciar juicio político a Auchter, que se encontraba en Buenos Aires, en una reunión de gobernadores. Regresó precipitadamente y, como en los mejores tiempos del "Régimen", ordenó a la policía la clausura de la Legislatura. Pero una mayoría compuesta por laboristas, radicales y demócratas alcanzó a sancionar el enjuiciamiento, prescindiendo del informe de la comisión. Ante la resolución de la Cámara de Diputados, el vicegobernador no demoró un minuto en constituirse como gobernador, designando ministros. El 14 de junio de 1947, la provincia de Córdoba tenía dos gobernadores: Auchter en la Casa de Gobierno y Asís en su casa de Alta Córdoba...

Dos días antes, el Senado de la Nación había aprobado un proyecto de intervención federal a la convulsionada provincia, que no pudo convertirse en ley por falta de quórum en la Cámara Baja. Al día siguiente, imitando también las peores prácticas del "Régimen"... y de la "Causa", el Poder Ejecutivo nacional decretaba la intervención. Apenas en diciembre de 1948 se realizaron las elecciones para reconstituir los poderes provinciales: ya se habían aplacado las diferencias internas del peronismo cordobés. El nuevo gobernador no surgiría de las fuerzas que habían acompañado a Perón, sino de las Fuerzas Armadas: era un militar en actividad, el brigadier Juan San Martín.

Catamarca fue el escenario de un prolongado escándalo representativo de la improvisación con que se habían formado en 1946 los cuadros del peronismo. Sus avatares merecen un análisis pormenorizado.

Aquí, como en otras provincias, las fuerzas adictas a Perón se habían organizado apresuradamente, contando con el abierto apoyo del interventor federal. Las elecciones de 1946 dieron un cómodo triunfo al peronismo. El nuevo gobernador era un médico, Pacífico Rodríguez, de filiación antipersonalista, que había sido legislador provincial en cuatro oportunidades y para quien la victoria era la culminación de una carrera sin mayores matices. Pero el nuevo elenco peronista incluía, como senador nacional, a una personalidad detonante que sería el eje de los problemas que afectaron la vida catamarqueña durante tres años.

Vicente L. Saadi, abogado joven y ambicioso, había nacido en Belén. Su incorporación al peronismo arrastró una fuerza social y económica que atravesaba el cuerpo de toda la comunidad en el noroeste argentino y cuyo poder financiero y capacidad de reclutamiento político no eran desdeñables. Sea por una ancestral necesidad de seguir a un profeta, sea por una racial aptitud para otear el rumbo de los vientos del desierto, sea por una innata identificación con el pueblo criollo y sus sentimientos profundos, lo cierto es que "los turcos" (árabes, libaneses, sirios, armenios, oto-

manos y sus descendientes) habían clausurado en 1945/46
su tradicional adhesión al partido de Yrigoyen, transmi-
grando en masa al peronismo. Este fenómeno ocurrió en
todas las provincias del noroeste: en Catamarca, el desplazamiento se personalizó en la figura nueva y movediza que
era Saadi, el senador nacional más joven, que desde el primer momento rodeó al nuevo gobernador con un cerco de
hostilidades desde la Legislatura, que controlaba y que,
como primera medida, anuló la designación del otro senador nacional que completaría la representación catamarqueña, para sustituirlo por un amigo de Saadi.

Consumado este penoso episodio, la Legislatura no tardó en entablar juicio político al gobernador con un pretexto baladí: después de un rápido trámite, lo destituyó: ¡tres
meses había durado el poco pacífico mandato de Pacífico
Rodríguez! El Congreso de la Nación, a instancias del ministro del Interior, ya había sancionado una ley de intervención. Se hizo cargo, entonces, del gobierno de Catamarca, Román Subiza, secretario de Asuntos Políticos de
la Presidencia de la Nación, quien transfirió el poder al vicegobernador para que completara el mandato. Juan León
Córdoba había sido antipersonalista y en seis oportunidades ocupó una banca en la Legislatura; acomodaticio, conciliador, realista, era la expresión más típica de la vieja politiquería provinciana cuyas mañas provocaban las invectivas del peronismo. Pero Córdoba era una pieza dócil del
juego de Saadi y en consecuencia dispuso de un margen de
gobierno relativamente tranquilo.

No por muchos meses. Cuando quedó en claro que más
de treinta familiares y clientes de la *gens* saadista gozaban
de los gajes presupuestarios, cierta resistencia empezó a le-
vantarse en los sindicatos locales y en algunos sectores del
peronismo provincial, hartos de la virtual dictadura que

ejercía el omnipotente senador. A fines de 1947 ya era inocultable la ruptura entre Córdoba y Saadi; en enero de 1948 una pueblada organizada en el local del diario saadista intenta tomar la Casa de Gobierno. Hubo un tiroteo, cayeron algunos heridos y se detuvo a varios elementos de acción. ¡Clamor de Saadi alegando el ensañamiento con que se trataba a sus amigos! El 28 de enero (1948) el Poder Ejecutivo nacional decretó la intervención a Catamarca (también a La Rioja y Santiago del Estero), destacando que la medida no se adoptaba contra opositores sino contra gobiernos peronistas que no cumplían el mandato de los pueblos.

El estado de intervención se extendió desde febrero de 1948 hasta junio de 1949. A pesar de las resistencias que despertaba, Saadi consiguió que el consejo superior del Partido Peronista, presidido por su colega Teissaire, impusiera su candidatura a gobernador, y que sus adictos llenaran las nominaciones a diputados provinciales. Pero fue evidente el desgano del sector sindical frente a esta candidatura, y el interventor local del Partido Peronista hubo de fulminar varias expulsiones para imponerla. Fue un triunfo trabajoso, en comparación con las arrasadoras mayorías que en esa época obtenía en todo el país el peronismo. El escrutinio reveló que el caudal del oficialismo había disminuido en más de 3500 votos; en el departamento capital ganó por solo 159 sufragios, en Ancasti por apenas 45 y en Valle Viejo, ¡por uno!

Finalmente, Saadi asumió su anhelada gobernación. Su gestión duró seis meses. Había declinado su estrella en el momento del triunfo. La oposición interna crecía y el gobernador respondía con una dureza desconocida hasta entonces en la tierra de la Virgen del Valle. Agresiones a diputados disidentes, detenciones y allanamientos, cruces de furiosas cartas... Uno de los diputados nacionales peronistas denunciaba al presidente de la Nación los "procedimientos mazorqueros" del gobernador; el diario independiente *La Unión* lo acusaba de nepotismo y corrupción. Crecía el escándalo y sus amigos de Buenos Aires ya no lo defendían. El bloque peronista de la Cámara de Diputados de la Nación declaró su repudio por "las actividades al margen de la libertad pública" de Catamarca, y solicitó al Poder Ejecutivo la intervención a la provincia.

Los problemas de Saadi se agudizaban con el surgimiento de un joven dirigente salido de su propio clan, que por origen y cualidades era como un calco de sí mismo: Félix Nazar. Aspiraba Nazar a ocupar la banca senatorial que Saadi había dejado vacante y que, previsoramente, no se había cubierto. Nazar había allanado el camino de Saadi a la gobernación el año anterior como interventor federal, y ahora exigía su retribución; pero Saadi seguía reservando su banca, porque el desenlace parecía cada vez más inminente. Y en efecto, a fines de noviembre de 1949, el Poder Ejecutivo nacional decreta la intervención a Catamarca y designa comisionado al propio Nazar, el antiguo *alter ego* del jefe caído.

La última viveza: el mismo día que se decretó la intervención, el gobernador se hizo nombrar senador nacional por la Legislatura... El interventor Nazar dejará sin efecto la designación, hará expulsar a Saadi del Partido Peronista y —secuela casi obligada— le inicia un proceso por desacato mientras ordena una exhaustiva investigación de su gestión. Saadi habrá de permanecer preso durante tres años, hasta 1952, y alejado de la política hasta después de 1955. Perón mantuvo la intervención sobre Catamarca hasta el fin de su primer período presidencial, hastiado, sin duda, de estos problemas.

Si hemos abundado en esta crónica de Pago Chico es porque el proceso catamarqueño es representativo de las estériles alteraciones que en algunas provincias aparejó el advenimiento peronista. Ambiciones mezquinas, politiquería de un nivel tan bajo como en los peores tiempos del fraude, luchas internas del oficialismo devenidas en cuestiones institucionales, toda la basura política se acumuló sobre una provincia en cuya tradición eran desconocidas tales gabelas con semejante gravedad. Los hombres que ocuparon el escenario de Catamarca empujados por el triunfo de Perón en 1946 no protagonizaron un mejoramiento de los hábitos cívicos ni promovieron gestiones progresistas. Por el contrario, entre 1946 y 1949 montaron un tinglado de farsa y pesadilla que careció hasta de la justificación de ser un movimiento renovador. Se sustituyó una oligarquía por otra, codiciosa y chabacana. Y el pueblo catamarqueño, que seguía creyendo en Perón, descalificaba cada vez más a sus personeros.

El *imbroglio* de La Rioja tuvo ribetes tragicómicos. Lo trágico: el fallecimiento repentino del gobernador electo, Leovino Martínez, un médico chileciteño de origen radical que había triunfado ajustadamente en las elecciones de febrero de 1946. Lo cómico: la consecutiva consagración de su compañero de fórmula, José Francisco de la Vega, "hombre campechano, con buena dosis de astucia, pero sin predicamento", retenido por "limitaciones para afrontar la responsabilidad gubernativa". Estas notas del historiador Armando Raúl Bazán son piadosas: don "Pancho" de la Vega, curandero de Tama, era un personaje totalmente incapaz para ninguna tarea ordenada: hombre rústico y amigo del ocio y las charlas entretenidas sin objeto. Se lo había incluido en la fórmula para compensar la presencia de un hombre del oeste con otro de la zona de los llanos, pero nadie imaginó que este pintoresco espécimen pudiera llegar, por obra de la fatalidad, a la primera magistratura provincial.

Su gobierno fue una sucesión de barrabasadas y desaguisados de toda laya que no solo le atrajeron la burla de la población y llenaron de anécdotas sabrosas la *petit histoire* de la provincia de Facundo, sino la oposición de la representación riojana en el Congreso de la Nación. De los dos diputados nacionales, uno, Oscar Albrieu, era un joven abogado de origen radical que pronto haría carrera dentro del peronismo; el otro, José María Villafañe, un político oportunista venido del antipersonalismo, que después de extraer todos los beneficios posibles al simplote del gobernador, tomó distancia, consciente del vacío que se producía a su alrededor. Uno de los senadores nacionales, César Vallejo, dueño de estancias en la Patagonia, también arremetió contra el gobernador: su discurso en el Senado pidiendo la intervención fue un capítulo de cargos que iban desde la denuncia de múltiples rapiñas hasta hechos risueños: en el pueblo del que era oriundo "don Pancho", ¡todos habían sido nombrados empleados públicos!

Demasiado duró. A fines de febrero de 1948, la intervención federal, varias veces amenazada desde Buenos Aires y sólo concretada entonces, hízose efectiva. Poco más de un año más tarde, el consejo superior del Partido Peronista imponía la candidatura del ingeniero Enrique Zuleta, un profesional respetado, pero ausente de la provincia desde muchos años antes, que llegó a la gobernación contemporáneamente con la promulgación de la Constitución de 1949.

Los problemas de Santa Fe estallaron con la inesperada desaparición del gobenador electo el 17 de mayo de 1946, pero difícilmente hubieran podido evitarse, aun sin mediar esta trágica circunstancia, debido a la heterogeneidad de las fuerzas que habían apoyado las candidaturas peronistas. Leandro Meiners, con antecedentes en la Reforma Universitaria y brillante desempeño en la Convención Constituyente provincial de 1921, "hombre de insomnios incoercibles y sensibilidad agudizada", según Leoncio Gianello, se suicidó en vísperas de asumir el mando de la provincia. Además de entristecer a sus amigos, la desaparición sumió en el desconcierto al Colegio Electoral que lo había designado y ahora debía proceder a su reemplazo.

Dos días después de la tragedia se reunió el cuerpo para barajar candidaturas: la del senador Armando Antille, la del diputado obrero Ángel Ponce y la de Waldino Suárez, entre otras. El tema se complica, se convierte en pleito, se radica en Buenos Aires y se intenta componer mediante la gestión de veedores enviados por Perón, ya presidente. Finalmente, después de un mes largo de forcejeos, es elegido Suárez, un abogado muy vinculado a la Iglesia y con antecedentes nacionalistas. Su gestión fue un calvario desde el principio.

Algunos problemas que se suscitaron le fueron restando apoyo popular, entre ellos el cierre del imperio de La Forestal en el norte de la provincia, que provocó centenares de despidos y la clausura de numerosas fuentes de trabajo laterales, con sus secuelas de desocupación y malestar. Un complicado conflicto entre la Municipalidad de Rosario y el Instituto Bromatológico de la provincia que tuvo como causa la misteriosa receta de una bebida gaseosa —que por ese motivo no se expendió en teritorio santafecino hasta después de 1955— hizo estallar una agria disputa entre el

gobierno provincial y el comunal rosarino, cuyas respectivas posiciones fueron apoyadas por diversos sectores de la
Legislatura y aparejaron un torrente de interpelaciones,
denuncias y cesantías. Se acusaba a Suárez, además, de ser
tolerante con el juego clandestino y la prostitución. Por
otra parte, el gobernador se indispuso con la Legislatura
por un problema de dietas: el Poder Ejecutivo no admitía
emolumentos que pasaran de $ 2000, mientras los diputa-
dos se lo habían fijado en $ 3000, y además, creado nume-
rosos cargos administrativos. Tales conflictos esterilizaban
la acción del gobierno y repercutían en todos los órdenes.
Un senador opositor proponía irónicamente a mediados de
1947 "considerar la posibilidad de alquilar algún local en la
Capital Federal para que realicemos allí las sesiones, porque según se infiere de los informes periodísticos, esos señores (los legisladores provinciales peronistas, F.L.) se lo
pasan en Buenos Aires...".

Pero más que estos problemas, pesaba sobre Suárez el
veto de Evita. Su opinión sobre el gobernador santafecino
era pésima, y así lo decía cada vez que tenía oportunidad:
sólo el apoyo del senador Antille mantenía a Suárez, que
había inventado un curioso eslogan para afirmarse en el
poder: "Perón cumple, Suárez lo secunda".

A fines de 1947, el Partido Peronista designó un interventor en Santa Fe para solucionar el conflicto, sin resultado. En mayo del año siguiente, la junta coordinadora del
partido oficialista presentó bases para un arreglo que también fracasó. El juicio político a Suárez parecía inminente,
y hasta un grupo de ex concejales radicales se adhirió a esta
iniciativa. En abril (1948), el gobernador optó por no concurrir a la Legislatura para leer su mensaje; el cuerpo resolvió pasar el documento al archivo. La agonía duró unos
meses más, en medio de un creciente desorden institucional.

Finalmente, el 8 de febrero de 1949, mientras estaba reunida la Convención Constituyente, el Poder Ejecutivo nacional interviene por decreto la provincia de Santa Fe. Los considerandos de la medida calificaban la situación provincial de "verdadera subversión institucional". El ministro del Interior no ahorró adjetivos a la gestión de Suárez: "pasividad", "negligencia en el orden administrativo" "despreocupación frente a los problemas de gobierno" "ineficacia para coordinar la acción de sus ministros y dependencias", "tendencia a provocar y ahondar crisis gubernativas", "indiferencia respecto a vicios y corruptelas", entre ellas los juegos de azar y la venalidad de funcionarios. Afirmaba Borlenghi en conferencia de prensa que el concepto de intervención federal, bajo el gobierno revolucionario de Perón, no podía limitarse a las causas enumeradas por la Constitución; que si un gobierno provincial era ineficiente, el nacional debía intervenirlo. Teoría arbitraria y absurda, por supuesto, ya que atribuía al poder federal facultades correctivas basadas en calificaciones sobre aptitud o ineptitud administrativa. Pero Perón estaba harto de los conflictos de Santa Fe, Evita atizaba el fuego contra Suárez y la escasa habilidad política de este tornaba difícil una solución negociada.

Lo de Santa Fe fue el reconocimiento más abierto que el gobierno peronista hizo de un fracaso. Y no se trataba de una provincia sin mayor significación política, sino del segundo Estado federal argentino, que durante casi tres años vivió un insoportable desorden generado por las rencillas internas del oficialismo.

El interventor, un militar del funcionariado de la Casa Rosada, convocó rápidamente a elecciones, y el 4 de junio de 1949 se hacía cargo del gobierno santafecino el ingeniero Hugo Caesar.

El lío·de Salta fue una monótona reiteración de los que contemporáneamente se enredaban en otras provincias. Aquí había triunfado en 1946 una alianza que dobló los votos de radicales y conservadores. La fórmula triunfante estaba compuesta por Lucio A. Cornejo y Roberto San Millán, ambos de origen radical, ambos pertenecientes a familias tradicionales; de los dos senadores, uno, Alberto Durand, había sido radical; el otro, Ernesto F. Bavio, conservador. Solo un diputado nacional era de origen obrero. Los choques internos estallaron en seguida, paralizaron en buena medida la acción gubernativa de Cornejo, enfrentado al vicegobernador, y en algún momento provocaron puebladas que llegaron hasta la plaza principal. Casi tres años duró este tira y afloja. El momento culminante de la disputa parece haber sido el diálogo que sostuvieron los mandatarios en choque; en su breve trámite, toda la historia salteña estaba presente:

—Tené en cuenta, Lucio, que ningún Cornejo terminó su gobierno —dijo el vicegobernador, y tenía razón, porque entre otros Cornejos, el padre del entonces gobernador había sido derrocado en 1930 por la revolución de Uriburu.

Pero también el gobernador tenía razón al retrucar:

—Y vos tené presente, Roberto, que ningún San Millán llegó nunca a ser gobernador...

Finalmente, San Millán renunció. Perón llamó a Cornejo y le sugirió que renunciara para no verse obligado a intervenir la provincia. Pues ya se sabe, a Salta nunca se la interviene... Cornejo, que según decires de la época soportaba la hostilidad de Evita, regresó a Salta y presentó su renuncia a la Legislatura. El presidente del Senado se hizo cargo del Poder Ejecutivo el 1º de junio de 1949, para entregarlo en enero del año siguiente al nuevo mandatario electo, obviamente peronista que, adelantemos, también se peleó con su vicegobernador y también tuvo que renunciar.

En Santiago del Estero también se vivió un pequeño infierno, y también ello fue consecuencia de la mescolanza de fuerzas que acompañaron a Perón en la elección de 1946. Los peronistas que venían del tronco radical postulaban al veterano Santiago Corvalán; los antiguos antipersonalistas, ahora trasmutados en laboristas, tenían como jefe a Rosendo Allub, y se encontraban divididos. Finalmente, prevaleció entre ellos una solución de compromiso: sería candidato laborista el coronel Aristóbulo Mittelbach, santiagueño de nacimiento pero alejado de su provincia por sus destinos militares, entre ellos el de jefe de policía de la Capital Federal en 1945. Los renovadores mantuvieron a Corvalán. Todas las fracciones votaban en el orden nacional a Perón, que no quiso intervenir en el endiablado pleito santiagueño. También los radicales habían sufrido parecidos enfrentamientos y debieron optar, asimismo, por una solución atípica, postulando como candidato a José Benjamín Ábalos, un ex ministro de Yrigoyen radicado en Rosario desde siempre.

Mittelbach recogió 45.000 votos sobre unos 30.000 de Ábalos y 12.000 del disidente Corvalán. Pero el flamante gobernador vivió, de allí en adelante, una cadena de sobresaltos políticos que, unidos a los problemas de salud que padeció, mediatizaron irreparablemente su gestión. Buena parte de los conflictos provenían de su propio ministro de Gobierno, Carlos A. Juárez, que entró en el gabinete con motivo de una primera crisis, y desde entonces llevó adelante una política de enfrentamiento con el titular del Poder Ejecutivo. El choque se trasladó a la Legislatura, donde el bloque peronista se dividió: el gracejo santiagueño llamó "bloque de hierro" a los juaristas y "bloque de manteca" al que apoyaba al gobernador. No hay precedentes legislativos de las expresiones que se cambiaron ambos grupos, muchas de las cuales están registradas en las actas de la Legislatura; pero es inútil buscar discrepancias ideológicas entre los antagonistas, ya que todo se reducía a codicias de poder y rencores personales. Entretanto, Mittelbach debía delegar el gobierno reiteradamente, buscando la recuperación de su salud.

En octubre de 1947 hizo crisis la situación. Juárez renunció a su ministerio denunciando "la intriga, la ambición, el egoísmo y la ineptitud" de una "confabulación de mezquindades". Mittelbach lo desmintió; Juárez no había renunciado, era el gobernador quien lo había echado. El renunciante afirma que eso es "una burda patraña". El episodio debilita aun más a Mittelbach, quien se recluye en el Hospital Militar de Buenos Aires durante dos meses. Paralelamente se está cocinando su defenestración: una entrevista de Rosendo Allub, diputado nacional, con el ministro del Interior, es determinante para que Santiago del Estero sea incluida, junto con Catamarca y La Rioja, en el decreto de intervención federal que Perón firma el 28 de enero (1948). Como ya se ha visto, en esta oportunidad Borlenghi acusó a los gobiernos intervenidos de "negligencia", de que por falta de operancia práctica no gobernaban. En su domicilio particular, mientras los juaristas celebraban en las calles su caída, Mittelbach hace la defensa póstuma de su administración bajo un gran retrato de Perón que luce una dedicatoria: "Al amigo y camarada inseparable de casi toda una vida"...

El infaltable Román Subiza se hizo cargo brevemente de

la intervención, transfiriéndola luego a Almerindo di Bernardo. En mayo de 1949, un nuevo gobernador, elegido por el pueblo, se hace cargo del Ejecutivo santiagueño. Naturalmente: Carlos A. Juárez.

En Mendoza las cosas fueron más pacíficas, pero no dejaron de tener sus aristas. Allí, los laboristas, cuyos cuadros habían sido digitados, como en otras provincias, por la delegación local de la Secretaría de Trabajo y Previsión, cedieron posiciones a los ex radicales adheridos al peronismo. Por inexperiencia política o por tener conciencia de la debilidad de sus fuerzas, accedieron a que la fórmula provincial que competiría en febrero de 1946 estuviera integrada por dos antiguos radicales, Faustino Picallo —que había sido intendente de la capital mendocina durante el gobierno de facto— y Rafael Tabanera, ambos de prestigio personal y adheridos al peronismo en 1944. Los laboristas se reservaron una de las senadurías nacionales. También apoyó la candidatura de Perón la UCR Lencinista, muy debilitada, pero depositaria todavía de la leyenda del "Gaucho" y el "Gauchito" Lencinas.

Las boletas peronistas superaron ampliamente a los radicales, los conservadores y los comunistas. Pero cuando la Legislatura se reunió para designar a los senadores nacionales, los ex radicales no cumplieron el convenio con los laboristas. En una escandalosa sesión —en la que hubo de clausurarse la puerta de la sala— presidida por un hermano del ciudadano que resultaría elegido senador en violación del pacto, nombraron a Lorenzo Soler y Alejandro Malthus Hoyos. Hirvieron los laboristas de indignación, efectuaron un tumultuoso acto de protesta, acusaron de traidores a sus compañeros de causa y hablaron de impugnar el diploma del senador cuestionado, pero, finalmente, las rabias se fueron aquietando. Sin embargo, la división en las huestes peronistas se mantuvo latente y, aunque Picallo pudo gobernar sin grandes problemas, el conflicto se expresó en algunas oportunidades: la más sonada, durante la Fiesta de la Vendimia de 1948, cuando en presencia de Perón y Evita el gobernador cosechó una estruendosa silbatina.

Luego, como en las otras provincias, la rígida estructura del Partido Peronista fue tapando a presión las fisuras. Desde Buenos Aires, Teissaire ejercía una conducción que, en el caso de Mendoza, estaba acentuada por una suerte de patronazgo personal al que se creía autorizado por la actuación de su padre en las filas del lencinismo, veinte años atrás. En 1948, la Constitución de Mendoza fue reformada, y, con ese motivo, la convención que se reunió fue escenario de debates en los que tuvieron participación descollante algunos radicales de distinguida actuación posterior, como Alfredo Vítolo y Leopoldo Suárez, así como el patriarca del comunismo mendocino, Benito Marianeti. Esta Constitución debió adaptarse un año más tarde a las reformas marcadas por la Constitución de 1949, y ello motivó su derogación por decreto en 1956.

Cuando Picallo concluía su gestión, el grupo que lo rodeaba estaba demasiado debilitado para poder imponer su sucesor. Los laboristas se tomaron ahora la revancha de su ingenuidad en 1946 y aceptaron que desde Buenos Aires enviaran como gobernador al teniente coronel Blas Brísoli, hombre tan de confianza de Perón que había sido secretario administrativo de la presidencia. A su lado, los antiguos laboristas lograron desde entonces una mayor gravitación en el gobierno provincial, pero aceptando el precio de una total sumisión a las directivas del consejo superior del Partido Peronista. Después de la caída de Perón aparecerían abiertamente las divisiones del peronismo mendocino que hasta entonces se habían mantenido sofocadas, y entonces lo hicieron con mayor virulencia que en otras provincias, acaso para compensar el artificial pegamento con que se había mantenido la unidad oficialista en la provincia cuyana.

Tampoco la tierra sanjuanina se libró de inquietudes políticas. Aquí, al apoyo que recibió Perón por parte de algunos ex radicales y ciertos dirigentes sindicales que luego se distinguirían como laboristas, se sumó la adhesión del bloquismo, liderado por Federico Cantoni. Era una actitud congruente con su pasado, pues el bloquismo fue el peronismo de la década del 20. Pero días antes de la elección de 1946, convencido de la derrota de Perón y resentido por no haber podido imponer sus candidatos a la alianza peronista, Cantoni anunció su apoyo a Tamborini y Mosca, que con este aporte triunfaron en San Juan. En el orden provincial, en cambio, la conjunción peronista ganó la gobernación, seguida de cerca por los bloquistas y, más distanciadamente, por los conservadores y los radicales en este orden. Poco tardó Cantoni en revisar su actitud. Entrevistóse con Perón y aceptó inaugurar la embajada argentina en la Unión Soviética, a la que llevó dos "pollos" que harían carrera: Leopoldo Bravo y Alejandro Orfila. En compensación, don Federico aceptó disolver el bloquismo, y así ocurrió formalmente: en los hechos, sus huestes mantuvieron cierta individualidad (a diferencia del lencinismo mendocino, que quedó subsumido dentro del Partido Peronista) y lograron reconstituirse después de 1955.

Entretanto, los nuevos gobernantes peronistas de San Juan iniciaban su gestión. Juan Luis Alvarado, distinguido abogado radicado desde joven en Buenos Aires, donde cultivó la amistad de Arturo Jauretche, era un fino político y un excelente orador; pero su alejamiento de la provincia dificultaba su gestión por desconocimiento del medio. Su vicegobernador era Ruperto Godoy, un martillero simpático y dicharachero, cuyo origen político —caso único en los anales del primer peronismo— era la democracia progresista. Godoy hizo su base en la difícil Legislatura, donde había doce diputados peronistas, diez bloquistas, cuatro radicales, tres conservadores y un independiente. La designación de senadores nacionales, Oscar Tascheret y Pablo A. Ramella, fue el último acto político logrado por el gobernador; en adelante, su vice, olvidado de los manes de Lisandro de la Torre, se dedicaría a hacerle la vida imposible. Alvarado duró solo nueve meses: disgustado por las minucias que debía enfrentar, amargado por la diferencia entre sus ideales forjistas y la mezquina realidad provinciana, en ese San Juan que era todavía un confuso campamento con todas las cicatrices del terremoto que dos años antes lo había destruido, renunció a principios de febrero de 1947. Godoy ocupó el puesto vacante.

Su administración estuvo signada por la buena suerte. Sin mayor esfuerzo por parte de la provincia, esos años asistieron a la reconstrucción de la ciudad con fondos de la Nación a través de un consejo dependiente del Ministerio del Interior. La resurrección urbana aparejó un proceso lateral de recuperación económica y expansión de la industria vitivinícola. Por su parte, Godoy hizo construir más de cien escuelas, las principales oficinas del gobierno provincial, muchas viviendas y un dique nivelador en las cercanías de la ciudad; instauró, además, el seguro agrícola contra el granizo para proteger al viñatero de contingencias meteóricas, y mantuvo buenas relaciones con las fuerzas opositoras. En 1949, la Legislatura, transmutada en Convención Constituyente, por virtud de las disposiciones transitorias de la nueva Constitución, modificó la carta magna local, estableciendo el sistema de mayoría y minoría en sustitución del de circunscripciones unipersonales, y permitió la reelección del gobernador por un período de dos años.

Godoy fue reelegido, pero ahí acabó su fortuna porque al día siguiente de asumir —mayo de 1950— falleció repentinamente. Una vez más se cumplía aquella sombría ley histórica que manda morir en su puesto a los gobernadores sanjuaninos. Aunque hay que convenir que existe una diferencia entre los balazos que voltearon en su momento a Benavídez, Virasoro, Aberastaín, Videla, Gómez y Jones, y el ordinario infarto que borró a Ruperto Godoy de este mundo.

Si hemos catalogado como "líos" los conflictos provinciales acaecidos entre 1946 y 1949, es porque efectivamente lo fueron: nudos difíciles de desatar que generalmente terminaron cortados por el sablazo federal o por la cruda imposición de soluciones desde Buenos Aires. Pero lo de Corrientes no fue un lío sino un abuso. Un abuso injustificable que agrega una mancha más a la historia del gobierno de Perón en relación con la estabilidad de las instituciones y con el respeto por el federalismo.

Corrientes había sido una de las cuatro provincias donde Perón perdió la elección presidencial de 1946. Los 33.000 votos que reunió allí fueron superados por 56.000 sufragios reunidos para la Unión Democrática por radicales, liberales y autonomistas, a los que se sumaron los pequeños aportes de demócratas progresistas y comunistas. Cuando se reunió el colegio electoral que debía designar gobernador, tanto el partido de la divisa celeste como el de la divisa colorada se avinieron a ceder sus electores al candidato del radicalismo, que dentro de la alianza antiperonista había salido segundo; a su vez, la Legislatura enviaría un liberal y un autonomista al Senado de la Nación. Era la vieja tradición pactista de Corrientes, ampliada ahora al radicalismo: ¡nunca en la historia correntina había gobernado un radical!

El flamante mandatario era un respetable jurista, Blas Benjamín de la Vega, que había renunciado en diciembre de 1945 a su nominación cuando fue aclamado por la convención provincial de su partido, pero debió aceptarla después, al fallecer inesperadamente el candidato designado. Su triunfo sería el prólogo de una penosa ordalía.

No ignoraba de la Vega que su gestión sería difícil. Era el único gobernador opositor y la grita de los peronistas se había alzado desde el primer momento, acusando al oficialismo provincial de ser producto de un "contubernio" y haber burlado la voluntad popular. Detrás de los alborotos estaba el vicepresidente Quijano, que al enterarse del resultado electoral en su provincia había murmurado "nadie es profeta en su tierra", y se preparó a arrasar al gobierno radical. Los políticos suelen acariciar obsesiones que a la luz de la razón parecen absurdas. Quijano había sido un dirigente radical de segunda línea, muy amigo de Alvear; un azar lo llevó en 1945 al Ministerio del Interior y, después de las jornadas de octubre, se convirtió en uno de los promotores de la UCR Junta Renovadora, ni siquiera el más importante. De pronto, en los barullos preelectorales, lo designan candidato a vicepresidente, ganándole de mano a Armando Antille, que tenía más gravitación. Y he aquí al "Abuelito" —como lo saludaban a gritos en los actos peronistas— convertido en el segundo magistrado de la República, restablecida su tambaleante situación económica, dueño de una cuota de poder como la que implicaba la titularidad del Senado. Sin embargo, Quijano no se sentía satisfecho: estaba emperrado en poner el pie en Corrientes, manejar la situación de su provincia, en la que sólo había llegado a ser candidato a vicegobernador de una oscura disidencia radical, allá por la década del '20...

Lo consiguió. La primera señal del destino que esperaba al gobierno correntino fue la postergación indefinida del tratamiento de los diplomas de los senadores electos en la Cámara Alta, que presidía Quijano. Paralelamente, el vice-presidente insistía ante Perón sobre la necesidad de intervenir la provincia radical. Se dice que el presidente resistió todo lo que pudo el asedio de su compañero de fórmula, porque la existencia de una provincia opositora convenía a la imagen de su régimen en el exterior. Total... ¡qué podía pesar Corrientes en el conjunto nacional!

Pero Perón tenía por el "Abuelito" una especial consideración y Evita lo quería: probablemente ambos tenían la certeza de que Quijano jamás los molestaría, puesto que ya la vida le había brindado regalos nunca soñados. Quijano hizo presentar en agosto de 1946 un proyecto de intervención a Corrientes en la Cámara de Diputados, para que no se notaran tanto sus huellas digitales; por ahora, era una espada de Damocles sobre la cabeza de de la Vega. En mayo de 1947, cuando Perón fue a Paso de los Libres para inaugurar el puente internacional que une esta ciudad con Uruguayana, evitó cuidadosamente quedar a solas con el gobernador de la Vega, y este regresó a la capital de la provincia con la amarga sensación de que la intervención era cuestión de tiempo, que la decisión ya estaba tomada.

El 4 de setiembre (1947) Perón firmó un decreto por el que designaba interventor federal en Corrientes al general

Filomeno Velasco, a quien debía buenos servicios como jefe de Policía en los días previos a las jornadas de octubre de 1945. Con dignidad, tal vez con secreto alivio, de la Vega no aguardó la llegada del comisionado y transfirió el poder al jefe del Estado Mayor de la División radicada en Corrientes, tras anunciar, un tanto pomposamente, que en aras de la paz interior declinaba convocar a las milicias locales para la defensa de la autonomía provincial. Después entregó las cuentas que acreditaban la honradez de su gestión y una botella de champaña que había encontrado al hacerse cargo de su despacho y que nunca había destapado... Y habrá devuelto —nos imaginamos— el frac prestado que había vestido para su juramento un año y medio antes.

Ahora reinaba la unanimidad en el panorama político de las provincias.

Pocas fueron las provincias que dejaron de padecer descalabros políticos e institucionales durante la primera etapa del gobierno peronista. La de Buenos Aires fue una de estas excepciones, aunque en 1946/47 los cimbronazos de la disidencia de Reyes la afectaron en cierta medida. Pero Mercante manejaba la situación política con firmeza, y el alzamiento laborista no tuvo efectos significativos. Por otra parte, la gestión de el "Corazón de Perón" fue dinámica y eficaz, y sus relaciones con la oposición, sin ser cordiales, se mantuvieron en un nivel de respeto mutuo, contribuyendo a desenvolverse pacíficamente.

Tampoco hubo mayores problemas en Entre Ríos, donde el nuevo gobernador, Héctor F. Maya, provenía del forjismo. Aquí, el conservadorismo había volcado parte de sus votos a favor de Perón y el candidato demócrata a la gobernación en 1946 obtuvo su premio en forma de embajada, la más codiciada del servicio exterior argentino: España. Por otra parte, el radicalismo entrerriano, conducido por Eduardo Laurencena, una respetable personalidad del unionismo, mantenía un estilo tradicionalista que componía un fácil contraste con la significación política de Maya, aparente expresión de un movimiento renovador destinado a enfrentar el atraso y el aislamiento que habían pesado ancestralmente sobre la provincia mesopotámica.

En cuanto a San Luis, donde Perón perdió las elecciones de 1946, también presentó un panorama pacífico hasta 1950, gobernada como estaba por un líder de prestigio, Ricardo Zavala Ortiz, de origen radical, cuyo íntimo parentesco con uno de los diputados radicales más combativos no le impidió ser reelegido en su cargo en 1950.

Asimismo, no hubo escándalos en Tucumán, donde el laborismo, apoyado por la combativa estructura de la FOTIA, había triunfado abrumadoramente en 1946, llevando como candidato a un militar retirado, el mayor Carlos Domínguez, un porteño radicado en la provincia desde 1943, hombre de gustos refinados y dotado de cierta astucia. Su período duró hasta 1950 y en su transcurso logró realizar una importante obra pública en escuelas de campaña, viviendas, puestos sanitarios y pavimento. En realidad, el mayor sobresalto de Domínguez fue la huelga de la FOTIA, que durante más de un mes paralizó en 1949 la más importante producción tucumana, provocó la ira de Perón (que denunció por radio a los "comunistas" por sus nombres, lo que permitió a éstos ocultarse a medida que se los nombraba) y tuvo como trágica secuela el asesinato bajo tortura del obrero Carlos Aguirre, que conmovió al país entero. En compensación a estos disgustos, Tucumán asistió al esplendor de su Universidad Nacional, donde Lino

Eneas Spilimbergo orientó una revolución plástica de prolongada trascendencia y distinguidas personalidades extranjeras trajeron aires renovadores a la enseñanza; de
esos años fue la faraónica construcción de la ciudad universitaria en las faldas del Aconquija, que nunca pudo terminar-
se y cuyos enormes bloques inconclusos todavía se exhiben
en San Javier. Además, Domínguez tuvo una satisfacción
muy especial: la "Declaración de la Independencia Económica" proclamada el 9 de julio de 1947 por el presidente, con
granaderos y todo, que dio motivo a un resplandeciente espectáculo cuya sede fue, desde luego, la "benemérita y muy
digna ciudad de San Miguel de Tucumán", como rezaba la
macarrónica acta levantada en la ocasión.

Jujuy no ofreció motivos de inestabilidad. En esta provincia, el triunfo peronista de 1946 fue espectacular: radicales renovadores y laboristas habían ido separadamente a
los comicios, aunque llevando candidatos comunes a electores presidenciales. Los primeros obtuvieron 9200 votos y los
segundos 6100, totalizando casi 15.000 sufragios para Perón. Los conservadores cosecharon unos 4300 y los radicales apenas 2500: ¡todo el radicalismo jujeño se había ido
con Perón, tras la figura paternalista de don Miguel Tanco!
En consecuencia, fue consagrado gobernador el candidato
renovador, ingeniero Alberto Iturbe, que había llegado a
Jujuy como director de obras públicas en 1943 y tenía cierta
vinculación familiar con el medio, como primo que era de
Tanco. No tuvo Iturbe problemas importantes durante su
gestión: logró manejar autoritariamente al peronismo, en
combinación con el interventor partidario local, y esto le
permitió realizar una obra recordable en materia de construcciones escolares y edificios públicos. Durante su gobierno, la Nación expropió las tierras cuyos títulos reclamaban sus poseedores de la Puna, lo que no cambió mucho

la situación de los pobladores, pues del patrón ancestral y próximo pasaron a poder de un patrón lejano y burocrático. Iturbe entregó en 1950 el poder a Jorge Villafañe, su sucesor, mientras él pasaba al Senado nacional, como en los mejores tiempos del Régimen.

Hemos sido excesivamente prolijos al trazar el perfil de los conflictos provinciales entre 1946 y 1949, porque son el antecedente indispensable de un fenómeno que se abordará detalladamente en otro volumen de esta obra: el progresivo decaimiento de los elencos del peronismo. Ya se verá cómo la segunda generación de gobernadores peronistas fue integrada por hombres de la intimidad de Perón, casi invariablemente militares, o por técnicos sin representatividad popular, unos y otros impuestos desde Buenos Aires sin tener en cuenta la relación de fuerzas locales.

Los líderes natos que habían aparecido en la eclosión de 1946 fueron marginados, en general, y en estas volteadas los que perdieron fueron, sobre todo, los dirigentes venidos del radicalismo. Pero esto será materia de un análisis posterior, y por ahora solo corresponde señalar un par de reflexiones que sugieren los líos provinciales que hemos contado.

Ellos fueron expresivos de la improvisación con que debieron articularse las fuerzas peronistas en la primera etapa y la forma indiscriminada de su reclutamiento. Perón, que se presentaba como una alternativa nueva, y ciertamente lo era, afirmaba "la era del fraude ha terminado" y repudiaba a los partidos tradicionales como expresiones superadas de la vieja política: pero en muchas de las realidades provinciales, sus cuadros se formaron con los elementos más desprestigiados de la misma política que cuestionaba, y la lucha por los gajes del poder dio lugar a espectáculos que en nada se diferenciaron de las peores épocas del Régimen o la Causa.

Seguramente los disgustos que soportó Perón y las reiteradas transacciones, arbitrajes y decisiones que debió adoptar endurecieron su decisión de terminar con esos escándalos mediante el repujamiento de un partido monolítico, vertical, donde toda indisciplina fuera sofocada en agraz. Era la reacción comprensible de un hombre que llegaba a la política después de treinta años de vida militar. Pero el precio de la tranquilidad así obtenida fue muy alto, como se verá a su debido tiempo.

Hubo, asimismo, un efecto residual de tipo institucional en los espasmos peronistas provinciales durante esta primera etapa: la acentuación del centralismo político. Todos los problemas generados y desarrollados en cualquier provincia, al adquirir determinada entidad, se arbitraban en Buenos Aires. La reiteración de este hábito fue acentuando la dureza del dogal que siempre funcionó en este terreno desde los tiempos de la organización nacional, pero que ahora Perón apretaba frecuente y desaprensivamente. Los poderes absolutos concedidos al consejo superior del Partido Peronista, así como la injerencia permanente del secretario de Asuntos Políticos de la Presidencia de la Nación en estos problemas, hicieron que el tan denunciado centralismo de la época de Roca o Yrigoyen fuera un juego de niños en comparación. Por lo cual, el desembrollo de los líos provinciales, por falta de paciencia en los titulares del poder nacional, por su escaso respeto por el espíritu de la Constitución y por apetencia de poder en los implicados y en los que resolvían, derivó en un grave deterioro del sistema federal, inexistente en los hechos durante todo el régimen de Perón.

CAMBIAR LA CORTE

Un mes después de la asunción presidencial de Perón, el presidente del bloque oficialista de la Cámara de Diputados presentó un proyecto de juicio político contra cuatro de los cinco miembros de la Corte Suprema de Justicia de la Nación y contra el procurador general de ésta.

La primera reacción de los círculos opositores y de la gente de la curia fue suponer que se trataba de un acto espontáneo; el diputado Decker, en el breve tiempo de su gestión como presidente de la bancada mayoritaria, se había desconceptuado y no se lo veía como traductor de una tendencia oficial auténtica. Otros conjeturaron que se trataba de una presión para obtener la renuncia de los magistrados. Pronto se vería que era el principio de una iniciativa llevada adelante a través de sus distintas etapas, tendiente a sustituir a los miembros del alto tribunal por otros que fueran afectos al nuevo régimen.

En el año anterior, el dramático año 45, la Corte había chocado con el gobierno de facto en varios momentos. Además de declarar la inconstitucionalidad parcial del régimen orgánico de la Secretaría de Trabajo y Previsión, había invalidado la creación de un tribunal de apelaciones en el Chaco y decidió no tomar juramento a los miembros de la Cámara de Apelaciones del Trabajo. Además de estas resoluciones, el tribunal presidido por Roberto Repetto ordenó reponer a un juez removido por el gobierno y no modificar la situación de otros jueces trasladados contra su voluntad. Pero aun más importante que estos hechos fue el espíritu que transpiraba la Corte, enfrentado a todo lo que Perón significaba.

El juicio político de 1946 fue "una fatalidad histórica" —ha dicho Julio Oyhanarte.

Y en efecto, fue así. El nuevo gobierno constitucional hubiera podido buscar una solución menos drástica; Repetto se había acogido voluntariamente a la jubilación antes de la asunción presidencial de Perón, en un gesto destinado a alejar de la Corte el peligro de una hostilidad abierta por parte del gobierno. Pero el presidente no quería sutilezas en este terreno. ¿Era simplemente una venganza frente a la institución que en setiembre de 1945 había sido la bandera de la oposición antiperonista con su consigna "El gobierno a la Corte"? ¿O creía que su futura gestión sería tan revolucionaria que no habría de ser tolerada por un tribunal con la integración de aquel entonces? Sea como fuere, Perón no admitió una vía intermedia como la que transitó Roosevelt cuando los *five old men* enfrentaron las leyes del New Deal, y optó por la remoción lisa y llana de Repetto, Antonio Sagarna, Benito Nazar Anchorena, Francisco Ramos Mejía y Juan Alvarez, asumiendo el alto costo que suponía implementar la maniobra, pues esta vía, absolutamente directa, adolecía de un grave defecto: la necesidad de urdir un juicio a todas luces injusto, ya que los cargos que podían formularse a los miembros de la Corte no importaban ni mal desempeño ni delitos en el ejercicio de sus funciones, tal como establece el art. 45 de la Constitución Nacional. "Desde cierto punto de vista —dice Oyhanarte— más que una acusación parecían constituir un elogio. Si esto que decía Decker era todo lo que podía aducirse contra una jurisprudencia de dieciséis años, no había duda que esa jurisprudencia debía haber sido realmente impecable."

Y, en efecto, el juicio político se basó en fundamentos hipócritas e insostenibles: el más importante, las "acordadas" de 1930 y 1943, por las que reconoció la Corte la exis tencia de los gobiernos de facto surgidos de movimientos militares.

El 18 de setiembre, 104 diputados aprobaron el proyecto de juicio político contra el voto de 47 opositores. Por supuesto, el largo debate —casi un día entero— dio oportunidad a los legisladores de la minoría para hacer trizas los débiles argumentos de la mayoría. Una de las pocas voces sinceras de la bancada peronista fue la de Guillermo Klix López:

"El juez que viole el derecho nuevo debe ser separado con toda razón por el Congreso que representa ese derecho nuevo, porque no es posible que el derecho viejo se mantenga a través de las instituciones judiciales, cuya función es aplicar el derecho de su época y no el derecho del pasado."

Pero la incógnita era esta: ¿existía realmente un derecho "nuevo" que justificara la remoción de la Corte?

El juicio siguió, pues, un trámite que no podía deparar sorpresas. El Senado, que debía actuar como tribunal, modificó su reglamento para evitar que los defensores hicieran una tribuna desde sus puestos, de modo que ni siquiera se brindaría el espectáculo de Alfredo Palacios como defensor de Sagarna enjuiciando al Régimen desde su antigua banca. Ramos Mejía, por su parte, optó por no defenderse, tachando el juicio de inconstitucional. Alvarez redactó el escrito de su propia defensa y Repetto, haciendo notar que ya no integraba el tribunal, por lo que el juicio era inconducente, encargó la suya a sus hijos.

El 4 de diciembre (1946) se inició el juicio en el Senado. Palacios exigió, de entrada, sentarse en una banca para ejercer su derecho de defensa; Quijano ordenó su expulsión, y el viejo tribuno socialista se fue carajeando, dando brazadas para impedir que lo tocara el comisario del cuerpo. Correspondió al secretario leer los cargos y también hacer la desleída lectura de las defensas. A su debido tiempo se abrió a prueba y tampoco en esta instancia se produjo el escandaloso espectáculo que algunos opositores esperaban: el Senado rechazó por irrelevante el pedido de que se citara a una larga lista de testigos encabezada por Perón.

Finalmente, el 30 de abril de 1947, la totalidad de los veintiocho senadores votó la destitución de los imputados. Un oficioso senador propuso agregar un artículo en la sentencia, declarando la incapacidad de los enjuiciados para ocupar en el futuro puestos públicos u honoríficos; pero el objetivo del proceso político había sido logrado y no había interés en extremar la sanción con ese aditamento infamante. Semanas más tarde, el Poder Ejecutivo Nacional pedía acuerdo al Senado para designar al nuevo tribunal. Tomás Casares, nombrado en 1945, era el único sobreviviente de la Corte anterior que pasó a integrarla en su nueva composición.

Estos son los hechos escuetos. Ahora bien: ¿necesitaba Perón el escándalo de este juicio arbitrario, cuyos fundamentos no resistían el menor análisis y cuyo procedimiento estaba viciado de parcialidad? ¿Era indispensable semejante violación del ordenamiento constitucional para instalar otra Corte? ¿Precisaba Perón que un nuevo tribunal tutelara en el orden judicial un conjunto normativo nuevo, revolucionario? Como en otros casos que hacen a la estructura del Estado peronista, la respuesta debe ser negativa. Ni existía una legislación tan atrevida que necesitara otra Corte para pasar por el tamiz judicial, ni fue necesario un procedimiento tan rudo y forzado.

Acaso Perón quiso mostrar una decisión revolucionaria que no usó en otros campos: los viejitos de la Corte eran un buen blanco y su desplazamiento alimentaba la vocación de cambios drásticos que oscuramente sentían las masas peronistas. Entregándolos al holocausto, probaba el presidente que era capaz de decisiones osadas.

De todos modos el juicio a la Corte sólo conmovió a la oposición y tuvo repercusión limitada. Nadie derramó lágrimas por esos correctos y anacrónicos magistrados, despedidos de una manera dura y desprolija, cuyos reemplazantes tocarían los extremos más increíbles de la obsecuencia en poco tiempo más.

LA CGT DE PERON

El triunfo de Perón en febrero de 1946 fue, para muchos trabajadores, algo así como el advenimiento de un milenario. Se había materializado un sueño, la "Patria hermosa" de las consignas que se vocearon en la campaña electoral. La tierra que manaba leche y miel estaba a la vista, se la podía tocar... Fueron estos sectores los que vivieron la Argentina como una fiesta, en los primeros años del tiempo de Perón. No se trataba solamente de que ahora quedaban firmes y garantizadas las mejoras que se habían obtenido; gracias a sus propios votos ya estaba en el poder el hombre que les había hablado al corazón, en mangas de camisa, con palabras simples y entradoras, vivificando su dignidad de trabajadores y valorizando la fuerza formidable de que disponían.

No es de extrañar, entonces, que algunos sectores obreros pretendieran avanzar un tramo más sobre el camino recorrido. El método de lucha que mejor conocían, la huelga, fue usado a lo largo de 1946 y hasta 1949 con una extensión y una decisión que no solo inquietó a los empresarios

sino que llegó a alarmar al propio gobierno. Perón no podía soportar indefinidamente este ritmo, y pronto se ocupó
de encauzar tales disciplinas, como ya veremos.

En 1945 habían estallado 47 huelgas en la Capital Federal, que afectaron a 50.000 trabajadores; al año siguiente,
el triunfal año 1946, los movimientos treparon a 142 y com-
prendieron a 335.000 obreros, con más de dos millones de
días de trabajo perdidos. En 1947, las huelgas fueron sólo
64, pero estuvieron involucrados casi 550.000 trabajadores, y los días de trabajo perdidos llegaron a tres millones y
medio sólo en la ciudad de Buenos Aires. Fue el pico más
alto de toda la era peronista: para entonces la CGT ya estaba firmemente comprometida con el régimen y pronto ba-
jaría el ritmo de los movimientos de fuerza.

Apreciado fuera de su contexto, este fenómeno puede
aparecer al observador como una manifestación de desorden social y aun de hostigamiento contra el Estado; en realidad, traducía la dinámica de los sectores obreros que bus-
caban la concreción de una justicia social prometida pero
todavía imperfectamente realizada. Hay que recordar que
la acción desarrollada por Perón al frente de la Secretaría
de Trabajo y Previsión no aparejó ninguna revolución jurídica, aunque sí un profundo cambio de actitudes. A juicio de muchos dirigentes sindicales, el triunfo electoral de
1946 debía seguirse con el perfeccionamiento de las conquistas obreras; ya no se trataba solo de mejoras salariales
o de condiciones de trabajo, sino de realizaciones más permanentes y trascendentales, tales las enunciadas en el decreto 33.302/45.

Como apunta Louise M. Doyon, las numerosas huelgas
realizadas entre 1946 y 1949 pueden interpretarse "como
una tentativa de los trabajadores de transferir su victoria
política en las elecciones presidenciales de 1946 al área de

las relaciones de trabajo" para asegurar "la implementación total de las reformas sociales decretadas por el Estado". No fueron, en general, movimientos contra un gobierno que sentían como propio; sentían que habían quedado atrás los riesgos que vivieron los antiguos luchadores sindicales, expuestos al matonismo patronal y policial, a las "listas negras" y a la persecución. Estas huelgas entre 1946 y 1949 fueron, como apunta Julio Mafud en su *Sociología del Peronismo*, "encuentros casi familiares", con un "clima de fiesta".

Pero algunos fueron movimientos duros y persistentes. El Estado peronista no podría asimilarlos por mucho tiempo.

El conflicto de la carne, por ejemplo, tuvo a Perón a mal traer durante varias semanas del año 46. Pocos días después de su elección, los trabajadores de la carne fueron a la huelga durante casi un mes, reclamando el pago del aguinaldo y el reingreso de 6000 compañeros despedidos. El movimiento fue apoyado por la Secretaría de Trabajo y se levantó ante la promesa de iniciar negociaciones cuando se reanudaran las tareas. Cinco meses después, las conversaciones entre las compañías y los representantes del sindicato seguían estancadas, ante la pasividad de la Secretaría de Trabajo. Claro, era el sindicato donde Reyes seguía teniendo gravitación...

A mediados de setiembre, la Federación de la Industria de la Carne ordenó un movimiento de brazos caídos. Las compañías desencadenan una ola de despidos y el 1º de octubre se declara la huelga en todos los frigoríficos. En ese momento la producción había caído en un 75 por ciento y se temía que la Argentina no pudiera cumplir sus compro-

misos con Gran Bretaña en materia de venta de carnes.
Siguió casi un mes de estancamiento. El 24 de octubre,
Reyes reunió a algunos centenares de obreros de la carne
frente al Palacio del Congreso: reclamaban la sanción del
Estatuto para su gremio, que tenía media sanción y esperaba la aprobación de la Cámara de Diputados. A las cuatro
de la tarde, un vocero del bloque peronista informó a gritos, desde una ventana, que los radicales se habían retirado
con el propósito de obstruir la sesión; pero "el peronismo
tiene mayoría y lo aprobará lo mismo". Una hora después
una delegación entra en el edificio para averiguar qué pasaba; el presidente de la Cámara les informa que se ha constituido una comisión especial para estudiar expeditivamente
el tema. ¿La integra el diputado Reyes? —preguntan los visitantes. Se les responde que no. Los delegados urgen la
sanción de la ley; se les vuelve a decir que los radicales están obstruyéndola; un diputado radical, entonces, afirmando en un ventanal y provisto de un megáfono, niega la acusación: son los peronistas los que están demorando la sanción. Confusión, gritos, palabrotas en la multitud. A las
diez de la noche la Cámara pasa a su cuarto intermedio.
Cuando los obreros advierten que se está arriando la bandera, tiran piedras y botellazos contra el palacio. Arremete
la policía. Hay obreros y agentes lastimados. Finalmente,
los obreros retornan a Berisso, Ensenada y Zárate, mohi-
nos y frustrados. Pero, eso sí, sin dejar de ser peronistas...

Perón dejó pasar el chubasco y solo el 2 de noviembre
—después de casi dos meses de huelga— ofreció su media-
ción sugiriendo un aumento: el sindicato lo rechazó. Días
después duplicó la oferta: nuevo rechazo de la asamblea sindical porque no se aceptaba la participación obrera en la elaboración de las pautas que definirían la "garantía horaria".
Las compañías, sin embargo, aceptaron la propuesta presi-

dencial y abrieron las puertas de los frigoríficos; un número insignificante de obreros se presentó a trabajar. Entonces Perón insinúa que en el conflicto están operando "factores extraños"; a continuación se producen detenciones de dirigentes y se clausuran algunos locales. Pero los trabajadores no retornan a sus tareas. Finalmente, después de dos meses y medio, el gobierno se resignó a imponer por decreto las demandas de los trabajadores, asegurando a las empresas un subsidio para posibilitarlas. La solución significó poner a los trabajadores de la carne en las mejores condiciones salariales de toda la industria y al mismo tiempo limitó la tradicional facultad de las empresas de suspender y despedir a los obreros según modalidades estacionales. Hay que recordar que la mayoría de los frigoríficos eran ingleses, lo que ponía al gobierno en la imposibilidad de enfrentarse directamente con esos intereses en un momento delicado de negociaciones anglo-argentinas que abarcaban, virtualmente, todas las inversiones británicas en el país.

Nunca perdonó Perón a los trabajadores de la Industria de la Carne estos malos ratos. A mediados de 1948 el gremio se divide, fundándose FATICA, de orientación totalmente peronista "leal", según la nomenclatura de Walter Little. A principios de 1950, la CGT intervino la Federación, con motivo de una huelga; el sindicalismo vertical había logrado que luchas épicas como las de 1946 fueran solo un recuerdo...

El año 1947 también fue pródigo en huelgas. A fines de enero el Sindicato Unico Portuarios Argentinos (SUPA) inició un movimiento de "brazos caídos" en demanda del pago de aguinaldos adeudados y de las vacaciones anuales. En 1948 se lanzó a una nueva huelga, que fue declarada ilegal; la entidad fue intervenida por la CGT hasta mediados de 1949. Hay que señalar que el gremio portuario había tenido, tradicionalmente, una gran influencia anarquista, hasta que en 1944 un dirigente partidario de Perón fundó el SUPA.

En abril (1947) la Unión Obrera Petrolera declaró un movimiento de "brazos caídos" para obtener mejoras salariales; el movimiento fracasó pues la Secretaría de Trabajo ordenó el retorno a las tareas sin que los obreros hubieran cumplido sus objetivos.

En mayo de ese mismo año fueron a la huelga los obreros municipales de Buenos Aires. Fue el movimiento más espectacular de 1947 por las consecuencias que aparejó: montañas de basura a lo largo de las calles de la ciudad. La Unión Obrera Municipal, de origen socialista, había sido intervenida en 1944: tres años más tarde, ante la postergación indefinida de la normalización del sindicato, un grupo de dirigentes de aquella extracción resolvió anunciar. Esta situación activó el malestar de los trabajadores municipales, que no habían podido imponer sus demandas salariales mientras los secretarios de la Municipalidad se duplicaban sus propios sueldos... Había, además, una intriga palaciega: el director de Limpieza quería poner en situación difícil al intendente Emilio Siri. Pero lo que pareció al principio un episodio político de monto comunal se convirtió rápidamente en una protesta incontrolable. El 26 de mayo, carros basureros y chatas atravesaron el centro de Buenos Aires en pintoresco desfile para estacionarse frente a la Dirección de Limpieza y exigir el pago del aumento solicitado. La huelga fue declarada ilegal, pero la inmundicia empezó a cubrir la ciudad. Perón acosaba a Siri para que solucionara el conflicto; los huelguistas ahora se ponían firmes y pedían que se reincorporara a los cesantes y se pusiera en libertad a los compañeros detenidos. El 4 de junio, primer aniversario de la asunción presidencial de Perón, los porteños vieron el curioso espectáculo de camiones del Ejército cargando la basura y taxímetros reclutados por el sindicato respectivo, ayudando la recolección... Tres días más tarde los huelguistas lograron las reincorporaciones y libertades reclamadas, y un compromiso de concretar los aumentos un mes más tarde. Sólo entonces, cuando Buenos Aires parecía un basural, cesó el movimiento.

Hubo otras huelgas importantes en 1947: en el interior, de obreros de la construcción y los movimientos de los textiles de setiembre y octubre, que abarcaron a más de 70.000 trabajadores de las ramas lana y algodón. La Secretaría de Trabajo declaró ilegal el movimiento e instrumentó la formación de un comité obrero que exhortó el retorno al trabajo, lo que logró después de varios días. Casi inmediatamente, la Asociación Obrera Textil (AOT) —que se había fundado en 1945 sobre los restos de la antigua Unión Obrera Textil, de filiación socialista y comunista— fue intervenida por la CGT.

El año se cerró con un importante movimiento huelguístico declarado por la Unión Obrera Metalúrgica (UOM), que paralizó una tercera parte de la industria de metales. Es de recordar que la UOM se fundó en 1943 por un grupo de militantes que se alejaron del Sindicato de la Industria Metalúrgica, comunista, y a partir del año siguiente fue uno de los apoyos más consecuentes de Perón en el campo obrero. No obstante estos antecedentes, en ocasión del movimiento de noviembre de 1947, la Secretaría de Trabajo amenazó con declararlo ilegal y, luego de obtener el retorno al trabajo, impuso por decreto a las empresas la mayor parte de las demandas obreras. Como hecho curioso y significativo, es de destacar que el gremio metalúrgico desde entonces no conoció conflictos graves con la patronal hasta 1954.

También el año 1948 asistió a movimientos importantes. El ciclo se inició en enero, con una huelga de los trabajadores petroleros de industrias privadas; las exigencias de la Unión Obrera Petrolera fueron rechazadas no sólo por las empresas sino también por la Secretaría de Trabajo, que denunció "problemas artificialmente creados y fomentados por dirigentes de algunos sectores de la antipatria". Se declaró ilegal el movimiento; finalmente, los huelguistas volvieron al trabajo y posteriormente debieron aceptar un estatuto menos avanzado que el que pretendían. Este movimiento debe vincularse con el que seis meses más tarde lanzaron los trabajadores de YPF (Sindicato Único Petrolero del Estado, SUPE, fundado en 1945 y de orientación peronista), que también fracasó después de haberse declarado ilegal, retirado la personería gremial del sindicato y detenido a los miembros del comité de huelga. Pero la creciente escasez de combustible que acarreó el movimiento, en pleno invierno, indujo finalmente al gobierno a aceptar sus reivindicaciones.

En marzo de 1948 tuvo lugar uno de los movimientos más combativos y exitosos de esta etapa: el de los bancarios, al que se sumaron durante su transcurso los empleados del IAPI, Caja de Ahorros y compañías de Seguros. El gremio bancario era integrado tradicionalmente por gente de clase media; hasta mediados de la década del 40, ser bancario significaba ser "todo un partido"... La Asociación Bancaria, fundada en 1924 por militantes socialistas, era manejada desde 1947 por una dirigencia conciliadora que llevó a cabo largas negociaciones con la patronal y la Secretaría de Trabajo, sin mayor resultado. A mediados de marzo de 1948, la dirección de la Asociación Bancaria debió renunciar, desbordada por el malestar de los afiliados; la CGT intervino entonces el sindicato, pero el manejo de la situación quedó en manos de un comité clandestino que el 24 declaró la huelga. Todo el movimiento de bancos quedó paralizado en Buenos Aires y Gran Buenos Aires; como era previsible, la Secretaría de Trabajo declaró ilegal el movimiento, cuyos promotores serían "instrumentos dóciles de las oscuras fuerzas de la antipatria".

Arturo Jauretche, presidente en ese momento del Banco de la Provincia de Buenos Aires, recordaba risueñamente, años más tarde, la tumultuosa asamblea realizada en el gran hall de la institución y el enfrentamiento verbal que tuvo con uno de los empleados —el después novelista David Viñas—, que sería uno de los detenidos y luego despedido. Pues hubo más de 300 licenciados, lo que no contribuyó a pacificar los ánimos. Como diversos sectores gremiales se iban sumando a la huelga y el desquicio del movimiento financiero ya era grave, el gobierno no tuvo más remedio que ceder. El 4 de abril, los huelguistas retornaron a las ventanillas bajo promesa de reincorporación de los echados y creación de un comité elegido por ellos para negociar sus demandas: dos meses más tarde obtuvieron su escalafón y un sustancioso aumento salartial. Como se verá, dos años más tarde este movimiento —que sin duda fue uno de los pocos de intención netamente antiperonista— se repitió con similares características.

En setiembre (1948) le tocó el turno a los azucareros de Tucumán, agrupados en la Federación Obrera Tucumana de la Industria Azucarera (FOTIA), fundada en 1944 y combativamente peronista. Los movimientos de este sector tuvieron una característica singular: no fueron generales sino que se realizaban en determinados ingenios, generalmente en la época de la cosecha; eran de corta duración pero conseguían doblegar localmente a los magnates del azúcar. Desde 1945, el gobierno nacional subsidiaba la industria azucarera para ayudarla a absorber los aumentos salariales que los trabajadores iban logrando mediante la acción directa. La de setiembre de 1948 fue la primera huelga promovida por la FOTIA que alcanzó, virtualmente, a todos los ingenios de Tucumán. Apenas duró cinco días, pero los obreros consiguieron cierto resultado: un aumento que equivalía a la mitad de los que pedían, pero, así y todo, significó una sustancial mejora. Un año más tarde, el ensayo general de 1948 se repitió con más fuerza.

Finalmente, se debe recordar la huelga de panaderos que cerró el año 1948. El gremio tenía una antigua tradición anarquista, que en los años '30 viró hacia el comunismo. En 1944 se creó la Unión del Personal de Panaderías y Afines, que apoyaba a Perón; pero en este sector existía una curiosa situación porque a mediados de 1946 el gobierno había declarado servicio público a la producción y distribución de pan, con control de precios que derivó, inevitablemente, en subsidio del producto. La gran lucha del gremio apuntaba a la abolición del trabajo nocturno, objetivo que motivó varios movimientos locales desde 1946. En diciembre de 1948 la rama sindical del Gran Buenos Aires declaró la huelga después de recibir la negativa patronal de un aumento si no retornaban al trabajo nocturno. Declaración de ilegalidad de la huelga, retiro de la personería gremial del sindicato, detención de dirigentes y clausura de locales; no hubo pan en el Gran Buenos Aires y la situación se extendió al interior del país cuando la federación sindical declaró una huelga de solidaridad con sus compañeros. También este movimiento fue declarado ilegal y se clausuraron 84 centros del interior; días más tarde la federación fue intervenida por la CGT. Terminó la huelga y tres meses más tarde los panaderos recibieron el aumento pedido; por supuesto, era el gobierno el que lo subsidiaba.

En 1949, los movimientos huelguísticos empezaron a remitir, fuera porque muchas de las reivindicaciones laborales se habían pasablemente logrado o porque la CGT ya actuaba como activa centinela del orden en el campo del trabajo. En la Capital Federal, por ejemplo, sólo se registraron 36 movimientos, con unos 30.000 trabajadores involucrados y medio millón de días de trabajo perdidos, seis veces menos que el año anterior. Así y todo, hubo en marzo de 1949 una huelga de la FOTIA con motivo de la quiebra del ingenio "Esperanza", que fue aprovechada por otros establecimientos azucareros para despedir a más de 3000 trabajadores, movimiento que se renovó en octubre. La CGT intervino la FOTIA, se detuvo a cierto número de dirigentes y, finalmente, la lucha debió cesar; la FOTIA continuó intervenida hasta la caída de Perón. También los trabajadores de la carne volvieron a la huelga, esta vez por los 2000 despidos efectuados por las empresas, cuyas crecientes dificultades económicas habían persuadido al gobierno que debían dejarse sin efecto las conquistas obtenidas anteriormente, sobre todo lo que daba a los trabajadores una cierta participación en la dirección empresaria. Con diversas alternativas y pausas, el movimiento continuó hasta mayo de 1950; finalmente, los trabajadores debieron deponer su actitud y la Federación Gremial de Trabajadores de la Industria de la Carne fue intervenida. Algo parecido había ocurrido en octubre (1949) con los molineros y los panaderos, que debieron resignarse a aceptar nuevamente el aborrecido trabajo nocturno.

Estos movimientos tuvieron lugar en el Gran Buenos Aires y en el interior del país. En la Capital Federal, el más importante aparejó la desaparición, por varios días, de los diarios oficialistas *Democracia*, *El Líder* y *El Laborista*, y también de *Crítica*, *Noticias Gráficas* y *La Razón*, y finalmente de todos los diarios. La huelga de los gráficos se inició cuando la dirección peronista de la Federación Gráfica, hizo aprobar apresuradamente un convenio que los afiliados en realidad rechazaban. La patronal, en este caso, estaba constituida por el consorcio ALEA, formado por el gobierno —como veremos más adelante— de modo que la huelga gráfica apuntaba directamente a los intereses oficialistas. Ante la ola de paros que iban deteniendo las publicaciones peronistas en plenas deliberaciones de la Convención Constituyente, la dirección debió renunciar y la Federación Gráfica fue intervenida por la CGT. Por supuesto, como era habitual en estos casos, se declaró ilegal el paro y hubo más de 300 detenidos. Las empresas importaron apresuradamente a cierto número de gráficos de países vecinos hasta que los huelguistas, con la lengua afuera después de un mes de resistencia, debieron ceder.

Conviene detenernos aquí para sacar algunas conclusiones sobre el movimiento obrero en los primeros tres años de gobierno peronista.

En primer lugar, es de señalar que con excepción de las huelgas de bancarios en 1947 y de gráficos en 1949, casi ninguno de los movimientos gremiales de esta época tuvo un sentido de enfrentamiento directo con el gobierno. Si lo hubo, ello ocurrió porque, en razón de distintos motivos, desde las esferas gubernativas —la Secretaría de Trabajo o el propio presidente— se les atribuían intenciones políticas o se las marcaba como partes de un plan de "la antipatria". La mayoría de los movimientos de fuerza fueron efectuados por obreros peronistas, que confiaban en un arbitraje favorable por parte de Perón. En este aspecto recuerdan las convulsiones de los Comuneros en la América española, que se alzaba al grito de "Viva el Rey, muera el mal gobierno". Aquí también se vivaba a Perón, partiendo del supuesto de que "el mal gobierno" procedía en unos casos de los dirigentes sindicales que no interpretaban a las masas, en otros de los funcionarios de la Secretaría de Trabajo que no se avenían a aceptar las reivindicaciones obreras o, finalmente, de los patrones —estatales o privados— que les escamoteaban las conquistas prometidas. La nómina de algunos de los sindicatos involucrados en estos movimientos, como la FOTIA o el SUPE, destaca la evidencia de que algunos de los gremios más mimados por la Secretaría de Trabajo entre 1943 y 1945 fueron los más combativos después de 1946, sin que esto significara una pérdida de la fe peronista que animaba a la mayoría de sus integrantes.

En segundo lugar, es importante destacar que las reivindicaciones de esta etapa no se limitaron a las salariales, como había ocurrido en general hasta 1945. Aunque casi siempre el tema del salario estuvo presente en los conflictos de 1946/49, los objetivos de muchos movimientos apuntaban a mejoras sustanciales de las condiciones de trabajo, a una cierta participación de los trabajadores en la producción y aun en la dirección de las empresas, y a la introducción de una institución novedosa que estas trataron de evitar con todas sus fuerzas: las comisiones internas, que significaban la presencia sindical en cada rama de la producción y en cada sección de la fábrica, articulando en su conjunto una fuerza de control en el cumplimiento de los convenios y un respaldo permanente a los trabajadores en lugar de tareas. Para el movimiento obrero, pues, esta etapa fue de consolidación y robustecimiento; y aunque en algunos casos sus demandas hayan sido rechazadas, puede decirse que la organización sindical, pagando los precios que ya diremos, pudo afirmarse sobre bases más sólidas.

Louise M. Doyon señala, como una característica que
ayuda a entender lo anterior, la falta de idoneidad de la Secretaría de Trabajo en esta etapa: "no estaba adecuadamente equipada para enfrentar las violentas demandas de
los trabajadores. Tampoco disponía de los mecanismos necesarios con los cuales mediar eficazmente en los conflictos". No tenía personal calificado. Su titular, un ex dirigente del vidrio, era hombre de pocas luces; la dirección de
Acción Social Directa —el puesto más importante del organigrama— fue ocupado por tres personas distintas en menos
de un año y medio, faltaban funcionarios experimentados.
De ahí que en muchos casos la Secretaría de Trabajo opta-
ra por enfrentar espasmódicamente a los movimientos
obreros con declaraciones de ilegalidad o la cancelación de
la personería gremial; o, en casos más graves, endilgando a
los huelguistas la calificación de ser cómplices de "las oscuras fuerzas de la antipatria" o de formar parte de un plan
comunista de subversión. Era la opción más fácil para neu-
tralizarlos, y muchos dirigentes timoratos hubieron de ren-
dirse ante la amenaza de ser fulminados con semejante ex-
comunión que, hay que recordarlo, involucraba casi fatalmente un trato policial muy duro (ya en 1946 se denuncian
torturas de empleados y empleadas telefónicas en huelga) y
la posibilidad de un despido irreparable de los empleos.

Pero hay otra característica de esta etapa que debe su-
brayarse como significativa, pues su reiteración tiene que
ver con la filosofía de la "comunidad organizada" y responde al pensamiento de Perón: la injerencia cada vez más activa de la CGT en los conflictos de estos años.

En 1946, la CGT era un rótulo, más que un organismo
efectivo. Sin sede propia, sin fondos permanentes, desde

1931 había sido una especie de laxa confederación de grandes sindicatos, en la que predominaban tradicionalmente los ferroviarios. En el juego independiente que practicaban las organizaciones sindicales, la CGT era apenas un territorio de reunión que muy pocas veces adoptó resoluciones obligatorias para todas. Un ferroviario era, precisamente, el secretario general de la CGT al asumir Perón la presidencia; iniciado en los arduos días de setiembre de 1945, su período, vencía en noviembre de 1946. La renovación de la dirigencia cegetista era la gran oportunidad que se le abría a Perón para transformar el organismo en un pilar activo y vigilante del movimiento obrero, un instrumento de control sobre el cual descansar de los sobresaltos que le estaban causando los conflictos gremiales producidos o por producirse.

En consecuencia, Perón instó a Ángel Borlenghi, su ministro del Interior y a la vez secretario de la Confederación de Empleados de Comercio, a presentar su candidatura a secretario general de la CGT. Y aquí empieza un episodio típico en los métodos de Perón, que, para lograr objetivos políticamente justificables, muchas veces se valió de medios éticamente injustificables.

Pues ocurrió que la postulación de Borlenghi naufragó estrepitosamente. Se había facultado a los secretarios generales de los 25 sindicatos más importantes para que propusieran los candidatos a ocupar la titularidad de la CGT. El ministro del Interior solo obtuvo tres votos; un dirigente ferroviario doce, y Luis Gay, diez. Debió retirarse el nombre de Borlenghi para la segunda vuelta, y esta vez Gay fue elegido por 44 votos sobre 33.

La designación de Gay tenía una intención inequívoca, que queda de manifiesto repasando la breve historia que sigue. Dirigente telefónico, había sido uno de los más activos promotores del Partido Laborista. Sin tener una gran amistad con Cipriano Reyes, compartía con este la convicción de que la fuerza del partido obrero debía preservarse. Durante la campaña electoral del verano de 1946 fue designado candidato a senador por la Capital Federal como representante del laborismo, junto con Diego Luis Molinari, un antiguo radical yrigoyenista. Pero cuando se oficializaron las boletas peronistas, resultó que el nombre de Gay había sido misteriosamente trocado por el del almirante Alberto Teissaire...

La trastada fastidió mucho a los laboristas, que de todos modos resolvieron votar por Gay cuando se reuniera el Colegio Electoral que debía designar a los senadores por el distrito metropolitano. Se presionó a los laboristas para que sufragaran por Teissaire, con el argumento de que el electorado capitalino había impuesto una boleta que llevaba su nombre. Pero Reyes se mantuvo intransigente: si Molinari representaba a los renovadores de Quijano, el otro senador sería de los laboristas. Cuando se reunió el Colegio Electoral, todos los representantes laboristas votaron por Gay, menos uno: el sufragio desertor decidió la votación y el marino quedó consagrado senador nacional, iniciando así una carrera que debía llevarlo años más tarde a la vicepresidencia de la Nación. Su nominación se efectivizó en medio de un formidable batifondo provocado por los desairados laboristas, furiosos por la compra del elector que había volcado la elección. Pues fue, lisa y llanamente, la compra del voto que faltaba a Teissaire, por una suma concreta...

Semanas más tarde de este bochornoso episodio, cuando Perón disuelve los partidos que lo habían apoyado, Gay, presidente de la junta nacional del Partido Laborista, presenta su renuncia: no quería ofrecer una lucha abierta contra Perón. Se limitó a marcharse silenciosamente. El presidente creyó compensar este nuevo desaire designando a Gay en un cargo directivo de un organismo estatal: el agraciado aceptó, pero renunció al sueldo que le correspondía.

Estos antecedentes explican el sentido de la elección de Gay en la CGT. Era una reparación al escamoteo de la banca senatorial que le correspondía y a la disolución del partido que había presidido. Dirigente probo y prestigioso, Gay se impuso a un ferroviario, lo que ya era en sí una novedad dentro de la tradición de la CGT. Pero además, se había desestimado la postulación del ministro del Interior. El hecho traslucía un propósito inequívoco por parte de los gremialistas que lo habían hecho posible: de ninguna manera pretendía ser un enfrentamiento contra Perón, pero sí una expresión de amistosa solidaridad con "el más querido de los obreros argentinos", como lo calificaba la revista ilustrada *Ahora* al comentar la elección.

Años más tarde, en una entrevista efectuada a Gay por investigadores del Instituto Di Tella con destino al *Proyecto de historia oral*, el sindicalista, ya retirado mucho tiempo atrás de toda actividad, recordaba la conversación que mantuviera con Perón después de su designación en la central obrera. El presidente lo felicitó y le dijo que en la presidencia había un equipo que lo asesoraría sobre las declaraciones que debía hacer y las medidas que tenía que tomar. Gay le respondió que el presidente tenía muchos problemas importantes que atender, "así que déjenos a nosotros, los hombres que tenemos veinticinco años en el movimiento obrero, dirigir la CGT".

—¡Entonces, a los autónomos los dirijo yo! —habría dicho Perón, "con toda prepotencia".

—Bueno, eso es problema suyo y de los autónomos, pero a la CGT la dirigimos nosotros.

Comenta Juan Carlos Torre, a propósito de este episodio, que "Perón supo entonces que la conducción de la CGT en manos del dirigente telefónico difícilmente se plegaría al centralizado dispositivo de gobierno que iba montando. A partir de allí, el porvenir político de Gay dejó de interesar únicamente a él mismo y a los sindicatos, para convertirse en una cuestión principalísima para la seguridad política del nuevo orden en formación".

En efecto, a partir de ese momento, Gay estaba bajo la mira. No tardaría en caer. Y, como en el caso de Reyes, Perón usó de medios muy sucios para sacarse de encima al secretario general de la CGT.

En agosto de 1946, el embajador argentino en Washington, Oscar Ivanissevich, había invitado al presidente de la American Federation of Labour a enviar una delegación a Buenos Aires para conocer la realidad del movimiento obrero. La iniciativa —aprobada por Perón— tendía a mejorar la imagen del régimen argentino, que en muchos sectores de los Estados Unidos seguía mirándose desde la óptica del todavía importante secretario de Asuntos Latinoamericanos, Spruille Braden. La entidad norteamericana aceptó la invitación, con el valor entendido de que podría hablar libremente con los trabajadores y tomar contacto con sus organizaciones.

El 19 de enero de 1947 llegó la delegación a Buenos Aires, recibida por el secretario de Trabajo y otros funcionarios, así como algunos sindicalistas. Del aeropuerto fueron llevados a la Secretaría de Trabajo, donde, en una típica, burda maniobra, los invitaron a quitarse el saco debido al calor: naturalmente, al otro día los diarios oficialistas reproducían la fotografía de la reunión con esta leyenda:

"Los compañeros de la AFL también son descamisados como nosotros"... Los "compañeros de la AFL" eran gringos, pero no tontos: al instalarse en el City Hotel distribuyeron una declaración anunciando que se proponían "investigar" la situación del movimiento obrero argentino: Al otro día, *El Líder*, que respondía a Borlenghi, lanzaba un brulote preventivo: "ese no puede ser el sentido de la visita, porque si así fuera resultaría agraviante para el pueblo argentino..."

Gay no había concurrido a recibir a la delegación norteamericana, y el agasajo que en nombre de la CGT estaba preparado se enfrió en las mesas de la sede de la Unión Ferroviaria. Pero habló con los visitantes en privado, en el City Hotel. Entre otras cosas se conversó sobre la posibilidad de integrar una confederación latinoamericana de trabajadores para eludir la influencia de la entidad existente, dirigida por el comunista mexicano Vicente Lombardo Toledano. La idea de formar otra entidad obrera continental venía de tiempo atrás, había sido apoyada por Borlenghi en febrero de 1946 y por la CGT en octubre del mismo año, antes de que Gay fuera elegido secretario general: no era una idea nueva ni secreta y coincidía con los intereses políticos de Perón, que no podía mirar con malos ojos la creación de una entidad sindical para toda América latina, donde el ejemplo argentino podía ser un motivo de redituable propaganda. Por otra parte, la idea se concretó años más tarde, como ya se verá. Esta inofensiva conversación fue el pretexto que necesitaba Perón para fulminar a Gay.

Al día siguiente, 20 de enero, Perón recibió en su despacho a la delegación. Pero lo que debía ser un encuentro protocolar con visitantes extranjeros, se convirtió en una catarata de acusaciones contra Serafino Romualdi, uno de los integrantes, que hablaba castellano, que había estado anteriormente en Buenos Aires y era amigo de Francisco Pérez Leirós, el dirigente socialista que había sido líder de los obreros municipales. Creciendo en ira a medida que hablaba, el presidente sostenía que no podían venir a "investigar", sino a "fraternizar". Cuenta Romualdi en sus *Memorias* —publicadas en 1967— que en un momento dado Perón estalló: "¡El avión está listo para llevarlos de vuelta!"

—Como usted disponga, señor presidente...

—Yo sé qué se trae usted, señor Romualdi. *¡A bravo intenditor, poche parole...!*

Después la discusión se remansó y el presidente los invitó a sentarse alrededor de una mesa. Estaban allí Eva Perón, Borlenghi, el canciller Bramuglia y otros funcionarios. Romualdi pidió entonces planear el programa de actividades con la CGT y el gobierno. Perón rechazó el pedido: los funcionarios de la Secretaría de Trabajo eran sindicalistas y miembros de la CGT; debían arreglar con ellos el programa de actividades. Según Romualdi, ante la firmeza con que los visitantes se plantaron, Perón debió ceder: en los hechos, el viaje que hicieron los delegados de la AFL por el interior estuvo privado de todo apoyo oficial y plagado de enojosos incidentes.

Pero la suerte de los visitantes ya no interesaba. Estaba logrado el objetivo. El mismo día de la tempestuosa entrevista, Perón citó a Gay. Sin mayores preámbulos lo acusó de pretender entregar la CGT a los yanquis. Gay, según sus recuerdos, respondió renunciando a los dos cargos que desempeñaba en entidades estatales (uno con anterioridad a su designación en la central obrera, otro después, pero sin cobrar sueldo en ninguno, por propia decisión), a fin de poder hablar solamente en su condición de secretario general de la CGT. Hizo su defensa, señaló que el proyecto de crear una entidad sindical interamericana era muy anterior a su gestión, afirmó que había conocido a Romualdi en ocasión de este viaje y sólo había hablado con él brevemente, un par de veces, siempre en presencia de otras personas.

La entrevista terminó fríamente. El 22 de enero, *El Líder* inició una serie de ataques contra Romualdi: "Es un viejo testaferro de Braden"; "...representa la fuerza del imperialismo y la violencia". En el mismo diario de Borlenghi, un "Comité de defensa contra la traición" denuncia que la delegación norteamericana busca que la CGT se pliegue a la central interamericana a crearse, para desvincularse luego del gobierno y "quitarle a Perón uno de sus más grandes baluartes de masas". Dos días después, el 24 de enero, en un acto organizado para apoyar el lanzamiento del Plan Quinquenal, el presidente aviva las sospechas lanzadas por la prensa oficialista: "Vigilen atentamente porque se trabaja en la sombra y hay que cuidarse no sólo de la traición del bando enemigo sino también de la del propio bando". Y todavía carga su oratoria con acentos casi bíblicos.

"—¡Maldito es quien a nuestro lado simula ser compañero, pero que en la hora de la decisión nos ha de clavar un puñal por la espalda!"

El anatema —señala Juan Carlos Torre— tenía un destinatario, y *La Época* se encargó de precisarlo publicando al día siguiente un extracto del discurso junto al retrato de Luis Gay... El fin no tardó en llegar, pero costó a Perón un último esfuerzo de histrionismo. El 25 de enero se reunió el Comité Central Confederal de la CGT para debatir la situación que se había creado. El secretario general expuso un amplio informe sobre lo que había ocurrido en torno del viaje de la delegación de la AFL. Los ochenta delegados lo aprobaron y se designó una comisión para hablar con Perón: todavía había quienes creían que todo había sido una equivocación del presidente, inducido a error por intrigas de Borlenghi.

Pero Perón estaba resuelto a remachar los clavos que crucificarían a Gay. Convocó a los miembros del Comité Central Confederal prescindiendo de atender a la comisión designada, ordenó que no se permitiera la entrada del imputado y lanzó su versión, enriquecida y adornada, sobre "la traición" de Gay. En este tipo de reuniones, Perón era insuperable, y esta vez se jugó entero para finiquitar el episodio. Pero en la dirigencia sindical de 1947 todavía había lugar para la disidencia o, al menos, el rechazo de las acusaciones sin pruebas.

—¿Dónde están las pruebas de la traición? —se animó a preguntar el metalúrgico Hilario Salvo.

—¡Tengo las pruebas de esa infamia en la caja de hierro!

—¿Podemos verlas?

—Ya las tendrán en sus manos...

Hubo después alguna explicación sobre los antecedentes del viaje de la AFL, expuesta por un dirigente ferroviario —aquel que fuera el ocasional contrincante de Gay en la elección de secretario general— pero el peso de la autoridad de Perón era demasiado fuerte para ser enfrentado. Así, la comisión designada por el Comité Central Confederal para buscar una solución al conflicto metamorfoseó este mandato por una gestión para obtener la renuncia de Gay. Este no se resistió, tal como lo hizo cuando Perón disolvió el Partido Laborista. Entregó su dimisión, pero salvando que no tenía ninguna responsabilidad en lo que algunos diarios le habían atribuido "injustamente y sin ningún fundamento"; su renuncia era —agregaba— una "modesta contribución a la unidad de la clase trabajadora". Ningún diario pudo publicar este texto, y Gay debió hacer imprimir volantes para difundirlo. Después se alejó de Buenos Aires: el jefe de Policía le había prevenido sobre la posibilidad de un atentado y el ex secretario general se fue por un par de semanas a un pueblo de la provincia de Buenos Aires, declinando la invitación que le hizo, en solidario gesto, el gobernador de Santa Fe, Waldino Suárez.

El 29 de enero volvió a reunirse el Comité Central Confederal para tratar la renuncia de Gay. Todavía hubo alguna iniciativa para reconsiderar la situación. Pero la presencia de Borlenghi, en su carácter de secretario general de la Confederación de Empleados de Comercio y —mucho más— de ministro del Interior, marcaba la orientación a seguir. Un dirigente de la Sanidad, Aurelio Hernández, pidió la expulsión de Gay; el malestar de la asamblea fue evidente. Entonces Borlenghi presentó una moción en el sentido de que simplemente se aceptara la renuncia y se separara al dimitente del organismo. La iniciativa fue aprobada por 69 votos contra 11.

Tal vez interese saber el destino ulterior de Gay. Meses después de su desfenestración, fue involucrado en el proceso por estafa que se siguió contra el Directorio de la Empresa Mixta Telefónica Argentina, EMTA (la sucesora nacionalizada de la antigua Unión Telefónica y antecesora de la actual ENTel), siendo absuelto, lo que no ocurrió con los restantes directores, procesados y condenados a su debido tiempo. Siguieron años difíciles: donde conseguía trabajo, allí se hacía presente alguien que amenazaba a sus empleadores y los obligaban a echarlo. Al mismo tiempo, mediadores oficiosos como Bramuglia, Jauretche y el mayor Fernando Estrada le transmitían ofrecimientos de cargos públicos, que Gay invariablemente rechazó. Después lo fueron dejando tranquilo. En octubre de 1955, el gobierno de

la Revolución Libertadora le ofreció la intervención de la
CGT: pero los marinos que hablaron con él no aceptaron
las condiciones que puso Gay: libertad para todas las corrientes y renuncia al revanchismo. Posteriormente volvió
a su viejo gremio telefónico y fue director de la Mutual de
su personal por elección de los asociados, y luego director
de la Obra Social de ENTel por. designación del gobierno
de Illia.

Pero esta parte de la historia de Luis Gay ya no tiene
nada que ver con el proceso peronista: es solo un fragmento de la vida de un hombre cuya independencia de criterio
fue aplastada mediante una maniobra canallesca que tendió a deshonrarlo y logró segregarlo de la actividad sindical
que había desarrollado durante años. Si hemos relatado
este episodio tan por lo menudo, es porque refleja la insensibilidad de la que podía ser capaz Perón cuando sus necesidades políticas lo exigían. Las alternativas de la caída de
Gay recuerdan —claro que mudando lo que hay que mu-
dar— a los Procesos de Moscú: la misma hipocresía para
urdir, entre verdades deformadas y mentiras totales, una
acusación tremenda; la misma imposibilidad de resistir al
poder del Estado; el mismo chantaje para plantear alternativas forzosas: "si usted no cree que él es un traidor, entonces usted también es un traidor…"

Los compañeros de Gay no creyeron en los cargos que
Perón formuló contra él. Simplemente cedieron ante la
presión del presidente. Enfrentar el poder y la autoridad
del líder era demasiado duro: de todos modos, el triunfo de
Perón era el de ellos, y la política del gobierno coincidía
con la de los trabajadores… El hilo se corta por lo más delgado y, aunque íntimamente desazonados, accedieron a
consumar el sacrificio de Gay. A partir de este hecho, la
CGT pasaría a formar parte fundamental de la "comuni-

dad organizada" que venía construyendo Perón ladrillo a ladrillo, aun con ladrillos hechos de un barro tan roñoso como el que tuvo que revolver para aniquilar a Gay.

A partir de este episodio, la CGT empezó a firmar su papel de vigilante del movimiento obrero. El fluido mecanismo que había sido hasta entonces se convirtió en un organismo cada vez más gravitante y eficaz. Obtuvo sede propia —primero en Moreno al 2000, luego en su edificio, construido en Azopardo e Independencia sobre terrenos donados por el Estado—, disponía de fondos y empleados. Adquirió una facultad que nunca había tenido: la intervención de sindicatos, que evitaba al gobierno el antipático retiro de la personería gremial o el siempre costoso operativo de dividir a la organización disidente. En 1947 la CGT intervino, entre otros sindicatos a la Asociación Obrera Textil y la Asociación Bancaria; al año siguiente, el SUPA y la Federación de Panaderos; en 1949, la FOTIA y la Federación Gráfica; en 1950, el Sindicato de la Carne, escasos ejemplos entre los muchos que pueden citarse del poder que adquirió la CGT en el movimiento obrero y su uso como instrumento político identificado con el gobierno peronista.[5]

El reemplazante de Gay fue Aurelio Hernández, enfermero, cuya elección fue cuestionada por algunos dirigentes y provocó cierta retracción en la aceptación de cargos en la comisión directiva cuya secretaría general ejercería. Este malestar se fue acentuando en el curso del año por la intemperancia y el autoritarismo de Hernández, y culminó cuando se inauguró el Primer Congreso de la CGT Pro Plan Quinquenal (octubre de 1947). Hubo sillazos y trompadas entre los delegados y se alcanzaron a decir cosas como las que dijo un delegado santafecino de la Construcción:

"La CGT debe apoyar las huelgas por mejoras de salarios en lugar de echarle todas las culpas al comunismo."

Se refería, claro está, al latiguillo de Hernández, que reiteraba que "el único responsable de los males que aqueja-
ban al gobierno es el Partido Comunista". Fue en este Congreso donde se resolvió, caso increíble, que la CGT solo
apoyaría las huelgas "que contaran con el aval del señor
Presidente de la Nación". Poco después, Hernández debía
renunciar. Su sucesor fue José Espejo, de la Alimentación,
sin antecedentes directivos en la actividad sindical, pero
acomodaticio y totalmente "leal" a Perón y a su esposa,
convertida ya en la figura más importante del mundo que
tenía su epicentro en la Secretaría de Trabajo. La CGT de
Espejo cumplió a la perfección —como se verá más adelante— la concepción de Perón sobre el rol que debía cumplir
el movimiento obrero dentro de su "comunidad organizada".

Sería, sin embargo, injusto e incompleto, terminar así
este rápido análisis del movimiento sindical entre 1946 y
1949. Si es incuestionable que hubo una utilización política
de la CGT mediante recursos tan ruines como el que tuvo
por víctima a Gay, o imposiciones de fuerza para derrotar
algunas luchas de los obreros, también hay que reconocer
que nunca se sintieron los trabajadores argentinos tan
identificados con un gobierno como en ese momento del
régimen peronista.

Existía en ese instante una ansiosa demanda de mano de
obra y los salarios conservaban intacto su poder adquisitivo: según el investigador norteamericano Samuel L. Baily
(citado por Peter Waldmann), el salario real de los obreros
industriales especializados ascendió en un 35 por ciento en-

tre 1946 y 1948, y el de los no especializados, en un 40 por
ciento; a su vez, Clarence Züvekas calcula un aumento de
casi el 50 por ciento para el promedio del salario horario en
los mismos años. ¿Cómo no sentir adhesión por un gobierno que había hecho posible semejante cambio? Los obreros podían palpar físicamente las mejores condiciones de
vida que gozaban; los numerosos feriados que ponían pausas a sus labores; los policlínicos sindicales y hoteles que les
permitían disfrutar de sus vacaciones pagas en Mar del Plata o Córdoba. Los afiliados a las organizaciones agrupadas
en la CGT que en 1946 no llegaban a 450.000, en 1951 eran
más de 2.300.000. Que los dirigentes repitieran monótonamente sus idolatrías a Perón y su esposa no parecía, entonces, un precio muy alto por esas venturas. Hay que señalar que en su gran mayoría los obreros sindicados, por un
lado carecían de la tradición de independencia que había
caracterizado al movimiento obrero anterior a 1943, y por
otra parte, sentían plena solidaridad con los eslogans y consignas del régimen, cuya reiteración los incorporaba a su
mundo de ideas y creencias.

La adscripción de la CGT al poder oficial era, en teoría,
una política riesgosa, porque maniataba a los sindicatos y
les castraba toda autonomía. Pero en el terreno práctico
nadie pensaba que alguna vez podría darse un enfrentamiento entre el movimiento obrero y el régimen. ¿No repetía
Perón que el movimiento obrero era "la columna vertebral del peronismo"? En esa identificación no había matices. Walter Little ha establecido varias categorías para calificar a los sindicatos bajo Perón, desde los de "oposición
encubierta" hasta los "leales", pasando por los "liberales"
y los "oportunistas" y llega a la conclusión de que todos
fueron evolucionando, voluntariamente o bajo presión,
hacia una posición de "lealtad" que en 1950 cubría todo el

espectro de las organizaciones obreras. Se trataba, la remanida "lealtad", de una adhesión sin opción ni condicionales, que no admitía el menor cuestionamiento al sistema: expresión cabal de esta concepción (un caso entre centenares) es la declaración que formulaba a fines de 1950 el comité ejecutivo de la Unión Ferroviaria: "cualquier intento de turbar la vida interna del gremio ferroviario es un ataque a la Patria, al Justicialismo y al General Perón".

Seguramente, la mayoría de los trabajadores pensaba en ese momento más o menos lo mismo... Desde luego, en la edificación de este tipo de "lealtad" hay que computar las dádivas que ablandaron a muchos dirigentes y los compromisos que adquirían con el sistema a través de nuevos *status* que ligaban su destino personal al régimen. Pero esto no modifica la circunstancia de que la mayoría de los trabajadores veía con naturalidad la identificación de CGT y peronismo: la idea de que, fuera de Perón, solo existía la "antipatria". Los movimientos huelguísticos de 1950/51 demostraron el peligro de esta concepción, que no solamente apresaba al movimiento obrero sino que, al impedir todo debate y reiterar pesadamente las liturgias del régimen, dilapidaba el dinamismo de los sectores del trabajo.

Pero no nos adelantemos a la etapa que estamos reseñando. En aquellos primeros años de la *fiesta*, nada de esto se advertía, y la mala conciencia de algunos dirigentes "de la primera hora" quedaba absuelta de toda culpa ante la evidencia del bienestar —digámoslo de una vez, la felicidad— que campeaba entre los hombres y mujeres que habían sido los desposeídos de esta tierra y ahora formaban parte jubilosa de la Nueva Argentina.

EL PAPEL Y EL AIRE

Toda la prensa (hablamos de los diarios tradicionales) estuvo contra Perón durante su actuación en el gobierno de facto y a lo largo de la campaña electoral de 1946. Algunos, como *La Nación* o *La Prensa*, con un tono no exento de cierto elitismo; otros, como *Crítica* o *El Mundo*, con una agresividad más directa. Cuando Perón asumió la presidencia, *La Razón, El Mundo* y *Noticias Gráficas* atenuaron prudentemente la intensidad de sus críticas y burlas; *La Nación* empezó a recurrir al eufemismo y la perífrasis y *Crítica* inició un largo viraje hacia el oficialismo. *La Prensa*, en cambio, mantuvo su estilo habitual, como si nada hubiera pasado.

Al inaugurar su período constitucional, Perón tenía clara conciencia de que solo contaba con el apoyo de *Democracia* matutino fundado a fines de 1945, y *El Laborista* y *La Época* a la tarde. Pero disponía también de un arma formidable: el decreto que permitía al Poder Ejecutivo la expropiación del papel de diario, expedido por el gobierno de Farrel poco antes de la asunción.

El manejo del papel de diario fue una soga cuyo nudo corredizo apretó el régimen peronista a lo largo de los primeros años de su gobierno, contra la prensa opositora o independiente: luego, como ya se verá, casi no necesitó este instrumento. No se fabricaba papel de diario en la Argentina, había que importarlo, y tanto las divisas necesarias para pagarlo (sometidas al control de cambio establecido por el Banco Central) como la distribución de sus existencias (fijada por decreto) permitían a Perón reducir al mínimo el grosor de las ediciones de los periódicos desafectos y limitar su tirada. En octubre de 1948, un decreto fijó en 16 páginas las ediciones de *La Prensa* y *La Nación*; en marzo de 1949, coincidiendo con las sesiones de la Convención Constituyente, ese número fue reducido a apenas 12 páginas. Tales limitaciones perjudicaban las posibilidades de los dos grandes matutinos porteños de publicar publicidad, obligaban a hacer ediciones en letra microscópica y sin material gráfico, liquidar secciones fijas, achicarlo todo. Leer los tradicionales diarios en sus ediciones de aquella etapa da lástima: se puede palpar la angustia de sus redactores por ganar algún centímetro y su rabia ante la virtual obligación de publicar materiales oficiales que robaban lugar a crónicas, informaciones y comentarios propios.

Esta circunstancia hace comprensible el sombrío chiste de Macedonio Fernández, poco antes de morir. Una amiga que lo acompañaba, advierte un insecto bajo la cama del enfermo. Le pide un diario para aplastarlo. Macedonio le pregunta:

—El bicho, ¿es grande o chico?

—¿Para qué quiere saberlo?

—Para darte, según sea el tamaño, un diario del gobierno o de la oposición...

Pero el adelgazamiento de los diarios opositores o independientes fue solo uno de los varios métodos usados por Perón para borrar las voces periodísticas disidentes. La prohibición de enviar por correo los diarios opositores y aun los independientes fue un arma usada habitualmente. La agresión contra sus redacciones se perpetró en muchas oportunidades: en junio de 1946 se atacaron las oficinas de *La Hora*, comunista, *La Prensa*, *La Nación* y *La Razón*; al mes siguiente, le tocó el turno a *El Mundo*. Asimismo menudearon los procesos por desacato contra los editores y directores de diarios opositores, con detención en muchos casos. La clausura, lisa y llana, se aplicó en varios casos y con diversos pretextos. La expropiación y posterior entrega a grupos adictos al oficialismo se usó con *La Prensa* y *La Nueva Provincia* de Bahía Blanca. Sin embargo, de poco servirían al régimen estas medidas coactivas si no creaba sustitutivamente una estructura periodística que alimentara la necesidad de información del público argentino, tradicionalmente buen consumidor de diarios. Para ello, en los primeros años de su gobierno, Perón hizo adquirir algunos periódicos ya existentes, fundar otros y agrupar a la mayoría en un imperio periodístico que al final de su régimen estaba integrado por 13 editoriales, 17 diarios, 10 revistas y 4 agencias informativas, todos ellos favorecidos con una generosa publicidad oficial y alimentados por el material que fabricaba la Secretaría de Prensa y Difusión de la Presidencia de la Nación dirigida por Raúl Apold, desde enero de 1947 cuyos 1100 empleados escribían gran parte del contenido de los diarios y revistas...

La clausura de órganos periodísticos fue una medida raramente adoptada antes de 1930, y en esas pocas oportunidades tuvo efecto por uno o dos días, como medida preventiva frente a alteraciones graves del orden. El gobierno provisional de Uriburu cerró varios diarios, pero fue el gobierno de facto de 1943/46 el que menudeó los cerrojazos, que alcanzaron a las tribunas más antiguas y prestigiosas del país, como *La Prensa* y *La Vanguardia* de Buenos Aires, *La Gaceta* de Tucumán, *El Litoral* de Santa Fe, *La Capital* de Rosario, *Los Andes* de Mendoza y *El Intransigente* de Salta.

Cuando Perón asumió la presidencia, la voz opositora más estridente procedía de *La Vanguardia*, el órgano socialista fundado por Juan B. Justo, clausurado por el gobierno de facto y reaparecido en enero de 1945 con frecuencia semanal. Dirigido por Américo Ghioldi, *La Vanguardia* criticaba implacablemente al nuevo régimen y sus protagonistas. No solo lo hacía a través de editoriales, informaciones y comentarios de diverso tono y estilo, sino mediante las caricaturas de José Antonio Ginzo, "Tristán", que aparecían en la primera página con siluetas que debían irritar a los jerarcas oficialistas: un Perón amariconado de anchas caderas, mezcla de Rosas y Nerón, una Evita deslumbrante de joyas, con una varita mágica en la mano... En agosto de 1947 el taller donde se imprimía *La Vanguardia* fue clausurado por orden del intendente Siri por "ruidos molestos". El semanario socialista no volvió a aparecer en los kioscos, pese a los recursos interpuestos por los abogados del partido; en formato más pequeño e impreso en mimeógrafo o en algún taller amigo que se arriesgaba, el antiguo órgano de Justo pasó de mano en mano con una circulación restringida, pero sin abatir su bandera. Ya veremos que en 1952 fue autorizado el levantamiento de la clausura de los talleres de *La Vanguardia* y en qué condiciones.

Otro semanario clausurado a mediados de 1947 fue *Provincias Unidas*, vocero del sector intransigente del radicalismo, en el que colaboraban varios miembros del "Bloque de los 44". Menos ágil que *La Vanguardia*, el semanario intransigente difundía los discursos de los diputados radicales y mantenía una línea antiimperialista que solía expresar en ácidas caricaturas. Apareció en setiembre de 1946 y dirigió las primeras ediciones Reginaldo Manubens Calvet, asumiendo posteriormente su conducción Alberto M. Candioti. A veces publicaba unos poemitas venenosos y no desprovistos de gracia. En una de sus primeras ediciones transcribió un soneto de Nicolás Fernández de Moratín, poeta español del siglo XVIII, que era una burla a los maridos que se dejaban mandonear por sus esposas:

"¿Cómo quieres mandar soldados fieros
no mandando en tu casa aun tus calzones?"

En otro número, cuando el viaje de Evita a Europa, al aclararse oficialmente que los gastos serían pagados por la esposa del presidente de su propio peculio, una décima comentaba que esto demostraba

"lo mucho que ha peculiado…"

Era demasiado, y *Provincias Unidas* fue clausurado al regresar Evita. El pretexto fue una caricatura que mostraba un Tío Sam engulléndose la América Latina. Esta vez la medida no fue adoptada a nivel municipal sino por el Poder Ejecutivo, que dispuso la clausura del semanario por decreto 24.932 firmado por Perón y Borlenghi, cuyos considerandos aludían a la solidaridad americana y a la obligación del Estado de preservar el respeto debido a los países amigos. El semanario intransigente no fue reemplazado.

Entre mayo y setiembre de 1947, el Poder Ejecutivo liquidó varios voceros independientes y opositores. Además de *La Vanguardia* y *Provincias Unidas* —cuyas clausuras fueron precedidas por una violenta campaña de Radio del Estado denunciando que estas hojas reproducían comentarios de diarios extranjeros sobre los gastos de viaje de Evita—, se clausuró la revista *Qué…* y la imprenta Renovación, de La Plata, donde se editaba *Argentina Libre*. Dejan de aparecer en ese momento *El Laborista*, que difundía la posición de Cipriano Reyes y su grupo, *Tribuna Democrática*, semanario conservador, *El Hombre Libre*, de los demócratas progresistas y se cierra el taller de *El Norte*, de San Nicolás.

El caso de *El Intransigente* de Salta empezó en 1949 y tuvo consecuencias personales muy severas para su fundador y director, que se prolongaron hasta la caída de Perón. El senador salteño Alberto Durand había denunciado a David Michel Torino por desacato; logró que el Senado designara una comisión para entender el caso y ésta ordenó la comparecencia en Buenos Aires de todo el personal del diario. Desde Michel Torino hasta el último linotipista, todos fueron detenidos, lo que naturalmente provocó la imposibilidad de seguir editando *El Intransigente*. No cesó aquí la persecución: el diario fue expropiado; a Michel Torino, un empresario de la aristocracia salteña, duro y peleador, se lo detuvo y posteriormente se le confiscaron sus bienes. Varios años estuvo preso el director de *El Intransigente*, recipiendario posteriormente de un importante premio interamericano como símbolo del periodismo libre. Con abstracción de los desbordes en que pudo haber incurrido en el calor de su lucha, es indiscutible que Michel Torino llevó adelante su pelea con una indoblegable voluntad, con valentía y dignidad.

Pero hubo escasa valentía y mucho menos dignidad en las operaciones que se fueron sucediendo desde 1946 en adelante para adquirir algunos de los diarios independientes con el propósito de concretar un monopolio periodístico estatal.

El proceso empezó con *Democracia*, que había sido fundado en diciembre de 1945 por un grupo de partidarios de la reforma agraria que apoyaban a Perón. Decepcionados por el giro que tomaba la política del gobierno en relación con el campo, sus dueños accedieron a vender el diario en 1947 a la esposa del presidente, que de inmediato designó un nuevo director y desvió hacia el periódico un alud de avisos, oficiales y privados. Es posible que el dinero de la compra haya sido provisto por algunos de los industriales que formaban parte del círculo íntimo de Evita, pero lo cierto es que la capitalización de *Democracia* a partir de su venta le permitió en poco tiempo ser la cabeza de una serie de publicaciones.

El próximo paso fue la Editorial Haynes, que un grupo anglo-norteamericano había fundado en la década del 20 y cuyo paquete mayoritario, 51 por ciento de las acciones, fue vendido a testaferros del gobierno, manteniendo en sus puestos a dos de los anteriores propietarios. Haynes editaba el diario *El Mundo* —único tabloid matutino hasta la aparición de *Clarín*, en agosto de 1945— y las difundidas revistas *El Hogar, Selecta* y *Mundo Argentino*. A partir de la venta, sus talleres imprimieron otras revistas que tendían a cubrir todo el espectro de los lectores argentinos; se caracterizaban por el título del diario de Haynes: *Mundo Agrario, Mundo Infantil, Mundo Radial*, etcétera. El jefe administrativo de la Presidencia de la Nación, mayor de intendencia Carlos Aloé, fue nombrado presidente del directorio de Haynes S.A.

Luego vino la compra de *Crítica, La Razón, Noticias Gráficas* y hasta *La Época*, con lo que quedaba tomado todo el segmento de los lectores vespertinos porteños. La viuda de Botana vendió la totalidad de sus acciones y allí empezó la lenta declinación de un diario que hizo historia con sus violentas campañas, su estilo populachero y el talento de sus redactores. Los Peralta Ramos, por su parte, accedieron a una operación cuya real naturaleza nunca llegó a conocerse con exactitud, pero que tuvo derivaciones muy complejas que —se dice— llegaron a tener que ver con el asesinato del doctor Marcos Satanowsky, años después de la caída de Perón; de todos modos siguieron formalmente al frente de *La Razón*. El fundador de *Noticias Gráficas* chalaneó hábilmente la venta de su diario, y no fue un plato de lentejas el que obtuvo José W. Agusti, ya que incluyó un precio muy abultado y un cargo diplomático para él. En cuanto a *La Época*, que había sido el primer diario que apoyara a Perón en 1945, después de diversas presiones fue vendido en 1949 por su dueño, el diputado nacional Eduardo Colom, que siguió figurando como director; dos años más tarde, ya sin banca —literalmente— fue desplazado de ese puesto.

No hay que ser demasiado severo con los dueños de los periódicos que accedieron a venderlos. Frente a la sugestión de desprenderse de ellos mediante una buena suma y continuar —como ocurrió en muchos casos— desempeñando una dirección más o menos teórica, pero que al menos les permitía seguir en contacto con su redacción y sus talleres, la otra opción era precipitarse en un infierno de hostigamientos, presiones, amenazas y otras calamidades, sin la menor posibilidad de eludirlas. No todos los periodistas tienen vocación de mártires. Pero el panorama de la prensa argentina, se empobreció notablemente. El monótono panorama de los diarios repitiendo las mismas noticias, y las mismas fotografías, formulando comentarios de idéntica intención y hasta parecido estilo, la falta de competencia en la búsqueda de información, la obligación de ajustarse a determinadas pautas ideológicas, todo el sistema montado para hacer de las publicaciones periódicas otros tantos voceros del gobierno mediatizaron lo que anteriormente había sido el ágil y variado territorio del periodismo escrito nacional. Y además, lo corrompieron profundamente. Muchos de los profesionales que dirigían o redactaban estos órganos no eran peronistas: tenían que ganarse la vida y entonces se sometían a imposiciones sin cuyo cumplimiento les era imposible trabajar, pero en lo íntimo se despreciaban por la faena que debían cumplir, retaceando la información que no estuviera aprobada "arriba", multiplicando las loas a Perón y su esposa, exagerando la obra del gobierno y vituperando a la oposición... Algunos de ellos acumularon tanta amargura a través de la reiteración de una actividad que en conciencia sentían como una diaria prostitución de su oficio, que fueron los más emperrados perseguidores de los peronistas después de 1955, como desquite y compensación por las humillaciones que habían tenido que tragar.

Diversas corruptelas se fueron instalando en el ambiente de prensa a partir de la estructuración del aparato de información y propaganda. En primer lugar, la que implicaba la existencia de las "oficinas de prensa" en ministerios, organismos públicos y reparticiones del Estado —ya existentes desde 1943 pero ahora con gran envergadura burocrática—, que liquidó esa esencia del periodismo que es la obtención libre de la información. Con las "oficinas de prensa", el periodista especializado se limitaba a pasar por allí y recoger el "comunicado", la gacetilla o ese otro invento de la época, el "trascendido", que debía publicar en su diario, palabra más, palabra menos; una tarea que podía realizar cualquier cadete provisto de una bicicleta... Sin agregar que, muchas veces, el periodista a cargo de la "oficina de prensa" y redactor del material que se enviaba a los medios trabajaba también en algún diario o revista, con lo que se convertía en autor y destinatario de sus propias elaboraciones. Toda emulación desapareció en el mundo periodístico argentino; tener imaginación, pretender hacer algo nuevo o conseguir una primicia podía ser mal visto por la burocracia de la Secretaría de Prensa y Difusión de la Presidencia. Solo subsistía sin riesgos el que se limitara a hacer lo estrictamente indispensable. Y solo los profesionales a cargo de secciones generalmente neutrales (espectáculos, por ejemplo, o deportes) podían lucirse, aunque también ellos debían estar alertas para no criticar a personajes que estuvieran en el candelero oficial, o elogiar demasiado a quienes no gozaran de los favores del régimen. La anécdota que cuenta el contraalmirante Guillermo D. Plater, jefe de la Casa Militar de la Presidencia de la Nación en 1948/49, es muy ilustrativa:

"En cierta oportunidad, el presidente conversaba con un visitante; este mencionó alguna información suministrada por el diario *Pravda*. —¡Ah sí! —respondió Perón sonriente—; pero aquí *Pravda* no corre..." Bastó que un *erudito* funcionario escuchara el comentario presidencial "*Pravda* no corre", para que lo repitiera en los círculos áulicos. Poco más tarde se multiplicaban las órdenes a los diarios, revistas, etcétera, con el tremendo anatema: *el boxeador* (Alfredo) *Prada* (campeón sudamericano de peso liviano F.L.) *¡no corre más!* Y parece que luego de un tiempo, el inocente deportista, luego de devanarse los sesos procurando dar con la clave del misterio, llegó a saber que el presidente no tenía nada contra él y que no había motivo para que se lo hubiera excomulgado... Todo había sido un error de fonética..."

Párrafos antes relataba Plater: "Mengano, por ejemplo, honrado cronista deportivo, había comentado la mala actuación del equipo de fútbol presidido por Renzi o por Cereijo, o del equipo de básquet o de lo que fuere, presidido por aquel otro funcionario elevado. Pues Mengano 'no corría más' y le resultaba difícil levantar cabeza".

De todos modos, el profesional a cargo de secciones "inocentes" sentía menos presiones que el responsable de la parte política, nacional o internacional, de la información parlamentaria, la economía o la información general

En estos campos existía un rígido código cuya transgresión podía costar el puesto al culpable. Por otra parte, las directivas "de arriba" obligaban a usar una técnica periodística que cualquier hombre de prensa rechazaría en cualquier parte del mundo, como silenciar sistemáticamente los nombres de los dirigentes opositores e ignorar toda actividad partidaria procedente de las filas de "la contra". Cuando se relataba una sesión de diputados, los discursos de la minoría se despachaban con una frase como "a continuación habló un diputado opositor". Fue *La Época* la que inauguró este estilo cuando, al dar las cifras del escrutinio de febrero de 1946, consignaba "bradenistas" en vez de "Unión Democrática". Así pudo ocurrir que el nombre de Amadeo Sabattini, tal vez el político radical más importante en los primeros años del régimen de Perón, sólo fue puesto en letras de molde a lo largo de nueve años, cuando hubo una reyerta en su familia: ni antes ni después la prensa oficialista lo nombró.

Paralelamente a estas corruptelas, los diarios independientes como *La Nación* o *La Prensa* iban desarrollando un lenguaje perifrásico, casi simbólico, no menos codificado que el de las columnas oficialistas, pero naturalmente con otro designio: el de informar al público antiperonista de los abusos, errores y tropiezos del régimen sin provocar las iras de quienes podían despojarlos del papel para imprimir, asestarles una multa o cerrarlos. Así se fue aguzando el ingenio de los redactores de "la contra"... y las entendederas de sus lectores. Por supuesto, los órganos de prensa que no integraban el sistema del régimen debieron muchas veces pasar por las horcas caudinas del aplauso o el adjetivo laudatorio: sus lectores se mostraban benignos ante estos renuncios, porque sabían que eran el precio indispensable para que siguieran existiendo, aun desmedrados y de trabajosa lectura. De todos modos, esto se compensaba —de cuando en cuando— con alguna noticia que rompía la unanimidad informativa del régimen, como ocurrió con *La Nación* al publicar en 1951 la historia de las torturas del estudiante Bravo, o con los editoriales que gratificaban el resentimiento del público que odiaba a Perón y a su régimen.

El monolitismo del sistema oficial y las gambetas de los diarios independientes tenían una resultante única: la mediatización de un modo de expresión que había alcanzado la más alta calidad profesional de América Latina. La chatura impuesta por el imperio periodístico peronista impidió la existencia de espacio para intentar aventuras periodísticas nuevas.

Una de ellas fue la revista semanal *Qué sucedió en 7 Días*, que apareció en agosto de 1946, después de una larga preparación. La dirigía Baltazar Jaramillo, un abogado de extracción izquierdista, a quien acompañaban Rogelio Frigerio, Gregorio Verbitsky, Dardo Cúneo, Marcos Merchensky, Ricardo M. Ortiz, Julio Payró, Mariano Perla, Manuel Peyrou, Ernesto Sábato y otros: un brillante elenco que se calificaba como integrado por "hombres acostumbrados a mirar no sólo los hechos, sino los problemas que hay detrás de ellos". A la altura del número 6 renunció Frigerio, descontento con el sesgo antiperonista que iba tomando la publicación. *Qué...* no duró más de un año: en setiembre de 1947 el número 57 fue secuestrado por la policía y la revista dejó de aparecer. Jaramillo se suicidó un tiempo después. La publicación solo retornaría a los quioscos con posterioridad a 1955.

Hacia 1949 ya estaba montado el aparato periodístico del peronismo y definido el limitado territorio independiente. En Buenos Aires, a la mañana aparecían *La Prensa*, *La Nación* y *Clarín*, independientes; y *El Mundo*, *Democracia*, *El Laborista* y *El Líder* oficialistas; a la tarde, *La Razón*, *Crítica*, *Noticias Gráficas* y *La Época*, todos oficialistas. Las revistas *El Hogar*, *Selecta*, *Mundo Argentino* se habían integrado al imperio editorial oficial y habían aparecido *Mundo Agrario*, *Mundo Infantil*, *Mundo Atómico*, *Mundo Radial*, *Caras y Caretas* y *PBT* como nuevos elementos del sistema. En el interior, entre otros diarios, pertenecían al aparato oficial *El Plata*, *El Argentino* y *El Día* de La Plata, *La Libertad* de Mendoza, *La Mañana* y *El Atlántico* de Mar del Plata, *El Meridiano* de Córdoba, *La Nueva Provincia* de Bahía Blanca y *Tribuna* de Tandil, para nombrar a los más conocidos. Subsistían, es cierto, en el interior, docenas de diarios de diversa envergadura, desde algunos que aparecían en capitales de provincia décadas atrás y contaban con un antiguo arraigo, hasta las hojitas lugareñas editadas con más entusiasmo que apoyo técnico: algunas de estas simpatizaban con el radicalismo o el socialismo por haber sido fundadas por dirigentes de estos partidos. Pero la existencia de unos y otros difícilmente podía compensar las tiradas arrolladoras de los periódicos vinculados al oficialismo, en Buenos Aires y otras ciudades.

Según Pierre Lux-Wurm, el 13 de octubre de 1949 Perón rubricó todo este montaje con la siguiente explicación:

"—Hemos purificado nuestra prensa. Ella ha sido, en este sentido, el objeto de un extraordinario perfeccionamiento. Ya no hay diarios de asalto. Se hace periodismo puro. Terminadas las maniobras. Ahora se camina derecho y esto no ocurre por lo que hemos hecho: es porque el ambiente no tolera más esas campañas, esos chantajes y otras formas peligrosas de periodismo."

Sin embargo, en 1949 todavía no se había llegado a los

extremos de la "purificación" que se verían después. Esto
ocurriría al compás del endurecimiento del régimen, agotada ya la *fiesta*. Entonces llegaría la aplanadora de la Comisión Visca arrasando con docenas de expresiones opositoras e independientes del interior (1950) o la clausura y expropiación de *La Prensa* (1951), como ya veremos en otro
volumen de esta obra. Entretanto, el imperio periodístico
armado no bastaba para difundir las realizaciones del régimen y las maquinaciones de los "vendepatrias". Había un
medio de comunicación que Perón conocía bien y usaba
mejor: la radio.

Paralelamente a la estructuración del aparato de diarios
y revistas oficialistas, a pocos meses de haber asumido la
presidencia, Perón comenzó una complicada y discreta serie de operaciones para hacer de todas las emisoras radiales
del país un grande, eficaz, irresistible portavoz de su régimen.

Los dueños de las "broadcastings", como se las llamaba
entonces, estaban en una situación aun más vulnerable que
los de los diarios: eran propietarios de las instalaciones físi-
cas de sus emisoras, pero no del elemento indispensable
para difundir la programación. Si los dueños de diarios dependían angustiosamente del papel, los "broadcasters" dependían de una onda de emisión de la que eran concesionarios, no dueños. El papel de diario estaba regulado por el
gobierno; el aire, ese elemento inconsútil dividido técnica-
mente en frecuencias de onda, lo otorgaba o quitaba el Poder Ejecutivo.

Hay que recordar que la década del '40 fue brillante para
la radiofonía argentina. Estaciones como Radio Belgrano,
Radio El Mundo o Radio Splendid, con sus respectivas "re-

des" de estaciones vasallas en el interior, difundían programas que millones de argentinos seguían con fidelidad durante años. Audiciones musicales, en la que los conjuntos
más importantes de tango, música melódica o jazz interpretaban los temas de éxito frente a un público que colmaba
los auditorios; programas de entretenimientos con cómicos
que eran verdaderos ídolos; competiciones de preguntas y
respuestas que ponían en vilo la atención de los oyentes
con los "pozos" que podían levantar los concursantes; ra-
dionovelas cuyos personajes parecían tan reales y cercanos
como los hombres y mujeres de la vida diaria y cuyos actores recorrían el país teatralizando lo que habían brindado
en fascinantes secuencias; informaciones de estilo variado
según la voz y la personalidad de los locutores... La radio
era el medio de comunicación masiva por excelencia. Gente que no leía diarios, en el campo o en la ciudad, estaba al
tanto de lo que ocurría en el mundo gracias a la radio y
adoptaba formas de lenguaje y de pensamiento en correspondencia con las voces que la acompañaban a toda hora
desde ese aparato voluminoso y delicado que constituía,
casi siempre, el centro del hogar.

Ese formidable instrumento de modelación de la mentalidad colectiva no escaparía a la estructura propagandística
del régimen peronista. Pues fue Perón quien descubrió la
utilidad política de la radio: con anterioridad, los hombres
públicos habían usado muy excepcionalmente el micrófono. El presidente Ortiz, por ejemplo, sólo difundió su voz
por el éter cuando asumió la presidencia en 1938 —oportunidad en que también habló su esposa— y en 1940, en vísperas de la sonada intervención a la provincia de Buenos
Aires. En cambio, desde 1943, Perón se había valido de la
radio para cada uno de sus discursos, con la novedad de hacerlo casi siempre a través de la totalidad de las emisoras

del país, obligadas a transmitir "en cadena" con Radio de Estado —después, Radio Nacional.

Al igual que en el campo de la prensa escrita, la oral estuvo contra Perón durante la campaña electoral de 1946, y algunas emisoras vendieron espacios a la Unión Democrática para que irradiara su propaganda. Al igual que sus colegas de la prensa, los dueños de radios tomaron prudente distancia con la oposición vencida. Y tal como ocurrió con los diarios, a mediados de 1947, empezaron las presiones oficiales para comprar las "broadcastings" a sus propietarios.

La primera en caer fue Radio Belgrano, que había sufrido una breve interferencia durante la transmisión "en cadena" del discurso que pronunciaba Perón despidiendo a su mujer en su viaje a Europa, en julio de 1947. El episodio —apenas una voz que alcanzó a decir "¡no le crean nada! ¡son todas mentiras!"— provocó la clausura de la emisora por tiempo indeterminado, una sanción que derrumbó a su propietario, Jaime Yankelevich, pionero de la radiofonía, genial, arbitrario y rumbeador, que había tutelado los primeros pasos artísticos de Evita. Convenientemente presionado, Yankelevich terminó por aceptar la suma que le ofrecieron y no tuvo inconveniente en quedar como administrador de su antiguo feudo, que incluía la "Primera Cadena Argentina de Broadcastings". Seis años después, más importante que nunca, Yankelevich iniciaría las primeras transmisiones del canal estatal de TV..

La adquisición de Radio Belgrano allanó las gestiones con los dueños de Radio Splendid y su "Red Argentina de Emisoras Splendid", comprada con fondos facilitados por el IAPI, a iniciativa de Miguel Miranda (setiembre de 1947). En cuanto a Radio El Mundo y su "Red Azul y Blanca de Emisoras Argentinas" —que incluía, entre otras, a

Radio Libertad, Radio Mitre y Radio Antártida'— formaba parte del patrimonio de Editorial Haynes y, en consecuencia, pasó automáticamente a ser controlada por el aparato
oficial. Algunas emisoras independientes, como Radio Libertad o Radio Porteña, cuyo dueño era un ex concejal radical, fueron adquiridas contemporáneamente o un poco
más tarde, mediante precios arbitrariamente fijados por
los adquirentes: era cuestión de aceptarlo o sufrir las consecuencias, la primera de ellas la caducidad de la concesión
con cualquier pretexto.

Unos 18 millones de pesos de la época bastaron al gobierno para hacerse de todas las voces del éter, salvo la de
una emisora de San Juan, cuyos dueños, los poderosos bo-
degueros Graffigna, no quisieron vender y no fue comprada. Todas las operaciones se hicieron en forma reservada,
no se publicaron en el Boletín Oficial ni se dio cumplimiento a las obligaciones pendientes con el Instituto Nacional
de Previsión Social. Los pedidos de informes que formularon varios diputados radicales no fueron aprobados y solo
La Prensa y *La Nación* filtraron las noticias que sugerían
modificaciones en la titularidad de las radios.

Los oyentes, en cambio, no notaron mayores variantes.
Desde la época del gobierno de facto los artistas desafectos
a Perón —o más bien a Evita, que era femeninamente fiel a
los rencores que arrastraba desde su etapa artística— frecuentaban poco los micrófonos, y los elencos y programa-
ciones no cambiaron sustancialmente con la transferencia
de las emisoras al campo estatal. No por nada la mayoría de
los directores y administradores permaneció en sus puestos
anteriores. Los informativos oficiales seguían propalándo-
se a la hora de siempre con la misma marcha militar al empezar y concluir; y como las voces opositoras no se habían
difundido durante el período de facto, salvo en el verano

caliente de 1946, el auditorio tampoco notó estas ausencias.

Entonces, ¿qué ganó el gobierno peronista con la compra de las radios? En primer lugar, la seguridad de que ni siquiera en los momentos políticamente difíciles las ondas radiales podrían transmitir palabras opositoras. Además, el oficialismo se hacía de una codiciada fuente de empleos, dádivas y acomodos que, al menos en teoría, se alimentaba con recursos propios y aun podía llegar a ser un buen negocio. Pero en el propósito de uncir las radios al aparato de publicidad del régimen es lícito adivinar la obsesión de prolijidad y organización que caracterizaba la mentalidad de Perón.

A partir de su designio de estructurar un aparato de difusión periodística, no le resultaba lógico que los medios radiales permanecieran afuera. La palabra escrita, la palabra hablada, ¿no eran igualmente transmisoras del pensamiento? Diarios y radios ¿no eran, en esencia, lo mismo? La diferencia era puramente instrumental. Unos medios trabajaban con el papel; otros, con el aire: ambos elementos eran controlables por el Estado. En consecuencia, ambas formas de difusión debían ponerse al servicio de la concepción política del Estado —pensaría el presidente. Y si no lo pensó, desde luego actuó como si así lo hubiera hecho...

El 8 de marzo de 1949, Raúl Apold asume la Secretaría de Informaciones de la Presidencia. En el discurso que pronunció en la oportunidad, dijo el ministro del Interior Borlenghi:

"El general Perón no ha adoptado ninguna medida en contra de la prensa. A veces la prensa ha mentido, ha mutilado las noticias, ha creado, ha inventado noticias, y, más que eso, ha insultado al presidente y a su esposa, y ¡nunca se tomó ninguna medida!"

La designación de Apold marcaba el comienzo de una vuelta de tuerca más ajustada todavía en relación con los medios de información, como ya se verá.

Así fue arquitecturando Perón las bases de su "comunidad organizada" en los primeros años de su presidencia. No sabemos si ello respondió a un plan orgánico o si se debió a su propio temperamento; ignoramos si el líder justificaba las burdas maniobras o los sutiles operativos que implicaban, con la necesidad, supuesta o real, de preservar los valores que su gestión estaba instaurando y que —podría pensar— no debían dejarse inermes ante una oposición todavía poderosa. Tampoco puede medirse qué parte de las iniciativas se debió a su propia imaginación y qué porción a los funcionarios que lo rodeaban. Lo único cierto es que en 1949, sancionada la Constitución Justicialista, el juego tradicional de los poderes, el mecanismo de contrapeso de las instituciones y la convivencia política que había sido común en el país, estaban totalmente alterados.

Primero su propio partido, luego el movimiento sindical, paralelamente al montaje de un aparato incontrastable de coacción y propaganda, la purga del Poder Judicial, todo se fue armando en una estructura vertical cuya cúspide estaba ocupada por el propio Perón. Todavía no estaba completo todo el tinglado, pero ya en 1949 la tendencia era evidente y la estrategia, obvia: pocos hechos espectaculares, más bien una pequeña vuelta de tornillo todos los días para que las clavijas fueran ajustando cada vez mejor el mecanismo. La oposición contaba poco y sus foros eran cada vez más limitados: además, frente a las realizaciones del régimen, propaladas y potenciadas a todos los vientos, los reclamos minoritarios parecían —y a veces eran— la expresión del resentimiento de la vieja Argentina, superada por la triunfante maquinaria que el líder conducía sonriente, seguro de sí mismo.

Todo este reordenamiento implicaba, como valor entendido, un gran desprecio por todo lo que no se adhiriera incondicionalmente al régimen. Goethe decía que entre la injusticia y el desorden, los alemanes siempre elegirán la injusticia. El hombre de orden que era Perón pesó decisivamente en la puesta en marcha de su régimen, y, en el camino fue quedando la justicia. De allí al desborde, solo era cuestión de tiempo.

CAPÍTULO III

LA EUFORIA Y EL DERROCHE

La euforia y el derroche definieron la política económica de la primera etapa del peronismo, pero ni fueron sus únicas modalidades ni se debieron solo al capricho de los gobernantes. Estaban en la naturaleza del régimen, eran fatales, como otras tantas cosas, buenas y malas, que generó el sistema iniciado en 1946. Perón había subido al poder en la cresta de la ola de un ciclo caracterizado por la plena ocupación, los altos salarios y un ávido consumismo. Toda su política, entonces, sería instrumentada en función del mantenimiento de este perfil, por costoso que fuere.

En los primeros años, las condiciones exteriores e internas hicieron razonablemente posible una prolongación de tales características: el error fue suponer que serían inmutables. Pero hay que señalar que la tendencia general de la política económica de Perón en esta etapa respondió no solo a sus propias convicciones, sino a ideas que flotaban en la atmósfera del mundo de posguerra y que eran compartidas tanto por el oficialismo como por la oposición parlamentaria y fueron alegremente aceptadas por la sociedad argentina y disfrutadas en consecuencia. Asimismo, es necesario destacar que muchas de las iniciativas adoptadas en esta etapa naufragaron después; que se intentó una política estatista y dirigista a través de un Estado que no estaba preparado, y que a veces se acometieron objetivos que distaban mucho de ser viables. Guido Di Tella ha dicho que esta fue la etapa de la "ingenuidad". Tal vez haya que agregar a esta nota la de soberbia, para entender cabalmente sus motivaciones.

Las falencias de la política económica del peronismo en su primera etapa solo empezaron a evidenciarse hacia 1949, cuando el arquitecto de la euforia y la dilapidación debió alejarse del gobierno. Pues es la figura contradictoria de Miguel Miranda, con sus genialidades, su desenfado, sus gruesos errores, la que protagoniza por su propia virtualidad esta etapa inaugural. A su persona y su leyenda están vinculadas las nacionalizaciones de empresas extranjeras y nacionales, la creación y actuación del IAPI, la reestructuración del Banco Central, el *boom* de la construcción, la protección de la industria nacional, la injerencia del Estado en múltiples sectores de la actividad, las adquisiciones masivas de materiales en el exterior. En suma, las espectaculares realizaciones de la *fiesta* que, en la memoria colectiva, están asociadas al momento más glorioso del tiempo de Perón.

LOS PRELUDIOS

Entre marzo y julio de 1946, es decir, en un lapso de cuatro meses antes y después de la asunción presidencial de Perón, se produjeron tres actos de gobierno que fueron como la prefiguración de la política económica que prevalecería en adelante.

El primero: un decreto del 25 de marzo suscrito por Farel que nacionalizaba el Banco Central. Afirmaban los fundamentos de la medida que "el carácter mixto y *sui generis* que dicho establecimiento reviste, según la declaración de la Corte Suprema, dificulta la aplicación simultánea por parte del gobierno, de principios uniformes y coincidentes", sosteniendo que "la política monetaria no puede trazarse según normas aisladas y distintas de las que inspiren la política económica del Estado". En consecuencia, se disponía el reintegro, en bonos o en dinero efectivo, del aporte de los bancos accionistas privados, se declaraba la cesación del actual directorio y se resolvía la designación de uno nuevo integrado por representantes de bancos oficiales y de distintos ministerios, con un presidente nombrado por el Poder Ejecutivo. Al Banco Central así constituido se lo calificaba de "entidad autárquica".

El 28 de mayo, apenas una semana antes de la toma del poder por Perón, otro decreto del gobierno de facto creaba el Instituto Argentino de Promoción del Intercambio IAPI. La medida se originaba en una nota que cuatro días antes había elevado Miguel Miranda, presidente de la Corporación para la Promoción del Intercambio, solicitando la disolución del organismo y su reemplazo por otro con atribuciones más amplias. El decreto creaba el IAPI como una "entidad autárquica nacional, con funciones técnicas y eminentemente comerciales", dotado de amplísimas facultades y cuyo presidente sería quien ejerciera estas funciones en el Banco Central —es decir, el propio Miranda.

Estos dos decretos formaban parte de un conjunto de medidas adoptadas por el expirante gobierno de facto para facilitar la labor del nuevo elenco gubernativo, puenteando la instancia legislativa. Incluía una serie de otras normas tan trascendentes como el reordenamiento del sistema bancario, la creación del Instituto Mixto de Reaseguros, la creación de un régimen legal para las sociedades de economía mixta, y también otras iniciativas de intención definidamente política, como la intervención a las universidades y a la Unión Industrial, la cuotificación del papel de diario y el destino de las ganancias de los casinos privados.

Finalmente, el tercer decreto que decimos —firmado ya por el presidente constitucional— apareció el 15 de junio , y en su virtud se rescataban varios empréstitos nacionales y provinciales radicados en el exterior, ordenando el pago de su importe y una emisión de títulos internos para compensar las divisas que se emplearían en su rescate. La operación de compra de los empréstitos exteriores tuvo un costo aproximado de 135 millones de dólares.

Los tres decretos, dos del gobierno de facto, el tercero del constitucional, marcaban el tono de lo que se haría en el futuro en materia económica: centralización monetaria y crediticia, monopolio del comercio exterior, actividad empresaria del Estado y, para decirlo de una vez, nacionalización de la economía.

El pivote de la nueva política monetaria y crediticia no era, como podría creerse, la nacionalización del Banco Central. La eliminación de los capitales privados, nacionales y extranjeros, que hasta entonces habían estado representados en su directorio, era una medida casi formal. La verdadera innovación de la reforma radicó en dos precisiones: la primera, que la Nación garantizaba en adelante el valor de los depósitos existentes en todos los bancos del país, oficiales o privados. La otra decisión era su consecuencia lógica: a cambio de esta garantía, la totalidad de esos depósitos se transferían al Banco Central, y en consecuencia los bancos se quedaban sin medios para dar préstamos. De ahora en más, sería el Banco Central el que les facilitaría los fondos a través del redescuento para que continuaran con sus operaciones crediticias, pero debiendo atenerse a las orientaciones que se les impartiera.

Tan simple como esto. A partir de la garantía de los depósitos y del manejo del crédito nacional por el Banco Central, las líneas de préstamos quedaban coordinadas, en el sector público, por el Banco de la Nación Argentina (campo), el Banco de Crédito Industrial (industria, minería), el Banco Hipotecario Nacional (vivienda) y la Caja Nacional de Ahorro Postal (pequeño ahorro). Bajo la dirección del Banco Central, estas cuatro instituciones, más las entidades bancarias privadas, utilizarían la totalidad de los depósitos existentes en el país para fomentar las actividades útiles de la comunidad. Una prestidigitación brillante: a cambio de una garantía que nunca tuvo necesidad de hacerse efectiva, el Banco Central confiscaba todo el dinero del país sin pagar nada y lo devolvía instantáneamente a los bancos para que estos siguieran operándolo, pero ahora siguiendo las directivas oficiales...

LAS NACIONALIZACIONES

La adquisición, por parte del Estado nacional, de algunas empresas de servicios públicos, denominadas "nacionalizaciones" con cierto abuso semántico, tipifican la política económica entre 1946 y 1949.

No era una idea nueva ni tampoco era patrimonio exclusivo del elenco peronista. El presidente Castillo había decretado la caducidad de la empresa francesa que explotaba el puerto de Rosario, la compra o el arriendo de algunos buques de países beligerantes que pasaron a formar parte de la incipiente flota mercante argentina y el vencimiento de concesión de la Compañía Primitiva de Gas que proveía el fluido a la Capital Federal. Por su parte, los sectores nacionalistas y forjistas habían batido el parche, desde antes de 1943, en la necesidad de incorporar al patrimonio del Estado, por vía de compra o expropiación, otras empresas, empezando por la CHADE. Y en 1946, el "Bloque de los 44"

sostenía firmemente la conveniencia de nacionalizar un ancho segmento de las actividades destinadas a servicios públicos, tal como Harold Laski, desde el laborismo inglés,
venía predicando.

La primera nacionalización del gobierno de Perón fue la
de la Unión Telefónica (United River Plate Telephone
Co.), vinculada a la ITT. A fines de agosto de 1946 se anunció que el Estado nacional compraría la UT, y, efectivamente
a principios de setiembre se concertó la operación, ad referéndum del Congreso Nacional. Al formalizarse la compra,
Perón dedicó unas palabras tranquilizadoras al capital extranjero:

La sensibilidad argentina —dijo el presidente— se halla
favorablemente predispuesta hacia los capitales y los técnicos extranjeros. Esta misma sensibilidad, no obstante su
indeclinable afán de recuperar los servicios públicos esenciales, no admitiría una injuria, una desconsideración hacia los capitales extranjeros que tuvieron fe en el país cuando no se había formado aún el ahorro nacional, ni hacia las
empresas y los hombres que prestaron servicios reales a la
Argentina, y que fueron colaboradores de su marcha en el
camino del progreso al dar los pasos iniciales, que suelen
ser los más difíciles."

Por su parte, el coronel Sosthenes Behn, presidente de la
ITT, aseguró que "seguiremos en íntima relación con el
nuevo organismo poniendo a su disposición nuestros conocimientos en el arte de las telecomunicaciones, producto de
nuestra larga experiencia".

Era una fácil profecía, la del coronel norteamericano: la
ITT vendía su filial en la Argentina en 95 millones de dólares ($ 319.000.000), pero el convenio de venta contrataba
el asesoramiento técnico y la provisión de materiales durante diez años a la nueva empresa estatal. Un excelente

negocio para la ITT: se liberaba de instalaciones cuya renovación era urgente después del desgaste sufrido durante los
años de guerra sin importaciones de material y convertía a
la nueva empresa en un cliente forzoso.

La compra de la UT se presentó como un acto revolucionario: en realidad no cambiaba sino la propiedad de la
compañía, que quedaba tan cautiva como antes del trust al
que había pertenecido. Lo revolucionario hubiera sido
promover la instalación de una fábrica de materiales destinados a las comunicaciones telefónicas, que pudiera proveer de repuestos al país y a los países vecinos y, a la vez,
formar los técnicos que se necesitan en ese campo. Ni esta
evidencia ni el brillante discurso del diputado Frondizi pro-
bando la sobrevaluación de la UT y denunciando el secreto
de las negociaciones modificaron la sólida mayoría que
aprobó la operación en el Congreso. Pero la propaganda
oficial no tenía repercusión en ciertos círculos: por entonces, el director de la Corporación de Bancos Suizos comentaba al consejero comercial de la embajada inglesa que "los
norteamericanos han obtenido un buen precio, reteniendo
no sólo el control operacional sino también el control de todas las compras de la empresa durante los diez años siguientes, lo cual es mucho más importante. Sobrecargando los
precios de futuras compras, podrán aumentar sus ganancias…" Y agregaba el banquero suizo que Miranda lamentó mucho el arreglo, sobre el cual no había sido consultado.

Estas desprolijidades iniciales pesaron como una maldi-
ción entre EMTA (Empresa Mixta Telefónica Argentina),
a la que se había concebido como una compañía de cincuenta años de duración con participación de capitales privados: nueve meses más tarde de la solemne instalación de
las autoridades de EMTA, el directorio entero fue procesado por los delitos que habían cometido sus integrantes, un

verdadero saqueo... Solo se salvó de la condena judicial
Luis F. Gay, el ya defenestrado secretario general de la
CGT. Además, no hubo aportes de capital privado, y el déficit de explotación creció con tanta rapidez que los servicios empezaron a deteriorarse notablemente. Algunas rectificaciones y enmiendas posteriores no lograron evitar el
derrumbe, y finalmente hubo de rescindirse el convenio de
asesoramiento y provisión con la ITT, a la que se abonaron
tres millones de dólares como indemnización. Y ¡otra empresa más incorporada al Estado por bancarrota!

Pero no todas las nacionalizaciones tuvieron un destino
tan desgraciado como la de los teléfonos. Esta fue, acaso,
la más improvisada e infeliz. Pero en casi todas, hay que decirlo, planeó una intención de espectacularidad y sensacio-
nalismo que no siempre se compaginó con los intereses del
país.

En abril de 1946 se realizaron en Londres tres reuniones
que congregaron a representantes del Tesoro, del Foreign
Office, de la Junta de Comercio y del Ministerio de Alimentación, así como a dirigentes de las compañías ferroviarias británicas en la Argentina. Estaba presente Sir Reginald Leeper, que meses después se haría cargo de la embajada de su país en Buenos Aires, y Sir Wilfred Eady, un
veterano negociador, integrante de los directorios de varias compañías ferroviarias con sede en la Argentina, quien
presidió las reuniones y estableció, de entrada, un compromiso de secreto entre los participantes. El tema era la posible venta de los ferrocarriles ingleses.

De los cónclaves surgieron algunos acuerdos: había que
vender, había que vender en libras esterlinas y el gobierno
de Su Majestad británica debía dirigir las negociaciones

con el consentimiento de los accionistas privados. ¿El precio? Dijo Eady en la primera reunión:

"Si logramos obtener £ 150 millones, la mitad al contado y el resto a diez años, este sería un buen resultado."

Carlos Escudé, en un artículo publicado en *Todo es Historia*, ha difundido los documentos —secretos hasta 1977— provenientes de la misión presidida por Eady que negoció en Buenos Aires en el invierno y la primavera de 1946. De estos informes surge la inteligencia y frialdad con que se manejaron los negociadores ingleses hasta lograr exactamente lo que se habían propuesto, así como las fisuras en los interlocutores argentinos, entre los cuales se destaca Miranda por sus espasmódicas y contradictorias actitudes, el canciller Bramuglia por su vocación conciliadora y el propio Perón, que lauda en algunos momentos. Pero de todos modos, el resultado es el mismo: Gran Bretaña consigue desprenderse del pesado "clavo" de sus ferrocarriles en la Argentina al precio que deseaba y en las condiciones que quería. Y en el intento, la intervención del embajador de Estados Unidos aparece en algunos momentos claves para hacer viable la operación.

Es imposible reproducir aquí la sabrosa documentación difundida por Escudé. Podemos sintetizar, en cambio, los avatares de la misión británica, que llegó a Buenos Aires contemporáneamente a la asunción presidencial de Perón.

Hay que destacar que los ingleses sabían que estaban trabajando contra el reloj porque el 1º de enero de 1947 sus ferrocarriles en la Argentina quedaban desamparados de las franquicias que les había otorgado durante cuarenta años la Ley Mitre. Esta norma legal unificó el anárquico sistema de concesiones de las diversas compañías privadas, estableciendo un régimen uniforme que, entre otras cosas, las eximía de gravámenes aduaneros. El plazo fijado por la

Ley Mitre vencía en la fecha indicada: es decir, que, a partir de ese día, toda importación que efectuaran las empresas debía abonar el correspondiente derecho. Esta situación agravaba una situación que las empresas británicas venían arrastrando desde la década de 1930: la competencia del transporte automotor, la apertura de nuevos caminos y la creciente obsolecencia del material rodante habían hecho imposible que los accionistas de la isla devengaran ganancias desde entonces. La guerra, además, profundizó la gravedad de la situación, tornando ilusoria la renovación del material y deteriorándolo aun más con el uso de maíz como combustible para las locomotoras. En realidad, ya a mediados de la década de 1930 las principales compañías inglesas habían planteado la venta en bloque de los ferrocarriles al gobierno argentino, pero la oferta fue rechazada.

En ese momento, desprenderse de esa antigualla era vital para los británicos. Pero este no era el único tema que traía la misión: también debía conversarse sobre la venta de carnes y el destino de las libras bloqueadas en Londres que pertenecían a nuestro país. Con esta intención llegó la misión a Buenos Aires y, superados algunos desencuentros debidos a la inexperiencia del nuevo elenco gubernativo, empezaron a deshojar sus margaritas.

Fueron amargos para ellos los primeros dos meses. Se toparon con la tozudez de Miranda, que afirmaba reiteradamente que el gobierno argentino no tenía el menor interés en comprar los ferrocarriles —incluso hizo declaraciones públicas en esos días hablando del mal negocio que sería adquirir "fierros viejos"— y que las conversaciones debían tratar, básicamente, el problema de las libras bloqueadas. Ofrecía convertirlas en un préstamo con un interés del 2,5 % anual. Después era necesario negociar sobre abastecimientos mutuos. Hablaba, tal vez deliberadamente, en un lenguaje confuso y desenfadado, y su actitud era escasamente amistosa. Indudablemente, Miranda ponía nerviosos hasta a los flemáticos negociadores ingleses... "Es tan superficial, tan impaciente a cualquier argumento más allá de una atravesada charla entre mercaderes de caballos, tan influido por el nacionalismo"... suspiraba Eady en una comunicación al Foreign Office. Por su parte, el embajador Leeper predicaba paciencia y reservaba a Perón como última carta.

El 14 de agosto se llegó a un punto muerto. Los negociadores argentinos se mantenían inflexibles en la posición enunciada por Miranda, y los ingleses insistían en arreglar primero el tema ferrocarriles. Entonces el embajador Leeper, orillando a la misión, se dirige al canciller Bramuglia y logra por su intermedio una entrevista reservada con el presidente. Fue una larga charla, donde el diplomático se jugó entero. Echó la culpa a Miranda del fracaso de las gestiones ("¿No puede usted convertir a Miranda, de comerciante en diplomático?"), propuso marginar los puntos en que no existían posibilidades inmediatas de acuerdo y pasar a tratar los otros ("Yo he estado en muchas conferencias internacionales, con diversos ítems en la agenda; la práctica normal es tratar los ítems de a uno; si no se llega a un acuerdo en alguno, se lo deja en suspenso mientras los otros son discutidos y luego ese ítem es reexaminado. Pero en nuestras discusiones, el gobierno argentino ha rehusado seguir estas prácticas"), insinuó que, de no aceptarse esta alternativa, la misión regresaría a casa ("No estamos alardeando; quiero que el presidente sepa que cuando decimos *no*, estamos hablando franca y honestamente") y tocó la cuerda de las relaciones anglo-argentinas ("estrechas relaciones existieron desde generaciones, porque la naturaleza y la geografía nos hicieron necesarios el uno al otro...").

Perón escuchó atentamente la tirada y sólo se lamentó de los problemas que podía tener en el Congreso. Si los legisladores rechazaban el acuerdo al que pudiera arribarse, "yo, y no la misión británica, seré colgado..." El embajador anotaba en su comunicación a Londres: "El presidente se mostró amigable durante la conversación, pero no conoce de estos temas en profundidad..." Finalmente, los buenos oficios de Bramuglia sacaron la negociación de su impasse, y el 7 de setiembre se concretó una reunión que sería decisiva. Previamente, el embajador de los Estados Unidos habló con Perón para enfatizar la conveniencia de que la Argentina y Gran Bretaña llegaran a un acuerdo, lo que parece haber impresionado mucho al presidente. Se hizo la reunión en ausencia de Miranda, y, aunque en algún momento la misión amenazó con retirarse, las bases del acuerdo ya estaban esbozadas y los ingleses siguieron jugando su juego con cara de póker, temblando íntimamente por un posible fracaso, según lo revela la secuencia de sus informes a Londres.

Tres días más tarde se acentúan los indicios de un acuerdo: el gobierno argentino hace llegar a la misión una nota que, entre otras cosas, acepta una sociedad mixta para la explotación de los ferrocarriles británicos. Perón se había inclinado por esta solución, lo que no es de extrañar: dos meses más tarde, sugeriría la misma figura jurídica para reactivar YPF con la participación de capitales norteamericanos. El 17 de setiembre el acuerdo tomó estado público, y Sir Wilfred Eady cablegrafiaba excitadamente al Foreign Office:

"We did it!"

Ese mismo día se firma el Acuerdo Miranda-Eady, que abarcaba la totalidad de los temas pendientes entre los dos países, tal como habían querido los negociadores ingleses. No se puede decir que fuera un convenio elogiable. Los fondos bloqueados en Londres permanecerían en igual situación, devengando un insignificante interés de 0,5 por ciento anual, y la Argentina sólo podría disponer de esas libras para repatriar la deuda pública y rescatar inversiones. Gran Bretaña se comprometía a adquirir nuestra cuota exportable de carne por cuatro años, salvo un 17/22 por ciento reservado para otros eventuales nuevos mercados. En lo referente a los ferrocarriles, se creaba una sociedad mixta a la que el Estado argentino contribuiría con $ 500 millones para renovar el material —negocio para la industria ferroviaria británica—, se garantizaba una ganancia no inferior al 4 por ciento anual —negocio para los accionistas británicos— y se restablecían, por toda la existencia de la nueva empresa, las exenciones establecidas cuarenta años atrás por la Ley Mitre. Pese al estudiado enculamiento de Miranda y a los desaires soportados por los ingleses, el Acuerdo era un negocio redondo para éstos. Como han señalado Alberto Conil Paz y Gustavo Ferrari, "la liberación de nuestros saldos en Londres era irrisoria; Gran Bretaña se aseguraba, en un mundo necesitado, la mayor parte de nuestras exportaciones de carnes; los ferrocarriles se nacionalizaban solo en cuanto al nombre, y en realidad se volvía al régimen de los ferrocarriles garantidos".

El Acuerdo Miranda-Eady no podía prevalecer y, en efecto, no prevaleció. La oposición parlamentaria tronó contra sus términos: Con su voz de acero, Emilio Ravignani denunciaba:

"¡En esta sociedad mixta, el único *mixto* es el gobierno!"

La Vanguardia, La Prensa y más atenuadamente *La Nación* criticaban la solución y desde el nacionalismo, Julio Irazusta demostraba la inconveniencia del acuerdo. Sin embargo, el embate más efectivo provino de los Estados Unidos. El secretario del Tesoro de Washington acusó a Londres de violar las obligaciones asumidas de establecer la convertibilidad de la libra y amenazó con dejar sin efecto el acuerdo monetario que ambos gobiernos habían suscrito un año antes, vital para la agonizante economía británica. Además, las gestiones encaminadas a hacer viable la nueva sociedad mixta se empantanaron de entrada: las cifras que manejaban ambas delegaciones eran demasiado distantes.

A fines de año los ingleses retornaron a la línea de la venta directa. Miranda aceptó rápidamente, ofreciendo £ 125 millones y asegurando que no pagaría una libra más. Según los documentos británicos, lo hizo para evitar que el asunto pasara al Congreso.

Dos semanas antes, el gobierno argentino había anunciado la adquisición directa de los ferrocarriles de propiedad francesa, lo que significaba un importante antecedente de la operación que se tramitaba con los ingleses. Los ferrocarriles franceses eran poco significativos en relación con los británicos, porque habían llegado tarde a la conquista del mercado argentino; pero de todos modos prestaban servicios en el oeste de la provincia de Buenos Aires, en todo el territorio santafecino y unían Rosario con Bahía Blanca. El 17 de diciembre se anunció su compra: las tres empresas con sus instalaciones serían adquiridas por el IAPI en $ 180 millones (unos u$s 45 millones) que se girarían en francos franceses a sus propietarios, al tipo de cambio del día de su aprobación por el Poder Ejecutivo.

La decisión argentina sobre las empresas de capital francés debe haber alegrado a los negociadores británicos, los cuales encontraban dificultades sobre el precio. Miranda seguía en sus trece, y una vez más el embajador Leeper debió afrontar el obstáculo entrevistando a Perón. Mantuvo conversaciones con el presidente los días 3, 7 y 13 de enero (1947) y llegó a la conclusión de que "el gobierno argentino está ahora muy ansioso de comprar los ferrocarriles; por lo tanto, yo no despliego ninguna ansiedad y me mantengo en la cifra de £ 150 millones". A partir de esta evidencia se trataba simplemente de compatibilizar números, y en esto, quejábase Leeper a sus superiores: "Miranda es tan resbaladizo como una anguila y a menudo negocia como si estuviera en un bazar oriental".

Todo el verano siguieron las discusiones ante el asombro del diplomático inglés, que comentaba al Foreign Office: "Antes de venir aquí me habían dicho que durante el verano no hay ninguna actividad en la Argentina, que todos se iban afuera y nadie trabajaba. Me encontré con que Perón está todos los días a las 7 de la mañana en su despacho y que los ministros trabajan... a pesar de que en la práctica todo lo que hacen está mal..." Semana a semana fueron logrando los negociadores que la cifra primitiva fuera aumentando. Miranda lanzó algunas bravatas a través de la prensa y admitió que había accedido a que se elevara el precio "por razones sentimentales". Finalmente se concretó la suma: £ 150 millones, exactamente la que Eady había previsto menos de un año atrás, en las reuniones secretas de Londres. El 13 de febrero de 1947 se firmó el acta de compra. No se establecía en ella cómo ni cuándo se pagaría esa suma, y ello fue materia del Convenio Andes, signado en febrero de 1948. Por este acuerdo, el precio de los ferrocarriles sería pagado por la Argentina con sus exportaciones del año a Gran Bretaña: los ingleses nos adelantaban el valor de las carnes y oleaginosos que les mandaríamos a lo largo de 1948 y esos 150 millones de libras serían transferidos a los antiguos dueños de los ferrocarriles. No se recurrió, pues, como suele creerse, al fondo bloqueado en Londres desde la guerra, lo cual hubiera sido deseable, puesto que esa masa de divisas era, desde agosto de 1947, inconvertible por decisión unilateral —y sorpresiva— de Gran Bretaña, es decir que sólo podía ser gastada en el área de la libra sin poder usarse para abonar compras en otros países.

Pocas semanas después de firmado el Convenio Andes, el 1º de marzo de 1948, el gobierno argentino tomó formal posesión de los ferrocarriles británicos ante una multitud reunida en Plaza Retiro. Perón no pudo asistir por encontrarse en el posoperatorio de una intervención quirúrgica. "Ya son nuestros", fue la consigna de esa jornada, cuando una alegría popular estremeció no solamente el espíritu de los peronistas, sino de la inmensa mayoría de los argentinos.

Pero ¿estaba justificado ese alborozo?

Sería simplista afirmar que los ingleses hicieron con los ferrocarriles el negocio que querían, y que los argentinos sólo compraron un problema. El tema es mucho más complejo. Es cierto que los ingleses se sacaron de encima el embrollo que significaba un bien que ya no arrojaba ganancias de tiempo atrás y que necesitaba una costosísima renovación; un bien situado, además, en un país que había revertido súbitamente su tradicional situación dependiente y ahora era un acreedor inflexible y a veces intratable.

Pero también es cierto que nacionalizar los ferrocarriles era en ese momento una necesidad histórica. Resultaba anacrónico e irritante la existencia de esas instalaciones *belle èpoque* donde todavía lucían los retratos de Su Majestad Británica; esa suerte de imperio extraterritorial que, aunque desvencijado y sin réditos, recordaba tiempos, para muchos humillantes. La *Historia de los ferrocarriles argenti-*

nos de Raúl Scalabrini Ortiz era palabra santa para buena parte de la clase pensante argentina, como lo eran las obras de los hermanos Irazusta y los folletos de FORJA, que en la última mitad de la década anterior habían puntualizado las exacciones británicas a lo largo de nuestra historia. Muchos legisladores peronistas venían de estas vertientes ideológicas, como también los más activos diputados radicales. Con prescindencia de lo bueno o lo malo que fuera el negocio, comprar los ferrocarriles —solía decirse por entonces— era comprar soberanía. Es cierto que, al adquirirlos, la Argentina soltaba el "rehén" más importante que Gran Bretaña todavía conservaba en estas tierras y debilitaba, paradójicamente, su situación internacional: había sido el gobierno británico el que defendiera a las autoridades de Buenos Aires durante toda la guerra de los ataques y acusaciones de Washington, precisamente por la importancia de los intereses radicados en tierra argentina. Pero ¿quién podía advertir esta circunstancia en 1946, que ha señalado inteligentemente Carlos A. Escudé treinta y cinco años después? En ese momento, la operación parecía un acto emancipador, la ruptura de un lazo que nos había sojuzgado durante tres cuartos de siglo...

Perón seguramente compartió el sentimiento nacionalista que arrastraba hacia esa solución. Al menos, no se animó a contradecirlo. La decisión de adquirir los ferrocarriles satisfacía el orgullo argentino, y Perón difícilmente se resistió jamás a lo que fuera efectista, espectacular. Pero la solución adoptada llevó al sistema ferroviario a constituirse en un cáncer de las finanzas públicas y un ejemplo de ineficiencia. Como en otros casos, la felicidad de hacer "nuestro" lo que ya estaba aquí tuvo un precio arrasador, aunque esto no pudiera preverse aquella tarde del 1º de marzo de 1948, cuando la bandera argentina se izó en el *hall* de la estación Retiro y centenares de locomotoras, en todo el país, pitaron agudamente para celebrar un nuevo triunfo del gobierno de Perón.

EL ESTADO EMPRESARIO

Otras realizaciones de esta etapa fueron menos infortunadas: tal el caso de Gas del Estado, empresa estatal creada sobre las instalaciones de la antigua Compañía Primitiva de Gas, cuya concesión había vencido en tiempos de Castillo. En 1945, YPF había tomado posesión de esa infraestructura hasta que la prestación del fluido en la Capital Federal y Gran Buenos Aires quedó a cargo de la Dirección Nacional de Gas del Estado, desde enero de 1946.

Las nuevas autoridades de la empresa debieron cambiar entonces la modalidad de producción de gas. En vez de fabricarlo por combustión, la idea era transportar el fluido desde la región donde nacía naturalmente, hasta su principal mercado. Perón apoyó entusiastamente la iniciativa y Julio V. Canessa, administrador general, logró realizarla en tiempo increíblemente corto: en febrero de 1947 se colocó en la localidad de Llavallol el primer caño del gasoducto que uniría Cañadón Seco, en la zona de Comodoro Rivadavia, con la Capital Federal y la inauguración del nuevo servicio se concretó en diciembre de 1949. Hugo Gambini, en *Historia del Peronismo*, recuerda las orgullosas precisiones que le confió Canessa muchos años más tarde:

"En ese momento fue el gasoducto más largo del mundo. Costó u$s 50 millones y sirvió para que la distribución de gas aumentara de 300 mil metros cúbicos por día a 15 millones de metros cúbicos."

Gas del Estado nació bien y continuó bien su trayectoria.

Hubo otra empresa estatal que nació mal, pero luego se sacudió su pecado de origen y anduvo razonablemente bien: Aerolíneas Argentinas. Su antecesor inmediato fue la vieja y gloriosa Aeroposta Argentina, "la línea" que Saint Exupery hizo célebre en su libro *Vol de Nuit*. En 1945, el gobierno de facto se asoció a Aeroposta, convirtiéndola en una sociedad mixta. y en los primeros meses de 1946, todavía bajo la presidencia de Farrel, se dispuso dividir el mercado del transporte aéreo del país en cuatro empresas: FAMA, para la explotación de rutas internacionales; ZONDA, para el interior; ALFA, para el litoral y países vecinos, y Aeroposta, para la Patagonia. Todas ellas estaban previstas como sociedades de capitales estatales y privados y operaban en condiciones poco favorables, con aeropuertos primitivos y máquinas generalmente obsoletas. Pero de algún modo había que empezar a explotar el tráfico aéreo: terminada la guerra mundial, con la experiencia adquirida en materia de navegación aérea, las grandes compañías internacionales de aviación presionaban para gozar de la "quinta libertad" y trabajar los itinerarios troncales del mundo y de los países más redituables. De las empresas mixtas de aeronavegación, Flota Aérea Mercante Argentina (FAMA) era la que tenía más futuro por las rutas asignadas: a mediados de 1946 ya había establecido servicios regulares con Madrid y Roma, y también unía Buenos Aires con Santiago de Chile.

Sin embargo, como en otras iniciativas similares, la falla de estas empresas radicaba en el escaso interés del capital privado nacional. Se preveía que la mitad de las acciones serían suscritas por el público, pero la desconfianza en los manejos del Estado retrajo el aporte privado. Por otra parte, FAMA tuvo algunos inconvenientes y un par de sonados accidentes que la desprestigiaron. Finalmente, las cuatro compañías mixtas fueron incorporadas al Estado en mayo de 1949: ya para entonces el déficit superaba el dinero aportado por el sector público. Un año más tarde se fundaría Aerolíneas Argentinas. De todos modos, la presencia de FAMA en los cielos argentinos y, en menor medida, de las otras empresas mixtas en aquellos años, cubrieron una necesidad en el transporte de pasajeros y de mercaderías livianas. Los pesados aviones de la empresa estatal tardaban casi dos días para llegar a Europa, pero, así y todo, era un enorme progreso.

Contemporáneamente se acometía la realización más importante en materia de obras públicas del primer gobierno de Perón: el Aeropuerto Internacional de Ezeiza "Ministro Pistarini". Criticado en su momento por su ubicación baja, propicia a las nieblas, fue un emprendimiento monumental extendido a través de casi 7000 hectáreas expropiadas en las puertas de Buenos Aires. No comprendía solamente el aeropuerto, sino barrios periféricos y espacios verdes de bosques y prados para la recreación del público, así como una autopista que lo uniría con la avenida perimetral de Buenos Aires. El ministro de Obras Públicas, general Juan Pistarini, hizo del conjunto el objetivo fundamental de su gestión, y, enfrentando toda clase de obstáculos, incluso los celos del propio Perón y la desconfianza de Evita, logró inaugurarla: el precio de su empeño fue la defenestración que sufrió cuando el presidente recompuso su equipo ministerial para hacerse cargo del segundo período. Pero el aeropuerto quedó y permitió la vinculación aérea de la Argentina con el resto del mundo, mientras el aeroparque de la ciudad de Buenos Aires, construido con el relleno que tapó las lagunas existentes en el extremo norte de la capital, se convertía progresivamente en el punto de partida y llegada de la navegación de cabotaje.

Pero en materia de transporte, lo más espectacular fue el crecimiento de la marina mercante. La Flota Mercante del Estado, creada por el presidente Castillo, había tenido que devolver once barcos a sus dueños, una vez terminada la guerra. Para suplir estas bajas, la empresa estatal fue comprando en el exterior o encargando la construcción —generalmente en Gran Bretaña— de buques cargueros, frigoríficos y de pasajeros, desde 1946. Paralelamente, la flota de YPF seguía el mismo proceso ascendente, pasando de 90.000 toneladas de registro bruto que tenía en 1946, a 205.000 en 1951. Al mismo tiempo, las empresas privadas que explotaban el tráfico fluvial y de ultramar adquirían rezagos de guerra, en general con buenos resultados.

El resultado fue asombroso: en 1947, la flota mercante argentina tenía medio millón de toneladas; seis años después, pasaba el millón, con un promedio de edad en las unidades que la hacía el conjunto naviero más joven del mundo. En 1949, el Estado argentino era armador del 37 por ciento del total y las empresas privadas, del 63 por ciento restante, de los cuales la mitad pertenecía al grupo Dodero. Casi el 80 por ciento del tonelaje estaba dedicado al tráfico de ultramar.

Perón dio mucha importancia, en esta etapa, a la marina mercante, y su entusiasmo lo llevó a afirmar en el mensaje inaugural de 1948 que la Argentina, como país naviero, "hoy ocupa el tercer lugar en el mundo"; un disparate, porque en realidad era la undécima flota mercante del mundo. Casi todos los convenios comerciales firmados con diversos países entre 1946 y 1949, casi veinte, incluían cláusulas destinadas a dar preferencia en el transporte de las mercaderías intercambiadas, a buques de los países contratantes, lo cual benefició en la mayoría de los casos a los navíos argentinos. Esta política proteccionista no dejó de alarmar a los intereses navieros norteamericanos, que acusaron a la Argentina de hacer discriminaciones prohibidas por las normas internacionales, y hostilizaron en toda forma la pretensión de la nueva potencia marítima.

El éxito de la flota mercante argentina dio motivos a jactancias exageradas. En 1951 existía un transatlántico "Presidente Perón", un buque tanque "General Perón", un barco factoría "Juan Perón", un transatlántico "Evita", otro transatlántico "Eva Perón", una draga "Eva Perón", un buque tanque "Eva Perón"... Estos excesos bautismales no habrían sido demasiado importantes si, paralelamente, la flota mercante no se hubiera convertido, poco a poco, en un campo de improvisaciones y favoritismos. El más escandaloso: la compra de las empresas de navegación pertenecientes a la familia Dodero, en mayo de 1949, que no parece haber sido otra cosa que una operación de complacencia. El gobierno peronista había sido particularmente gentil con este *holding* que continuaba la explotación iniciada por Nicolás Mihanovich en el último tercio del siglo pasado, por ejemplo al concederle la exclusividad del transporte de inmigrantes al país —ese brote de la temprana posguerra que trajo algunas decenas de miles de italianos, españoles y centroeuropeos.

Nunca quedaron claros los motivos por los que el Estado adquirió las acciones pertenecientes a la familia Dodero que le daban el control de las tres grandes empresas navieras del grupo. Lo único cierto es que Alberto Dodero era íntimo amigo del matrimonio presidencial y había pagado total o parcialmente el viaje de Evita a Europa, obsequiándole, además, un edificio de varios pisos en la calle Gelly y Obes. El propio Perón —que en uno de sus mensajes presidenciales elogió la obra cumplida por Dodero— reconoce estos regalos en su libro *La fuerza es el derecho de las bes-*

tias. Difícil, entonces, que la operación haya sido un mal negocio para el magnate marítimo, que parece haber ofrecido su flota en venta a Onassis y Fritz Mandel antes de concretarse la "estatización". Esta significó la compra, de un solo golpe, de 380 barcos de todo tipo, además de edificios, terrenos etcétera, aunque no de la Agencia Dodero, que siguió redituando a sus propietarios durante varios años un cómodo porcentaje sobre fletes y pasajes. Aurelio y Anselmo González Climent, en su muy informativa *Historia de la Marina Mercante Argentina* recuerdan el debate que tuvo lugar en la Cámara de Diputados en agosto de 1949 sobre la "nacionalización" del grupo Dodero y destacan la declaración del ministro Cereijo en el sentido de que la operación había costado unos 45 millones de dólares, aunque —aseguró el ministro— el valor real del conjunto superaba con largueza este precio. "Fue lo más luminoso que dijo —señalan los autores citados— porque el resto de su intervención consistió en atrincherarse en la lectura tediosa de cosas minúsculas, en medio del abucheo general de los legisladores de la oposición. Proporcionó hasta el diámetro del reloj situado en la torre del edificio de Corrientes y Reconquista..."

La adquisición del grupo Dodero fue costosa y discutible. En el campo del transporte marítimo y fluvial la actividad del Estado se desarrollaba en una pareja y fecunda competencia con la privada, que tenía experiencia y contaba con capitales. A partir de la estatización del grupo Dodero la flota mercante empezó a perder su agresivo dinamismo inicial, y su organización se enredó en una hipertrofiada burocracia. Por otra parte, pasada la etapa triunfal, empezó a evidencirse la pesada gabela que representaba el hecho de que no existiera una industria de construcción naval en el país: el astillero de Río Santiago solo empezó a ponerse en actividad hacia 1952. Todos los buques mercantes argentinos estaban construidos en el exterior. El diputado Del Mazo destacaba en 1948 que de los 95 astilleros y talleres navales existentes en el país, el 60 por ciento eran de muy escasa significación económica. Y, como enfatizaría poco después Gregorio J. R. Petroni, "el poderío marítimo de una nación no se mantiene con la posesión de buques construidos en el extranjero: depende fundamentalmente de su capacidad para construir y reparar sus barcos por sus propio medios. Sin industria naval propia, no hay marina mercante nacional". La inexistencia de talleres apropiados obligaba a las naves argentinas a entrar en dique en los Estados Unidos o en Europa, con los gastos y pérdidas de tiempo consiguientes.

Coincidía esto con la recomposición de los circuitos marítimos del comercio internacional y la rápida reposición de las bodegas perdidas durante la guerra por parte de los países tradicionalmente navieros; al mismo tiempo —ya estamos en 1952— las exportaciones argentinas caen. De pronto, el deslumbrante crecimiento de nuestra flota mercante, estatal y privada, durante la primera etapa peronista, se convirtió en una típica manifestación de la *fiesta*: adquisición de unidades que dan al conjunto naviero argentino una formidable expansión, pero sin la infraestructura indispensable para mantenerlas o reponerlas y, al mismo tiempo, absorción por el Estado de la competencia privada. Resultado final: la creación de un monstruo burocrático inmanejable que marcó el principio de la declinación de aquella actividad que por un momento fue uno de los auténticos orgullos del tiempo de Perón.

La Dirección General de Energía fue una creación del gobierno de facto, que empezó a funcionar cinco meses antes de la asunción presidencial de Perón. Un año más tarde, en 1947, se creó Agua y Energía Eléctrica, una entidad autárquica que tomó a su cargo las obras de riego y las usinas eléctricas que pertenecían al Estado por diversas expropiaciones realizadas con anterioridad sobre grupos privados como ANSEC y SUDAM. Como en el caso de Gas del Estado, la nueva entidad contó con una buena conducción técnica, y el ingeniero Juan E. Maggi —posteriormente ministro de Transportes de la Nación— logró construir algunas centrales eléctricas de pequeño y mediano nivel que atendieron necesidades locales en el interior, así como algunos diques para generar energía: los más importantes, el Florentino Ameghino, en Chubut; Las Pirquitas, en Catamarca, y Los Molinos, en Córdoba, todos los cuales tuvieron un trámite bastante prolongado.

Algunas iniciativas de Agua y Energía tuvieron el sabor de las hazañas técnicas: la ciudad de Córdoba, por ejemplo, padecía de manera más grave el déficit energético que sufría todo el país y estaba casi en tinieblas. En cinco meses, la entidad dirigida por Maggi proyectó, construyó y habilitó —recuerda Jerónimo Jutronich— la central de emergencia de Deán Funes y tendió una línea de transmisión desde la central hidroeléctrica N.º 1 de Río Tercero hasta la capital cordobesa. Este esfuerzo no era excepcional: Agua y Energía enfatizó, desde su nacimiento, las soluciones de los problemas energéticos del interior del país y, para las provincias y territorios nacionales situados a lo largo de la vertiente de los Andes, su presencia fue invariablemente progresista.

Hubo, sin embargo, dos frustraciones en la trayectoria de Agua y Energía, que se prolongaron a lo largo de las presidencias de Perón. La primera: no poder llevar adelante el proyecto de la presa de Salto Grande, comprometido con la República Oriental del Uruguay mediante un protocolo suscrito en 1946, que preveía la creación de una comisión técnica mixta a cuyo cargo estarían los estudios de la importante obra, que comprendería tanto la generación hidroeléctrica como la regulación del caudal del río Uruguay. La otra frustración fue la intangibilidad de la CADE, que siguió prestando servicios cada vez más deficientes en la Capital Federal y el Gran Buenos Aires, imponiendo año a año una verdadera "dieta eléctrica" que no fue la menor de las causas de la ineficiencia y escasa productividad industrial de la época.

Ambas fallas no fueron culpa de la entidad autárquica que dirigía Maggi, sino de la política de Perón; o mejor, de los peores ingredientes del régimen peronista. Las hostilidades que en todos los planos se desplegaron contra el Uruguay desde las esferas del poder peronista crearon un ambiente poco propicio para acometer una obra binacional y postergaron su iniciación hasta después de 1955. En cuanto a la CADE, su asombrosa invulnerabilidad tenía un motivo menos irracional. En *El 45* hemos puntualizado las relaciones entre la CADE y Perón, y la confianza que este ponía, en los jerarcas de la empresa para cualquier apuro: "El amigo Brosen puede serte útil en estos momentos, porque ellos son hombres de muchos recursos", escribía el coronel a Evita en octubre de 1945 desde Martín García, aludiendo a René Brossens, gerente de la CADE. Es casi seguro que la CADE, en una u otra forma, contribuyó con una buena suma a la campaña electoral de Perón en 1946, y el propio Brossens, ha reconocido tácitamente esta ayuda en declaraciones que se transcriben en el mismo libro.

Y bien: en política, amor con amor se paga. La empresa

de servicios públicos con peor imagen en la Argentina, acusada de haber sobornado en 1936 a los concejales que votaron la prórroga de su concesión hasta el año 2000; la empresa cuyos manejos "corruptores y deletéreos" quedaron probados por una comisión designada en 1943 por el gobierno de facto, no fue limitada en su acción ni molestada en manera alguna a lo largo de las dos presidencias de Perón. En la orgía de expropiaciones, nacionalizaciones y fundaciones de entidades empresariales estatales que caracterizó al gobierno peronista, sobre todo en su primera etapa, la CADE fue una increíble excepción. Y el sistema energético nacional promovido por Agua y Energía tropezó con una valla insalvable en el mercado más importante del país, el conglomerado humano e industrial ávido de electricidad, servido por una compañía integrada a un *holding* internacional cuyos manejos condenaba unánimemente la opinión pública…

Y ¡qué curioso! Mientras el gobierno peronista eludía cualquier molestia para la CADE, el presidente planeaba convertir en sociedad mixta a YPF, la empresa estatal más prestigiosa del país, la creación de Mosconi cuyos colores, los de la bandera, estaban asociados a una voluntad de independencia económica…

Es un episodio que Robert A. Potash ha documentado y del que solo se conocía, hasta entonces, algún rumor vago. A fines de 1946, mientras se estiraban las trabajosas negociaciones con los ingleses sobre los ferrocarriles, Perón conversaba con el embajador norteamericano Messersmith y con el jefe local de la Standard Oil, para plantearles la posibilidad de que capitales provenientes de los Estados Unidos integraran una sociedad mixta con la empresa estatal. Perón sostenía que el Estado argentino no tenía dinero para ayudar a YPF, y que una cooperación con las compañías petroleras era la única solución para la creciente demanda de combustible en el mercado argentino.

Las conversaciones avanzaron tanto que la Standard Oil preparó, juntamente con la embajada norteamericana, un memorándum que establecía las bases de la futura sociedad: la empresa con sede en New Jersey suministraría el capital de explotación mediante un préstamo sin interés y el gobierno argentino recibiría en concepto de regalía el 12 por ciento del petróleo que se descubriera; los miembros privados del directorio de YPF designarían al gerente y el presidente de la empresa mixta tendría poder de veto en los casos que se trataran intereses vitales. Después de una entrevista particularmente cordial con Perón y algunos de sus colaboradores, el funcionario de la Standard Oil en la Argentina viajó a su país para presentar el proyecto a la central. Pero allí tropezó con reticencias: a sus superiores no les gustaba lo del veto y les parecía una inversión demasiado riesgosa —se calculaba en 200 ó 300 millones de dólares.

A esta altura de la negociación empezaron a circular rumores sobre la existencia de las tratativas, mantenidas hasta ese momento en riguroso secreto. En enero de 1947, el diputado Frondizi presentó un pedido de investigación y solicitó una reunión especial del Congreso para considerar la nacionalización de toda la industria petrolera. En la prensa opositora aparecieron algunos artículos mencionando las conversaciones y hasta la revista *Qué...* preguntó en el mes de marzo "¿Qué pasa con el petróleo?" La iniciativa de Perón se fue empantanando. No obstante, el presidente seguía convencido de que YPF, por sí misma, no podría abastecer las necesidades del país en el área de los combustibles líquidos.

Meses después se desarrolló un curioso proceso en el seno del gobierno. El secretario de Comercio, José Constantino Barro, el de Aeronáutica, Bartolomé de la Colina, y el ministro de Hacienda, Ramón Cereijo, junto con el ingeniero Julio V. Canessa, se aliaron con el propósito de lograr el monopolio de la actividad petrolera para YPF. En los últimos meses de 1947 dieron varios pasos en este sentido: el más decidido, en los primeros días de diciembre, cuando los representantes de la Standard Oil, la Shell y otras compañías privadas recibieron un verdadero ultimátum. Debían responder en cuatro días si estaban dispuestos a vender sus pozos productores de petróleo al Estado, pues Perón —así manifestaron los funcionarios— deseaba anunciar al país el 13 de diciembre, Día del Petróleo, que la Argentina había recuperado todas sus pertenencias de hidrocarburos.

En menos de un año se había dado una vuelta entera en la política petrolera: de una YPF asociada a la Standard Oil, a una YPF dueña de la extracción y comercialización del petróleo de manera exclusiva... Ni una ni otra posibilidad tuvo andamiento. La primera, ya se vio, más por la desconfianza de los posibles inversores norteamericanos que por la cavilosidad del gobierno argentino. En cuanto a la segunda posibilidad, la de la nacionalización de toda la actividad petrolera y su manejo por parte de YPF (la vieja tesis del radicalismo yrigoyenista en 1928), tampoco tuvo viabilidad. En dos borrascosas sesiones de gabinete, Perón, Miranda, el canciller Bramuglia y el ministro de Guerra se opusieron a la tesis de los funcionarios nacionalistas; el presidente destacó las protestas que habían hecho las embajadas de los Estados Unidos y Gran Bretaña frente al "ultimátum", y señaló los inconvenientes que podía traer al país una medida tan drástica como la que habían promovido. Como una concesión al sentimiento nacionalista de los funcionarios autores de la maniobra contra las empresas petroleras privadas, se avino a pronunciar el 13 de diciembre (1947) un discurso lleno de frases altisonantes sobre la "conservación absoluta de la soberanía argentina sobre las riquezas de nuestro subsuelo" y la necesidad de su futura administración "sin compartir funciones con otros intereses que no sean los que corresponden a todos los argentinos".

Pero la idea, de desplazar a YPF del negocio petrolero volvió a reiterarse, según E.P. Cánepa, en 1948, cuando el gobierno "estuvo a punto de firmar un contrato con una empresa norteamericana, MacCarthy, por el cual se proyectaba encargar a la misma toda la exploración, explotación, transporte e industrialización del petróleo nacional, entregando incluso todas las minas y existencias de YPF".

Años más tarde, como ya veremos, estas incoherencias en materia petrolera habrían de repetirse, agravadas. Pero el episodio es revelador de la carencia de ideología y el oportunismo de Perón. Partidario de asociar a YPF con capitales extranjeros, no puede imponer su tesis; veta, posteriormente, la iniciativa nacionalista, pero pronuncia en compensación palabras casi irreparables, y finalmente abandona el tema, deja que YPF continúe su proceso de estancamiento y torna cada vez más grave el problema de abastecimiento de combustibles líquidos en un país cuya industria en expansión lo requería en cantidades crecientes.

Para ser justos, habría que agregar que la incoherencia no fue solo de Perón. El brillante diputado radical que denunció el peligro de que YPF se convirtiera en sociedad mixta y que reclamó la nacionalización de la actividad petrolera, once años más tarde implementaría desde el gobierno una política totalmente contraria a la que había sostenido desde su banca opositora.

¿No recuerda este episodio a *Les mains sales* de Sartre, con la fatal reiteración de palabras y decisiones que describe en adversarios obligados a actuar de la misma manera?

De todos modos, la producción petrolera fue languideciente a lo largo del régimen peronista. En 1946, la producción total de petróleo fue de 3.300.000 metros cúbicos; en 1952, sólo había alcanzado la cifra de 4.000.000 escasos. En el mismo lapso, la producción de YPF pasó de 2.260.000 metros cúbicos a 2.950.000, y las empresas privadas, de 1.050.000 a 850.000. El crecimiento de la producción petrolera argentina ni siquiera acompañaba el crecimiento demográfico... Obviamente iba aumentando la importación: de 3.500.000 metros cúbicos en 1946, a 7.000.000 en 1952.

Es cierto que YPF logró éxitos en sus trabajos de exploración, detectando yacimientos nuevos en Comodoro Rivadavia, Mendoza y Neuquén y, después de 1950, en Salta y Tierra del Fuego. También es cierto que incorporó buques-tanque a su flota. Pero la falta de materiales hizo que en algún momento del lapso señalado tuviera 1000 pozos inactivos y que los buques solo sirvieran para importar petróleo del exterior.

¿Por qué estos fracasos? Hubo politiquería dentro de YPF —afiliaciones compulsivas, postergación de los "contras", ubicación de adictos sin capacidad técnica, despidos injustificados— que determinó el éxodo de muchos profesionales. Hubo escasez de divisas provistas por el Banco Central para comprar los equipos indispensables para explorar y explotar, aunque no faltaron para adquirir barcos petroleros ni para hacer algunas plantas refinadoras. Hubo trabas y dificultades en los Estados Unidos para adquirir elementos necesarios para las perforaciones. Hubo marchas y contramarchas en la política general: en 1945, YPF formaba parte de la Dirección Nacional de la Energía como ente autárquico, pero cinco años más tarde se la integró a la Empresa Nacional de Energía (ENDE) como organismo dependiente y sin autonomía. Tanto desbarajuste llegó al colmo cuando no pudieron ponerse en marcha obras ya licitadas para construir un oleoducto entre Campo Durán (Salta) y San Lorenzo (Santa Fe), que debió empezar a construirse después de 1955, al igual que el gasoducto Campo Durán-Buenos Aires, también licitado en 1953, pero que no se inició hasta después de la caída de Perón.

En cambio, hay que anotar como un moderado éxito el inicio de la explotación carbonífera de Río Turbio (Santa Cruz), que empezó con una actividad marginal de YPF. Aunque costosa y hasta antieconómica, la extracción de carbón en ese remoto punto del sur acentuaba la liberación de la economía nacional de las tradicionales importaciones de hulla británica. Un ferrocarril construido en tiempo record entre Río Turbio y Río Gallegos hizo posible el envío del combustible sólido por vía marítima a los mercados, sin pasar por territorio chileno.

Pero, desde luego, esto no paliaba el creciente déficit de combustible que padecía nuestro país desde la guerra y se seguía acentuando, contrariamente a la tendencia mundial. En la Argentina, la industria, el agro y la población en general reclamaban más petróleo, más nafta, más fuel oil, más querosén; y a medida que estas necesidades debían cubrirse con importaciones, aumentaba nuestra dependencia del exterior. Ya veremos la solución que concibió Perón en 1954, y su fracaso. Por ahora solo diremos que, después de su derrocamiento, el abastecimiento de petróleo y sus derivados fue uno de los temas más acuciantes. En este campo es ilevantable la responsabilidad del gobierno peronista, cuya política petrolera eludió permanentemente el fondo del asunto, o planteó torpe e inoportunamente sus posibles soluciones, tornando cada vez más inmanejable un rubro fundamental de la estructura productiva argentina.

EL AGRO Y EL IAPI

La política del gobierno peronista en relación con el campo debe asociarse al IAPI, su creación más original y también, acaso, más discutida. Original, porque fue un instrumento sin precedentes en el país, cuyos poderes casi omnímodos se dirigían principalmente a un aspecto de la economía hasta entonces intocado: el comercio de importación y exportación. Discutida, porque a su acción muchos atribuyeron el retroceso de la producción rural, la adquisición dispendiosa de materiales inútiles y una función intermediadora costosa y atravesada de corrupción.

La creación del Instituto Argentino de Promoción del Intercambio se debió como ya se ha visto al expirante gobierno de facto, en mayo de 1946. Pareció, en ese momento, que el IAPI sería una especie de agencia informativa de las veleidades del comercio internacional, una prolongación del Consejo Nacional de Posguerra, donde el coronel Perón había hecho sus primeras armas en el campo de la economía. En muy poco tiempo, quienes así pensaban se desengañaron: el IAPI, bajo la enérgica y personalísima conducción de Miranda, se convirtió en un supergobierno económico-financiero. Único comprador de las cosechas de cereales y oleaginosos a precios oficiales, vendedor de ellos en el exterior, encargado de comprar toda clase de mercaderías en cualquier país del mundo, gestor y adquirente de los bienes que se fueron nacionalizando (teléfonos, ferrocarriles, unidades de la flota mercante, materiales para diversas obras públicas), el IAPI fue el organismo más característico del tiempo de Perón, tanto por su versatilidad y su audacia como por la arbitrariedad del manejo de las enormes sumas de que disponía. Lo encontraremos varias veces en las páginas que siguen: por ahora baste decir que tuvo que ver de manera directa e insoslayable con la política seguida en relación a los productos rurales.

En efecto, el IAPI fue lo que habían sido anteriormente firmas como Dreyfuss y Bunge & Born —aunque estas no desaparecieron y a veces trabajaron con el IAPI. Adquiría la cosecha después de anunciar el precio y la iba colocando en el exterior según lo que se juzgaba más conveniente: tal su aparentemente sencillo mecanismo. En los hechos, el IAPI se convirtió en socio forzoso y obligado de chacareros y productores en general, a los que exaccionaba de un modo no demasiado diferente del que habían empleado años antes los grandes monopolios.

Tres líneas de su actuación provocaron críticas fundadas. En primer lugar, el destino de las grandes diferencias que hizo, sobre todo en los tres primeros años del régimen peronista, al comprar barato a los productores y vender caro en el exterior. Miranda se jactaba, a fines de 1947, de que el organismo a su cargo había ganado ese año $ 2000 millones, algo menos de 500 millones de dólares. Esas enormes diferencias eran empleadas en la compra de los bienes y mercaderías más heterogéneas: en algunos casos, a requerimiento de reparticiones públicas o para equipar las nacientes empresas estatales de transporte marítimo, aéreo o ferroviario; en otros casos, para adquirir rezagos de guerra, útiles o no, que en buena parte quedaron pudriéndose al sol en los aledaños del puerto. Después de su derrocamiento, Perón escribía: "El director del Puerto de Buenos Aires venía todos los días a pedir que paráramos, pues ya no cabían las cosas en las playas y los depósitos. No importa, le decíamos, ponga unos arriba de otros". Pero aunque Perón afirmara que esta acumulación de material representó, a la larga, un "negocio fabuloso", lo cierto es que muchos de los vehículos comprados eran inservibles, los equipos resultaron deficientes o sin repuestos y algunas mercaderías perecederas, como tejidos, se perdieron irreparablemente. Por otra parte, los balances del IAPI fueron globales y poco confiables, de modo que es difícil establecer cuánto dinero se empleó en estas adquisiciones, a quiénes se vendieron y con qué sobreprecio, o cuál fue el criterio con que se realizaron.

La segunda línea de críticas contra el IAPI reside en el inmenso poder que acumulaba sin ningún control. Hubo casos de corrupción probados, favoritismos que beneficiaron a personajes allegados al régimen, comisiones injustificadas, licencia de importación distribuidas a desconocidos. Potash, en su conocido libro, relata un episodio que la embajada de los Estados Unidos comunicó a Washington a fines de 1947: la Dirección de Fabricaciones Militares iba a construir una planta de laminado y se convocó a licitación, que ganó una firma norteamericana. Pero sorpresivamente la orden fue adjudicada, por disposición de Miranda, a una empresa desconocida que excedía en u$s 7 millones la oferta ganadora; para colmo, de la suma asignada a Fabricaciones Militares para emprender la obra, habían desaparecido inexplicablemente u$s 2 millones... Los oficiales responsables intentaron hablar con el embajador norteamericano, quien no los recibió para no crear un problema al gobierno; luego apelaron a Perón, pero todo fue inútil: debieron resignarse a iniciar la obra con ese faltante. El único resultado positivo del episodio fue que en adelante, las compras del Ejército no dependieron del IAPI.

No hay duda que hubo despilfarros, negociados y coimas en el manejo del IAPI. Era inevitable, porque el mismo mecanismo de la entidad y las formidables cantidades que manejaba ponían las irregularidades al alcance de la mano de cualquier funcionario despierto, y el propio Miranda no era muy prolijo en el manipuleo de los intereses puestos a su cargo, como veremos.

Finalmente, se ha objetado el carácter parasitario del IAPI, que ejercía una función intermediadora inútil y onerosa. Pagaba a los productores precios inferiores a los internacionales y ofrecía los granos y oleaginosos así adquiridos a precios que en un primer momento los hambreados países europeos debieron aceptar, pero a la larga nos hicieron perder esos mercados. Así, el IAPI habría sido la quinta rueda del carro en el complejo mecanismo del sistema peronista.

Estas críticas son fundadas según el punto de vista en que se coloque el observador. En una economía totalmente dependiente del Estado, el IAPI pudo haber sido un instrumento imprescindible: si el propósito de Perón fue llegar a estructurar un sistema económico virtualmente socializado, el IAPI hubiera sido una pieza fundamental. Pero el tono de la época peronista, aun cuando existieran muchos elementos estatistas, fue el de un ordenamiento capitalista y de propiedad privada; en consecuencia, el organismo presidido por Miranda se convirtió en un "quiero-y-no-puedo", un mutante cristalizado, voraz, prepotente e incontrolable, cuyo campo de operaciones era tan vasto que no podía dejar de cometer errores imperdonables y que no sobrevivió mucho tiempo a la caída de su animador. Una entidad, en fin, cuya responsabilidad no puede disimularse al estudiar la asombrosa declinación de la productividad del campo argentino en aquellos años.

Cuando Perón llegó al poder, la parte más productiva de la pampa húmeda presentaba sus características tradicionales en cuanto a la propiedad de la tierra: grandes estancias dedicadas preferentemente a la cría de ganado vacuno, alternando con franjas de extensión más pequeña, productoras de cereales y oleaginosos. Pero en 1946 ya empezaban a sentirse los efectos de una medida trascendente adoptada por el presidente Castillo en 1942 y reiterada por el gobierno de facto: la congelación de los arrendamientos rurales.

Amparados por esa disposición, millares de chacareros se fueron convirtiendo en virtuales dueños de los predios que trabajaban. Sabían que era muy difícil que los propietarios los sacaran de allí y pagaban sus arrendamientos con sumas cada vez más irrisorias. Esta situación tenía efectos muy variados, según el tipo de arrendamiento establecido, pero, en general, tendían a mejorar las viviendas y hacer cultivos más racionales; también, a cambiar el tipo de explotación, pues muchas chacras se convirtieron en tambos. Pero al mismo tiempo, librados a su suerte, sin apoyo crediticio, reacios a incorporar tecnología a sus labores rutinarias, los chacareros veían que su productividad decaía lentamente. La guerra y la temprana posguerra aseguraban a los productores rurales mercados ávidos, pero el campo argentino no aumentaba su producción en correspondencia con esos requerimientos. Faltaban tractores, escaseaban los repuestos de automotores y, en consecuencia, la calidad del trabajo rural se resentía. Pero al menos sabían los chacareros que nadie los desalojaría; que bastaba con un rinde más o menos razonable para subsistir sin apremios. En 1947 se sancionó la ley 13.246, que creaba cámaras de arrendamientos y aparcerías, y prolongaba los contratos vencidos hasta 1952 (en realidad el sistema sólo terminó en 1967), con lo que se institucionalizó un estado de cosas que debía haber sido transitorio por definición.

En este panorama empezó a operar el IAPI. Se ha pretendido comparar su acción a las de las juntas creadas en la década del '30. En realidad, eran dos procedimientos muy diferentes: las juntas establecían precios mínimos para que el productor tuviera, al menos, la alternativa de una venta no ruinosa en caso de no encontrar un precio mejor; el IAPI, por el contrario, fijaba precios oficiales para comprar cereales y oleaginosos sobre la base de las cotizaciones internacionales convertidas al tipo de cambio oficial, por lo que el productor recibía un precio en moneda nacional muy inferior a su valor internacional: en 1952, por ejemplo, el productor recibió un 360 por ciento *menos* de lo que hubiera embolsado con un tipo de cambio libre. Era una exacción reiterada que lo descapitalizaba y desalentaba. Además, el IAPI era el comprador obligado de cereales y oleaginosos: no una alternativa sino la única posibilidad.

No es de extrañar, entonces, que al poco tiempo de comenzar su actuación, la sigla IAPI sonara a los chacareros y productores con un eco ominoso. Pero tampoco tuvo mejor resonancia en el exterior. Como agente de las ventas de las cosechas argentinas, el organismo presidido por Miranda fue a veces caprichoso y careció de amplitud de miras. Prefirió aprovechar oportunidades antes que planear políticas comerciales a largo plazo: mentalidad de bolichero, en último análisis... Abusó y virtualmente chantajeó a los países europeos en la temprana posguerra, perdiendo estos clientes en cuanto sus economías se fueron recuperando

—por sí mismas o con la ayuda del Plan Marshall. En ocasiones se emperró en mantener precios imposibles: en junio de 1947, por ejemplo, el precio del trigo en los Estados Unidos era de u$s 2,50 el bushell (27 kg), mientras el IAPI lo ofrecía a u$s 4,86. Se dio el lujo de retener dos cosechas enteras de maíz y lino para especular con su escasez. Años más tarde diría Alfredo Gómez Morales: "La política de Miranda, globalmente, no era mala, pero fallaba en su ejecución. [...] Yo no sería capaz de retener dos cosechas para hacer un negocio. Es demasiada responsabilidad y mucho riesgo. Yo corro riesgos con lo mío, no con lo ajeno".

Pero Miranda era un audaz y estaba acostumbrado a correr riesgos con lo suyo. Y como manejaba las cosas arbitrariamente, sin control, se acostumbró a correr riesgos con lo ajeno. A veces salvó estos riesgos, a veces fracasó y los suyos fueron los fracasos del país entero, el fruto de cuyos esfuerzos estaba totalmente en sus manos.

Desde luego, la tierra argentina no producía en aquellos años solamente cerales y olcaginosos, aunque estos eran los rubros más copiosos y rendidores, los que desde principios de siglo habían dado presencia al país en el comercio internacional, los que en la temprana posguera permitieron al gobierno de facto y al de Perón negociar en excelentes condiciones. También estaba la carne, el sofisticado producto de la pampa húmeda, que el mercado inglés absorbía vorazmente y cuyo sabor era un refinamiento ansiado por los pueblos europeos.

Las exportaciones de carne de 1948 pagaron, en buena parte, la compra de los ferrocarriles ingleses. Pero ya en 1947 había empezado a descender la producción cárnea, y en 1951, el gobierno debió suspender todas las exportaciones de carne, porque el desabastecimiento de la Capital Federal y Gran Buenos Aires era alarmante. Ya en julio de 1950 se había interrumpido la exportación, pero esa fue una medida política del gobierno para forzar a Gran Bretaña a pagar mejores precios: un año más tarde, como se ha dicho, la suspensión de las exportaciones debió decretarse en serio y se mantuvo hasta setiembre. De todos modos, subsistía la escasez de carne para exportar, y la vacuna debió sustituirse con ovina, cosa que no gustó a los paladares británicos, acostumbrados al sabroso *chilled beef* argentino. Entonces hubo que apretar las medidas internas: se estableció una veda en los restaurantes un día por semana, se ordenó el cierre de carnicerías y mataderos, también un día por semana, y se destinó a exportación un 10 por ciento de la faena total. No obstante, en marzo de 1953 hubo que suspender nuevamente las exportaciones.

En 1946, nuestro país producía 1690 toneladas métricas de carne vacuna; en 1954, unas 1800; entre estos ocho años nunca pudo sobrepasar el límite de 2.000 toneladas, lo que indica un virtual retroceso.

Nos hemos adelantado demasiado a la época que tratamos en esta obra, pero los hechos resaltados demuestran que el otro gran rubro producido por el campo también sufrió las consecuencias de una política de precios arbitrariamente manejada por el IAPI. "Simplemente con achicar la diferencia entre los precios a que se exportaba la carne vacuna y los precios que el IAPI pagaba a los ganaderos, el negocio de exportación hubiera resultado mucho más rentable para estos últimos, las operaciones en el mercado negro interno hubieran disminuido, los precios internos hubieran aumentado y el consumo interno no hubiera competido con las exportaciones", opina Escudé en su ya citado libro. De todos modos, el problema de la comercialización de la carne durante el régimen peronista debe vincularse con la política seguida por el Estado con los frigoríficos, demasiado compleja para ser tratada aquí pero que, en líneas generales, consistió en reiterados subsidios a aquéllos, que se calculan en unos 7000 millones de pesos entre 1946 y 1956.

No puede pretenderse que el retroceso de la producción rural deba cargarse totalmente a la acción del IAPI. Intervinieron también otros factores, como un par de años de sequía, la emigración de la mano de obra a los centros industriales, la escasez de maquinaria agrícola y la inexistencia de fertilizantes y plaguicidas, el torpe control de las delegaciones locales de Trabajo y Previsión, que prohibían el trabajo de los familiares de los chacareros, y otros motivos menores. Además, la congelación de los arrendamientos también contribuyó a la caída de la producción porque el productor, en el predio que ocupaba, sembraba uno y otro año sin posibilidades de rotar los cultivos; y a su vez, los propietarios se guardaban muy bien de dar tierras en arrendamiento y preferían dedicarlas a la ganadería. Entonces, los campos trabajados por los arrendatarios se iban agotando y no había otros para cultivar.

Pero la confiscación permanente que ejerció el IAPI no puede dejar de tenerse en cuenta. Dice Julio Irazusta: "Si se piensa que el productor agrícola debía pagar el costo de la siembra y la trilla con la quinta parte del precio del producto cosechado, que era lo que cobraba, se comprenderá la falta de incentivo que tuvo para seguir trabajando, y que el área sembrada fuera disminuyendo en forma catastrófica"

Efectivamente, el descenso de la siembra y de la producción fue dramático. Entre 1939 y 1942, el promedio de la cosecha de maíz alcanzaba unos 10 millones de toneladas por año; fue bajando hasta llegar a la mitad en 1946/47, a 3,4 en 1947/48 y apenas a 800.000 toneladas en 1949/50. Las cosechas de trigo, que en 1940 habían llegado a su pico más alto, con ocho millones de toneladas, fueron adelgazándose a cinco millones en 1948, 1949 y 1950, y descendieron todavía a dos millones de toneladas en 1951. Comparando el período 1934/38 con el de 1950/54, se comprueba que el área sembrada de cereales y oleaginosos, los productos que señoreaba el IAPI, bajó en un 25 por ciento. Para la cosecha de 1954/55, cuando ya se había rectificado en gran medida la política de Miranda, la superficie sembrada con granos era similar a la de 1923/24, ¡treinta años atrás! En cambio, es significativo que los cultivos no sujetos al monopolio del IAPI, como algodón, azúcar, vid, yerba, tabaco, etcétera, se incrementaron durante el régimen de Perón, en un 58 por ciento...

Las consecuencias de esta auténtica catástrofe rural pueden objetivarse en cifras muy elocuentes (con las cuales terminamos los números de este parágrafo): en el período 1930/39, la Argentina aportaba el 25 por ciento de las exportaciones mundiales de trigo; en el período 1945/54 apenas significaba el 10 por ciento. En el mismo período anterior, sus exportaciones de maíz representaban el 65 por ciento de la exportación mundial; en 1945/54 cayó al 27 por ciento. El caso del lino es todavía más desolador, porque en 1930/39 la producción argentina montaba el 82 por ciento del total mundial; en vísperas de la caída de Perón, esta proporción se había reducido al 11 por ciento.

Final: en la anteguerra nuestro país abastecía el 31,8 por ciento del mercado mundial de granos; en 1955, apenas si arañaba el 15 por ciento.

Colofón: entre 1940/44 y 1950/54, el rendimiento medio por hectárea en nuestro país descendió un 8 por ciento en la agricultura, 11 por ciento en la ganadería y 18 por ciento en el conjunto agropecuario. La visita de las langostas durante cinco años sobre nuestros campos no hubiera producido un resultado tan arrasador...   •

Uno se pregunta el porqué de esta política suicida, que si bien se atenuó desde 1950, duró en sus efectos hasta la caída de Perón. La explicación es difícil. Los resultados estaban a la vista, año a año, y sólo con un obstinado empecinamiento podía continuarse una línea de decisiones que en 1952, sequía mediante, obligó a importar trigo y a comer pan negro. Acaso deba radicarse la motivación profunda de la política agraria peronista en una mentalidad que veía al hombre de campo como un anacronismo, un símbolo del atraso, y hacía del obrero industrial el paradigma de la Nueva Argentina. Al menos este era, sin duda, el pensamiento de Miranda, y a ello se debió el airado abandono que hizo de la Sociedad Rural en agosto de 1948, cuando el presidente de la entidad criticaba en su discurso la "tendencia a subestimar la función rectora que en materia económica tienen las actividades rurales, a las que se miran o consideran como pertenecientes a una etapa primaria, anacrónica y en trance de ser definitivamente superadas".

Otro factor que también gravitó en el retroceso de la producción del campo fue la amenaza de una difusa reforma agraria que Perón voceó durante la campaña electoral de 1946 y luego fue gradualmente silenciando, pero no dejó de pesar en el ánimo de muchos propietarios. Mercante promovió en la provincia de Buenos Aires algunas expropiaciones, aunque vetó otras, más amplias, que se proyectaban en la zona de Lincoln y 25 de Mayo; también se expropiaron algunas extensiones en Entre Ríos, pero la cosa no pasó de eso. El tema quedó definitivamente archivado con el célebre discurso del presidente en el teatro Colón, en 1950, cuando denunció al Estado como "el primer latifundista". Aunque allí feneció toda iniciativa de reformar el régimen de la tenencia de la tierra, ello no bastó para desvanecer la desconfianza que seguía inspirando Perón entre los estancieros, ni amainó el aborrecimiento visceral que le profesaban. Porque a veces los sentimientos influyen en las políticas tanto como en las decisiones individuales. y, aunque las clases altas vinculadas al campo no sufrieron hostilidades directas por parte del gobierno peronista, prefirieron mantener una prudente pasividad en relación con inversiones productivas o incorporación de tecnología. ¡Quién podía asegurarles que después de hacerlo no les robarían el campo!

En último análisis, toda la política del régimen peronista en relación con el agro, sobre todo la de la *fiesta*, no fue otra cosa que una brutal transferencia de una buena parte del ingreso nacional, del campo a la ciudad.

Era la secuela exagerada del proceso industrialista que comenzó espontáneamente a mediados de la década del '30, que Pinedo pretendió activar con su plan económico de 1940, que el Ejército estimuló en tiempos de Castillo y del gobierno de facto y del que, finalmente, Perón fue el beneficiario al recibir los votos del nuevo proletariado. La transferencia de los ingresos producidos por el campo para destinarlos a proteger la industria —que lo necesitaba para subsistir cuando se fueron normalizando las economías europeas— sería, entonces, un precio político indispensable para mantener la alegría de la clientela electoral más adicta a Perón: esa que después del fracaso de la economía de la *fiesta* seguiría gozando de altos sueldos, plena ocupación y amparo social.

Toda revolución profunda, ya se sabe, conlleva despojos como este. Stalin no solo destruyó la pequeña propiedad agraria en aras de la industrialización soviética, sino que aniquiló físicamente a los kulaks o los desplazó a miles de kilómetros de sus regiones nativas. El régimen peronista no asesinó chacareros ni desplazó de sus tierras a los productores rurales argentinos y, por el contrario, garantizó su estabilidad en los predios que arrendaban. Pero provocó un retroceso tremendo en la productividad y la formas de trabajo agrarios. Y esto, ¡atención!, sin que fuera, de ningún modo, una revolución en los problemas de fondo del agro, que se fueron agravando a lo largo de sus dos presidencias.

LA INDUSTRIA MIMADA

¿Merecería el aparato industrial existente semejante protección?

Esta pregunta es clave para la valoración de la política económica de 1946/49. Para contestarla hay que tener en cuenta que se trataba, básicamente, del mismo conjunto que había crecido durante la guerra en procura de producir aquí las importaciones que ya no llegaban de Europa. Es decir, una industria casi improvisada, montada a base de ingenio y audacia y favorecida por la existencia de un mercado con alto poder consumidor que arrebataba todo cuanto se fabricaba localmente, a falta de otra cosa. Un aparato industrial, también hay que destacar, imposibilitado de mejorar o renovar sus equipos, que se vio obligado a usar combustibles extraños, impedido de incorporar los inventos o adelantos tecnológicos que, al conjuro trágico de la guerra, se producían acelaradamente en el mundo. En estas condiciones, la industria argentina, a todo nivel, fatalmente debía encarecer sus costos y empeorar la calidad de sus productos. Textiles, productos químicos y medicinales, aparatos de uso doméstico, repuestos de automotores, objetos de menage, todo fue saliendo trabajosamente de los telares y los talleres que proliferaban en el Gran Buenos Aires y en los aledaños de otras ciudades: pero el esfuerzo de los noveles empresarios y técnicos tenía un límite, como lo tenían también la actitud compradora de los consumidores. Y esta frontera estaba marcada por el fin de la guerra o, más precisamente, por el momento en que las economías de las potencias beligerantes se recompusieran y pasaran del esfuerzo de guerra a sus funciones de siempre.

El censo industrial de 1946 muestra que existían en el país casi 85.000 establecimientos industriales, que daban ocupación a unos 124.000 empleados de oficina y a casi 900.000 obreros. Los propietarios o directores generales de estos establecimientos eran 115.000. Este panorama se ampliará en los años siguientes con la acción empresaria del Estado, como se ha visto, que, a través de distintas entidades autárquicas, hace punta en algunas actividades o compite en otras con la iniciativa privada. Así, las empresas alemanas confiscadas al declararse la guerra al Eje en marzo de 1945 continúan trabajando por cuenta del gobierno; o el gobierno mismo, a través de la Dirección de Envases Textiles, fabrica bolsas para recoger las cosechas.

Pero en el período que señalamos, la importación de bienes de capital y equipos será escasa. No es que los empresarios no quieran renovar sus equipos: les resulta arduo hacerlo, porque las licencias de importación dependen del arbitrio del Banco Central —y lamentablemente, muchas veces también de las conexiones que tenga el solicitante.

Además, a medida que van escaseando las divisas se hace más difícil disponer de ellos para pagar importaciones. Así es como la industria seguirá vegetando: solo un 17,2 por ciento de las importaciones se destinarán, en esta etapa, a reequipamiento y modernización de los establecimientos industriales, según sostiene José A. Blanco; las importaciones de materias primas y productos semielaborados insumen el 45 por ciento y también están sometidas a permisos previos, con todo su infierno de engorros, trámites, intermediarios y comisiones.

De uno u otro modo, sin embargo, la industria argentina subsiste y, naturalmente, las altas barreras aduaneras la preservan de competencias externas. Pero, al mismo tiempo, van convirtiendo su conjunto en una realidad aislada, cómoda dentro de su protección, pero cada vez más obsoleta. Las cifras del censo de 1954, en relación con el de ocho años antes, muestran un aumento aparente pero con síntomas alarmantes. Los establecimientos ahora son unos 150.000, casi el doble de 1946. Pero los empleados y los obreros han crecido poco: aquéllos son ahora 158.000 y estos, 1.000.000. O sea, que ha continuado la proliferación de establecimientos industriales pequeños o medianos, que no han podido crear nuevas fuentes de trabajo en dimensión significativa y, por lógica, tampoco habrán logrado una mayor tecnificación ni una modernización de la maquinaria. Se ha duplicado, en cambio, el número de propietarios o directores generales, que en 1954 son 220.000, nuevo indicador de la poca envergadura de los establecimientos.

Al mismo tiempo, sus posibilidades de expansión se veían frenadas por la dependencia de materias primas, royalties y combustible. El petróleo y sus derivados, ya se ha visto, no acompañaban en su producción local el crecimiento de la industria, y su importación agravaba la esca-

sez de divisas; el hierro y el acero que se prometían en la
Ley Savio, aprobada en 1947, no llegaban, porque la construcción de la planta de San Nicolás sufrió enormes demoras (funcionó a pleno sólo después de 1958). La industria
argentina parecía gozar de buena salud, pero a partir de
1949 era evidente su declinación, al menos, su escaso progreso.

Por un lado, entonces, la industria era la niña mimada
del régimen peronista. Pero, por otra parte, la misma política económica de la etapa 1946/49, al ir cegando la gran
fuente de divisas que era el agro, estaba estrangulando la
posibilidad de que el aparato industrial lograra una modernización y una competitividad razonables. Esa política de
Miranda era como un beso mortal para la industria, a pesar
de ser él mismo una expresión característica del sector.

Adolfo Dorfman, especialista en historia de la industria,
describe el panorama en esos años, diciendo: "...la industria argentina a mediados de los años cuarenta reposaba
sobre pilares más firmes y en posesión de fondos para invertir; se había llevado a cabo una intensa absorción, unida a
cierto grado de entrenamiento, de mano de obra bisoña
que afluía del campo hacia los centros industriales (principalmente el Gran Buenos Aires); había madurado más la
conciencia industrialista y se acumularon determinados
instrumentos de promoción que tendían a ordenarse en un
esquema, aunque sin alcanzar todavía verdaderos contornos sistemáticos y coherentes".

Y sigue diciendo: "Pero a la par, la maquinaria y los
equipos productivos mostraban signos de desgaste considerable por falta de renovación y buen mantenimiento, plan-
teándose con urgencia la necesidad de reponerlos, mejo-
rarlos, ampliar y redimensionar las instalaciones; asegurar
un suministro regular y continuo de numerosos materiales

intermedios y, en menor medida, combustibles. Los costos de producción habían subido, a veces exageradamente: de manera importante por el descenso de la productividad y, en menos escala... por el crecimiento de los salarios y cargas sociales. Aquella renovada corriente de abastecimientos industriales desde el exterior, si bien tonificó a la industria en general (...) significó retroceso para algunas ramas que comenzaban a elaborar insumos, especialmente a la naciente industria nacional de maquinaria y otros bienes de producción".

Dorfman resume así el estado de cosas de la industria: "pese a la considerable difusión de la actividad manufacturera y a ciertos avances en las ramas industriales semipesadas, las características intrínsecas de la actividad fabril argentina no habían variado sustancialmente hacia mediados de la década de los años cuarenta. Siguieron siendo, predominantemente, livianas, dedicadas a la fabricación de bienes no duraderos para consumo final y en parte para la exportación..."

No corresponde a este volumen el análisis de las rectificaciones que intentó el gobierno de Perón después de la caída de Miranda. Pero hay que señalar un par de hechos que a lo largo de 1949 significaron graves síntomas para el estado de las economías, no obstante las negativas enfáticas de los voceros oficiales.

Uno de estos síntomas fue el proyecto de ley que envió el Poder Ejecutivo al Congreso en setiembre (1949) para reformar la organización del Banco Central, tal como había sido estructurada en marzo de 1946 por el gobierno de facto, a pedido del equipo económico que asumiría sus funciones con Perón. El articulado propuesto ahora ocultaba, entre su fárrago, una disposición que la oposición parlamentaria denunció clamorosamente: la derogación de la obliga-

ción de respaldar el valor del peso papel con un 25 por ciento de su equivalente en oro. En 1946, el oro y las divisas
acumuladas en el Banco Central cubrían casi el 140 por
ciento del valor del dinero y tanto Perón como Miranda
afirmaban que no se podía caminar por los pasillos de la entidad oficial, tanta era la cantidad acumulada de oro... Tres
años después se habían acabado esas reservas, y el Estado
necesitaba imprimir dinero sin el requisito que históricamente había respaldado su valor.

El debate posterior desnudó las imprevisiones de la política económica de Miranda. Los diputados opositores re-
prochaban al oficialismo haber dilapidado el producto del
esfuerzo del país; los ministros alegaban que la Argentina
tenía ahora tanto prestigio que nuestro peso no necesitaba
respaldarse en el vil metal... Además, ¿era o no una revolución el peronismo? Y como era una revolución, ¿para
qué continuar con la tradición liberal y capitalista de apo-
yarse en el oro? Era la producción nacional, su potenciali-
dad, la que garantizaba el valor del peso. Estos y parecidos
argumentos no pudieron desmentir el hecho que había provocado la medida solicitada al Congreso: el país se había
quedado sin reservas. Lo que ocurrió después es materia de
otro volumen de esta obra.

El otro hecho fue menos espectacular, pero más sin-
tomático. En octubre (1949) el Poder Ejecutivo expidió un
decreto que autorizaba la venta de inmuebles del Estado
con el fin de amortizar la deuda que el IAPI tenía con los
bancos. El organismo de Miranda había ido retirando dinero incesantemente, confiando en pagarlo con las diferencias del precio de las cosechas. Pero el fracaso de la política
de ventas había creado un "clavo" tan grande, que ahora el
IAPI, como cualquier deudor imprudente, debía enajenar
sus bienes y los de su familia para rebajar su pasivo.

Después vendrían otras medidas, más enérgicas todavía y con repercusión en la política general. Pero en las esferas gubernativas nadie admitió públicamente que se estuviera recogiendo velas. La continuidad en la política económica parecía total y, ciertamente, costaba mucho a Perón reconocer errores, lo que dificultó más aún el emprolijamiento de una economía que necesitaba urgentemente ajustes drásticos.

LOS SALDOS Y LOS JUICIOS

Del modo que hemos relatado, el Estado relativamente escueto que recibió Perón en 1946 se había convertido, tres años más tarde, en un Estado meterete y ubicuo, agigantado en su estructura y abrumado de nuevas responsabilidades.

Monopolizaba todo el tráfico aéreo, el transporte ferroviario y el automotor en algunas líneas troncales, buena parte de la navegación fluvial y la totalidad de ultramar, así como el transporte de pasajeros en la Capital Federal. Monopolizaba todas las comunicaciones telefónicas y telegráficas y también, de hecho, las radiofónicas. Contaba con una red de diarios y revistas, cuyo material era abastecido por empleados públicos. Proveía de energía eléctrica a buena parte del país, y de gas a todo el territorio adonde iban llegando las redes de transmisión. Adquiría las cosechas de granos y oleaginosos, así como la producción de carnes para exportar, las comercializaba en el exterior y adquiría ingentes materiales en todo el mundo para revenderlos aquí. Fabricaba bolsas de arpillera y productos de consumo de una increíble heterogeneidad, desde cosméticos hasta medicinas. Extraía petróleo y carbón, refinaba sus productos y los vendía al público. Regulaba precios, otorgaba subsidios a ciertas actividades industriales, se asociaba a empresas privadas o las compraba para explotarlas. Manejaba la política bancaria y crediticia, garantizaba los depósitos de los ahorristas, otorgaba o no permisos de importación a cambio preferencial. Todo esto sin declinar —y generalmente, aumentando— las funciones propias del Estado en el campo de la seguridad, la educación, la salud pública, la policía del trabajo, la industria y el comercio.

Algunas de estas actividades se habían iniciado antes de 1943, aunque en escala más reducida y siempre como soluciones de emergencia o de excepción. Otras, como se ha visto, fueron asumidas a partir de 1946 en aplicación de una ideología que atribuía al Estado una función promotora y reguladora más importante que la tradicional. Por uno u otro motivo, fue el Estado argentino invadiendo territorios que antes le estaban vedados. Entre otras consecuencias, esta hinchazón de funciones aparejó una correspondiente inflación de estructuras burocráticas y un aumento palpable de los agentes públicos, así como la transformación de algunas de las nuevas entidades autárquicas en verdaderos feudos intocables, con una común vocación de crecimiento no siempre productivo.

Como se ha dicho, muchas de las realizaciones que implicaban una actividad industrial y comercial del Estado respondían a concepciones típicas de la guerra y la temprana posguerra, y no se diferenciaban mucho de las que contemporáneamente habían implementado casi todos los países de Europa occidental afectados por el conflicto. Pero hubo, además, un hombre cuya voluntad se dedicó a robustecer al máximo las funciones del nuevo Estado. Su personalidad marcó la economía de la *fiesta* porque fue el animador de la política estatista, nacionalista y autarquizante esbozada en los tres primeros años del régimen peronista.

Miguel Miranda tenía 54 años en 1945. Hijo de inmigrantes españoles, su olfato, su capacidad de trabajo y su buena suerte lo llevaron a convertirse en un importante capitán de industria. Sus múltiples actividades abarcaron rubros muy diversos, pero la fortuna que lo avalaba provenía de la hojalata, una típica manufactura de emergencia. Miranda sedujo a Perón durante el gobierno de facto, en el Consejo Nacional de Posguerra. El militar sentía la atracción de este industrial que se le parecía en muchas cosas: en su instinto atropellador, la seguridad en sí mismo, el amateurismo y hasta la falta de escrúpulos. De aspecto taurino, obstinado y caprichoso, era el típico *self made man* que necesitaba el presidente para hacer cosas poco convencionales y audaces. Perón solía justificar su preferencia por Miranda diciendo que no confiaba en los economistas teóricos que tenían la receta infalible para hacer dinero pero se empleaban por doscientos pesos en un empleo público; prefería que el secreto del éxito económico se lo brindaran los exitosos como "don Miguel".

Desde las presidencias del Banco Central —a la que renunció a mediados de 1948—, el IAPI y el Consejo Económico Nacional, Miranda fue el auténtico "zar" de la economía argentina entre 1946 y 1949 y, en consecuencia, el responsable de casi todas las operaciones en las que intervino el Estado y que se han reseñado en las páginas anteriores. Contaba con la protección de Evita, que no cesaba de elogiarlo públicamente y, cuando se le presentaba una necesidad de dinero, repetía que le pediría a Miranda "y don Miguel daría una patada en el suelo... ¡y el dinero aparecería...!"

Esta idea casi mágica de su poder puede haberle costado su puesto, además del agotamiento a que había llegado en

1949 su política de euforia y derroche, pues parece que uno de los cargos que se le formularon en el seno del gobierno fue la reiterada entrega de grandes sumas a Evita, cuyo destino el "zar" no pudo justificar. Si este fue el motivo inmediato de su despido, Miranda debe haberse sentido asombrado, pues era de los que identifican con naturalidad sus propios intereses con los intereses generales. Los documentos de los negociadores británicos de 1946/48 revelan que "cada vez que este funcionario excesivamente nacionalista (Miranda, F.L.) se ponía intratable, era amenazado por un embargo de la hojalata. Cada vez que los británicos necesitaban una buena voluntad extra durante una negociación, le ofrecían una cuota especial de hojalata, usualmente tanto como 1000 toneladas, que él podía adquirir para su uso personal. Fuentes norteamericanas lo acusan de haber engrosado su fortuna personal vendiendo el exceso en el mercado negro".

Se conoce una carta dirigida el 12 de febrero de 1947 al embajador de Estados Unidos, en la que Miranda —presidente del Banco Central y del IAPI— le pide que interceda ante algún frigorífico para recibir 5000 toneladas de hojalata para sus fábricas de elaboración de conservas en Mendoza. Con ingenuidad o cinismo, decía Miranda a Messersmith: "Ya ve a lo que me veo obligado por mi posición, pues si no ocupara el cargo que tengo, me sería muy fácil obtener del gobierno que, de acuerdo a la ley 12.591, se repartiera la hojalata que existe en el país, pero si yo hiciera eso se diría que lo hago para beneficiar mis intereses particulares..." (Ver Apéndice.)

Cuando este documento se publicó, Miranda ya había fallecido. Después de su defenestración se instaló prudentemente en Montevideo, soñando con un nuevo llamado de Perón y defendiéndose de las críticas e imputaciones que se le formulaban. Pero el llamado del presidente no se concretó nunca. También para "don Miguel", la *fiesta* había terminado en el *anno mirabili* de 1949.

Los juicios posteriores de los especialistas no han sido, en general, benévolos con la política económica de la *fiesta*. Aun reconociendo lo que pudo tener de original, llegan a la conclusión de que sus saldos fueron negativos. Los economistas más críticos vienen de las vertientes liberales y desde su ortodoxia reprochan imprevisión en la apreciación del proceso nacional e internacional y una incorrecta asignación de recursos. Los que sustentan una posición desarrollista o parten del ideario de la CEPAL le reprochan no haber aprovechado la coyuntura para establecer una industria pesada que robusteciera la vulnerable estructura industrial: unos y otros critican el manejo del campo y su producción.

Por su parte, los defensores de la economía peronista de 1946/49 sostienen que no podía hacerse más de lo que se hizo y que la intención de fundar un sistema liberado de dependencias exteriores que al mismo tiempo mantuviera un buen nivel de vida de la clase trabajadora, mereció el precio que debió pagarse. Pero hay que señalar que quienes así se pronuncian suelen estar comprometidos políticamente con el justicialismo (Guido Di Tella) o participaron en alguna etapa de la conducción económica peronista (Antonio Cafiero).

El economista cubano C. Díaz Alejandro, autor de una de las mejores historias económicas argentinas, ofrece una explicación razonable sobre las motivaciones de la política peronista en su primera etapa.

"Las políticas adversas al comercio con el exterior y a la

inversión extranjera se originaron, no solo en las fricciones de los períodos anteriores y las frustraciones y humillaciones de la década de 1930, sino también en las perspectivas del comercio mundial en 1945. En 1945, los responsables de la toma de decisiones no podían estar en modo alguno seguros del futuro del comercio internacional. Los quince años anteriores habían sido desastrosos, y muchos pronosticaban una grave depresión de posguerra o un nuevo conflicto bélico, esta vez entre los Estados Unidos y la Unión Soviética. (Cuando se iniciaron las hostilidades en Corea, algunos pensaron que aquel temor se convertía en realidad.) Los tradicionales mercados de las exportaciones argentinas en Europa occidental estaban sometidos al poder del Ejército Rojo y tenían que hacer frente a ingentes tareas de reconstrucción, que impedían el pronto retorno al librecambio y la convertibilidad. La inconvertibilidad causó pérdidas reales a la Argentina, no solo en la década de 1930 sino también durante la guerra, cuando se acumulaban los saldos en libras esterlinas, mientras los incrementos en los niveles de precios británico y mundial reducían su valor. Como lo hizo notar Virgel Salera, durante la Primera Guerra Mundial la Argentina otorgó préstamos a los aliados, pero en la Segunda, Gran Bretaña obtuvo mejores resultados, bloqueando unilateralmente los saldos en libras esterlinas de la Argentina. La decisión de desdeñar el comercio exterior y de rehuir a los inversores extranjeros, tenía, por tanto, hondas raíces históricas, y se la puede considerar una respuesta tardía a la Gran Depresión."

Aldo Ferrer caracteriza así la primera fase del gobierno peronista: "...durante el trienio 1946-1948 el gobierno llevó hasta sus últimas consecuencias lo que podríamos llamar la fase "clásica" del proceso de sustitución de importaciones en el marco de una redistribución de ingresos en favor de los sectores populares. En ese período se siguió una política fuertemente expansiva. (...) Simultáneamente el gobierno ejecutó una política de nacionalización de servicios públicos y repatriación de la deuda pública. (...) A través del control de precios para artículos de consumo popular, el subsidio al consumo de los mismos, el control de los alquileres y los arrendamientos rurales, la política de salarios mínimos urbanos y rurales, la aplicación del sueldo anual complementario y la mejora de prestaciones del sistema de seguridad social, se produjo una fuerte expansión de la demanda de consumo y una fuerte redistribución de ingresos en favor de los grupos de menores ingresos. (...) Las políticas expansivas y redistributivas del período 1946-48 fueron acompañadas por una serie de reformas de la legislación social y la ampliación del área de control del gobierno sobre el sistema económico. En el primer aspecto deben computarse la aplicación de los convenios laborales por industria, la creación de los tribunales de trabajo y un régimen de asociaciones profesionales que sentó las bases del actual poder de los sindicatos. En el segundo aspecto, deben incluirse la creación del IAPI, a cuyo cargo estaban las exportaciones tradicionales e importaciones esenciales; la creación del Banco Industrial; la nacionalización de los depósitos bancarios y el control nacional del sistema de seguros".

Pero si hay que establecer las fallas de la política económica de la *fiesta*, es inevitable analizar las exportaciones, que constituyeron el punto débil del andamiaje montado en aquellos años. En este aspecto, Díaz Alejandro señala el escaso valor que asignó el gobierno peronista a las exportaciones.

"Las exportaciones cayeron bruscamente en el lapso 1945/54: eran un 37 por ciento inferiores a los niveles alcanzados en 1930/39, años de depresión. Entre 1935/39 y 1950/

54, la producción del sector rural solo aumentó un 14 por ciento; la producción de bienes exportables tradicionales declinó en un 10 por ciento. En el mismo lapso, la población se había expandido en un 32 por ciento.

"Si bien las autoridades quizá no previeron la brusca caída de las exportaciones, parte de su estrategia general consistía en no preocuparse mucho por ellas. Su principal preocupación se centraba en algunos aspectos de la industrialización con miras a la sustitución de importaciones, y en el suministro de sanidad, educación, recreación y otros servicios masivos. Además de complacer los sentimientos nacionalistas y reformistas, aquella política tuvo la ventaja de procurar ocupación y seguridad para la clase trabajadora urbana, pilar político del régimen. La industria liviana, la construcción, la administración pública y los ferrocarriles se trataron más como fuentes de trabajo que como actividades productoras de bienes y servicios.

"Durante la euforia de 1945/48 se pensó poco en estos temas, y cuando en 1949 disminuyeron las exportaciones, el país se encontró frente a un estrangulamiento de divisas, pues la sustitución de importaciones no había dejado suficiente cantidad de ellas para financiar las importaciones requeridas por una tasa de crecimiento del 5 por ciento. Se dio, pues, prioridad a la importación de materias primas y de bienes intermedios, necesarios para mantener en funcionamiento la capacidad instalada. La maquinaria y los equipos indispensables para ampliar dicha capacidad no podían importarse ni producirse en el país —al menos en el corto plazo. Se produjo una súbita reducción en la tasa de formación de capital real en maquinaria y equipos nuevos." Hasta aquí Díaz Alejandro.

Perón, en cambio (desde luego, juez y parte en la polémica) tenía una visión muy diferente. En *La fuerza es el dere-*

cho de las bestias, escrito poco después de su derrocamiento, justifica su política económica con la siguiente apreciación que, en parte corrobora lo señalado por Díaz Alejandro en la primera cita que hemos hecho. Manifestaba el ex presidente: "La experiencia histórica demuestra que los países después de la guerra pagan de una sola manera: emitiendo y desvalorizando la moneda. Aún no se había producido ese fenómeno en 1947, pero todo hacía prever que se producirá. Cuando las monedas se desvalorizan, los bienes de capital se valorizan en forma directamente proporcional. Allí, precisamente, está el negocio; era menester comprar bienes de capital que se valorizarían y desprenderse de las monedas que se desvalorizarían. Fue entonces cuando comenzamos a comprar sin medida. Se trataba de que cuando la desvalorización llegara, no nos tomase con un peso en el bolsillo".

La pregunta que debe seguir a estas apreciaciones es muy concreta: comprar, sí; pero ¿comprar qué? Antonio Cafiero ubica el problema precisamente en ese punto, en *Cinco años después*.

"Esas reservas (...) a fines de 1945 sumaban exactamente 1697 millones de dólares. A fines de 1948 habían disminuido a 721 millones. Esto significa que en el lapso de tres años se invirtieron 976 millones de dólares en realizar adquisiciones y pagos en el exterior en exceso del valor obtenido por nuestras exportaciones. El quid de la cuestión está en discernir si esos casi 1000 millones de dólares se invirtieron bien o mal. Para formular un juicio objetivo, entiendo que no nos debemos ubicar doce años después y, conocida la evolución seguida por la economía del mundo, hacer cálculos alegres de la cantidad de usinas o ferrocarriles que hoy podrían comprarse con aquella cifra, como alguna vez se comentó. Tampoco es de buena fe juzgar toda una política de inversiones por alguna adquisición innecesaria que, si efectivamente pudo haberla habido, nada significa en el conjunto de la inversión. Lo honesto es ubicarse en el año 1946 y saber que entonces el criterio a seguir no escapaba a esta opción." El autor dice entonces que, o se utilizaban intensamente esas reservas o, de lo contrario, se procuraba conservar un fuerte encaje de reservas para mantener valorizado el peso argentino para salvarlo del contagio de la inflación mundial de posguerra. "Fiel al mandato recibido en las urnas —dice Cafiero— el gobierno optó por lo primero, es decir, la intensa disposición del oro y divisas, los que se emplearon para adquirir bienes de capital, rescatar la deuda externa y nacionalizar los servicios públicos." Y detalla que en el primer rubro, las importaciones de bienes de capital en el trienio 1946/48 permitieron el reequipamiento de las industrias amenazadas por la competencia de posguerra, la expansión de la flota mercante, petrolera y aérea, el reequipamiento parcial de los transportes ferroviarios y en gran escala del caminero, de las instalaciones portuarias, etcétera (p. 54, que transcribe una carta del autor dirigida al ingeniero Álvaro Alsogaray publicada el 29 de agosto de 1958 en *El Economista*).

Pero nuevamente es Díaz Alejandro el que puntualiza el real porcentaje de la importación de bienes de capital. Dice que "la importación de bienes de capital constituyó el 37 por ciento del total de las importaciones en 1947/48; en 1949/51 era el 30 por ciento y en 1952/55, apenas el 27 por ciento". Sobre la base de esta evidencia, afirma:

"La paradoja final es que la mayor atención a los bienes exportables de 1943 a 1955 habría determinado no una menor sino una mayor industrialización, como lo demuestran los ejemplos de Canadá y Australia. Una expansión modesta de las exportaciones, al posibilitar una tasa de crecimiento global mayor, podría haber determinado una expansión de la manufactura superior a la observada. Asimismo, una diferente actitud hacia la inversión extranjera hubiese estimulado la industrialización, sobre todo en los sectores claves, así como aquella misma inversión había estimulado la manufactura durante la década de 1930. El amargo recuerdo de la Gran Depresión y de la confusión consecuente a la Primera Guerra Mundial indujo a los responsables de la economía a descuidar los planes para el crecimiento económico a largo plazo en beneficio de la seguridad económica inmediata."

Su inferencia es concluyente y, a su juicio, lo hecho en 1946/49 es la raíz de los problemas que sobrevendrían en seguida. Dice Díaz Alejandro:

"Las políticas peronistas dan la impresión de un gobierno interesado no tanto en fomentar la industrialización cuanto en desplegar una política nacionalista y popular de aumento del consumo real, la ocupación y la seguridad económica de las masas y de los nuevos empresarios. Persiguió estos objetivos aun a expensas de la formación de capital y de la capacidad de transformación de la economía. Las condiciones externas favorables de 1946/48 contribuyeron a enmascarar el conflicto entre los objetivos nacionalistas y populares, por un lado, y el desarrollo económico a largo plazo, por otro, conflicto que se tornó cada vez más evidente después de 1948."

Como se habrá advertido, los puntos más vulnerables de la economía de la *fiesta* residen en el dispendio con que se dispuso de las divisas obtenidas durante la guerra: Federico Pinedo hacía notar en 1948 que la repatriación de la deuda externa, por ejemplo, sustituía una obligación a largo plazo y de bajo interés, por un compromiso financiero mucho más oneroso; y destacaba que las nacionalizaciones de teléfonos o ferrocarriles no habían incorporado físicamente nuevos instrumentos productivos al conjunto nacional, puesto que pagaban lo que ya estaba instalado.

Otros han atacado las gabelas derivadas de un sistema que inevitablemente llevaba a extremos de ineficiencia y corrupción y, en consecuencia, a una credibilidad en el Estado cada vez más escasa. También se ha criticado que el propósito nacionalista y autarquizante inspirador de la política económica enjuiciada era irrealizable y, en consecuencia, su fracaso aparejó un resultado de retroceso y frustración.

En nuestra opinión, la política económica de la primera etapa peronista, con prescindencia de intenciones, debe examinarse en el marco del contexto internacional de su tiempo. Así colocado el problema, lo que salta a la vista es su anacronismo en un mundo que aspiraba a recomponer su economía sobre pautas liberales y con la menor cantidad de regulaciones.

En vísperas de la conclusión de la guerra, el Plan Clayton y los Acuerdos de Bretton Woods marcaron lo que sería la tendencia mundial del resto de la década: incremento del comercio recíproco, estímulo a la iniciativa privada, mercados libres y abiertos, intercambio multilateral, eliminación gradual de proteccionismos, cooperación entre las naciones centrales, estabilidad monetaria y cambiaria, eliminación de déficit. Gustaran o no, éstos serían los andariveles de la reconstrucción del comercio internacional y en ellos estaban en germen iniciativas como el Plan Marshall, el Fondo Monetario Internacional y el Banco Internacional de Reconstrucción y Fomento. El resultado de aquel pensamiento y estas realizaciones fue una rápida rearticulación de los circuitos mundiales de la producción, el consumo y el intercambio, con sus secuelas más espectaculares: el "milagro alemán", el sanemiento de las economías europeas —y luego la japonesa— y la explosión tecnológica que seguiría en la década del '50.

Y bien: en ese contexto, la política peronista marchaba a contramano. Intervencionista, plagada de regulaciones, estatista, autarquizante y, lo que es más grave, implementada por un Estado que no estaba en condiciones de hacerlo eficazmente y por un país cuyo poderío económico radicaba en las divisas disponibles —rápidamente gastadas— y en su capacidad exportadora —escasamente estimulada. Puede ser admirable la decisión política de plantear una tendencia en contradicción con la tendencia mundial. Pero el costo de semejante compadrada fue demasiado alto.

A esto deben sumarse dos graves errores de apreciación cometidos por Perón.

El primero, suponer que el mundo se encaminaba a una tercera guerra. El evento valorizaría nuevamente nuestra producción agropecuaria, protegería la estructura industrial y volvería a convertir a la Argentina neutral en una "niña bonita" requerida por los beligerantes y en condiciones de negociar en la posición más favorable. La inevitabilidad de una tercera guerra mundial era el tema obsesivo del senador Diego Luis Molinari, que lo reiteraba al presidente cuando volvía de sus periplos por todos los continentes, y un postulado indiscutible para Miranda. En cuanto a Perón, en una época tan avanzada como febrero de 1951, publicaba en el diario *Democracia* bajo el seudónimo de "Descartes" artículos de los que este párrafo es un buen botón de muestra: "La tercera guerra mundial se ha iniciado ya, pero en un frente secundario: el Asia. (Se refiere a Corea, F.L.) Ambos probables beligerantes se aprestan aceleradamente, abarcando los medios en el principal: Eu-

ropa. Surgirán, indudablemente, otros teatros de operaciones; pero a pesar de ello, puede destacarse que, nuevamente, el destino del mundo ha de jugarse y decidirse en
Europa". O este otro, de abril del mismo año: "¿Qué sub-
sistirá después de la tercera guera mundial de la miserable
economía en que el mundo moderno se debate? ¿Cuál será
el efecto final del derrumbe total de la poderosa economía
que se afirmó en 1918 y sobrevivió a 1945? Nadie puede pre-
decirlo hoy". O, en setiembre del mismo año, refiriéndose
a la guerra fría: "es indudable que se trata de una *pregue-
rra*". Finalmente, en ¡enero de 1952! aseguraba "Descartes" que "la tercera guerra mundial es un hecho en marcha"
y que ella se decidirá "por la destrucción progresiva y agotamiento", lo que indicaría una "larga duración y un resultado indeciso hasta el derrumbe de una de las partes", es decir,
los Estados Unidos o la Unión Soviética.

Estos dislates, por supuesto, no se cumplieron, y los planes condicionados al estallido se derrumbaron o, mejor dicho, ya se habían derrumbado antes, hacia 1949.

La otra falla consistió en creer que la Argentina se bene-
ficiaría con el Plan Marshall. También "Descartes" relata
esta ingenuidad con aire de mucama engañada, en octubre
de 1951: "Latinoamérica y en especial Argentina jugarían
un papel esencial (en el Plan Marshall, F.L.). En los cálculos de la administración yanqui, de acuerdo con documentos oficiales debatidos en su Senado, consta la decisión de
adquirir en nuestro país más de 1000 millones de dólares
en productos necesarios a la rehabilitación económica de
Europa. Apremiados por nuestro gobierno, la embajada
de los Estados Unidos y los personeros de la ECA (organismo encargado de implementar el Plan Marshall, F.L.) aseguraron, con toda clase de garantías verbales, en el sentido
de colocar en nuestr   país elevadas órdenes de compra.

Tampoco en este caso debía el gobierno dudar de la buena fe y de la palabra oficialmente empeñadas por el embajador Bruce en nombre de su gobierno. (...) Aprobado el Plan Marshall, llegó a Buenos Aires el señor Hensel, representante del mismo, y ante el estupor del gobierno argentino y del propio embajador de los Estados Unidos, señor Bruce, manifiesta que tal plan es simplemente financiero y que en la Argentina no se compraría nada. Se había consumado el más triste episodio de la mala fe, del incumplimiento y de la falsedad internacionales".

La queja de "Descartes" es parcialmente cierta. Carlos Escudé ha publicado documentos que demuestran las discriminaciones de que fue víctima la Argentina desde niveles intermedios de la ECA, lo que motivó un pedido de investigación por parte del embajador Bruce, que fue atendido por el Departamento del Estado, y es cierto también que en junio de 1948 el ex subsecretario de Marina, Struve Hansel, llegó a Buenos Aires para anoticiar al gobierno de que la Argentina podía vender su trigo a Europa a los precios de mercado, si así lo deseaba, pero que la ECA no compraría en nuestro país con destino al Plan Marshall. Pero también hay que decir que resultaba candoroso esperar que los Estados Unidos, en cuya administración subsistían muchos de los elementos antiargentinos que habían acompañado a Cordell Hull y Spruille Braden y cuya opinión pública mantenía desconfianza y antipatía por el régimen de Perón, iba a regalar esa gigantesca tómbola que era el Plan Marshall. Sin contar que, cuando este empezó a aplicarse nuestro país había comprometido la casi totalidad de sus exportaciones alimentarias a través de convenios con diversos gobiernos, lo que hacía difícil que pudiera contribuir significativamente al plan. Las recíprocas hostilidades entre Buenos Aires y Washington no cesaron, en realidad, hasta 1950/51, y Perón no podía ignorar que, a pesar de las sinceras protestas del embajador Bruce, sería muy difícil que fuera convertido en socio por quienes lo seguían considerando un nazi enmascarado.

Así, pues, ni la tercera guerra mundial estalló ni el Plan Marshall nos incluyó en sus beneficios. Entonces se derrumbaron las expectativas del gobierno peronista en alguno de estos dos recursos mágicos que le permitirían, de concretarse, remontar la rápida pendiente en la que se deslizaba la economía. Gregorio Marañón alude al "arbitrismo" de los gobernantes autoritarios, la extraña atracción que sienten por los recursos maravillosos que permiten revertir situaciones de un día para otro, o aliviar instantáneamente males que parecen crónicos. Perón tenía tendencia al "arbitrismo": así lo demostraría el desopilante "caso Richter" y las simplificaciones excesivas de sus disertaciones pseudoeconómicas. Tenía la convicción de que la economía era un mecanismo muy simple aunque, aparentemente complicado, en el que pícaros y oportunistas sacaban los mejores frutos: una vez sabido el secreto, manejarla era muy fácil... Pero la realidad económica es compleja, delicada e irreductible. Los arbitrios esperados no se concretaron y en 1949, con la caída de Miranda, el régimen peronista debió empezar a pensar seriamente en las correciones que debían ponerse en marcha

Con excesos de ingenuidad y de soberbia, la Argentina había dilapidado rápidamente la ventajosa condición adquirida durante la guerra y la temprana posguerra, y aunque había ampliado su capacidad industrial, satisfecho los anhelos nacionalistas y mantenido el alto nivel de vida de la población trabajadora, estos logros se estaban convirtiendo en pesadas cargas, cada vez más difíciles de sostener. Las bases reales de su producción se habían deteriorado y no existían perspectivas de remendar estas fisuras en el marco de la política seguida hasta entonces. La dilapidación se había consumado; la euforia, no obstante, continuaba, y ello hacía más difíciles las indispensables rectificaciones.

No corresponde a este volumen el estudio de ellas, pero hay que advertir que la caída de Miranda no significó un cambio de timón espectacular. El alejamiento del presidente del IAPI y del Consejo Económico Nacional fue minimizado por la prensa oficialista, y en general no se percibió su significación. Nada pareció cambiar: incluso las sanciones de la Convención Constituyente, que iniciaba sus tareas justamente en los días en que Miranda era enjuiciado y despedido, reflejaron en buena medida la ideología estatizante, nacionalista y autarquizante del ex "zar". Ya veremos cómo esas prescripciones constitucionales, que eran hijas póstumas del pensamiento de Miranda, se convirtieron, a la postre, en un dolor de cabeza más para Perón.

Pero es de justicia finalizar este capítulo con una puntualización referida a la extensión de la política económica de la *fiesta*. La euforia fue de todos, el derroche fue de todos. El gobierno peronista no hizo sino reflejar un estado de ánimo que compartía en ese momento todo el país. Que el deber del Estado haya consistido en no participar de la equivocación colectiva y animarse a formular una política más prudente, menos efímera, éste es otro problema. Lo indiscutible es que todos fueron cómplices. Desde los industriales, encantados con la protección que tapaba la ineficiencia de sus máquinas y postergaba su costoso equipamiento, hasta los nuevos burócratas de un Estado enormemente redimensionado o los empleados y obreros de las flamantes empresas estatales, cada vez más deficitarias e incompetentes. Solo los productores rurales, expoliados y condenados a pagar las cuentas de la *fiesta*, protestaron cuando pudieron hacerlo.

Y la *fiesta* iba terminando. Pero nadie se daba cuenta de ello.

CAPÍTULO IV

LA TERCERA POSICIÓN

Si hay algo que refleja con exactitud el tono general de la *fiesta*, es la política internacional de Perón entre 1946 y 1949. Su tendencia, sus manifestaciones públicas y la mitología que se bordó en torno de la Tercera Posición que fue su más resonante expresión, se correspondían cabalmente con el prevaleciente sentimiento de una Argentina a la que se veía fuerte, piropeada por los países europeos y aceptada, finalmente, por los Estados Unidos; un país que se estaba liberando de su antigua condición dependiente y presentaba un modelo propio, seguido con simpatía por los pueblos de América Latina.

No todo era así. Pero el orgullo nacional lo imaginaba de esta manera y Perón hizo todo lo posible para que esta optimista versión pareciera cierta.

En ningún plano de la actividad gubernativa las diferencias entre la era de Perón y la anterior a 1943 aparentaban ser más evidentes e indiscutibles. Perón proclamaba a grandes voces posiciones y objetivos que ningún gobernante anterior se había atrevido a definir con tanta impunidad, con tanta resonancia. Y esto afirmaba la imagen de un país que podía hacer y decir lo que se le ocurría, que estaba en condiciones de imponer sus dictados al mundo entero. Qué parte había de realidad en este estereotipo y qué porción fue pura jactancia, es lo que veremos en este capítulo. Pero, de cualquier manera, hay que decir que, con todos los condicionamientos y limitaciones que recortaron la gallardía de la actitud argentina en este campo, la política internacional de Perón contribuyó en esta etapa —y en menor medida en las siguientes— a robustecer la conciencia nacional y a individualizar la posición argentina en el mundo. Porque los pueblos no elaboran su identidad solamente con el reflejo de los hechos que producen sino también con las palabras de sus gobernantes, aunque ellas sean, en buena parte, retóricas, y contengan mucho menos de lo que prometen.

HACIA EL ENTENDIMIENTO.

Perón había llegado al poder desafiando a los Estados Unidos o, por lo menos, a uno de sus personeros. Era demasiado realista, sin embargo, para suponer que podía continuar indefinidamente en una actitud hostil hacia la potencia que había triunfado en la guerra mundial; más aún, la única que había salido fortalecida de la contienda. Braden, ese personaje providencial en quien Perón había dibujado el rostro del imperialismo yanqui para su campaña, seguía siendo subsecretario de Asuntos Latinoamericanos en el Departamento de Estado. Pero la plancha que se había tirado en la política argentina había debilitado su posición, y algunos *businessmen* y militares presionaban en Washington para que se entibiara la fría relación existente con Buenos Aires.

La llegada de George Messersmith como embajador de los Estados Unidos, poco antes de la asunción presidencial de Perón, fue muy oportuna. Era un diplomático de carrera, flexible y pragmático, que gustosamente se dejó envolver por las asiduidades y cortesías de Perón. A su vez, el flamante presidente se dio el gusto de recibir, dos días des-

pués de hacerse cargo de sus funciones, al flamante embajador soviético, que venía a restablecer las relaciones soviéti-
co-argentinas interrumpidas desde 1918.

La doble presencia diplomática en los festejos de la asunción presidencial parecía simbolizar la equidistancia con
que se movería el futuro gobierno en un contexto internacional que ya definía un campo de tensión entre los antiguos aliados. Perón sabía que el tiempo trabajaba a su favor. A medida que los Estados Unidos necesitaran armar
los instrumentos de la defensa continental que estaban planeando sus estrategas y diplomáticos, se haría más evidente que la Argentina no podía quedar excluida. Por otra parte, las inobjetables elecciones de febrero lo habían lavado
de las añejas acusaciones de nazismo. Era cuestión de esperar tranquilamente y mostrarse cordial. Que los yanquis vinieran al pie... Entretanto, había que arreglar con Gran
Bretaña las múltiples e importantes cuestiones pendientes
y valorizarse a través de los envíos de alimentos a Europa.

Pero alguna iniciativa había que adoptar para facilitar al
presidente Truman un giro al que se oponían tanto Braden
como los elementos de la escuela de Hull que aún quedaban en posiciones claves. El fracaso del general Carlos von
der Becke, que había sido enviado en mayo (1946) por el
gobierno de facto para gestionar una venta de armas, era
una advertencia que Perón no desdeñaría. De modo que el
presidente, antes de cumplir un mes en la Casa Rosada, dio
el primer paso.

A fines de junio envió al Congreso las Actas de Chapultepec —suscritas en abril de 1945 por el gobierno de facto— que habían significado el reintegro de la Argentina al
concierto panamericano y su admisión en las Naciones
Unidas. De ratificarse las Actas, nuestro país debería participar en la reunión de cancilleres que se celebraría en Río

de Janeiro para establecer mecanismos destinados a prevenir y reprimir las agresiones que el continente pudiera sufrir en el futuro. La reunión estaba demorada desde fines de 1945, precisamente a la espera de que la Argentina regularizara su situación. Una típica picardía de Perón: el mensaje del Poder Ejecutivo al Congreso acompañando las Actas de Chapultepec no recomendaba, como es de práctica, su aprobación. Pero sus instrucciones verbales al senador Molinari, por entonces su vocero en el Senado, eran concretas y terminantes: había que ratificar el tratado a rajacincha. Para completar esta iniciativa, el 1º de agosto Perón hizo declaraciones a la United Press; entre otras cosas manifestó que "la Argentina es una parte del continente americano e inevitablemente se agrupará junto a los Estados Unidos y las demás naciones del continente, en todo conflicto futuro".

Entre las medidas conciliatorias que adoptó el gobierno peronista en esos meses hay que agregar las que se dispusieron entre noviembre de 1946 y marzo de 1947 para finiquitar las secuelas de la incruenta guerra declarada por nuestro país al Eje, en marzo de 1945. Constituían una baraja de reserva cuyo uso venía orejeando Perón sin apuro. Así, unos ochenta espías o supuestos espías nazis fueron deportados en este lapso, y el 24 de enero (1947) el Poder Ejecutivo dispuso la adquisición en bloque por el Estado de los bienes que, por un decreto del gobierno de facto, estaban en liquidación, a disposición de una Junta de Vigilancia de la Propiedad Enemiga; ahora, las empresas alemanas y japonesas pasarían a formar parte de las industrias estatales. (No está demás recordar que los tripulantes del "Admiral Graf Spee", distribuidos en distintos puntos del país desde fines de 1939, habían sido entregados a los aliados por el gobierno de facto en febrero de 1946, días antes

de la elección de Perón; solo dos años después las autoridades de ocupación de Alemania permitieron el regreso de
aquellos que estaban casados con mujeres argentinas
—que eran muchos.)

¡La perra suerte de los vencidos!

Para entonces, las Actas de Chapultepec habían sido
aprobadas por el Congreso. Fue una dura prueba, tanto
para el oficialismo como para la oposición radical. Había
sido tan estrepitosa la prédica antiyanqui de Perón durante
su campaña, que la ratificación —indispensable, desde luego, para normalizar la situación internacional del país—
parecía a muchos una aberración inaceptable. Los nacionalistas, en especial, que hasta entonces estaban encantados con Perón, se sintieron traicionados. No era la primera
vez, pero ahora estaban dispuestos a todo. Aún frescos los
gloriosos recuerdos de la elección de "Braden o Perón",
enarbolaron la bandera antiyanqui y en esa rebeldía se vieron, sorpresivamente, acompañados por los jóvenes radicales intransigentes y hasta por los de la juventud comunista en las algaradas callejeras que matizaron esos días. Porque la segunda quincena de agosto fue la repetición del
agosto del año anterior, cuando la finalización de la guerra
brindó pretextos a la oposición antiperonista para llenar las
calles y las plazas de Buenos Aires con manifestaciones e
improvisados actos contra el gobierno de facto.

Ahora estallaban petardos, se gritaba "¡Patria sí, colonia
no!" y se amenazaba con linchar a los legisladores que osa-
ran votar afirmativamente. Muchos años después, algunos
de los dirigentes nacionalistas que anduvieron en estos tra-
jines fueron consultados por un redactor de la revista *Primera
Plana*, y entonces evocaron aquellos hechos con esa

dosis de fantasía que idealiza y dora las aventuras juveniles: habrían planeado bombardear el Congreso desde un avión o volar su cúpula con gelinita, habrían combinado interferir las emisiones radiales con una proclama antiyanqui, habrían proyectado copar algunos cines y derramar sobre el público arengas patrióticas... En realidad, ninguno de estos actos terroríficos ocurrió, pero los alborotos callejeros, sobre todo en las inmediaciones del Palacio Legislativo, pusieron en vilo a la población porteña durante dos semanas. Fue la segunda ruptura de los nacionalistas con Perón; la primera había ocurrido en marzo del año anterior, cuando la declaración de guerra. La policía, que reprimió estas manifestaciones, usó con los revoltosos una mano mucho más leve que la empleada usualmente con los comunistas y los socialistas y, en realidad, la única víctima mortal de estos desórdenes fue el diario *Cabildo*, órgano del dividido nacionalismo, que dejó de aparecer en esos días, después de haber sido uno de los más firmes propagandistas de la candidatura de Perón.

El 19 de agosto, en medio de estos barullos, las Actas de Chapultepec fueron tratadas por el Senado. Hubo un único orador: Molinari, que pronunció un discurso de tono encendido y patriótico, cuyos términos podían contener tanto la aprobación como el rechazo del tratado. Se votó y la aprobación fue unánime. Solo el abucheo de la barra estuvo en contra...

Diez días más tarde el asunto se trató en Diputados. Allí la cosa fue más difícil. La comisión respectiva se había dividido, reflejando la fragmentación que padecía el bloque mayoritario. Joaquín Díaz de Vivar, Ernesto Palacio (ambos de extracción nacionalista), Diógenes Antille, hermano del senador, y Carlos Alberto de Iturraspe, todos peronistas, presentaban un despacho que proponía reservas al tratado. El otro integrante peronista de la comisión, Eduardo Beretta, recomendaba la aprobación lisa y llana, sin reserva ninguna, de modo que las Actas pudieran pasar directamente al Poder Ejecutivo para su promulgación. La minoría de la comisión, integrada por los radicales Ernesto Sammartino y Alberto Candioti, también sugería la aprobación, pero con la adición de varias cláusulas interpretativas que no diferían mucho de las incluidas por Díaz de Vivar y sus compañeros.

El bloque peronista vivía un drama. La aprobación global de las Actas significaba, para muchos, un renuncio a sus principios: tal la posición de John William Cooke y también la de Cipriano Reyes y su fiel adicto Carlos Gericke, que ya estaban identificados como laboristas rebeldes aunque todavía no se habían separado del bloque mayoritario. Pero también el drama era vivido por el "Bloque de los 44", donde algunos diputados radicales se planteaban las mismas angustias que sus antagonistas peronistas.

Los radicales de origen unionista pensaban votar la aprobación con reservas; entre los intransigentes, quienes estaban por el rechazo total de Chapultepec, y quienes por la aprobación con reservas. No hubo forma de conciliar posiciones, y el "Bloque de los 44" entró en el debate con esa grave fisura.

Hoy se releen los discursos con una sonrisa: el irrealismo de los opositores era asombroso y la marca de un nacionalismo sin concesiones había impreso profundamente su ideología. Así, el diputado Frondizi expresó:

"Si se cumplieran fielmente los acuerdos de Chapultepec, podría llegar a destruirse la formación, no solamente de una conciencia nacional, sino también la formación del país desde los puntos de vista económico, financiero, militar y cultural. (...) No estoy de acuerdo con la política económica y financiera de las Actas de Chapultepec número 50 y número 51, que nos obligan... a ratificar en el futuro los acuerdos financieros de Bretton Woods, que establecerán una gran central mundial para controlar nuestro desarrollo industrial..."

Luis Dellepiane se refirió a las Naciones Unidas:

"Cada vez que contemplamos las reuniones del Consejo de Seguridad, pensamos aterrados cuándo se retirará uno de los cancilleres, o varios, o todos a la vez. (...) ¿Qué es lo que puede llevar a vincularnos con ese edificio que se derrumba?"

Para terminar con las citas se reproduce una frase del discurso de Gabriel del Mazo:

"El Congreso debe rechazar la convalidación de las negociaciones y Actas de Chapultepec porque las obligaciones emergentes de ellas pueden implicar (...) poner a disposición de gobiernos extranjeros, precisamente de los Estados más poderosos, nuestras decisiones de guerra y paz, nuestros recursos económicos y hasta el valor de nuestra moneda; (...) y para los trabajadores argentinos y de las repúblicas hermanas, la obligación de convertirse en obreros forzados al servicio de intereses oligárquicos internacionales." .

La discusión fue prolongada y de buen nivel. Finalmente, por 128 votos contra 11 se rechazó el despacho de la mayoría; el de la primera minoría también se rechazó por 100 contra 31, es decir que, curiosamente, el dictamen suscripto por los radicales Sammartino y Candioti obtuvo más sufragios peronistas que el de los peronistas Díaz de Vivar, Palacio, Antille e Iturraspe. Finalmente, el despacho que Beretta había suscrito como segunda minoría fue el que se aprobó por 83 contra siete: estos últimos eran cinco legisladores peronistas (Díaz de Vivar, Cooke, Alvarez Vocos, Boullosa y García) que desobedecieron valientemente la directiva impartida por el presidente del bloque mayoritario, y los dos diputados laboristas Reyes y Gericke.

Los radicales, como se habrá advertido, no habían participado en ninguna de estas votaciones. Balbín, cuyas preocupaciones eran menos ideológicas que políticas, tuvo que improvisar en el hemiciclo uno de esos zurcidos en los que llegaría a ser maestro... Para evitar el espectáculo de una fragmentación del bloque opositor, pidió autorización a la Cámara para que sus compañeros se abstuvieran de dar su voto. Pero agregó:

—Si no resultaran aprobadas las Actas, el bloque radical participará afirmativamente en una votación rectificadora para que no quede sin aprobarse este instrumento de carácter nacional.

Fue una inteligente gambeta que compuso las cosas en el bloque, sin que ello dejara de evidenciar las profundas discrepancias doctrinarias que separaban a sus integrantes.

La energía con que Perón impuso a sus adictos en el Congreso la ratificación de Chapultepec, las declaraciones del 1º de agosto y las medidas posteriores sobre agentes nazis y propiedad enemiga fueron cambiando en Washington la impresión anterior sobre el régimen argentino. Se quedaba Braden sin argumentos y el embajador Messersmith, que viajó a su país dos veces en el curso de su misión en Buenos Aires, insistía en que el presidente Truman produjera algún acto amistoso de cierta resonancia.

Además, desde julio de 1946 hasta febrero de 1947 se habían desarrollado en Buenos Aires las negociaciones con Gran Bretaña, como se ha visto páginas atrás, y cualquier observador podía avizorar el cercano fin de la secular asociación anglo-argentina. Entonces, cuando los ingleses ter-

minaran de liquidar sus inversiones en el Río de la Plata
¿quién podría reemplazarlos sino los capitalistas norteamericanos? Un argumento más: el régimen argentino no
gozaba de las simpatías de los gobiernos más o menos socialistas de Europa occidental, y su único amigo en el viejo
continente era Franco —una amistad poco recomendable;
ahora que los antiguos países aliados llevaban una ofensiva
general contra el Caudillo. Abrir los brazos yanquis para
que Perón los estrechara con todos los honores era com-
prometerlo a una eterna gratitud que podía expresarse con
buena conducta en la Conferencia de Río de Janeiro, donde se planearían los mecanismos políticos y militares de la
defensa continental. Desde enero (1947) el secretario de
Estado era el general George Marshall, que veía las cosas
desde un punto de vista estratégico global y al que le importaban poco las jeremiadas de Braden...

Y, finalmente, se produjo *el gesto*. El 3 de junio, el presidente Truman, en un acto sin precedentes, invitó a la
Casa Blanca a Oscar Ivanissevich, embajador de la Argentina en Washington, y departió amablemente con él en presencia de Marshall y Dean Acheson. El médico argentino
derramó fervientes loas sobre el gobierno de su país, alabó
su concepción cristiana y distribucionista, pidió cooperación y la ofreció. Truman, con su pragmatismo de tendero
de Missouri, aprobó todo y descontó, a su vez, la buena voluntad argentina en las futuras instancias interamericanas.

Hubo un comunicado ambiguo, pero suficiente para
mostrar que todo había cambiado. Hubo, también, una resonante ausencia: Braden, que no fue invitado a la reunión. Dos días después, renunciaba.

No podemos saber lo que pensó o sintió Perón en ese
momento, pero si lo invadió un loco júbilo, no habría que
criticarlo: había obtenido un triunfo total. A un año y tres

meses del *Libro Azul*, estaba limpio, bendecido y amigado.

Un mes después de la dimisión de Braden, el 6 de julio de 1947, Perón pronuncia un discurso por radio. Su tema, la Tercera Posición. Su destino: el mundo. Fue el momento culminante de la proyección exterior de su ideología y haría *pendant* con otro discurso, este para el consumo interno, que pronunciaría tres días después de aquel, proclamándo en Tucumán la Independencia Económica, para salvar la imperdonable omisión en que habían incurrido los constituyentes que en 1816 declararon la Independencia...

El discurso del 6 de julio fue el momento culminante de la *fiesta* en este terreno y Perón, que nunca fue modesto en estas cosas, hizo montar un aparato de difusión nunca visto: 1165 broadcastings transmitirían al mismo tiempo su mensaje; sólo en los Estados Unidos había 400 emisoras comprometidas, y 100 en Francia. Además, se había ordenado que el discurso presidencial se comentara al día siguiente en todas las escuelas. El día anterior, el canciller había pronunciado una alocución preparatoria:

—El señor presidente de la República explicará mañana a todos los pueblos cuál es el aporte ideal y material con que la Argentina contribuirá o puede contribuir para alcanzar soluciones", dijo Bramuglia.

Todo estuvo a punto de arruinarse por el retraso del avión que traía a Buenos Aires al presidente chileno González Videla. El discurso *urbi et orbi* estaba programado para las 17, y el horario no podía modificarse por las transmisiones internacionales. Pero eran casi las 16 y 30 cuando llegó a Morón el mandatario chileno. Hubo un rápido saludo, un vertiginoso traslado a la ciudad y un cambio de indumentaria digno de Frégoli —Perón estaba vestido con uniforme de gala, pero el discurso debía pronunciarse en atuendo civil, para no dar idea de un propósito militarista en sus palabras. Pero, al fin, el presidente pudo enfrentar el micrófono con unos escasos minutos de retraso, acompañado de media docena de funcionarios, mientras el resto del mundo oficial se apiñaba en otras dependencias de la Casa de Gobierno. ·

La pieza, dirigida a los "ciudadanos del mundo" y a sus "compatriotas", era demasiado vaga para comprometer "el aporte ideal y material" que, según Bramuglia, sería la contribución argentina. Perón dijo que la Argentina aspiraba a "contribuir con sus esfuerzos a superar las dificultades creadas por el hombre, a concluir con las angustias de los desposeídos". Se refirió a la paz, que solo sería posible —afirmó— "cuando se haya alcanzado y consolidado la paz interna en todas las naciones del mundo". Había que reemplazar la miseria por la abundancia y la Argentina estaba dispuesta "a materializar su ayuda en los lineamientos de la concurrencia efectiva", y reiteró, líneas adelante, que la contribución argentina "consiste además en que nuestros recursos se suman a los planes mundiales de ayuda para permitir la rehabilitación moral y espiritual de Europa". Proponía, finalmente, el desarme espiritual de la humanidad, la concertación de un plan de acción tendiente a la realización material del ideal pacifista en·lo interno y lo externo, y la paz mundial sobre la base del abandono de ideologías antagónicas. Estas vaguedades terminaron con una frase perogrullesca: "Sólo salvará a la humanidad la paz constructiva, jamás la lucha destructora de todos los valores materiales, espirituales y morales".

Se dijo por entonces que, al terminar de leer su discurso y cerrada ya la transmisión, Perón se volvió hacia sus acompañantes y alborozadamente, guiñando el ojo, prorrumpió:

"¡Le puse la tapa al Papa!"

Como era de esperar, todo el barullo que se hizo en torno del discurso tuvo la repercusión que merecía el esfuerzo realizado. Pero es posible que el mensaje a los "ciudadanos del mundo" no tuviera más que dos propósitos mucho más limitados, uno con destino externo, otro para consumo interno.

El primero habría sido presentar como un hecho la voluntad argentina de participar en el Plan Marshall, lo que implícitamente denunciaría como una discriminación suicida y un sabotaje a la reconstrucción europea la eventual exclusión del país en el sistema de ayuda que se estaba planeando por entonces en los círculos oficiales de Washington. No sería descabellado suponer que, en la etapa de soberbia y sobrevaloración de los propios recursos por la que pasaba el gobierno de Perón, pudiera creerse que la exclusión de la Argentina en el Plan Marshall provocaría la airada protesta de toda Europa... ¿Acaso el viaje que estaba realizando Evita no demostraba que los pueblos del viejo continente estaban aguardando ansiosamente "el arco iris de paz"... y pan proveniente de las pampas argentinas? Prevenirse de una posible exclusión anunciando a los países europeos la disposición de Buenos Aires a volcar su ubérrima producción rural podría haber sido una de las intenciones de Perón al dar resonancia mundial a su discurso del 6 de julio de 1947.

El otro propósito tendía a apaciguar los sentimientos nacionalistas, erizados nuevamente con *el gesto* y ante la proximidad de la Conferencia de Río de Janeiro, donde las palabras melifluas de la diplomacia serían confirmadas o no por compromisos concretos en el plano militar y en el marco del sistema interamericano de defensa definido en Chapultepec y que ahora debía implementarse en el terreno de los hechos.

LOS GRANDES TRIUNFOS

En realidad, todo el trámite de la reconciliación había sido llevado, por ambas partes, con vistas a la decisiva Conferencia Interamericana para el Mantenimiento de la Paz y la Seguridad del Continente, la postergada reunión donde debía decidirse la alineación de América Latina en el conflicto de poder que ya se estaba planteando con toda su crudeza en el planeta entero. Los acuerdos de Potsdam, a mediados de 1945, habían sido el último entendimiento entre las potencias aliadas, y la temprana posguerra, además de sus secuelas de hambre y desorientación, no había aparejado más que choques entre los tres Grandes, o mejor dicho, entre los dos Supergrandes. Gran Bretaña y la Unión Soviética disputaban por mantener su respectiva influencia en Irán; la Estados Unidos y la Unión Soviética no se ponían de acuerdo en los límites de sus zonas en Corea; las tres naciones y Francia dejaban de actuar coordinadamente en la Alemania ocupada; Hungría y Rumania ponían fin a sus endebles experiencias coalicionistas y se erigían en esas naciones regímenes totalmente pro soviéticos. La creciente inquietud de los Estados Unidos frente a estos conflictos y su tendencia globalizante se expresó, finalmente, en la Doctrina Truman: de ahora en adelante, la nación norteamericana actuaría como un gendarme de la libertad, dondequiera que ella estuviera amenazada. En junio del mismo año, (1947) pocos días después de *el gesto*, el secretario de Estado lanza la idea de formalizar una ayuda a Europa en dimensión gigantesca. El Plan Marshall, aprobado en diciembre en París por los países de Europa occidental, sería el reverso económico-financiero de los aspectos político-militares que llevaba consigo la Doctrina Truman.

En este contexto se reuniría a mediados de agosto la conferencia interamericana. No había lugar a dudas sobre lo que los Estados Unidos esperaban de los países de América Latina: la Tercera Posición podía ser una actitud retórica muy loable, pero en el mundo de 1947 no había más que dos posiciones posibles: estar con los Estados Unidos o con la Unión Soviética. Perón lo sabía, y su canciller también. De modo que cuando se abrieron las sesiones en las suntuosas instalaciones del Hotel Quitandinha, cerca de Río de Janeiro, la delegación norteamericana no abrigaba la menor inquietud.

Y efectivamente, la Argentina de 1947 tuvo allí una actitud muy distinta de la que en 1942 había representado Enrique Ruiz Guiñazú en la misma ciudad. El canciller Bramuglia, por de pronto, no intentó sumar ninguna adhesión a sus planteos y estos, además, fueron muy moderados. Pidió que el órgano de consulta que pondría en funcionamiento el tratado adoptara sus resoluciones por unanimidad; nadie lo acompañó, y entonces aceptó que las decisiones se adoptaran por los dos tercios de los Estados-miembros. Como una última concesión a la postulación argentina quedó agregada esta salvedad, que era obvia: ningún Estado sería obligado a emplear la fuerza armada sin su consentimiento. Otra intervención de Bramuglia se dedicó a distinguir las agresiones que una nación americana podía sufrir, proponiendo que las sanciones colectivas se aplicaran solamente cuando la agresión proviniera de una nación no americana; el senador norteamericano Vanderberg dijo que esa propuesta haría del sistema interamericano "una alianza armada contra el resto del mundo" y el pedido argentino fue desestimado. Solicitó entonces Bramuglia que la acción colectiva no se pusiera en marcha si una nación

americana era agredida fuera de la zona hemisférica defini-
da por el tratado; pensaba, seguramente, en Hawai o cualquier otra posesión norteamericana situada en un punto remoto, cuyo ataque obligaría al sistema interamericano a
alinearse junto a los Estados Unidos. Tampoco esta sugerencia encontró eco, y en realidad su único éxito fue hacer
incluir a las islas Malvinas y del Atlántico Sur en la zona hemisférica que el tratado debía defender.

Sin embargo, el canciller argentino logró algunas satisfacciones menores, como la inclusión de la "consulta pacifi-
cadora" y la del principio de "no automaticidad", así como
la eliminación del concepto "amenaza de agresión", demasiado peligroso por lo vago. Pero fueran cuales hayan sido
los éxitos o fracasos de nuestra delegación en la redacción
del Tratado de Río de Janeiro (cuyo envío al Congreso argentino para su ratificación tardó tres años), lo más importante fue que Bramuglia no usó un tono agresivo, no intentó liderar un bloque antiyanqui y se condujo con una actitud
de cooperación y buena voluntad. Su encanto personal
limó todas las aristas que pudieran haberse producido y limitó sus intervenciones a un terreno puramente técnico.
Por otra parte, la cuota de vanidad argentina, o más pro-
piamente, peronista, quedó sobradamente cubierta con el
galante homenaje que los cancilleres casi al terminar la reunión rindieron a Eva Perón que regresaba del Viaje e hizo
una espectacular aparición en el salón de sesiones.

La Conferencia de Río de Janeiro fue el examen final de
admisión de la Argentina en el concierto interamericano;
más precisamente, en la confianza de los Estados Unidos.
Días antes de comenzar había llegado a Buenos Aires el
nuevo embajador de Truman, con precisas instrucciones
de ser cordial y amistoso; James Bruce, un hombre de negocios, cumplió alegremente estas directivas, porque la Ar-

gentina le resultaba simpática y poco después de terminar su misión que duró dos años escribió un libro titulado *Those Perplexing argentines (Esos argentinos suscitadores de perplejidades)* contando sus experiencias aquí. Pero los asuntos pendientes con los Estados Unidos no pasaban por la mayor o menor simpatía de los diplomáticos. Más bien tenían que ver con la cooperación argentina en la vigilancia de cualquier brote pro comunista en el continente, con las inversiones y ganancias de las empresas norteamericanas, con el intercambio recíproco, eternamente deficitario para nuestro país, con el reequipamiento de nuestras Fuerzas Armadas, con los votos de la delegación argentina en las Naciones Unidas, con los arreglos pendientes con Gran Bretaña después de la compra de los ferrocarriles ingleses y la concreción del convenio ANDES, con la inclusión o exclusión de nuestro país en el Plan Marshall. Y hasta con las relaciones de Perón y Franco, que en abril de 1948 alcanzaron su cénit mediante el protocolo en virtud del cual aquel abría a este un crédito por 1800 millones de pesos, le garantizaba la provisión de trigo hasta 1951 y prometía encargarle la construcción de barcos mercantes por un volumen de 100.000 toneladas: un oneroso precio del Viaje que, de todos modos, repercutió gratamente en el corazón de muchos argentinos: por hijos o nietos de españoles o por significar un acto de independencia frente al cerco diplomático que por entonces asfixiaba al régimen español.

Pero, en líneas generales, una nueva atmósfera se respiraba en el ámbito de las relaciones argentino-norteamericanas y ni siquiera los desplantes del senador Molinari en La Habana pudieron enrarecerla. A fines de 1947, se reunió en la capital cubana la Conferencia de las Naciones Unidas sobre Comercio y Ocupación. Molinari, que presidía la delegación argentina, tocó todas las cuerdas del más

añejo antiyanquismo: denunció que las propuestas norteamericanas de reducir las barreras aduaneras ocultaban el
propósito de impedir la industrialización de América Latina (una posición exactamente opuesta a la que había sostenido, también en La Habana, Honorio Pueyrredón en
1928, exigiendo a los Estados Unidos la reducción de las
barreras aduaneras), ponderó la política estatista del gobierno de Perón (aunque la conferencia se había reunido
para liberalizar el comercio internacional) y calificó al capitalismo norteamericano de "telaraña de Shylocks apretando el corazón de las multitudes hambrientas" (en el momento que los países europeos daban la bienvenida al Plan
Marshall). Los delirios de Molinari en La Habana culmina-
ron con el ofrecimiento, publicitado ante la prensa, de una
ayuda al Plan Marshall por parte de la Argentina consistente en 5000 millones de dólares o su equivalente en mercaderías. El canciller Bramuglia tuvo que salir al cruce de estas bufonadas formulando algunas embarazosas explicaciones sin polemizar con el *New York Times*, que comentó
el ofrecimiento de Molinari diciendo que la Argentina
creía "que su habilidad para vender alimentos a las naciones necesitadas es una forma de ayuda".

Como quiera que sea, la Argentina no firmó el tratado
de La Habana (tampoco Polonia), del que saldría el Acuerdo Internacional de Tarifas y Comercio (GATT) tal vez para
no desautorizar a Molinari. Poco después, el Poder Ejecutivo retiró los pedidos que había enviado al Congreso para
ratificar los tratados que crearon el Fondo Monetario Internacional (FMI) y el Banco Internacional de Reconstrucción y Fomento (BIR). Tampoco habría de adherir nunca a
la Organización de Agricultura y Alimentos (FAO) y a la
Organización de las Naciones Unidas para la Educación y
la Cultura (UNESCO), todas ellas creadas recientemente

para cubrir distintas áreas de las funciones que se había propuesto el organismo mundial.

Es decir que, a pesar de pertenecer a las Naciones Unidas, de cuyo Consejo de Seguridad sería presidente meses más tarde el propio Bramuglia, la Argentina se abstenía de adherir a algunos mecanismos de indiscutible beneficio (UNESCO, FAO) o a otros (GATT, BIR, FMI) de cuyas tareas podía sacarse partido sin comprometerse más allá de lo aconsejable. Era el viejo neutralismo que habían sostenido Perón y sus camaradas durante la guerra mundial, que ahora reaparecía en los intersticios de las concesiones que había debido hacer: una compensación menor a la obligada adscripción del país a la UN y a la OEA —cuya Carta entró en vigencia a fines de 1948— que no borraba, de todos modos, la mentalidad aislacionista y autarquizante que en el fondo seguía alentando el presidente argentino.

Blanqueada la situación de la Argentina y en posesión de los medios económicos y el prestigio político que le brindaba la feliz coyuntura del país, Perón se dispuso a hacer de 1948 un año de resonantes triunfos en el campo internacional. No se puede decir que no los haya logrado.

El primero fue la concreción del convenio ANDES, firmado el 18 de febrero que, además de establecer la forma de pago de los ferrocarriles, como ya se ha visto, significaba un retorno a ese bilateralismo que tanto molestaba a los Estados Unidos. Con este acuerdo, nuevamente Gran Bretaña se convertía en nuestro más importante cliente, al adquirir 400.000 toneladas de carne y menudencias y 1.200.000 toneladas de maíz, cebada, aceite de lino y grasa. Por nuestra parte, la Argentina se comprometía a comprar 2.500.000 metros cúbicos de derivados de petróleo,

1.000.000 de toneladas de carbón y 75.000 toneladas de acero, además de productos químicos y otros de consumo indispensable, como whisky. Los críticos del gobierno peronista destacaron que el precio al que vendíamos el maíz era bajo; se les retrucó que, en cambio, el precio de la carne era más alto. Se señaló que nuestros negociadores no habían tenido éxito al pedir la convertibilidad de las libras bloqueadas en Londres desde la guerra; se les contestó que, en cambio, los ingleses respondían por su divisa con garantía oro, y que el fondo pagaría un interés del 0,5 por ciento anual. Dejando de lado la especial situación derivada de la existencia de los fondos bloqueados, el convenio ANDES se parecía bastante al D'Abernon-Oyhanarte (1930) o al Malbrán-Eden (1936), y estaba en la gran tradición de la peculiar relación anglo-argentina. Pero, por sobre todo, era una expresión de la anchura del campo de maniobras de la Argentina en materia de comercio exterior.

El siguiente triunfo de Perón tuvo una publicidad exagerada y, más que una victoria, constituyó la readquisición de la personería que siempre había tenido nuestro país en el conjunto latinoamericano.

Esto ocurrió en la IX Conferencia Interamericana que se reunió en Bogotá en abril de 1948. Las resoluciones de Chapultepec habían previsto, tres años antes, los fundamentos militares e institucionales del futuro sistema interamericano: en la reunión de Río de Janeiro quedaron acordados los mecanismos militares, y en la de Bogotá debía resolverse la estructura institucional del sistema. La Argentina había concurrido a Río de Janeiro, como se ha visto, con una actitud cooperadora, por los motivos que se han relatado. Nueve meses más tarde, el gobierno argentino se sentía suficientemente independiente como para adoptar posiciones más atrevidas.

Es imposible detallar las objeciones que el canciller Bramuglia y sus colaboradores fueron planteando a lo largo de esta accidentada reunión, dramáticamente interrumpida por el estallido popular del "Bogotazo". Como principio general, la delegación argentina torpedeó todo proyecto que pudiera hacer de la futura OEA una suerte de superestado, trató de debilitar la fuerza coactiva del organismo y restar carácter político a sus funciones, así como separar el consejo de la organización del Consejo Interamericano de Defensa. Además, Bramuglia logró que un proyecto de declaración que exhortaba a impedir en el continente toda actividad totalitaria y, en especial, comunista, fuera modificado con alusiones a la justicia social y al planeamiento democrático, como paliativos para impedir que aquellas expresiones proliferaran.

Como señalan Alberto Conil Paz y Gustavo Ferrari, "luego de un breve viaje a Canosa, la Argentina retomaba su actitud crítica y desafiante respecto del sistema interamericano". O, como opina Harold F. Peterson, "su participación era tan arrogante y enfadosa como otrora".

Pero Bramuglia tendría una oportunidad menos urticante para desplegar sus aptitudes políticas y, de paso, refirmar el prestigio argentino en el escenario mundial. Tocábale a nuestro país en 1948 la presidencia rotativa del Consejo de Seguridad de las Naciones Unidas, y, aunque se trataba de una instancia automática, la prensa peronista destacó la función conferida al canciller como si fuera un homenaje planetario a Perón. Y cuando, culminando una actuación que ganó el respeto de todos, Bramuglia hizo de mediador entre la Unión Soviética y las potencias occidentales para solucionar el bloqueo de Berlín (setiembre de 1948), la misma prensa hizo creer que el mundo entero recibía como un maná la doctrina pacífica y humanista difundida desde Buenos Aires...

Curiosamente, en el mismo seno de la organización mundial la Tercera Posición se expresaba de manera muy contradictoria en los pronunciamientos de la delegación argentina. En las opciones decisivas, generalmente acompañaba las posiciones menos progresistas, taponaba los reclamos de las jóvenes naciones contra sus antiguas metrópolis o adoptaba una postura netamente pro norteamericana. Así, la Argentina no apoyó en la UN la protesta de Indonesia frente a las agresiones de Holanda; no apoyó a la India en sus denuncias contra las discriminaciones raciales de la Unión Sudafricana; no apoyó la creación del Estado de Israel; se opuso a que se investigara la política francesa en Marruecos; apoyó a Taiwan cuando se trató de determinar si Mao Tse Tung o Chiang Kai Shek representarían al pueblo chino; y después apoyaría en el conflicto de Corea a los Estados Unidos, desdeñando las iniciativas de los países terceristas. Para completar este "modelo de indigencia en lo político e ideológico" —como ha calificado Sergio Bagú la actuación argentina en las Naciones Unidas en aquellos años—, nuestra delegación se abstuvo cuando debió resolverse si Puerto Rico, las Antillas Holandesas y Surinam habían alcanzado las condiciones para obtener gobierno propio.

Algunos de estos votos se emitieron después del período que estamos examinando, pero demuestran la cautela de la política internacional de Perón, cuya Tercera Posición servía para propaganda, pero se archivaba cuidadosamente si su ejercicio podía molestar a alguna de las grandes potencias. Años después, Perón alardearía de haber sido uno de los precursores del Tercer Mundo: no lo fue en absoluto, al menos en el terreno práctico del apoyo a las nacionalidades afroasiáticas y en el escenario que correspondía.

Pero las votaciones en las Naciones Unidas no son, generaimente, noticia. Los triunfos internacionales de Perón en 1948 fueron, en cambio, ampliamente publicitados, y acaso el que más le satisfizo fue uno que cumplía con su íntimo anhelo de militar: el reequipamiento y la modernización de las Fuerzas Armadas.

Ya el año anterior el gobierno argentino había efectuado una compra masiva en Gran Bretaña: cien aviones de caza a reacción y algunos bombarderos Avro Lincoln, que pusieron a la Fuerza Aérea argentina en una ventaja enorme respecto de las otras del continente. La adquisición incluyó algunas naves de guerra, y suscitó objeciones de Washington, donde todavía Braden vigilaba a su viejo enemigo. Pero los ingleses se mantuvieron firmes: ¡no se encontraba todos los días compradores de semejante cantidad de material!

El problema del reequipamiento militar argentino estaba ligado al programa de unificación de armamentos que propiciaba el Pentágono en el marco de la seguridad continental, y por eso en Buenos Aires existía la seguridad de que pronto vendrían los propios yanquis a ofrecer equipos al Ejército. Probablemente para apurar el trámite o para demostrar su versatilidad comercial, el gobierno argentino hizo algunos avances con la fábrica checoslovaca Skoda. Tal cual se suponía, en diciembre de 1947 un alto jefe norteamericano mantuvo conversaciones con el ministro de Guerra en Buenos Aires, para establecer las necesidades del Ejército argentino. Pero también había muchos militares que sostenían la conveniencia de que fuera la Dirección General de Fabricaciones Militares la que produjera una parte, al menos, del material, sobre todo a partir de la sanción de la Ley Savio, que incluía entre sus planes la instalación de tres fábricas de armas en distintos puntos del país.

El retraso del plan siderúrgico redujo a proporciones escasas los aportes locales al reequipamiento, y la adquisición más importante se concretó, finalmente, en los Estados Unidos, en junio de 1948, cuando el ministro de Guerra Humberto Sosa Molina, reduciendo sus requerimientos anteriores, aceptó una oferta del secretario de Estado para adquirir equipamiento para seis unidades mecanizadas. Además se formalizó la instalación en Buenos Aires de una misión norteamericana permanente de asesoramiento militar. Robert A. Potash —de quien tomamos estos datos— agrega que posteriormente hubo compras directas de rezagos de guerra en los Estados Unidos y Europa, entre ellos, tanques y vehículos pesados, por un valor indeterminado, pero seguramente de varios millones de dólares. Por fin las Fuerzas Armadas argentinas se sentían actualizadas. La antigua preocupación castrense por sus equipos anticuados, que en 1943 había suscitado la polémica Hull-Storni, ahora quedaba satisfecha. Para Perón, las operaciones comerciales de 1947/48 significaban algo más que materiales nuevos para las Fuerzas Armadas: era la vuelta completa al embargo de armas que había pesado más de cinco años sobre el país, el reconocimiento de que la Argentina era un aliado confiable e importante para los Estados Unidos.

LA DEBILIDAD DE LAS VICTORIAS

Así es como 1948 fue el año más brillante de la política exterior de Perón en los nueve de su gobierno. Evidenció en Bogotá una independencia de movimientos que ocho meses antes, en Río de Janeiro, no había podido mostrar. Concertó con Gran Bretaña un convenio indicativo de que el

país no estaba volcado al área de intereses norteamericanos ni su exclusión del Plan Marshall le impedía comerciar
con Europa. Se dio el lujo de ayudar a España, y su propio
canciller se desempeñó brillantemente en el escenario de
las Naciones Unidas. Desdeñó el ingreso a los organismos
mundiales paralelos y lanzó una masiva ofensiva de propaganda en todos los países donde actuaban los agregados
obreros. Reequipó libremente a las Fuerzas Armadas sin
depender de los Estados Unidos ni aceptar limitaciones en
el material o en su origen. Hasta pudo darse el gusto de inventar (setiembre de 1948) un nuevo Braden, ya que el original había desaparecido: esta vez, el papel del yanqui malo
lo asignaría a John Griffith, aquel ex empleado de la embajada norteamericana en Buenos Aires a quien endilgó complicidad en el atentado que Cipriano Reyes habría fragua-
do contra su vida...

Fue el momento más alto. Las elecciones de marzo, de
renovación legislativa, evidenciaron el vertiginoso aumento del apoyo popular en comparación con los comicios presidenciales, dos años antes; y la de constituyentes, en noviembre, reiteraría esa abrumadora mayoría. En consecuencia, la política exterior no parecía ser otra cosa que la
proyección de esa experiencia exitosa y audaz que se estaba
llevando a cabo en la Argentina. Y ni el embajador Bruce
ni la opinión pública del exterior podían tener en cuenta,
frente a este asombroso proceso, los diarios extorsionados,
las radios sometidas, las rebeldías aplastadas, la oposición
intimidada... Perón y su sonrisa. Perón y sus brazos en alto.
Perón y su Evita. Perón y su Tercera Posición. Perón y su
trigo. Perón y su pueblo feliz, sus obreros bien alimentados, sus pibes privilegiados, sus viejitos cuidados, sus mujeres amparadas y dignificadas. Perón, en suma, expresión
de una revolución incruenta que ahuyentaba al comunismo

y transformaba a la Argentina, la colonia de antaño, en una nación libre, justa y soberana...

Era un idilio con el destino. Y el fenómeno llamaba la atención en Europa, recomponiendo penosamente su producción; en los Estados Unidos, viviendo los pródromos de su caza de brujas; en Asia, bullente de oscuros movimientos que pugnaban por emerger. Y en América Latina, donde los pueblos morenos atendían silenciosamente a ese novedoso proceso que se desarrollaba al sur, en el país de las pampas, donde un hombre y una mujer sonrientes estaban dando respuestas a las mismas penurias y desolaciones que a ellos los asediaban.

Era así: pero ese triunfal año 1948 presentó otras realidades menos espectaculares, más asordinadas, que eran indicios de un inevitable derrumbe del sistema económico sobre el que se había asentado hasta entonces la política exterior peronista.

Una de estas realidades era la definitiva no inclusión de la Argentina en el Plan Marshall. Los motivos fueron muchos, como ya se ha dicho, desde la antipatía que en niveles intermedios de la administración norteamericana se seguía sintiendo por el régimen peronista, pese a la reconciliación significada en *el gesto*, hasta los altos precios que pedía Miranda por los granos, sin dejar de tener en cuenta las exitosas cosechas europeas y norteamericanas del último año, que permitieron prescindir del aporte argentino. Aunque se rumoreaba de tiempo atrás que la ECA no colocaría órdenes de compra en Buenos Aires, los responsables de la conducción económica estaban seguros de que, también esta vez, los Estados Unidos tendrían que venir al pie... De esos días data uno de esos apólogos con que Perón solía cifrar ante sus embelesados auditorios las divagaciones económicas que eran su especialidad:

"Cuando los chicos juegan a las bolitas y uno de ellos gana, y gana, y sigue ganando, llega un momento en que se queda con todas. Y entonces ¡se acabó el juego o se reparten las bolitas de nuevo!"

Pero la ECA no pensaba repartir las bolitas. En junio (1948) comunicó oficialmente a Buenos Aires que no efectuaría compras de productos argentinos, salvo que los precios se pusieran al nivel de los que tenían en Estados Unidos: preferían comprar a los *farmers* y que las bolitas no salieran de casa... Esta discriminación puso frenético a Perón y puede haber motivado sus abruptos ataques contra el imperialismo en aquellos meses, así como las acusaciones contra Griffiths y la posterior expulsión de cinco periodistas norteamericanos. Pero las rabietas no modifican los hechos, y justamente cuando la Argentina necesitaba dólares casi con desesperación, se cortó toda posibilidad de que llegaran a través de la ECA, cuya implementación del Plan Marshall significó una inyección de divisas frescas en el Viejo y en el Nuevo Mundo.

Casi contemporáneamente, Miranda adoptó una medida que revelaba la gravedad de la situación económica interna en el momento mismo de los grandes triunfos de Perón en el campo de la política exterior: las empresas extranjeras no podrían girar sus ganancias. Esto afectaba fundamentalmente a los inversores norteamericanos, y el embajador Bruce gastó tiempo y dialéctica para convencer al "zar" de que reviera su decisión, en la que veía una maniobra política de retorsión y represalia. Pero el problema era real y Miranda, obstinado.

"Si el mundo necesita comer, como yo creo, tendrá que conseguir dólares y venir con ellos para comprarnos comida", declaró.

Si no llegaban los dólares —agregaba "don Miguel"—

los dividendos de las empresas norteamericanas radicadas
en el país no podrían girarse a sus matrices. Pero los dólares no llegaron, al menos en las ingentes cantidades que
exigía la cada vez más costosa economía peronista.

Estos y otros hechos determinaron la salida de Miranda,
como se ha visto, en enero de 1949. El equipo que lo sustituyó en la conducción económica, menos audaz, más orto-
doxo, intentó salvar la situación robusteciendo la vinculación
con Gran Bretaña. En julio de 1949 se firmó un acuerdo que en su momento fue el más considerable de la historia argentina. Comprometía un intercambio por 250 millones de libras esterlinas y duraría cinco años, proveyéndose
ambos países los mismos artículos que habían sido la materia tradicional de su comercio mutuo. Pero las circunstancias habían cambiado, y ahora los ingleses estipularon que
sus productos se cotizarían a los precios del mercado internacional (lo que era peligroso en relación con el petróleo y
sus derivados, dados los conflictos anglo-iraníes), mientras
que las mercaderías argentinas tendrían precio fijo, sólo
ajustable anualmente. Además, los saldos que resultaran a
favor de nuestro país seguirían siendo inconvertibles.

El acuerdo se renovó varios años durante el régimen peronista, con ajustes, variaciones y cambios diversos. Pero
este tipo de instrumentos ya no podía contribuir significativamente a solucionar los crecientes problemas de la economía argentina, pues encerraba a nuestro país en un bilateralismo sin salida, ya que la inconvertibilidad de la libra
limitaba nuestras compras a un área cada vez menos interesante para nuestras necesidades. El fondo del asunto era
que se había roto la "relación triangular", ese peculiar mecanismo cuyo análisis ha fascinado a tantos investigadores
argentinos y extranjeros. Ella merece una corta explicación.

La "relación triangular" empezó en el plano político desde 1880; y en el campo económico, desde 1914 aproximadamente. En lo político consistía en el respaldo que una y otra vez prestó Gran Bretaña a la Argentina para que resistiera la influencia de los Estados Unidos. Ello puede haber empezado al fundarse la Unión Panamericana, cuando Roque Sáenz Peña y Manuel Quintana desdeñaron olímpicamente en Washington el montaje del primer organismo continental; y su manifestación más conocida fue el apoyo que Churchill y Eden brindaron a los gobiernos de Buenos Aires a lo largo de la Segunda Guerra Mundial para ayudarlos a resistir las embestidas de Roosevelt y Hull.

En el campo económico, la "relación triangular" fue un sencillo enjuague financiero mediante el cual los superávit que invariablemente arrojaba a nuestro favor el intercambio con Gran Bretaña, pagaban el déficit que invariablemente arrojaba en contra nuestra el intercambio con los Estados Unidos. Nuestras gruesas exportaciones al cliente inglés nos dejaban saldos en libras que se convertían en dólares, con los que se cancelaban las gruesas importaciones norteamericanas. Este *menage à trois*, sin adulterios ni crisis conyugales, fue la clave de una larga y fructífera relación entre dos economías complementarias como eran la inglesa y la argentina, porque a la vez permitía una corriente importante entre dos economías competitivas como eran la argentina y la norteamericana.

Fue esta la mecánica que se averió en 1947 con la declaración de inconvertibilidad de la libra adoptada por Gran Bretaña. El gobierno de Perón no lo advirtió: siguió operando como si la "relación triangular" existiera boyante y campante... Si los perjuicios y las declamaciones no hubieran obnubilado su capacidad de análisis, la Argentina debería haberse adherido al multilateralismo que señalaba el

rumbo futuro del comercio mundial. Perón, ensoberbecido
con la política agresiva de Miranda, dolido por su exclusión
del Plan Marshall, convencido de que una tercera guerra
mundial solucionaría todos sus problemas, se aferró, en
cambio, al comercio con Gran Bretaña. No de otra manera
habían reaccionado los conservadores en la década del '30
frente a los Pactos de Ottawa, que aparentemente marginaban la producción argentina del mercado inglés. Pero
todo había cambiado desde entonces, en primer lugar, el
propio imperio; y, en segundo lugar, la actitud de los ingleses hacia la Argentina. Los ingleses habían dejado de inte-
resarse por la Argentina a partir de la liquidación de sus
grandes inversiones aquí —ferrocarriles, frigoríficos, tierras. No tenían nada que cuidar en estas quimbambas, no
podían vendernos lo que hubiéramos podido adquirir en
los Estados Unidos con mejores adelantos tecnológicos. y,
para completar, cuando nos pagaban, lo hacían con dinero
que solía usarse en el área de la libra y, además, a partir de
mediados de 1949, desvalorizado. Los intereses norteamericanos empezaron a ocupar el vacío que habían dejado los
británicos, y en un par de años se convirtieron en nuestros
proveedores más importantes, con lo que nuestro crónico
déficit en dólares se agravó: pero ahora no estaban las ser-
viciales libras convertibles que durante tantos años nos había dejado la "relación triangular". El modo como el país
quedó en una virtual cesación de pagos (1950) se verá en el
próximo volumen de esta obra, pero los síntomas de la declinación ya eran visibles en 1949, cuando la *fiesta* iba terminando.

Naturalmente, a la desarticulación de la economía montada por Miranda debía corresponder una puesta en sordi-
na de la política exterior. En agosto de 1949 renunció Bramuglia, el protagonista de tantos éxitos, harto de los sabo-

tajes de Evita y su círculo. Su reemplazo por Hipólito J. Paz señalaba un aflojamiento de la cuerda de la Tercera Posición y una rebaja en el tono de la difusión de la doctrina que vertebró la *fiesta* en el campo internacional. Es que una política internacional es fuerte cuando tiene detrás un país fuerte, y ahora llegaba el caso de ponerse prudentes en todos los planos.

Pero todavía quedaba a Perón un territorio donde podía disponer de una ancha capacidad de maniobra: el continente latinoamericano. A sus países dirigiría sus esfuerzos en los próximos años para compensar, en un teatro de escala más reducida, los triunfos que no había podido redondear en los primeros tiempos de su gobierno.

En este sentido, ya se había adelantado algo. En 1946 y 1947, se habían firmado convenios de diverso tipo con todos los países de América del Sur: el primero, con Perú (junio de 1946), establecía medidas para estimular el intercambio. En los meses siguientes y hasta fin de año se signaron otros instrumentos con el Ecuador, con el Paraguay, estableciendo una comisión mixta que estudiaría problemas comunes; con Chile, sobre cooperación económica y financiera, y con el Uruguay sobre aprovechamiento del río Uruguay en la zona de Salto Grande: este convenio se reforzó con la entrevista que Perón y el presidente Luis Battlle Berres mantuvieron en febrero de 1948, frente a la histórica playa de la Agraciada, escenario del desembarco de los Treinta y tres Orientales.

Con Bolivia, se suscribió, en marzo de 1947, un importante convenio que Perón y el presidente Enrique Herzog habían diseñado poco antes, en una conversación realizada en Samandita, en territorio boliviano. Este instrumento facilitaba la inversión de capitales argentinos en el vecino país, constituyendo una sociedad mixta de fomento económico a la que el IAPI aportaría 100 millones de pesos. Además, el IAPI obtendría un empréstito de 600 millones de pesos para destinarlos a diversas obras en Bolivia de carácter ferroviario, regadío, de obras sanitarias, etcétera. El convenio estaba empujado por el general Manuel Savio, que soñaba construir la gran planta siderúrgica prevista por la ley que, con el tiempo, llevaría su nombre, a orillas del río Paraná, a fin de aprovechar el mineral de hierro de la región boliviana del Beni, relativamente fácil de acarrear por vía fluvial. Era una concepción grandiosa que se fue realizando lenta y retaceadamente, pero muy propia del espíritu de la *fiesta*, cuando las posibilidades económicas y financieras de la Argentina parecían habilitarla para estimular un gran movimiento común con los pueblos limítrofes, y constituía la base para una política americanista atrevida, audaz, que Perón lanzaría en la etapa que sigue a la que estamos examinando. Pues si Europa se estaba reconstruyendo sin necesidad de comprar los granos argentinos, si los Estados Unidos nos marginaban del Plan Marshall y dedicaban sus mimos más cariñosos al Brasil, lo lógico era que la Argentina buscara por el lado del continente interior la realización del liderazgo que, en el pensamiento de Perón, constituía nuestro "destino manifiesto".

Una circunstancia excepcional facilitó la instrumentación de la política internacional de Perón en aquellos años: el servicio exterior no presentaba gajes codiciables y, en consecuencia, el presidente podía designar a sus representantes sin sufrir las presiones que habitualmente abundan en este tema.

Sucedía que la guerra mundial y la temprana posguerra habían hecho de los puestos en el exterior una presa escasa-

mente deseada. Se recordaban los sobresaltos que habían
pasado nuestros diplomáticos en los países afectados por el
conflicto y las escaseces que debieron compartir, pese a sus
privilegios, con los pueblos que habían padecido el drama
bélico y asumían ahora sus secuelas. En la Argentina se vivía mucho mejor que en cualquier otra parte del mundo,
salvo los Estados Unidos; y si durante la guerra la radicación y los desplazamientos fueron peligrosos e incómodos,
la vida diplomática distó de ser agradable en los años inmediatamente posteriores. Es cierto que algunos funcionarios
inferiores se beneficiaron con la angustia de los refugiados
y aspirantes a emigrar a nuestro país: uno de ellos —que
durante la tercera presidencia de Perón sería canciller—
fue cesanteado cuando se comprobaron las ventas de pasa-
portes que había perpetrado en el país de Europa central
donde estaba destinado. Pero, en general, la grata y distinguida existencia que, se supone, está asociada con la carrera, apenas empezó a recomponerse a principios de la década del '50.

Así pues, Perón pudo contar con embajadores que venían de antes y disponían de experiencia, y también pudo
designar a algunos adictos a quienes sabía aptos. Entre estos últimos figuraba Federico Cantoni, el caudillo bloquista, que desempeñó durante dos años una brillante labor en
la recién inaugurada embajada en Moscú; las leyendas del
Palacio San Martín susurran que Stalin lo consultó varias
veces y que su desprolija presencia era habitual en el Kremlin. En Brasil, el ex canciller del gobierno de facto y antiguo radical alvearista Juan I. Cooke, permaneció durante
los dos períodos presidenciales de Perón, atemperando las
tradicionales rivalidades entre los dos países. El veterano
dirigente conservador José Arce abrió las relaciones con
China y luego pasó a las Naciones Unidas; él y Jerónimo

Remorino, primer embajador en los Estados Unidos, luego canciller en reemplazo de Paz, aportaban un fragmento del estilo político anterior a 1943. Luis H. Yrigoyen, hijo del caudillo radical, representó a nuestro país en el Uruguay durante cuatro años, en una función que exigía un especial equilibrio dado el creciente deterioro de las relaciones; después inauguró la embajada argentina en la República Federal Alemana. Un original pensador proveniente del nacionalismo, Atilio García Mellid, fue a atemperar sus ardores en los gélidos paisajes canadienses. Oscar Ivanissevich, médico excelente, funcionario excéntrico, estuvo a cargo de nuestra representación en Washington desde 1946, hasta ser relevado por Remorino; volvería a Buenos Aires para hacerse cargo del Ministerio de Educación. Un caso especial fue el del viejo luchador antiimperialista Manuel Ugarte. Casi olvidado por sus compatriotas, Perón hizo un acto de justicia al designarlo embajador en México en setiembre de 1946. Allí estuvo casi dos años, pero crecientes incomodidades burocráticas lo indujeron a pedir otro destino al canciller Bramuglia, quien lo trasladó a Nicaragua. En 1949 fue transferido a Cuba, pero las desinteligencias con el canciller Paz se hicieron insuperables y, en enero de 1950, después de haber intentado entrevistarlo infructuosamente, renunció a su cargo, no sin enviar una carta a Perón denunciando el cerco que rodeaba al presidente y los cambios que había sufrido la política argentina en relación con los países americanos. Un año más tarde se suicidaba en Niza.

En el grupo de los funcionarios de carrera (en este caso "de media carrera", pues la organización del servicio exterior se estableció apenas en 1949 y, hasta entonces, y también después, se manejó de manera pragmática), dispuso Perón de muchos diplomáticos cuyos apellidos malsonaban en la Argentina descamisada: Bunge, De Labougle, Güiraldes, Escobar, Madero, Nores Martínez, Oneto Astengo, Pardo, Pereda, Portela, Serrano Redonnet, Victorica Roca... Ellos aportaron, como se ha dicho, su experiencia al servicio de la política internacional de Perón.

Pero el premio mayor de las embajadas fue para el dirigente conservador entrerriano Pedro Radío. En 1946 fue designado en Madrid. Franco desplegó para recibirlo todas las pompas posibles, y algunas más; José María Pemán le dedicó un poema donde veía llegar al diplomático con "la risa y la rosa..." Pero para el hambreado pueblo español, el embajador argentino sería lo que el compañero de Carlitos Chaplin en "La quimera del oro", cuya persona adquiría forma de pollo cada vez que lo miraban... Pues Radío fue el gestor de los convenios que salvaron a España de la extenuación y el garante de la amistad argentina al acosado régimen franquista. Estuvo cuatro años allá, regaloneado por todos, y cuando fue reemplazado por el general Oscar R. Silva, su despedida tuvo contornos clamorosos.

En síntesis, la diplomacia argentina de aquellos años fue razonablemente apta. Sus integrantes cumplieron, como no podía ser de otro modo, con las obligadas y rituales fórmulas de adhesión al régimen peronista y a las personas del presidente y su esposa. Algunos funcionarios lo hicieron salvando todo lo posible la dignidad personal, otros se desbocaron en una obsecuencia cuyas características eran inéditas en la carrera. Pero quienes llevaron a las representaciones exteriores una pujante y sincera adhesión a Perón fueron los agregados obreros, protagonistas de una innovación que trajo más problemas que éxitos.

Proyectados desde la oscura labor sindical al *status* diplomático, los nuevos funcionarios solían retribuir este ascenso con una desbordante vocación proselitista y apostóli-

ca. Eran los verdaderos y entusiastas agentes del peronismo en el exterior, sobre todo en América Latina, donde estaban más cómodos, porque pocos de ellos se expresaban
en otro idioma que el de Gardel. Fueron una fuente de incomodidades, *gaffes* y embarazos, generalmente por ese
trop de zèle que Metternich temía en los diplomáticos. La
intención era plausible, la iniciativa era excelente, pero el
material humano fracasó y los diplomáticos profesionales
—y aquellos que sin serlo servían en sus puestos— trataron
de sacárselos discretamente de encima.

Con esta gente, con las ideas y propósitos que se han vis-
do páginas atrás, Perón encaró su política internacional
una vez clausurada la *fiesta*, tema que será tratado en otro
volumen de esta obra.

CAPÍTULO V
LA·OPOSICIÓN

Los partidos tradicionales quedaron estupefactos con los resultados de las elecciones de febrero de 1946. Habían estado seguros de su triunfo, y ciertamente no anduvieron muy errados, porque Perón obtuvo la victoria por un margen mínimo. Pero la aplicación de la Ley Sáenz Peña con su rígido esquema de los dos tercios para la mayoría y el tercio restante para la primera minoría, brindó a la fuerza triunfadora no solo la presidencia de la Nación sino un amplio dominio en la Cámara de Diputados; y un margen de sufragios que en algunos casos fue reducidísimo y en otros solo se debió a la mala suerte (como en Córdoba) entregó al peronismo los gobiernos de trece de las catorce provincias, es decir, la casi unanimidad de la Cámara de Senadores.

El único partido opositor que, aunque malherido, salió de la ordalía comicial en condiciones de emprender su reconstrucción, fue el radicalismo; ya hablaremos de su proceso interno. Los otros quedaron destrozados, espiritual y políticamente.

El Partido Demócrata Nacional y la UCR Antipersonalista, integrantes de la Concordancia que entre 1932 y 1943 había gobernado el país con las presidencias de Justo, Ortiz y Castillo, ahora veían su representación reducida a tres bancas en Diputados (dos conservadores y un antipersonalista), sobre 158 sillones, y dos en el Senado —los electos por Corrientes, que de todos modos nunca llegaron al recinto. El Partido Socialista, cuya presencia en el Congreso fue permanente desde 1912 y que en algún momento había llegado a disponer de una treintena de bancas en Diputados, ahora estaba ausente del hemiciclo. El Partido Demócrata Progresista había obtenido una sola banca. El Partido Comunista, ninguna.

Una masacre: esto fue, ni más ni menos, el comicio de 1946 para las fuerzas que durante tres décadas se habían disputado las preferencias del electorado argentino.

Era natural que, pasado el primer momento de incredulidad y desolación, las colectividades cívicas tradicionales reflexionaran sobre lo que había pasado; por qué causas Perón, ese desconocido hasta dos años antes, con una hueste heterogénea y caótica, formada con los desechos de sus propias fuerzas, había logrado desplazarlos. Este proceso de reflexión, que tuvo diferente intensidad y duración y no siempre fue sagaz, empezó en todos los partidos derrotados poco después del escrutinio, cuando Perón se preparaba a resolver sus propios problemas internos, o en los primeros meses de su gobierno.

LOS MASACRADOS

El Partido Comunista, la gran incógnita electoral después de décadas de vida clandestina, había resultado un fiasco: en unión con los demócratas progresistas figuró en cuarto lugar en la Capital Federal; reunió sólo 25.000 votos en Buenos Aires y no alcanzó a colocar sino tres diputados provinciales en Mendoza, gracias al sistema proporcional, que se aplicaba en la provincia andina.

Este fracaso, sin embargo, no abatió los ánimos de Victorio Codovilla, ese mofletudo Stalin local, que adoraba las masitas de "El Molino" y bajo su parla cocoliche ocultaba una férrea vocación de poder. No pensaba hacerse responsable de la derrota ni admitir los murmullos de protesta que alzaron, en seguida de las elecciones, algunos de los camaradas disconformes con su conducción. Por de pronto había que retomar la calle, y se buscó un excelente pretexto: la reanudación de relaciones diplomáticas con la Unión Soviética, que el gobierno de facto ya había decidido concretar, a pedido del presidente electo.

Con esa consigna, el 1º de junio se realizó el acto comunista cuyo orador principal, Codovilla, admitió que "estamos frente a un gobierno que ha sido elegido en comicios que, dentro de la técnica electoral de la democracia burguesa latinoamericana, cuyas imperfecciones y lacras son conocidas, constituye lo que suele llamarse un gobierno constitucional". Después de este desganado reconocimiento, el secretario general aconsejó a los obreros realizar "una unidad sindical completa" e impulsar la formación de una central única; a los "campesinos", fortalecer sus organizaciones y crear comités de todos los trabajadores del campo para luchar por la reforma agraria y establecer comités unitarios "en todas las barriadas, en todas las localidades del campo, en todas las ciudades" para luchar por la rebaja de los precios. El comunismo —dijo— "se propone ayudar fraternalmente a los sectores obreros y populares influenciados por el peronismo" para hacerles entender que las soluciones de sus problemas no podían ser confiadas a hombres providenciales sino a su propia lucha. Apoyaría la reforma agraria y las nacionalizaciones de ferrocarriles, transportes marítimos, fluviales y urbanos, plantas eléctricas, yacimientos petrolíferos, minas de carbón y hierro, frigoríficos "y otras empresas". Y respaldarían al nuevo gobierno si en materia de política exterior se decidía a alinear a la Argentina "al lado de las naciones que luchan por la paz, como la Unión Soviética, Polonia, Yugoslavia, etcétera".

El discurso de Codovilla adelantó las líneas a que se sujetaría el XI Congreso Nacional del partido, que se realizó entre el 14 y el 17 de agosto, bajo la presidencia de honor del mariscal Stalin, la Pasionaria, el mariscal Tito, Togliatti, Thorez, Prestes y Mao Tse Tung. El presidium efectivo era, desde luego, menos impresionante y estaba integrado por los dirigentes más significativos: Gerónimo Arnedo Álvarez, Codovilla, Alcira de la Peña, Rodolfo Ghioldi, Benito Marianetti, Juan José Real y Emilio Troise.

Allí se dijeron algunas cosas interesantes. Arnedo Álvarez, rindiendo el informe de la actividad desplegada en los últimos años, caracterizó al mundo de posguerra por la participación del comunismo en varios gobiernos europeos, la liquidación de los "restos del feudalismo" mediante la reforma agraria en la Europa oriental y la nacionalización de los bancos y principales fuentes de producción concretada en los países liberados de la dominación nazi por las fuerzas soviéticas. Citando a Stalin, afirmó que el mundo no había salido de la Segunda Guerra Mundial igual que cuando entró en ella. "Los pueblos que realizaron una dura experiencia de sus cruentas luchas contra la barbarie nazi, quieren abrir una era de paz, bienestar y felicidad...", dijo Arnedo Álvarez; pero, agregó, "estamos ante una nueva maniobra de la reacción internacional apuntalada por el imperialismo anglo-yanqui e impulsada por los nazis y pro nazis que subsisten en cada país, que luchan por socavar las relaciones y romper la alianza de la coalición antihitleriana". Aquí, en la Argentina, "las fuerzas reaccionarias que están junto a los círculos agresivos del imperialismo y a los focos que quedan del nazismo, se enfrentan con los sectores más avanzados y progresistas de la Nación para... hacer que el país desemboque en una nueva guerra al lado del imperialismo agresor".

Codovilla fue menos impreciso y aseguró que "los comunistas nos colocaremos decididamente a la cabeza de las luchas de las masas por el cumplimiento de las promesas que Perón hizo al pueblo, y no nos dejaremos provocar por los aliancistas y otros enemigos que están interesados en crear un estado de beligerancia entre los afiliados a nuestro partido y las masas obreras y populares que siguen a Perón. Sólo así —concluyó el secretario general— se logrará unir a la clase obrera en un poderoso Frente de Liberación Nacional y Social".

El congreso afirmó, además, que el país marchaba hacia la crisis; rechazó las posiciones de los que —reza la versión oficial de la reunión— "perdieron la cabeza ante el resultado electoral adverso a la Unión Democrática y querían que nuestro partido se enganchase como furgón de cola en el tren del peronismo". El congreso advirtió que la prosperidad de que gozaba el país era coyuntural y no había servido para reestructurar la economía sobre bases sólidas.

Sin embargo hubo un principio de autocrítica. Lo formuló Arnedo Álvarez reconociendo, en nombre del Comité Central, que "nuestra desviación fundamental consistió en el debilitamiento de la lucha por las reivindicaciones económicas de los obreros y trabajadores en general, determinado por el temor de perder aliados en el campo de los sectores burgueses progresistas". En ese esotérico lenguaje marxista desarrolló esta idea y ejemplificó la "desviación" en lo ocurrido en octubre del año anterior: "donde una posición estrecha y sectaria impidió apreciar con justeza el viraje que tomaban los hechos y no supimos realizar ágilmente los cambios que podían haberlos decidido en forma favorable. Marchamos en gran parte a remolque de las otras fuerzas, aceptando la falsa consigna de entregar el poder a la Suprema Corte, a pesar de que nunca estuvimos de acuerdo con esa consigna..."

Pero la autocrítica no implicaba el desplazamiento de quienes habían sido los promotores del error. Por el contrario, se expulsó a los protestantes. Real, secretario de organización, los llamó "cordial, fraternalmente... a que arrojen todo lastre, se desprendan de sus errores profundamente oportunistas y se incorporen sin reservas ni regateos" a la ortodoxia partidaria. La versión del comité central sobre el XI Congreso anota, en pie de página, que "los elementos sanos reconocieron su error y fueron restablecidos en sus condiciones de afiliados al Partido". Eso es lo que les pasa a los buenos. En cuanto a los malos, "por no haber reconocido sus desviaciones y continuar su lucha antipartidaria, fueron siendo expulsados del Partido, sucesivamente". Así se excluyó a Rodolfo Puiggrós, Manuel Sadosky, Cora Ratto y un núcleo relativamente numeroso de obreros ferroviarios, por lo que la purga se conoce en los anales del PC como "la de los ferroviarios". No sería la última de esos años. En diciembre de 1946 se reunió la V Conferencia Nacional del Partido Comunista, con el fin de pronunciarse sobre el Plan Quinquenal que acababa de anunciar Perón. La conferencia marcó algunos aspectos positivos del Plan y se pronunció contra las nacionalizaciones que se estaban realizando, porque "no implicaban la desaparición de los intereses imperialistas en la vida económica nacional". Casi un año después, en octubre de 1947, el comité central destacó que se estaban dando las condiciones para la creación de un frente democrático y antiimperialista: éste sería el latiguillo del Partido Comunista en los años siguientes. Según esta concepción, las luchas internas que se libraban contemporáneamente en el seno del radicalismo, del socialismo y hasta del peronismo reflejaban la existencia de dos líneas contradictorias dentro de esas fuerzas: las que pugnaban por "impulsar la revolución democrática burguesa contra la oligarquía y el imperialismo", y las que estaban "dispuestas al compromiso con esas fuerzas retrógadas y pugnan porque la Argentina siga el camino reaccionario, anticomunista y antisoviético, de sometimiento al imperialismo yanqui". Así de simple. Entonces, ¿qué debía hacer el comunismo argentino? Impulsar la creación de un Frente Nacional Democrático Antiimperialista.

Pero sucedía que nadie, dentro de los partidos "democrático-burgueses" tenía interés en asociarse a los comunistas. Para los peronistas, eran aborrecibles: su líder los embolsaba en cada discurso con los "cipayos", los "oligarcas", y los "vendepatrias". Los socialistas, a su vez, en la etapa del más violento rompimiento de los gobiernos populares de la posguerra, los consideraban traidores de los frentes de izquierda y enterradores de la reconstrucción democrática de los países de Europa oriental. En cuanto al radicalismo, ni siquiera los dirigentes que habían sido más influidos por los comunistas en la época de la Unión Democrática estaban en disposición de acercarse. Así, pues, la idea del Frente Nacional Democrático Antiimperialista lanzada por Codovilla giró en el vacío: fue una consigna retórica de cumplimiento imposible, cuyo irrealismo provocaría otras escisiones en los años siguientes.

No obstante, en el campo sindical, algunos de los movimientos huelguísticos de esos años contaron con el apoyo de militantes comunistas, pero esto sólo sirvió para justificar las medidas represivas con las que se castigó a los más combativos. En realidad, a lo largo de todo el régimen peronista, los militantes del PC fueron la presa más codiciada de los profesionales de la tortura instalados en la Sección Especial de la Policía Federal. Fue una ordalía que hubiera merecido padecerse en aras de objetivos menos utópicos que los planteados por la conducción partidaria. Atenida a los avatares de sus afines europeos, instrumento dócil de las directivas de Moscú, enredada en su propia dialéctica, la burocracia codovillista no pudo seguir eludiendo por mucho tiempo una pregunta angustiante: ¿cómo entender que el partido que pretendía expresar los intereses de la clase trabajadora estuviera enfrentado a una política que los trabajadores hacían suya? La respuesta a este interrogante lo desgarraría después de 1949, como ya se verá más adelante.

Curiosamente, Perón mantuvo al Partido Comunista en la legalidad. Lo necesitaba. Era un elemento que le servía para muchas cosas: valorizar su Tercera Posición mostrando la independencia de una política que en plena guerra fría toleraba la actividad de un partido stalinista, señalar a los "oligarcas" una alternativa que podía ser mucho peor que la representada por el propio Perón, disponer de un enemigo visible para mostrar a las masas adictas el origen de las dificultades del régimen y atribuirle bombas y atentados. Golpeaba a los comunistas, vuelta a vuelta los metía presos, hacía allanar sus locales o toleraba que los aliancistas se los volaran, cerraba sus publicaciones o financiaba "Clase Obrera", el órgano del grupito disidente que encabezaba Puiggrós. Y, sobre todo, los comunistas le servían para graduar sus relaciones con los Estados Unidos; en el último volumen de esta obra se verá cómo Perón negociaba la existencia o el aniquilamiento del comunismo local con el embajador norteamericano.

Por eso los cuidaba y celaba que no desaparecieran ni se les ocurriera ingresar en la ilegalidad. No significaban el menor peligro y le servían, alternativamente, de justificación y de cucos. ¿Cómo podía permitir su desaparición?

Probablemente, quienes se sintieron más damnificados por las elecciones de 1946 fueron los socialistas. Al fin y al cabo, el radicalismo reunía la mayor parte de las minorías, lo que le daba cierta fuerza y lo convertía en vocero único de la oposición; los comunistas carecían de términos electorales de referencia anteriores y, en consecuencia, no se sabía si habían ganado o perdido apoyo popular; y los conservadores no fueron a los comicios con muchas ilusiones.

Pero los socialistas, sí. Cuatro años atrás habían ganado la Capital Federal; ahora salieron terceros. No habían obtenido ningún diputado nacional, por primera vez desde la vigencia de la Ley Sáenz Peña. Habían sido los más constantes artífices de la Unión Democrática, se habían jugado en la lucha contra el gobierno de facto: el resultado les fue decepcionante. Con un agregado para mayor amargura: la convocatoria de febrero de 1946 no incluyó elecciones municipales en Capital Federal, así que no habría Concejo Deliberante (y no lo habría durante todo el tiempo de Perón), un organismo donde señorearon los discípulos de Juan B. Justo durante décadas y que, entre otras cosas, les sirvió como plataforma de lanzamiento para sus nuevos valores.

Fue un golpe muy duro. Hombres queridos como Palacios, respetados como Dickmann o Repetto, prestigiosos como Ghioldi o Solari, fueron borrados de la vida pública, o al menos de las posiciones electivas que había frecuentado durante años. Y, lo que era peor para los socialistas, en su concepto se abría una etapa ominosamente parecida a la que Mussolini había inaugurado en 1921. "¿Han pensado los compañeros en la situación en que se encontraban los socialistas italianos bajo el fascismo incipiente entre los años 1922 y 1927? —se preguntaba con angustia Ghioldi en 1948—. ¿Han pensado los compañeros ante aquella irrupción volcánica de las masas y dominio de fórmulas incendiarias de nuevo tipo, cuán difícil resultaba la situación y las luchas de los socialistas italianos aferrados al conocido método que nosotros practicamos en la Argentina? Es que el problema de la libertad es muy difícil de entender y ante las irrupciones violentas, que tienen éxito inmediato, se hace muy difícil para los socialistas la lucha, porque el margen que dejan los acontecimientos para diferenciar nuestros motivos fundamentales de acción respecto de las declamaciones fascistas, es en apariencia muy pequeño."

Para la conducción tradicional del Partido Socialista, los términos del enfrentamiento no habían variado: "Libertad y democracia contra nazifascismo". No había motivos para cambiar el enfoque ni la estrategia de lucha que era su consecuencia. Era cuestión de trabajar intensamente para que las masas recuperaran su lucidez, momentáneamente perdida.

Este fue el criterio que preponderó, sin mayor cuestionamiento, en el XXXV Congreso Nacional del Partido Socialista realizado en la Casa del Pueblo entre el 12 y el 14 de julio (1946), apenas a un mes y medio de la asunción presidencial de Perón. Coincidía la reunión con un grato aniversario: medio siglo de la fundación del partido. En un ambiente laborioso y pacífico se aprobaron varias resoluciones: entre otras cosas condenaban las "venganzas oficiales" contra los funcionarios democráticos; reclamaban el funcionamiento del Concejo Deliberante; exigían la autonomía de la universidad; pedían el servicio militar de tres meses. También se aprobó una declaración sobre el convenio con Gran Bretaña que se estaba negociando por entonces: "no deberá ser un tratado comercial que siga manteniendo al país como una inmensa pradera, destinado a ser el productor de carnes".

Una de las resoluciones se refería a la política gremial. Los socialistas se jactaban de la prescindencia política que los caracterizaba en su actuación sindical; sus dirigentes, cuando actuaban en organizaciones gremiales, no hacían proselitismo, solo atendían a los intereses de sus compañeros. Ahora, el congreso resolvió dejar sin efecto una resolución de 1918 que recomendaba esa tradicional prescindencia: los socialistas, en adelante, debían hacer comprender a los trabajadores el propósito contrario a sus intereses de clase contenido en el decreto que confería a la Secretaría de Trabajo el poder de otorgar o retirar la personería gremial; además, debían vigilar permanentemente para que "se cumplan los postulados revolucionarios del movimiento obrero". Era una tardía y pobre respuesta a la intensa politización de los sindicatos efectuada por Perón desde fines de 1943.

Finalmente, el congreso encomendó al comité ejecutivo nacional la redacción del mensaje que se dirigiría al país como síntesis de las deliberaciones. El documento apareció en los primeros días de agosto y debe haber sido redactado por Ghioldi, a juzgar por su estilo brillante y combativo. En síntesis acusaba la presencia de "un nuevo unicato" que "preside el rumbo centralizador y cesáreo de la vida pública". Había surgido un gobierno que proclamaba el principio antiigualitario del "jefe único", al que todos están subordinados, desde "el ministro sin jerarquía hasta el legislador turiferario, el gobernador obediente y el partido oficial que, postrado, acepta su disolución ordenada con voz de mando por el caudillo máximo..."

El mensaje señala la "ola de persecución, encono, resen-

timientos y odios", el espionaje, la delación y la purga ideológica a que había sido sometido el país, en los dos meses
de vigencia de Perón. "Nos hemos inclinado ante el resultado comicial, porque era lógico con nuestra posición doctrinaria y práctica, desde el punto de vista político." Pero había que distinguir: no era atribuible al Ejército el mérito de
la limpieza del acto comicial: "las 24 horas de orden del 24
de febrero no hacen olvidar las 24.000 horas consecutivas
de tiranía, persecución, anulación de los partidos, la prensa y la ciudadanía, de cárceles, apaleamientos y campos de
concentración que fueron organizados por el gobierno militar..."

Finalmente, después de denunciar la inquietud por el futuro que se advertía "incluso en los adeptos de los gobernantes", el comité ejecutivo nacional ofrecía a la reflexión del pueblo "tres proposiciones fundamentales". Ellas
eran: en primer lugar, la que afirmaba que "el caos actual
tiene su historia. Se intentó un revivir de montoneras, según acaba de expresarse desde tribuna oficial. Los sacudi-
mientos y trastornos que experimenta el país son el producto
de la pérdida del sentimiento de lo institucional". Porque
para los nuevos gobernantes —afirmaba el documento socialista— "las instituciones constituyen una enfermedad
hereditaria, mientras que para los trabajadores y el pueblo,
lo institucional es creación de la historia, conquista alcan-
zada tras luchas cruentas y formas civilizadas de dirimir los
conflictos irreductibles que toda sociedad genera, por motivos de propiedad o por desinteligencias ideológicas". No
explicaba el documento cómo podía separarse el pensamiento de "los nuevos gobernantes" del de "los trabajadores y el pueblo", que lo había votado. Pero tampoco explicaba por qué "los trabajadores y el pueblo" habían optado
por estos y no por los defensores de las instituciones...

Las otras dos propuestas se referían al "unicato, cívico o militar" y a la necesidad de la autonomía del movimiento obrero. Pero así como los comunistas veían en las elecciones de febrero un sentimiento mayoritario por la paz y contra el imperialismo, así también los socialistas reconocían, en la parte final del manifiesto que "está madurando en el pueblo una bien perfilada vocación socialista de la política". ¡Ah, los socialistas aquellos! Racionalistas, positivistas, progresistas, incapaces de comprender que la historia está hecha con la sustancia de la montonera y de las instituciones, con grandezas y miserias, con la horda y el orden; que no se puede elegir una línea de hechos y personas y rechazar la otra, porque entonces la realidad queda incompleta y, en consecuencia, resultará incomprensible. Esas admirables "hormiguitas prácticas" que pretendían exorcizar todo lo que les repugnaba, lo que había subido a la superficie al poderoso conjuro popular de Perón, negando su existencia...

La reunión de julio no aparejó ninguna modificación sustancial a lo dicho y sostenido en 1945 y en la campaña electoral de 1946. La conducción partidaria, ejercida por Juan Antonio Solari en la secretaría general, con la colaboración de Américo Ghioldi, Enrique Dickmann, Julio V. González, Francisco Pérez Leirós, Carlos Sánchez Viamonte y otros, con el patrocinio de Palacios, Repetto y Alicia Moreau de Justo, no tuvo mayores cambios. *La Vanguardia*, que subsistiría públicamente hasta mediados del años siguiente, continuaba castigando todas las semanas al gobierno, mientras proliferaban paralelamente algunas publicaciones doctrinarias para uso interno, como *Cuadernos del Mañana*, dirigida por Dardo Cúneo, *Futuro Socialista*, órgano de las juventudes socialistas, y, posteriormente, *El Iniciador*, dirigido por Arnaldo Orfila Reynal.

Pero los socialistas sabían que, si esto era fascismo, duraría mucho tiempo. Se aprestaban a realizar buena parte de su tarea en la clandestinidad. Y, entretanto, no se convencían de que esos obreros antialcohólicos y antitabáquicos que habían sido su clientela, ahora fueran felices... Típico es el artículo que María Lorenza Berrondo, secretaria de actas del comité ejecutivo nacional, publicó en el *Anuario Socialista* de 1947: "El aluvión de obreros improvisados produjo estragos en la ciudad, cuyos gremios y sindicatos fueron instantáneamente quebrados. La democracia dio frutos óptimos. En horas se deshizo la labor paciente de decenas de años. Y el pueblo idealista y soberbio, el pueblo que hace un culto del coraje y el honor, vendió su libertad por buenos salarios, y se revuelca y estropea por levantar del suelo el paquete de pan dulce. Uno es el pueblo nuestro en la retórica, y otro en la realidad. El de la realidad es tan triste y feo, que muchos se resisten a considerarlo, y gritan '¡Ese no es el pueblo!' '¡Es el *lumpemproletariat*!' Pobre e inútil recurso, no puede borrarse con una palabra, aun cuando ella sola alcance jerarquía de concepto, una realidad social vergonzosa y trágica". Y terminaba diciendo la Berrondo: "Sí, difíciles a la sonrisa amiga y a la mirada cordial. Son caras de hombres y mujeres humillados y perseguidos..."

En 1948, el Partido Socialista hubo de resolver si se presentaba o no a las elecciones de constituyentes. Se decidió no presentar candidatos y movilizar la opinión para que expresara su rechazo a "una reforma fascista, mediante un lema o sufragando en blanco". Y siguieron trabajando en los núcleos estudiantiles o en los escasos sectores de trabajadores aún fieles a la tradición de Juan B. Justo, mientras armaban la urdimbre de una lucha montada sobre imprentas escondidas y ayuda a sus compañeros presos.

El caso de los conservadores era más patético que el de otros partidarios. No solo porque de ser oficialistas tres años antes, habían pasado a una condición marginal en el espectro político democrático, sino porque algunos de sus dirigentes se habían deslizado al peronismo antes de las elecciones de febrero de 1946 y muchos votantes conservadores habían sufragado por Perón y sus candidatos. La cosa merece relatarse, aunque debamos remontarnos a una etapa anterior a la que estudia esta obra.

Cuando se reunió, en diciembre de 1945, la convención de la UCR para proclamar la fórmula que haría suya la Unión Democrática, el delegado Agustín Rodríguez Araya presentó un proyecto invitando al Partido Demócrata Nacional a incorporarse a la coalición antiperonista: su propuesta fue rechazada por unanimidad. Tampoco tuvo éxito una sugerencia en el mismo sentido publicada por esos días en el semanario comunista *Orientación*. Los conservadores cargaban con un desprestigio demasiado grande por los fraudes de la década anterior, y los dirigentes democráticos presumían que su ingreso sería perjudicial. Resentidos por este desastre, los integrantes de la Convención del Partido Demócrata Nacional, después de escuchar a don Antonio Santamarina, que postulaba el apoyo incondicional a la Unión Democrática, y a Vicente Solano Lima, que sostenía la conveniencia de proclamar fórmula presidencial propia, en enero de 1946 resolvieron dejar en libertad a las fuerzas conservadoras de cada provincia para apoyar o no a Tamborini-Mosca, y presentar lucha por las gobernaciones y demás cargos.

El 24 de febrero de 1946, los conservadores votaron por sus propios candidatos a gobernador en doce de las catorce provincias. En total lograron reunir unos 200.000 votos en todo el país, el 7,5 por ciento del electorado. Pero varios dirigentes habían desertado ya rumbo al peronismo como Uberto Vignart —aquel que dijo en pleno Congreso "yo soy el diputado más fraudulento del país"—, J. Morrogh Bernard, en Entre Ríos, y algunas personalidades vagamente vinculadas a los círculos conservadores, como Ramón Carrillo, José Arce, Jerónimo Remorino y Adrián Escobar. Además, aunque alcanzaron a 50.000 votos en Buenos Aires y 57.000 en Córdoba, parece demostrado —así lo cree Ignacio Llorente en un bien pensado trabajo— que muchos sufragios conservadores fueron a las listas peronistas, aportándole el 18 por ciento de su caudal en Buenos Aires. Y lo que no necesita demostrarse es que muchos dirigentes del radicalismo, sobre todo los intransigentes, en la campaña electoral hablaron con más encono de los conservadores que de Perón...

Inaceptados, pues, por los partidos antiperonistas, doloridos por la fuga de dirigentes y votos hacia el peronismo (el primer comentario político de *La Prensa* después de la elección se tituló "¿Qué se han hecho los votos conservadores?"), asustados ante la llegada al poder de una turba grosera y amenazante que parecía dispuesta a arrasar con los "oligarcas", dividir los latifundios y exprimir al máximo a los dueños de empresas, los conservadores se reunieron en julio (1946) para hablar sobre el país y sobre el futuro de su propia colectividad.

Fue entonces cuando José Aguirre Cámara, con su cascada voz de vieja y su peligrosa costumbre de ir directamente al grano, hizo una autocrítica que difícilmente se encuentre en otros partidos de la época en parecida situación: "Nosotros sobrellevamos el peso de un error tremendo. Nosotros contribuimos a reabrir, en 1930, en el país, la era de los cuartelazos victoriosos. El año 1930, para salvar al país del desorden y del desgobierno, no necesitamos sacar las tropas de los cuarteles y enseñar al Ejército el peligroso camino de los golpes de Estado. Pudimos, dentro de la ley, resolver la crisis. No lo hicimos, apartándonos de las grandes enseñanzas de los próceres conservadores, por precipitación, por incontinencia partidaria, por olvido de las lecciones de la experiencia histórica, por sensualidad de poder. Y ahora está sufriendo el país las consecuencias de aquel precedente funesto".

Pero el *mea culpa* conservador no podía ser muy profundo. De ser así, hubiera significado renunciar a la tradición partidaria. Había que hacerse cargo de todo el pasado, bueno o malo. Así lo entendió Adolfo Mugica —quince años más tarde, canciller de Frondizi—, que ensalzó al gobierno de Justo y afirmó que su gobierno "sería recordado con aplausos por la posteridad" y, días más tarde, dirigiéndose por carta a *La Nación*, sostuvo que el fraude electoral era un cáncer "del cual no está libre ninguno de los partidos que han actuado alguna vez desde las posiciones públicas". "Nadie está libre de tirar la primera piedra —agregaba Mugica— y todos debemos esforzarnos en elevar continuamente la cultura del pueblo..."

Sin embargo, en la reunión conservadora hubo propuestas innovadoras. La delegación cordobesa postuló organizar otro partido diferente, ya que el actual "fue permeable a ideas extrañas que, con el nombre de *nacionalismo criollo* se trató de imponer". Esta habría sido la causa —según Benjamín Palacio, autor de la moción— por la cual el partido no pudo evitar la revolución militar. Describió la desintegración que sufría el conservadorismo y sostuvo que la reorganización anunciada debía mantener la tendencia tradicional, pero con carácter progresista y liberal José Antonio Mercado (el ínclito "Negro" Mercado, que en noviembre de 1949, harto de las arbitrariedades de la mayoría peronista en la legislatura cordobesa, renunció a su banca... tirándola al hemiciclo y rompiéndola) amplió la moción, muy al modo de los demócratas de su provincia, limpios de fraudes y orgullosos de sus buenos gobiernos. Laureano Landaburu, en cambio, presidente del comité nacional, dio una versión menos imaginativa: "El estallido militar del 4 de junio, después de engendrar una dictadura sin principios y sin programa, que se enseñoreó durante tres años en el más crudo abuso del poder, negando todos los derechos y todas las libertades, concluyó entre tumbos, contradicciones y desplazamientos, en una revolución demagógica desatada desde la altura del poder que levantó la bandera cautivante de las reivindicaciones sociales". Su comprovinciano Pastor admitió los errores cometidos, pero recordó los servicios que el partido había prestado al país.

Finalmente, después de varios días de deliberaciones —primero se reunió una "conferencia", novedad insólita en el conservadorismo, y luego el Comité Nacional— se resolvió emprender una amplia reorganización. Previamente, hubo un cambio de nombre: por imposición del Estatuto de los Partidos Políticos debió omitirse el rubro "nacional", de modo que la fuerza conservadora pasó a llamarse "Partido Demócrata". Y también empezó a concretarse, en esos meses, una vieja aspiración partidaria: la de contar con casa propia, que se instaló en la calle Rodríguez Peña al 500, por compra realizada mediante el aporte de los afiliados. Un año más tarde se instaló el nuevo comité nacional, cuyo presidente sería Reynaldo Pastor.

No se podía pedirles más. Los conservadores, buenos para gobernar, suelen ser flojos para la política diaria, el trabajo de hombre a hombre. Estaban demasiado acostumbrados a hacer política desde el poder, y cuando esté les faltó, se sintieron perdidos. De todos modos, desde sus escasas posiciones, la banca de Pastor, por ejemplo, mantuvieron un rígida oposición contra el régimen. En las elecciones de diputados de marzo de 1948 dejaron en libertad, a los distritos para presentarse o no —y la mayoría se abstuvo. También se abstuvieron de concurrir a las de constituyentes (diciembre de 1948), pero los de la provincia de Córdoba resolvieron presentarse y obtuvieron apenas 19.000 votos.

En la siguiente etapa del régimen peronista, los conservadores habrían de matizar su oposición, hasta entonces inamovible, y aparecerían en su seno las primeras disidencias serias, prólogo de su división y posterior atomización. Entretanto, mientras rabiaban por los excesos del oficialismo, no dejaban de sentir un secreto alivio ante una política económica que, finalmente, no había resultado tan agresiva como pareció al principio para los intereses a los que estaban vinculados, como los de los grandes estancieros. Y seguían cultivando su especialidad: la relación con los grupos y personas que manejan las claves escondidas del poder, esas que permanecen intactas a lo largo de todos los gobiernos.

LOS RADICALES

En el seno de la UCR, las recriminaciones por la derrota estallaron, puede decirse, al día siguiente del escrutinio; ellas eran la continuación de la áspera polémica que intransigentes y unionistas venían sosteniendo desde 1945, y aun antes. Los intransigentes habían mantenido la conveniencia de enfrentar a Perón sin el acompañamiento de los partidos tradicionales y acusaban al comité nacional, de mayoría unionista, de haberse entregado en manos de una coalición que diluyó la esencia revolucionaria y popular del radicalismo, lo comprometió con personas y sectores repudiables y, sin agregarle ningún apoyo sustancial, le había restado los votos de los trabajadores.

En realidad, el fracaso de la UCR no era aplastante. Cuarenta y cuatro diputados nacionales, la gobernación de Corrientes, representaciones en todas las legislaturas provinciales —bastante numerosas en Buenos Aires y Córdoba— y una buena cantidad de municipios en diversas provincias, eran prendas no desdeñables que le permitían ser el interlocutor obligado del oficialismo, el vocero único de la oposición en los cuerpos colegiados. Pero había perdido su virtud mayoritaria, ese mito que justificaba al partido de Yrigoyen a través de todos sus avatares y le confería una indiscutible superioridad sobre los otros partidos; una suerte de virginidad, esfumada ahora, que, como suele ocurrir con la virginidad, era irrecuperable. Los intransigentes aprovecharían el sentimiento de frustración que campeó en todo el partido, para atacar implacablemente al "comando de la derrota" y exigir su desplazamiento.

Estaban en excelentes condiciones para llevar adelante la batalla. Una reorganización después del descalabro estaba dentro de la tradición radical. Se hallaban virtualmente organizados desde fines de 1945 como un movimiento dentro del partido. Habían ganado las decisivas elecciones internas de Buenos Aires en enero de 1946, lo que posibilitó una lista de candidatos a diputados con predominio intransigente. Contaban con el respaldo moral de próceres como Ricardo Rojas, Elpidio González, Francisco Ratto y otras personalidades de cuño yrigoyenista que repudiaban la conducción actual y clamaban por el retorno a las raíces, así como del apoyo de caudillos gravitantes como Amadeo Sabattini. Además, los intransigentes manejaban el "Bloque de los 44", del que ya hablaremos, disponían de un elenco activo y capaz, tenían la simpatía de la juventud, postulaban un programa atractivo y denunciaban la vieja estructura de "trenzas" que los unionistas habían heredado del alvearismo.

Todo estaba dado para que la necesaria renovación de la UCR se realizara bajo el signo intransigente. Un flanco vulnerable, sin embargo, ofrecía el movimiento protestante: casi todos los desertores radicales que habían emigrado a las acogedoras tiendas del peronismo venían del mismo costado que los intransigentes y habían sido sus compañeros en las luchas internas anteriores. Esta circunstancia los hacía desconfiables, y en las tertulias unionistas se aseguraba que sus opositores internos querían conquistar el partido para entregárselo a Perón. Sólo la actuación combativa del "Bloque de los 44" fue disipando este recelo real o fingido, que, sin embargo, persistió durante bastante tiempo más.

En esta atmósfera, después de algunos meses de debates y conciliábulos, a principios de agosto (1946) se reunió la convención nacional presidida por José C. Susán, por fallecimiento de su titular, Mario M. Guido. Aunque la mayoría del cuerpo era ampliamente unionista, puesto que meses atrás había proclamado a Tamborini-Mosca y aceptado la Unión Democrática, se comprendía que había que dar alguna satisfacción a la combativa minoría. No hubo oposición a una fórmula transaccional consistente en sustituir el desprestigiado comité nacional, que había presidido Eduardo Laurencena, por una junta ejecutiva integrada por tres unionistas y tres intransigentes, bajo la presidencia de Gregorio Pomar, unionista por sus amistades, pero grato a todos los sectores en recuerdo de sus antecedentes revolucionarios de 1931. Sin embargo, el punto crucial —la reorganización de los distritos— no fue resuelto. Los unionistas estaban atrincherados en los comités de Capital Federal, Buenos Aires, Santa Fe, Entre Ríos, Salta y Mendoza y no tenían interés en abrir sus defensas al asalto de sus adversarios.

El problema hizo crisis en diciembre de 1946, cuando los miembros intransigentes de la junta difundieron el "Manifiesto de los Tres". "No podrá haber unidad —decían Frondizi, Antonio Sobral y Crisólogo Larralde— si no es sobre bases radicales, de respeto intransigente a la doctrina y la consiguiente fidelidad de conducta." La frase encubría la exigencia de cuya solución dependía la división o el mantenimiento de la unidad del radicalismo: la caducidad de las autoridades de distrito, es decir, una reorganización total. Esas semanas y las siguientes de enero (1947), el radicalismo estuvo a punto de fragmentarse. Pomar había pedido la reunión de la convención nacional para que autorizara a la junta a disponer la reorganización total previendo que la decisión del cuerpo sería negativa, los intransigentes reunieron una asamblea en el local de *Provincias Unidas*, a la que asistió la plana mayor del movimiento. Diputados nacionales y legisladores provinciales, personalidades venerables como Ricardo Rojas —que habló de la posibilidad de "refundar el radicalismo"— y una entusiasta barra juvenil participaron en la reunión, que decidió la no concurrencia de los delegados intransigentes a la convención nacional.

Tal como se temía, la convención nacional no se pronunció sobre el controvertido punto y se limitó a ampliar la junta ejecutiva a quince miembros. Contemporáneamente a las sesiones del alto cuerpo, los intransigentes constituyeron formalmente el Movimiento de Intransigencia y Renovación, con autoridades en todo el país, y convocaron a un congreso que se reuniría en agosto: era como si estuvieran organizando un radicalismo paralelo en previsión del fracaso interno. Sin embargo, a lo largo de 1947, la presión intransigente y el temor de una división fueron logrando elecciones internas relativamente amplias y los bastiones del viejo alvearismo —Capital Federal, Buenos Aires, Santa Fe— fueron cayendo, lo que, sumado a los comités de Córdoba, Corrientes, San Luis y algún otro, aseguraron mayoría intransigente en los futuros cuerpos nacionales.

La triunfal carrera de la Intransigencia hacia los comandos partidarios solo fue empañada por dos resonantes deserciones, que trascendieron hacia diciembre de 1947: la de Jorge Farías Gómez, uno de los más brillantes y activos dirigentes metropolitanos, que harto de luchas y privaciones se acogió al amparo de su primo, el poderoso secretario de Salud Pública, Ramón Carrillo, y formuló declaraciones de apoyo al peronismo, llegando a editar por poco tiempo *Línea*, un órgano destinado a demostrar las coincidencias del peronismo y la Intransigencia radical. Con Farías Gómez se fue un par de dirigentes parroquiales de segunda línea. La otra fuga, no menos sonada que esta, fue la de Pedro Murúa, el líder intransigente más importante de Santa Fe. Las dos mutaciones fueron señaladas por los unionistas como un indicio más del escondido pro peronismo que latía en el corazón de sus adversarios internos. Pero fueron compensadas por el salto, en idéntico sentido, protagonizado por Eduardo Araujo, unionista metropolitano, uno de los artífices de la Unión Democrática, que en 1946 había pasado por ser el futuro ministro del Interior si triunfaba Tamborini...

Por fin, a principios de enero de 1948 se constituyó el nuevo comité nacional, que por una escasa mayoría de votos intransigentes eligió presidente a Roberto Parry, un prestigioso y astuto irlandés que fallecería un año y medio más tarde. La convención nacional, con su nueva integración, se reunió en junio del mismo año y ratificó con mayor comodidad la victoria interna de la Intransigencia, nombrando presidente a Ricardo Rojas y adoptando por unanimidad la "Profesión de Fe Doctrinaria" y las "Bases de Acción Política" calcadas sobre la Declaración de Avellaneda de abril de 1945. Esto significaba que la UCR hacía suyo el ideario del sector intransigente. Además de estas precisiones programáticas, la mayoría intransigente del cuerpo tomó sus reaseguros tácticos estableciendo el voto directo de los afiliados para llenar los cargos partidarios y las candidaturas a cargos electivos e institucionalizó la organización de la juventud en forma permanente.

La nueva conducción radical respondía a una confluencia de sabattinistas, dirigentes jóvenes de Capital Federal y Buenos Aires con gravitación propia y, sobre todo, integrantes del bloque parlamentario nacional que, durante el azaroso interregno, habían sido los abanderados del partido y voceros de la oposición en el Congreso. Era un elenco nuevo, activo, con excelente imagen, que al ocupar el comando partidario cerraba definitivamente el ciclo alvearista. Traían algo novedoso en el radicalismo: un catálogo de puntos programáticos de que se hablará cuando analicemos el "Bloque de los 44" cuya enunciación cohesionaba las filas y dejaba atrás esa cosa informe que había sido hasta entonces el ideario radical, nunca demasiado definido. Los nuevos dirigentes de la UCR exaltaban sus raíces yrigoyenistas, imprimían un ritmo proselitista muy activo. Pretendían convertir a la UCR en la única opción al peronismo y capitalizar el descontento que flotaba en distintos sectores de la opinión pública.

Proliferaron, en esos años, congresos partidarios realizados en diversas ciudades sobre problemas económicos, agrarios, educacionales, de la juventud, etcétera. En la Capital Federal la UCR tenía locales en las veinte secciones, además de "ateneos", "bibliotecas" y otros centros, donde los radicales se reunían al caer la tarde para hablar mal del gobierno... y también de los correligionarios. Los diputados nacionales visitaban con frecuencia esos comités y realizaban actos, sea en los locales, sea en plazas o intersecciones de avenidas, hasta que las reglamentaciones policiales dificultaron estas congregaciones. La lucha interna había movilizado las huestes radicales en 1946/48. y como los unionistas vencidos también constituyeron más tarde su propio movimiento, la competencia derivaba en un copioso calendario de actividades. La pegada de carteles, la pintada de paredes, la distribución de volantes, los "actos relámpago" que estuvieron de moda en aquellos años —concentración en un lugar céntrico, unos cuantos gritos, una volanteada y una súbita dispersión mirando de reojo si venía la policía—, toda la militancia cívica, sin mayor repercusión en las masas, era una buena gimnasia para los afiliados, especialmente los jóvenes y les hacía vivir por momentos ese sentimiento que compensa las mezquindades y sinsabores de la actividad política: la sensación, como un gran viento, de formar parte de la historia...

Así reaccionaron los partidos tradicionales ante la elección de Perón en 1946 y sus secuelas. Salvo en la UCR, no hubo cambios totales en los elencos ni en el pensamiento orgánico de las fuerzas opositoras: pero en los primeros años del régimen peronista se sembraron semillas que florecían después en amargos frutos de disidencias y divisiones.

LA POLITICA DURA

Hubo, en cambio, transformaciones en el paisaje humano de los partidos, que entonces no se advirtieron, pero que introdujeron factores novedosos en el juego de la política. Por ejemplo, esta: antes de 1943 era común en la fauna política el prototipo del ciudadano que brindaba un poco de su tiempo y a veces de su dinero al partido de su preferencia y que, en virtud de un tácito escalafón, y de acuerdo con sus condiciones personales iba ascendiendo pacíficamente en las posiciones internas hasta alcanzar, con un poco de suerte, un cargo electivo. A partir de 1946, esto se acabó. Las luchas opositoras eran ahora una faena riesgosa y exigida. El proceso por desacato, la prisión y acaso la tortura, el atentado, la persecución en todas sus formas, desde una cesantía hasta una confiscación, eran riesgos inseparables de una actitud opositora activa. La banca de diputado no era ya esa ganga con que sueña todo radical, sino un puesto de lucha agotador y peligroso. En 1946 y 1947 menudearon los atentados —generalmente, de origen aliancista— contra locales de los partidos opositores y agresiones a sus actos públicos. En setiembre de 1946 la policía interrumpió a sablazos un acto radical en Berisso y días más tarde, un acto laborista terminó en un nutrido tiroteo. En noviembre, Rodríguez Araya fue agredido y herido en Rosario. En diciembre del mismo año se arrojaron bombas en actos socialistas realizados en diversos barrios de la Capital. En junio de 1947, una bomba mató a cuatro asistentes de un acto socialista en Álvarez Thomas y Federico Lacroze e hirió a veinte personas. En julio se intentó asesinar a Cipriano Reyes. En noviembre se interrumpió a balazos un acto radical en Rosario de la Frontera (Salta); hubo un muerto y varios heridos, entre ellos dos diputados radicales. La lista sería larguísima y aunque hubo intervalos más pacíficos, este tipo de agresiones constela toda la historia del tiempo de Perón, culminando con el atentado que estuvo a punto de costarle la vida al candidato presidencial comunista, Rodolfo Ghioldi, en 1951.

Y bien: esta dureza era una cruel novedad en la política argentina. Había ocurrido a veces, pero nunca la violencia y la represión se habían usado con tanto desenfado, impunidad y reiteración contra los opositores. En consecuencia, la primera línea de la lucha política fue ocupada por gente diferente del pacífico ciudadano que decíamos antes. Ahora había que ser valiente, afrontar cualquier riesgo y, sobre todo, consagrarse de manera casi total al trabajo político, si se deseaba llegar a posiciones importantes: la cosa implicaba una vocación auténtica y apasionada, que marginaba toda pequeña ambición a corto plazo, puesto que ganarle a Perón o voltearlo parecía un sueño imposible... Así fueron raleando los cuadros opositores de tímidos y oportunistas, y también, en general, de gente mayor. No quiere decir esto que los grandes viejos, como Palacios o Repetto, no ocuparan tribunas y aun increparan desde allí a la policía. Pero, en general, los cuadros más combativos del comunismo, del socialismo y del radicalismo se fueron integrando con gente joven que estaba dispuesta a correr todos los riesgos y este fenómeno aparejó un tono nuevo al estilo de las luchas opositoras, un tono que podríamos calificar de heroico, si esta palabra no pareciera demasiado gastada.

Otra modificación notable fue el esfuerzo de comprensión de la realidad nacional que el régimen gobernante obligó a hacer a sus opositores. En los primeros años de su gobierno, Perón era una máquina de hacer cosas: proyectos de ley, mensajes al Congreso, decretos, viajes, inauguraciones, nacionalizaciones, declaraciones, ataques a la oposición, discursos... El oficialismo generaba toda clase de situaciones nuevas a un ritmo endiablado. No había sido así el compás tradicional de la política argentina, ni existido nunca un presidente que obligara a responder permanentemente al torrente de hechos que producía. Por otra parte, como en esos años el gobierno debió afrontar los temas más importantes de su tiempo, desde el destino de los ferrocarriles privados hasta la reforma de la Constitución, la oposición no podía menos de adoptar puntos de vista propios sobre cada uno de los temas atacados. Estas tomas de posición se vieron con claridad en el bloque parlamentario radical, pero en mayor o menor medida fueron asumidas por todo el espectro opositor. Ello obligó a pensar el país y estudiarlo en la multiplicidad de sus problemas, algo que no se hacía con frecuencia en los círculos políticos tradicionales, habituados a proyectar opiniones desde posiciones adoptadas con anterioridad y virtualmente inamovibles. Ahora todo se ponía en cuestión y había que partir de cero: la época de la posguerra tenía, además, este signo identificatorio y un aire inaugural corría por el mundo. Perón no fue hombre de debate: hablaba mucho de "persuasión", pero lo cierto es que nunca se tomó el trabajo de persuadir a sus opositores como señala con justicia Jorge Abelardo Ramos. Sin embargo, la problemática que hizo aflorar su gobierno provocó replanteos y enfoques novedosos en la oposición. Durante el tiempo de Perón no se valorizó esta suma de reflexiones, porque al régimen no le interesaba lo que pensaban sus contradictores. Por el contrario, hacía gala permanentemente de un olímpico desprecio por la oposición y trataba de describir a sus integrantes como títeres de intereses extranjeros. He aquí una de sus típicas tiradas; la pronunció el 25 de julio de 1949 ante delegados del Partido Peronista:

"¿Quiénes son nuestros adversarios políticos? Son suficientemente conocidos: los conservadores, los radicales del comité nacional, los socialistas y los comunistas. Estas fuerzas fueron manejadas de afuera y por lo tanto no tienen vida propia ni los alienta una conciencia nacional. Tenemos derecho a dudar de su patriotismo y de su dignidad. Pero, señores, ellos perturban en lo interno y sus amos en lo externo. La acción es clara: recurren al exterior como añorando sus buenos tiempos, en que nosotros éramos todavía una colonia extranjera. Pero a pesar de ello podemos afirmar que no torcerán la decisión del gobierno ni la voluntad del pueblo, que si supo vencer al señor Braden, vencerá también a sus personeros."

Era una visión brutal y primitiva, que habría de reiterar hasta los últimos meses de su gobierno. Para él, la oposición no era la expresión de puntos de vista diferentes del oficial, sino un puñado de fuerzas despreciables a las que había que destruir. En ese mismo discurso definía la política como "una lucha de voluntades contrapuestas": entonces, lo primordial —agregaba— "es penetrar en las voluntades adversarias y doblegarlas para ponerlas al servicio de la República, aunque no quieran".

LA DEBILIDAD DE LA OPOSICION

Cuando Perón triunfó en 1946, muchos creyeron que su gobierno sería una breve experiencia; no se sabía cómo ni cuándo se derrumbaría, pero esa certeza, sostenida por un vehemente deseo no fundado en ninguna circunstancia real, alimentó los ánimos de muchos opositores sueltos, esa gente que no militaba en ningún partido y cuyos intereses personales no quedarían afectados directamente por el nuevo gobierno, pero que de todos modos, visceralmente, aborrecían al triunfante coronel. Pensaba que esa antología de improvisación y promesas locas no resistiría el choque con la realidad y se fundiría rápidamente y se dispusieron a asistir a ese deleitoso espectáculo, cuyo preludio parecían inaugurar las rudas disputas de los peronistas en las provincias y los escándalos derivados de las elecciones de algunos senadores.

Pero el régimen no se derrumbó y, por el contrario, se fue afirmando. La oposición, en términos electorales, se fue achicando, como lo demuestran los porcentajes de las elecciones que siguieron a la de 1946. En marzo de 1948, en la renovación de diputados nacionales, los candidatos peronistas obtuvieron el 57 por ciento de los votos, y en diciembre del mismo año, las listas oficialistas de constituyentes reunieron el 62 por ciento. Es decir, que Perón, que en 1946 había logrado un angustioso 52 por ciento, ahora disponía de una cómoda mayoría. Solo en la Capital Federal la oposición había logrado una lucha relativamente pareja: en marzo de 1948 el peronismo triunfó en el distrito metropolitano (donde los afiches oficialistas mostraban un sonriente Perón, la fecha del comicio y solo cuatro palabras: "Una cita con Perón") por 307.000 votos contra 125.000 radicales, 114.000 socialistas y 50.000 conservadores.

La oposición no existía solo en los partidos. Otros sectores de la vida nacional eran núcleos opositores y existían instituciones que constituían trincheras antiperonistas: la Sociedad Rural, la Bolsa de Comercio, algunas cámaras empresarias; el Jockey Club y el Círculo de Armas; el diario *La Prensa*. Había segmentos donde el antiperonismo era mayoritario, como el de los productores rurales y los estudiantes universitarios, que sin la virulencia de 1945, persistían en un rechazo del gobierno que había arrasado las altas casas de estudio y sustituido muchos prestigiosos profesores.

También en el difuso campo de la opinión pública sobrevivían expresiones independientes que no se habían cohesionado todavía porque nada las impulsaba a unirse, pero que significarían elementos no desdeñables cuando se soldaran y activaran en torno de algún factor común que las impulsara a adoptar una posición manifiestamente antiperonista.

¿Qué motivos los sostenían? Había muchos que antes de la elección pensaban que Perón era un nazi y ahora corroboraban su impresión viendo el manipuleo de la información y la agresividad contra los opositores. Otros, sin llegar a esa calificación, estaban contra Perón por un sentimiento republicano: porque no soportaban la injerencia de Evita en el manejo de la cosa pública o la sujeción del poder del Estado a la hegemonía personal del presidente, la liquidación arbitraria de la Corte, las brutalidades de la policía o la coacción sobre los diputados radicales. No faltaban quienes eran antiperonistas por un inconfesado racismo, por odio a los "cabecitas negras" que formaban el apoyo más fervoroso de Perón y su esposa, y cuyo acceso a ciertos bienes (como las vacaciones) les resultaban inaceptables por una cuestión de piel, de olfato. Estaban también los nacionalistas, siempre burlados en la hora de la verdad, que se habían prometido un caudillo al estilo de Rosas, un gran señor cristiano que gobernara con un fondo de masas, pero sin ellas, y veían ahora a un demagogo populachero que se arreglaba con los Estados Unidos y, al parecer, no tenía ninguna necesidad de los consejos de aquellos que, en privado, llamaba "los piantavotos".

De todo había en la barca opositora, y los motivos eran, en muchos casos, muy respetables, y en otros, mezquinos e inferiores. En esta época triunfal, Perón metía a todos en una misma bolsa y trataba a sus contrarios con una gran violencia verbal sin que semejante dureza se justificara, porque la oposición estaba desarticulada y expectante, impedida de producir hecho alguno de cierta trascendencia. El presidente había tomado del lenguaje nacionalista algunas palabras como "cipayos" o "vendepatrias", las asociaba a otras que traían ecos yrigoyenistas —"oligarcas"— y aderezaba todo con su propio condimento para hacer de "la contra" un frente único que no difería de aquel que se vertebró en 1945/46 bajo la tutela de Braden. Lo que era injusto a sabiendas, porque en 1946/49 ya no dirigían la oposición los tilingos de Coordinación Democrática y, como se verá, había muchos puntos comunes en la ideología del oficialismo y de la oposición porque pertenecían al aire de la época y eran aceptados por todos. Pero el estilo de Perón necesitaba disponer siempre de conspiraciones y confabulaciones, exigía un repertorio de enemigos acérrimos y peligros ocultos. Era su modo de mantener elásticos y flexibles los reflejos del apoyo popular. Hasta sus últimos momentos usaría estos recursos: a veces, las más, limitados a desbordes oratorios, otras veces, materializados en desmanes físicos. Era el camino fácil de la agresividad desde el poder, que aparentemente se regula a voluntad, pero que siempre hace daño a la comunidad sobre la que se ejerce.

Pero además era profundamente injusto, porque no había motivos reales para hacerlo. Nadie conspiraba en ese momento. Si había *contras* que soñaban con una súbita caída del régimen, si existía gente que acariciaba la utopía de la muerte del presidente y se lo odiaba con vehemencia en ciertos círculos —los relacionados con las clases altas, los desplazados del *ancien régime*, sobre todo—, también es cierto que no había siquiera un principio de realización de semejantes fantasías. Se rezongaba, se comentaba con malignidad o indignación las medidas de gobierno, se difundían rumores, se hurgaba el pasado de Perón y Evita, pero toda esta cháchara no traspasaba las limitadas fronteras de las tertulias, los cafés, las conversaciones hogareñas. Después de todo, estaban en su derecho y no hacían nada distinto de lo que han hecho los disidentes en todos los tiempos, aquí o en cualquier país. De alguna manera tenían que desquitarse de lo que les estaba ocurriendo —que para algunos parecía el fin del mundo y era, ciertamente, el fin del mundo particular para unos pocos. Todo esto no altera el hecho irrefutable de que, en los años de la *fiesta*, no existió el mínimo peligro de una desestabilización por obra de la acción opositora.

Por otra parte, esta se encontraba fragmentada, carecía de poder y respondía a motivaciones muy diferentes en los diversos sectores del cuerpo social. Además, la atmósfera general era de indiferencia a la política, como suele ocurrir en las épocas de prosperidad. Analizando el tema en profundidad, podría llegar a afirmarse que entre 1946 y 1949 o 1950 no existió orgánicamente una oposición. Había, sí, un bloque parlamentario que desarrollaba, cada vez con más dificultades, su función de crítica y control, con escasa repercusión más allá del hemiciclo; había partidos —el radicalismo y el socialista, porque los otros habían pasado a una hibernación casi total y el comunista se movía en algo parecido a la clandestinidad— que tenían una vida interna bastante activa, pero circunscrita a sus locales y a sus pobres publicaciones para alimento de los afiliados. Después de esto, solo existían grupos sueltos, islas inconexas y aisladas que mantenían una actitud contra el gobierno, pero raramente podían o querían manifestarla: núcleos estudiantiles y obreros, círculos intelectuales de efímera audiencia, gente subsumida en ámbitos institucionales donde se diluían, o perteneciente a grupos afectados por la acción del régimen de Perón.

En esta etapa, la oposición a Perón recuerda a la que describe Gastón Boissier en su clásico libro sobre la oposición en tiempo de los Césares. No una expresión orgánica y articulada de disidencias, sino voluntades individuales encapsuladas en diversos campos de la realidad nacional, quietas y expectantes a la espera de que circunstancias todavía impredecibles —entre ellas los errores del gobierno— les insuflaran fuerza y potencia. Y no sería equivocado presumir que el acoso del régimen peronista a estos dispersos elementos fue el factor determinante, por reacción, del lento crecimiento de las disidencias que cinco años después de la clausura de la *fiesta* lograron armar un frente mucho más peligroso, por real, que aquel que Perón había denunciado injustificadamente en los años de bonanza.

CAPÍTULO VI

EL CONGRESO

Cuando en 1946 se normalizó la vida institucional, una de las expectativas más intensas del público politizado se centró en el futuro funcionamiento del Congreso. Siempre apasionó a grandes sectores de la opinión pública argentina el espectáculo parlamentario, ese foro donde se debate la problemática de cada época en el ejercicio de la inteligencia política y la esgrima de las discusiones; donde se esboza el perfil que van dibujando las nuevas figuras o se reiteran las modalidades de los personajes conocidos; el escenario a veces dramático, a veces divertido, casi invariablemente interesante, de los enfrentamientos en el recinto legislativo. Desde 1942, ese goce estaba vedado.

UN LABORIOSO CONGRESO

El nuevo Congreso habría de satisfacer ampliamente esa expectativa durante todo el gobierno de Perón, en la forma que ya se verá; pero fue entre 1946 y 1950, y particularmente en los dos primeros años, cuando el Parlamento argentino presentó una actividad más digna de análisis. Decimos Parlamento, y en realidad deberíamos referirnos sólo a la Cámara de Diputados, pues el Senado, compuesto exclusivamente por representantes oficialistas, no ofreció las alternativas que se daban en la cámara joven, aunque hay que reconocer que, en la monotonía de las sesiones monocromáticas, algunos senadores se distinguieron con aportes sustanciosos. Pero, insistimos, fue la Cámara de Diputados la que ofreció el teatro más vivo y variado, dada su composición y por ello esta aproximación a la vida parlamentaria de los primeros años del régimen peronista se referirá casi exclusivamente a la rama joven del Congreso.

La intensidad e importancia de las labores parlamentarias en 1946 se comprenden si se tiene en cuenta que, entre otros muchos temas, debían analizarse todos los decretos leyes del gobierno de facto de 1943/46 para su homologación o rechazo, lo que implicaba una revisión de lo actuado por el régimen militar. Además, debieron tratarse problemas que no admitían demoras, como la situación de los ferrocarriles de propiedad privada, cuyo régimen caducaba en 1946; los compromisos asumidos por el país en Chapultepec, los problemas derivados del congelamiento de los arrendamientos rurales y las locaciones urbanas, el ordenamiento de las intervenidas universidades, etcétera. Esto, para no mencionar otros temas no tan urgentes, pero igualmente importantes —como los acuerdos del Senado a los jueces designados en comisión— que esperaban solución legislativa.

Así, el año legislativo de 1946 empezó en mayo y continuó en los meses siguientes para prolongarse en sesiones de prórroga durante todo el verano de 1946/47 y concluir en vísperas de la iniciación de las reuniones ordinarias de 1947: el resultado de esta tarea se refleja en doce volúmenes del Diario de Sesiones. Las actas de 1947 abarcan siete volúmenes, seis las del año siguiente y siete las de 1949. Si es lícito medir una labor legislativa por el número de páginas impresas que recogen proyectos, antecedentes, debates y sanciones (y el método es perfectamente aceptable), no hay duda que la Cámara de Diputados de 1946/48, y er menor medida el Senado, fue el cuerpo más laborioso de nuestra historia legislativa.

En 1946/47 el Congreso sancionó importantes leyes. Una selección de ellas podría incluir la 12.830, que autoriza al Poder Ejecutivo a fijar precios máximos y combatir la especulación; la 12.831, que declara feriado el 14 de agosto, Día de la Reconquista; la 12.842, que prorroga los arrendamientos agrícolas; la 12.847, que suspende los desalojos urbanos y la 12.865, que prorroga las locaciones; la 12.869, que crea la embajada argentina en la Unión Soviética; la 12.876, que dispone la erección del "Monumento al Descamisado" en la Plaza de Mayo; la 12.908, que establece el Estatuto del Periodista; la 12.911, 12.913 y 12.921, que homologan decretos del gobierno de facto sobre Aeronáutica, Ejército y Trabajo y Previsión; la 12.967, que crea la Dirección General Impositiva; la 12.951, que establece el régimen del servicio exterior; la 12.961, que reorganiza la Contaduría General de la Nación; la 12.962, que aprueba los decretos del gobierno de facto que reestructuraron el sistema bancario; la 12.987, que crea el Plan Siderúrgico; la 12.990, que regula las funciones del notariado; la 13.031, que establece el nuevo régimen de las universidades.

Un vistazo a las leyes sancionadas en el año legislativo de 1948 registra como las más importantes, la 13.156, que aprueba el decreto del gobierno de facto que crea la Caja de Jubilaciones para Empleados Bancarios y de Seguros; la 13.198, que prorroga arrendamientos agrícolas, que se corresponde con la 13.246, que establece el régimen de arrendamiento y aparcerías; la 13.202, que crea la Orden del Libertador General San Martín; las 13.204 y 13.211 que aprueban las convenciones que crearon la UNESCO y la Organización Mundial de la Salud; la 13.229, que crea la Universidad Obrera; la 13.234, de organización de la Nación en tiempo de guerra; la 13.252, de adopción; la 13.264, que establece el régimen de expropiaciones; la 13.262, sobre protección a bosques y tierras forestales; la 13.482, que crea el Registro Nacional de las Personas; la 13.504, que establece un nuevo régimen de Vialidad Nacional; la 13.511, que establece el régimen legal de los recursos contencioso administrativos; la 13.512, de propiedad horizontal.

En fin, las leyes destacables de 1949 deben incluir la 13.526, sobre identificación de mercaderías; la 13.529, que organiza los ministerios y secretarías de Estado de la Nación según la nueva Constitución; la 13.569, que modifica el Código Penal; la 13.571, que modifica la organización bancaria y suspende la garantía de oro de los billetes; la 13.577, que organiza la Administración General de Obras Sanitarias de la Nación; la 13.579, que aprueba el tratado complementario de límites con el Paraguay; la 13.581, que establece el régimen de locaciones urbanas; la 13.591, que crea la Dirección Nacional de Servicio de Empleo; la 13.644, que crea el tribunal de enjuiciamiento para jueces nacionales según lo dispuesto en la nueva Constitución; la 13.645, Estatuto de los Partidos Políticos; la 13.661, que declara a 1950 "Año del Libertador General San Martín"; la 13.903, que reglamenta el tránsito en los caminos nacionales y varias leyes "ómnibus" que aprueban decretos del gobierno de facto sobre Relaciones Exteriores, Hacienda y Obras Públicas.

Esta ligera enumeración no debe hacer perder de vista que cada una de las leyes mencionadas obligó a estudiar los proyectos presentados por el Poder Ejecutivo o los legisladores; reunir los antecedentes nacionales y extranjeros; debatirlos en la comisión respectiva; producir despacho, unánime o con disidencias; informarlos y discutirlos en el recinto de la cámara iniciadora y aprobarlos en general y en particular, artículo por artículo, para pasar a la otra cámara, donde habrá cumplido idéntico trámite, o uno doble, si era objeto de modificaciones y el cuerpo iniciador insistía en las suyas. Además, esta nómina incluye, como se ha dicho, las leyes más importantes y omite las de presupuesto, que siempre insumen varias reuniones; los pedidos de informes, proyectos de resolución, homenajes, sanciones de pensiones especiales y otras minucias parlamentarias que llevan, todas ellas, un precio de tiempo y esfuerzo. No hubo, en cambio, ni en esta ni en las siguientes legislaturas, esas larguísimas discusiones que antes de 1943 se entablaban durante las sesiones preparatorias, en torno de los diplomas de los electos, que en algunos casos llegaron a absorber la mayoría de las reuniones en una u otra cámara. Desde 1946, los actos electorales eran formalmente inobjetables, de modo que los títulos de los electos no dieron lugar a discusiones políticas como antaño. Debates puramente políticos sí los hubo, por supuesto, cuando se trataron intervenciones federales y en muchas otras oportunidades, cuando los temas resbalaban hacia los terrenos de las libertades públicas o en los innumerables pedidos de informes que formulaban los diputados opositores, no siempre para informarse y, generalmente, para poner en aprietos al gobierno.

Semejante actividad fue servida, durante los primeros dos años, por 158 diputados y 28 senadores. En abril de 1948 terminó su mandato la mitad de los diputados, por imperio del sorteo efectuado al iniciarse las sesiones y los salientes fueron reemplazados por quienes habían resultado electos en los comicios de marzo del mismo año; en el Senado se renovó en 1949 un tercio de los integrantes, a quienes la suerte (la mala suerte) les había deparado sólo tres años en sus curules. Pero como algunos de los que terminaron sus períodos por la virtud del sorteo fueron reelegidos, puede decirse que el Congreso, entre 1946 y 1950, tuvo una composición casi similar.

LAS MAYORÍAS PERONISTAS

En el unánime Senado, la batuta la llevó al principio Diego Luis Molinari, el único con experiencia parlamentaria entre los flamantes padres conscriptos. Había sido Molinari uno de los regalones de Yrigoyen, pero, en la década del '30 su enfrentamiento con la conducción alvearista del radicalismo interrumpió su brillante carrera política y lo sepultó en el olvido, del que emergía circunstancialmente al frente de un pequeño partido que fundó en la Capital y, sobre todo, a través de una obra historiográfica fecunda y original. El alud peronista lo recogió y Molinari volvió a su vieja banca. Era capaz de alimentar prolongados rencores y estaba dotado de una imaginación que lindaba con la fantasía: fue él quien convenció a Perón de la inevitabilidad de una tercera guerra mundial al regresar de un periplo por toda América a bordo de un buque de la Armada, gira de propaganda cuyo fracaso político se correspondió con el fracaso gastronómico traducido en centenares de pavos congelados que debieron tirarse al mar al descomponerse el sistema de refrigeración del navío, con lo que se empobrecieron los banquetes que el senador ambulante pensaba ofrecer a las personalidades a quienes visitaba. Molinari llevó adelante los primeros pasos del Senado peronista y fue el encargado de presentar los casos más difíciles sometidos a su análisis.

Armando Antille, senador por Santa Fe, ex defensor judicial de Yrigoyen en 1930/31, que también había sido mar-

ginado por la conducción alvearista en los años anteriores,
era el otro puntal de la cámara alta, aunque su personalidad era más pacífica que la de su colega metropolitano.
Molinari, Antille, el jujeño Miguel Tanco y el salteño Alberto Durand integraban un cuarteto de raíces yrigoyenistas que contrastaba con la escasez de antecedentes políticos de muchos de sus pares; Durand, por ejemplo, había
sido presidente de la convención que en 1928 proclamó la
candidatura presidencial de Yrigoyen. El sanjuanino Pablo
A. Ramella era un jurista notable; Alejandro Mathus Hoyos, mendocino, unía su versación a su destreza política,
probada en las filas del antiguo lencinismo. Vicente L. Saadi, de Catamarca, muy pronto adquirió gravitación: era
una personalidad avasallante, frecuentaba al presidente y
tuvo desde el principio una activa participación en la organización del Partido Peronista.

Pero el senador que en los próximos meses resultaría ser
el hombre fuerte de ese cuerpo, fue Alberto Teisaire. Era
un marino político, espécimen único en aquellos años, que
había vivido mucho tiempo en el extranjero cumpliendo diversas misiones y cuyo desempeño profesional en las unidades que se le confiaron fue brillante. Ministro de Marina
de Farrel por sugerencia de su arma, Perón lo sedujo y a
su servicio cumplió otras misiones en el gobierno de facto:
el premio llegó con la orden de hacerlo senador por la Capital Federal o por Mendoza, donde su padre había tenido
una accidentada actuación en el lencinismo. La senaduría
se concretó mediante el sacrificio de Luis Gay, como ya se
ha relatado. De sus estadías en el extranjero había recogi-
do Teisaire un barniz de cultura que brillaba en el medio
político de su actuación. Presentaba un flanco vulnerable:
su debilidad por el juego, que le hizo perder mucho dinero
en las carreras. Ahora, bien arrellanado en su sillón —que

por la tiranía de la suerte gozaría sólo hasta 1949, aunque
fue reelecto— estaba dispuesto a seguir a cualquier precio
su *cursus honorum*. Perón encontró en él la persona ideal
para manejar el Senado y, ulteriormente, para presidir el
consejo superior del Partido Peronista: Teisaire jamás diría que no, nunca cuestionaría nada y sabía adelantarse a
los deseos más recónditos de su jefe.

El resto de los senadores era una amorfa masa de media-
nías, algunos todavía incrédulos ante su fortuna, como Felipe Gómez.del Junco, cuyo punto más alto en la carrera
política había sido el de candidato a intendente de Río
Cuarto, o el viejo coronel Justiniano de la Zerda, que en su
Santiago natal solo había encabezado disidencias radicales
invariablemente fracasadas. Como se ha dicho, no había
senadores opositores porque los diplomas de los electos
por Corrientes en 1946, autonomista uno, liberal el otro,
no fueron tratados nunca; después de la intervención al gobierno radical de esa provincia, se designaron senadores,
desde luego peronistas que se incorporaron en 1949.

En la Cámara de Diputados el bloque mayoritario era
enorme: 109 diputados, de los cuales solo dos lo habían
sido con anterioridad. La bancada peronista estaba integrada por casi 70 legisladores del laborismo, casi todos de
origen obrero, y unos 30 renovadores, salidos del radicalismo: como algunos diputados peronistas fueron elegidos
bajo rubros de distinto nombre, es difícil establecer una
sectorización exacta del contenido interno del bloque mayoritario. Lo indiscutible era que constituía un núcleo nuevo en las lides políticas —solo dos diputados, repetimos, lo
habían sido antes— y dotado de una fisonomía inédita en
los anales parlamentarios por la cantidad de obreros que lo
integraban. Este numeroso conjunto sería el que debía
cooperar en la cámara joven con la conducción ejecutiva

de Perón en la nueva etapa institucional. y ciertamente asombra que no lo haya hecho peor, dada su inexperiencia y heterogeneidad.

Los diputados de origen sindical, muchos de ellos con largos y respetables antecedentes en sus gremios y no pocos de extracción anarquista o socialista, traían la experiencia de sus vidas azarosas —algunos las recordaron patéticamente ante sus pares en ciertos momentos— y también su fervorosa adhesión a Perón, pero no estaban preparados para afrontar debates de fondo. Entre los renovadores había muchos políticos de tercera fila, mañeros y advertidos, pero sin mayor capacidad ni formación jurídica. Eran muy pocos los profesionales y menos aún los abogados: así fue como un mocito con tendencia a devenir gordinflón que había sido empleado del Congreso, John William Cooke, fue designado presidente de la Comisión de Asuntos Constitucionales, un cargo que su padre —recordaría Cooke años más tarde— jamás pudo obtener en su larga actuación parlamentaria. Cooke y el riojano Oscar Albrieu, de origen radical, se convirtieron con naturalidad en los dirigentes del bloque mayoritario, superando a Rodolfo Decker, su presidente, que carecía de condiciones de conducción y al poco tiempo fue imputado de haberse complicado en un negociado. El cordobés Raúl Bustos Fierro y el correntino Joaquín Díaz de Vivar, ambos de raíces nacionalistas católicas, fueron los pilares ideológicos del grupo y se hicieron famosos por la apabullante erudición de sus exposiciones, tanto como por la abrumadora longitud de ellas. Los sindicalistas José M. Argaña, Silverio Pontieri —secretario general de la CGT en 1946—, Alcides Montiel y Bernardino Garaguso fueron aportando, a su tiempo, sus respectivas contribuciones. También integraba el bloque Cipriano Reyes, cuyos avatares se han visto antes, que se destacó de entrada con una activa participación en los debates; como se recordará, Reyes fue apartándose de la bancada a la que pertenecía, y ya en 1947 se había escindido de ella, con dos o tres compañeros.

Pero el bloque mayoritario necesitaba una fuerza de choque que hiciera frente a los ataques radicales, y esta fue la función que asumieron Eduardo Colom y Emilio Visca. Venía Colom del yrigoyenismo, donde no había tenido ningún papel importante; en agosto de 1945 reivindicó la marca de *La Época*, el viejo diario radical, que estaba vacante, y con unos pesos que obtuvo y la promesa de Quijano, ministro del Interior por entonces, de arrimarle alguna ayuda, se lanzó a la aventura periodística. Su hoja fue de las pocas que apoyó Perón y, pese a su indigénte diagramación, había logrado un gran éxito de público. Colom, procurador que se hacía pasar por abogado, desenvuelto y farolero, no exento de rasgos amistosos con sus adversarios, dotado de una tenaz memoria que le permitía sacar de su galera nombres y sucesos de la política argentina para justificar precedentes de toda laya, fue uno de los látigos que sintió sobre sus espaldas la minoría.

El otro, Visca, era un increíble caradura, capaz de desarrollar cualquier tema sin tener la menor idea del él, ducho en el arte de sacar de las casillas a sus adversarios y de borronear con argumentos insólitos los argumentos más claros. Había sido del riñón de Fresco en la década del '30 y tenía su pasado maculado con todos los fraudes electorales de la provincia de Buenos Aires: hay que reconocer que siguió fiel al recuerdo de Fresco y en varias oportunidades lo defendió, frente a la escandalizada grita de los radicales. Purificado de sus antecedentes en las aguas del peronismo, Visca se aprestaba a hacer todos los trabajos que se le pidieron, aun los más sucios, y a trepar la escalera de la obsecuencia con el mayor empeño. Frondizi recordaba, muchos años después, una de las salidas típicas de Visca. Se hablaba de la compra de los ferrocarriles; Visca transitaba por el tema con una seguridad pasmosa. Frondizi le pide una interrupción y le pregunta a qué se debía la diferencia de precio en moneda nacional entre los contratos firmados, y el mensaje del Poder Ejecutivo. Visca comenzó a dar vueltas al asunto, alejándose de la pregunta —cuya respuesta, obviamente, no sabía. Frondizi lo sigue acosando y finalmente le dice si la diferencia no se debería a que las libras se habían tomado, en los contratos, en su valor comprador, y en el mensaje presidencial, por su valor vendedor. Era la explicación correcta. Entonces Visca, sin inmutarse y ante las carcajadas de todos, disipa el efecto de la precisión del diputado opositor apuntando:

"Quiere decir que usted, que siempre habla de lo que no sabe, ahora pregunta lo que sabe…"

Es Frondizi también el que recuerda que después de una de esas intervenciones exasperantes en las que Visca era especialista, lo encontró a la salida.

—Usted es un tipo inaguantable —le dijo Frondizi, todavía irritado—, y creo que voy a escribir su biografía para que se conozca semejante personaje…

—Me parece muy bien —respondió Visca, inmutable—. Usted la escribe, yo la vendo, ¡y nos hacemos ricos los dos!

"¡Gordo fraudulento!", le gritó Federico Monjardín en plena cámara, en 1949. Uranga le recordaba en cada incidente su participación en los matoneos a los votantes radicales, en tiempos de Fresco: a Visca nada lo arredraba, nada lo inmutaba… Tal como esperaba Perón lo usó para las peores faenas políticas como ya se verá.

Completaban el grupo de diputados oficialistas más activos Antonio J. Benítez —que sería ministro de Justicia—,

Carlos Gericke, Manuel Graña Etcheverry, César Guillot, de origen radical, y muy pocos más. Presidente de la Cámara de Diputados en 1946/48 era Ricardo Guardo, odontólogo, uno de los pocos universitarios que había apoyado a Perón en 1945, cuya intimidad con el presidente y su esposa lo convertían en nexo obligado entre el Poder Legislativo y el Poder Ejecutivo. La presidencia de Guardo se debió a una desconfianza de Perón. En vísperas de las sesiones preparatorias hubo reuniones de los nuevos legisladores oficialistas. Se conocían muy poco entre ellos y Perón los conocía menos aún. Habíase convenido tácitamente que la presidencia de la Cámara de Diputados debía otorgarse al diputado que hubiera obtenido mayor cantidad de votos, es decir, a Ernesto Palacio, un escritor de origen nacionalista de brillante conversación y vasta cultura, que durante la campaña electoral había dirigido el semanario *Política* en apoyo a Perón. Pero al futuro presidente de la Nación no le gustaba Palacio: tal vez su condición de intelectual o su nacionalismo —venía del uriburismo— le hacía presumir que le sería difícil entenderse con él. Entonces hizo saber que a Palacio, ese estupendo escritor, le estaba asignada una misión importantísima: dirigir el gran diario que necesitaba el gobierno, un proyecto que estaba próximo a ponerse en marcha. En consecuencia, no se lo podía recargar con la difícil tarea de dirigir la cámara joven. A todos les pareció acertadísima la idea y se resolvió consagrar al diputado que había seguido a Palacio en número de votos: así fue elegido Guardo. El "gran diario" no se hizo nunca o, por lo menos, Palacio nada tuvo que ver con el periodismo. Pero no estaba tan equivocado Perón en su corazonada, porque Palacio, con su prestigio en los círculos intelectuales, su bagaje cultural y su sólida ideología... ¡no abrió la boca jamás en los cuatro años de su período! Algunos explicaron que había quedado intimidado por el espectáculo del hemiciclo; otros contaron que, decepcionado del peronismo, prefirió guardar silencio: el caso es que uno de los pocos elementos de sólida formación con que había contado el bloque oficialista, tuvo una actitud pasiva e indiferente. Si ha trascendido su recuerdo, es por el libro de historia que escribió, en aquellos años de su muda diputación, que se agrega a los pocos que publicó antes, reveladores de un espíritu agudo y coherente, hondamente comprometido con el país y su destino.

La renovación de 1948 aparejó algunas reelecciones en el bloque peronista y la agregación de unos pocos valores nuevos: el padre Virgilio Filipo, cura párroco de Belgrano, que se convirtió en el festival personal del radical Luis Dellepiane, cuya máxima felicidad era volverlo loco con sus pullas político-teológicas; Alejandro Leloir, ex dirigente revisionista del radicalismo bonaerense, que en los primeros años de la década había compartido sus luchas contra el boattismo con Ricardo Balbín; y, finalmente, José Astorgano, dirigente del sindicato de taximetristas, que se especializó en una sola misión: la de pedir el cierre del debate cuando la oposición se ponía molesta, una especialización que fue perfeccionando con el tiempo y que cada vez se usó con más frecuencia cuando la atmósfera relativamente tranquila que había manejado Guardo en 1946/48 derivó en el clima opresivo que no supo o no quiso evitar Héctor Cámpora, el nuevo presidente del cuerpo desde 1948.

LAS MINORIAS Y EL BLOQUE DE LOS 44

Las minorías de la cámara joven estaban representadas por el bloque radical y algunos residuos del sistema político anterior a 1943: dos diputados conservadores, Justo Díaz Colodrero y Reynaldo Pastor, que debieron soportar filosóficamente los ataques concentrados de peronistas y radicales cada vez que se hablaba de la "década infame"; un demócrata progresista, Mario Mosset Iturraspe, que hizo un decoroso papel en representación del partido fundado por Lisandro de La Torre; un bloquista sanjuanino y un antipersonalista.

Pero, desde luego, el peso de la oposición lo llevarían los representantes radicales, el legendario "Bloque de los 44", un notable grupo en el que solo 12 habían ocupado anteriormente bancas legislativas. En esos dos activísimos años parlamentarios, los diputados radicales tuvieron a su cargo una agotadora tarea: legislar de la mejor manera posible sobre una gama de temas tan amplia e importante que puede decirse que definió por décadas la vida del país; denunciar lo que conceptuaban abusos y desbordes del oficialismo, y mantener erguida la bandera de su partido, en plena crisis después de la derrota electoral.

La mayoría de los integrantes del "Bloque de los 44" eran hombres jóvenes y ambiciosos. Llegaban al congreso después de muchos años de actividad política y se disponían a hacer de su recinto un escenario que les brindara resonancia nacional. Creíanse depositarios de un destino político más auténtico y trascendente que el voceado por Perón, y estaban convencidos de ser los dueños de claves ideológicas que presentaban perfiles revolucionarios en comparación con las marchas y contramarchas del oficialismo. Algunos de ellos alcanzaron después altas posiciones, y no dejaron entonces de añorar la pureza de sus posiciones en 1946/50, expuestas en un plano de ideas exento de esas despiadadas realidades que obligan a recortar ideologías, transar categorías absolutas y olvidar programas irrealiza-

bles... No incurrimos en exageración si afirmamos que los
anales parlamentarios argentinos no registran, ni antes ni
después, la existencia de un núcleo tan brillante, tan parejo
y eficaz en la función opositora. Pues, aunque sus integrantes venían, en proporciones casi iguales de vertientes
tan distintas como el unionismo y la intransigencia, lograron
componer un conjuto homogéneo y funcional, cuyas fisuras casi nunca trascendieron al hemiciclo que fue el teatro
de sus grandes batallas.

Disponía el bloque radical de individualidades aptas
para todo servicio. Para la ironía y el sarcasmo, allí estaba
Luis Dellepiane, antiguo forjista, capaz de hablar de todo
lo divino y humano... y hacerlo bien; y los hermanos Absa-
lón y Nerio Rojas, médico psiquiatra este último, que no
dejaba de utilizar sus conocimientos de medicina legal para
burlarse de algunos ejemplares de la bancada adversaria.
Para la denuncia resonante, Agustín Rodríguez Araya,
con el antecedente de haber sido el descubridor de las
trampas de los "niños cantores" cinco años atrás, y Silvano
Santander, convencido de que Perón era un títere de los jerarcas nazis refugiados en la Argentina. En el debate económico, Arturo Frondizi y Solano Peña Guzmán se manejaban con amplia solvencia. Emilio Ravignani aportaba su
erudición historiográfica y su capacidad de constituciona-
lista, al igual que Tomás Gómez Funes. ¿Problemas agrarios?: entonces Luis R. Mac Kay. ¿Educacionales?: Gabriel del Mazo, Antonio Sobral, Alfredo E. Calcagno.
¿Militares?: Gregorio Pomar, el héroe de la patriada radical de 1931. En cuestiones internacionales se destacaba el
ex diplomático Alberto M. Candioti y, por supuesto,
Frondizi. Había varios que servían tanto para un barrido
como para un fregado: Emilio Donato del Carril, con su
aire señorial; Ernesto Sammartino, siempre hablando para

la galería —sobre todo si estaba poblada por un público femenino— con su voz aguda, sus párrafos perfectos y ese indiscutible coraje que desbordaba su menuda estatura. Y Raúl Uranga , esquelético, directo en sus críticas, y Oscar López Serrot, cuyo aspecto malhumorado le valía el apodo de "Pato Donald"...

De todo había en el "Bloque de los 44", y todo de la mejor calidad, inclusive los integrantes más silenciosos o los que habían entrado en las listas de candidatos por ayudas que nada tenían de intelectuales: los estancieros Emilio Solanet, Juan Errecart y Guillermo Martínez Guerrero, el publicista Horacio H. Pueyrredón, el industrial Salvador Córdoba y hasta Raúl Rodríguez de la Torre, un pan de dios al que Alvear encomendó la tesorería del partido por su honradez y por su dinero, que debió afrontar, aterrorizado, los abucheos e invectivas de los peronistas por haber sido el que, ingenuamente, endosó el cheque que la Unión Industrial libró a favor de la Unión Democrática en el verano de 1946, aquel famoso del "¡cheque-cheque-cheque/chorros-chorros-chorros!"...

Presidía esta temible concentración de talento y combatividad un hombre de 42 años, Ricardo Balbín, que no tenía experiencia legislativa anterior pero ya era un veterano político. Había militado en el radicalismo desde muy joven, fue uno de los mimados de Alvear, que admiraba sus arengas, pero luego se fue enfrentando a su conducción en Buenos Aires y formó parte del movimiento revisionista, que estuvo a punto de alejarse del partido. Cuando se trató de elegir presidente del bloque, el nombre de Balbín se impuso por tres o cuatro votos. En los tres años de su actuación, demostró una gran habilidad para pulir las asperezas internas. El país político descubrió pronto a este joven diputado de rostro tagalo, mechón caído sobre la frente, el cuello de la camisa siempre arrugado, cuyo verbo, innegablemente radical, emotivo, vibrante, rico en metáforas atrevidas, y tocantes reclamos a los valores morales de la República, escuchaban embelesados hasta sus adversarios. Era Balbín un político *full-time*: cuando terminaba la última sesión de la semana, subía a su automóvil y se largaba a recorrer las ciudades y pueblos de Buenos Aires para hablar con sus amigos, participar en actos públicos o urdir las telarañas inacabables de la política interna.

Vicepresidente del núcleo era Arturo Frondizi. "En los grandes momentos de la historia —ha dicho Proust— hay un hombre que ensarta las cuentas de su collar y perfecciona su caligrafía." Frondizi iba formando su collar y puliendo su letra en el Congreso, mientras esperaba pacientemente su momento. Debe haber sido uno de los parlamentarios más completos de este siglo. Sobrio y ajustado en sus intervenciones, endiabladamente informado de los temas que abordaba, expositor de un pensamiento actualizado y moderno, Frondizi eludía los ataques personales que a veces tentaban a sus compañeros de bancada y no incurría en las efusiones oratorias gratas a muchos de sus correligionarios. Rápidamente se ganó el respeto de sus adversarios y la admiración de casi todos sus compañeros; la opinión pública independiente lo destacó como una de las más promisorias personalidades de la oposición.

Balbín y Frondizi dirigieron el "Bloque de los 44" imponiéndole posiciones cada vez más alejadas del liberalismo económico que había sido tradicional en la UCR y persuadieron a los unionistas a aceptar, generalmente sin disturbios, un pensamiento mucho más avanzado que el que había prevalecido hasta entonces en su partido. Cuando Balbín fue desaforado (1949), Frondizi tomó su lugar hasta el final de su mandato, un año más tarde —puesto que no aceptó, como sus compañeros, la prórroga concedida por las cláusulas transitorias de la nueva Constitución. Balbín y Frondizi eran dos hombres de oratoria diferente, que cubrían distintos campos y cuyos respectivos estilos eran incomparables. Un observador podría haber creído que se trataba de temperamentos opuestos; en realidad, cada uno traducía formas distintas de concebir la política: si ese observador hubiera sido más sagaz, habría augurado que estos dos hombres, vinculados entonces por una entrañable amistad, inevitablemente debían separar alguna vez sus caminos. Pero no se necesitaba mucha agudeza de juicio para advertir que uno y otro asumirían, a su debido tiempo, altos destinos en la Nación.

La renovación de 1948 dejó afuera a algunos de los "44" y trajo otros diputados al bloque: un médico de Cruz del Eje, pausado y discreto, llamado Arturo U. Illia, el teniente coronel Atilio Cattáneo, revolucionario en 1932; el profesor Federico Monjardín, que diez años más tarde presidiría esa misma cámara; el doctor Mauricio Yadarda, jurista cordobés de prestigio nacional, el doctor Alfredo Vítolo, que bajo su pinta de jugador de rugby encubría un temperamento estudioso y un ingenio rápido. Y dos elementos combativos: Emir Mercader, querido por todos, amigos y adversarios, carrerista, ocurrente, dueño de una oratoria que podía ser sentimental o mordaz; y Mario Gil Flood, cuyos repentismos pusieron en vilo a la Cámara en más de una ocasión: por ejemplo, cuando un diputado peronista hacía el elogio de la "Tercera Posición" y él retrucó "¿Tercera Posición? ¡Rodilla en tierra!", o cuando otro diputado de la mayoría recitaba aquello de que "en la Nueva Argentina los únicos privilegiados son los niños" y Gil Flood lo interrumpió para preguntarle con aire inocente qué edad tenía Jorge Antonio...

Los artículos transitorios de la Constitución de 1949 regalaban a todos los diputados elegidos en 1948 la prórroga de sus mandatos hasta abril de 1952, a fin de unificar el período de las distintas representaciones. Los integrantes del bloque radical cuyo mandato vencía en abril de 1950 renunciaron al llegar esta fecha, no aceptando continuar en sus bancas más allá del período para el que habían sido elegidos, de modo que la bancada se achicó sustancialmente. Hasta 1950, pues, duró la actuación del "Bloque de los 44", cuyo número ya no era exactamente éste, pero que seguía conduciéndose con el espíritu y el estilo impreso desde 1946. Algún estudioso debería hacer la investigación de las raíces ideológicas del bloque radical en este período, pues si no es difícil describir el paisaje humano del Poder Legislativo restaurado en 1946, mucho más complejo es el análisis de su mundo de ideas y creencias.

En mayor o menor grado, casi todos los legisladores pensantes de uno y otro bloque participaban de la ideología característica de la segunda posguerra: una mezcla de Harold Laski, Karl Manheim y James Burnham, salpimentada con elementos del *New Deal* y del laborismo británico. Muchos radicales y algunos de los peronistas más activos habían bebido en las vertientes del forjismo y de la Reforma Universitaria; habían sido neutralistas durante la guerra —entre los radicales, todos los intransigentes—, aborrecían al imperialismo británico y miraban con recelo a los Estados Unidos, su aparente sucesor. Tenían la convicción de que el país debía mantenerse ajeno a la guerra fría que ya se estaba esbozando, y tanto los peronistas como los radicales eran firmemente anticomunistas, aunque les parecía conveniente el restablecimiento de relaciones con la Unión Soviética y eran entusiastas partidarios de estrechar vínculos con América Latina, con algunos de cuyos movimientos populares (el aprismo peruano, el adquismo venezolano, el febrerismo paraguayo, el radicalismo chileno) tenían relaciones. Casi todos, asimismo, creían en la necesidad de un Estado fuerte, administrador monopólico de los servicios públicos y promotor del costado industrial de la economía, particularmente en las áreas críticas donde la iniciativa privada no podía o no deseaba hacerse presente. Los radicales anatematizaban las sociedades mixtas y los peronistas también; los radicales proclamaban la urgencia de poner en marcha una "reforma agraria inmediata y profunda"; los peronistas, aunque íntimamente deseaban algo parecido, correspondían a la prudencia de Perón en este terreno y preferían mantener el congelamiento de los arrendamientos agrícolas. Muchas leyes fueron votadas por unanimidad; más aún, en los temas que podríamos llamar de "bien público", fueron escasos los que suscitaron debates violentos —uno de estos casos fue el de la enseñanza religiosa.

Entonces ¿dónde estaban las diferencias entre la bancada oficialista y el bloque opositor? En el tema de la libertad, un valor que tenía distinta significación para unos y otros. Y este fue el gran problema, el dramático nudo del tiempo de Perón.

LA LIBERTAD QUE DIVIDE

Los trabajadores que habían votado a Perón se sentían libres en tanto ya no podían ser despedidos caprichosamente, planteaban sus exigencias a sus patrones de igual a igual, sabíanse amparados por la Secretaría y conocían la felicidad inédita de unas vacaciones en lugares que solo habían conocido de nombre, o de un aguinaldo que a fin de año les llenaba los bolsillos. Para ellos, libertad era la sensación de estar representados en la cumbre del Estado por un hombre a quien amaban y en el cual confiaban. El tirano había sido el patrón, el capataz de la fábrica, el mayordomo de la estancia, el inglés del ferrocarril o el comisario del pueblo. Estos poderes ahora no existían, o existían con una autoridad disminuida. O se habían pasado al lado de acá, como la policía, a la que las masas habían aclamado en las jornadas de octubre de 1945, por primera vez en la historia argentina.

Los diputados peronistas expresaban auténticamente estos sentimientos. Solían hacerlo con rudeza, de un modo basto y chabacano. ¡Qué se iba a hacer! No eran universitarios, carecían de experiencia parlamentaria, y la tentación de aplastar con sus votos a la bancada minoritaria estaba asomando siempre en los debates, sobre todo cuando los portavoces de la oposición eran personajes que les resultaban odiosos, como Sammartino, Santander o López Serrot. El primitivismo político de muchos de ellos les hacía ver a todos los representantes opositores como "vendepatrias", "cipayos", agentes de la CHADE, sicarios de Braden, beneficiarios del fraude electoral de la década del '30, oligarcas encubiertos que solo anhelaban sabotear al gobierno y nublar ese sol que ahora calentaba a todos: la oposición era, simplemente, la "contra", la que llevaba la contraria a toda costa y por cualquier motivo. En consecuencia, no merecía respeto: había que aniquilarla, o por lo menos silenciarla.

Hay que decir que Perón tuvo mucha responsabilidad en esta visión primaria y brutal. A pocos meses de haberse declarado "presidente de todos los argentinos, de mis amigos y de mis adversarios", ya amenazaba con entregar alambre de fardo a sus seguidores para colgar a los opositores, y anunciaba que él sería el primero en golpear... Es claro que un político siempre necesita inventar un enemigo, personal o colectivo: pero un estadista debe limitar estos recursos porque, si escapan a su control, la arena política se convierte en un campo de batalla donde todo vale, donde ningún arma se desdeña. Y cuando se anulan las reglas de juego, nadie sabe quién será la víctima final.

Los diputados radicales, a su vez, eran expresiones de clase media cuyo concepto de la libertad era el tradicional: franquicia para criticar al gobierno, para difundir sus ideas; libertad, en suma, para poder ser alguna vez la mayoría que ahora no eran. Algunos observadores de formación marxista han señalado que los radicales, en el tiempo de Perón solo defendían las "libertades burguesas". Es cierto: se trataba de las que había conquistado la burguesía europea en los siglos XVIII y XIX, cuya existencia garantiza la Constitución. Pero ellas son las que permiten sentirse protegidos de las agresiones de una facción o de los abusos del Estado. No son libertades despreciables: permiten vivir una vida libre de miedos y presiones, y son el prerrequisito para construir una sociedad civilizada. Los diputados del "Bloque de los 44" pensaban que era primordialmente en el recinto del Congreso donde debían ejercitarse y defenderse estas libertades.

Dos concepciones muy diferentes y, en consecuencia, dos actitudes distintas. Lo que quedó claro en la Asamblea Legislativa del 28 de mayo de 1946 que debía proclamar la elección de Perón y Quijano, una vez aprobadas las actas del Colegio Electoral. Frondizi intentó tachar la elección fundándose en que Perón había sido vicepresidente del gobierno de facto: con esta impugnación cumplía con el legalismo de su partido y dejaba sentada una protesta puramente teórica. Pero es un dato importante saber que lo hizo con íntimo disgusto y cumpliendo un mandato de su bloque: años después reconoció el error táctico que había significado esa impugnación formalista y retórica. Los legisladores peronistas no lo dejaron hablar con el inmenso batifondo que provocaron sus primeras palabras: para ellos era un agravio al pueblo que había votado el 24 de febrero. He aquí, en la inauguración del Congreso, la prefiguración de todo lo que vendría después. Mientras estas dos concepciones de la libertad se confrontaran solo en el ámbito del Congreso, el conflicto no era tan grave. Lo sería cuando trascendiera a todos los campos de la vida nacional, y los argentinos se dividieran frontalmente, todos defendiendo la libertad, pero cada bando entendiéndola de modo distinto.

No es de extrañar, entonces, que las relaciones entre los dos grandes bloques de Diputados fueran francamente malas. Existían, además, elementos que coadyuvaban a que ello ocurriera así. Peronistas y radicales no se conocían, lo que no es de extrañar, si recordamos que esta situación también existía en el mismo bloque mayoritario, al comienzo de su actuación, compuesto como estaba por gente que no había mantenido ningún trato anterior político o personal, en la generalidad de los casos. En las legislaturas precedentes, los ocupantes de las bancas pertenecían, por encima de diferencias partidarias, a un gremio común, el de los políticos; enfrentados o no, habían compartido un trajín idéntico y por ende, podían entenderse. En 1946, en cambio, la composición humana de los dos bloques era totalmente distinta: sus integrantes venían de orígenes diferentes y de campos violentamente enfrentados. Después, con el tiempo, el trabajo en las comisiones y los inevitables contactos establecieron excepcionalmente algunas simpatías entre diputados de la mayoría y la minoría, pero al mismo tiempo profundizaron las antipatías creadas desde el primer momento.

Existía también una motivación psicológica en esta latente hostilidad. Los radicales habían llegado a sus bancas después de una activa lucha dentro de su partido; les había costado ocupar la curul y no podían menos que mirar con una mezcla de envidia y desdén a esa masa casi anónima de diputados que aparentemente sin ningún esfuerzo habían logrado el mismo premio. Había en el bloque peronista gente de ínfimo nivel, cuya inclusión en la lista de candidatos se debía a azares absurdos o, simplemente, a la dificultad con que las fuerzas que apoyaron a Perón en 1946 pudieron completar sus nóminas: personajes insólitos que se repantigaban en sus sillones como si los hubieran ocupado toda la vida, que vociferaban en los incidentes, pero no hablaban en el recinto ni trabajaban en las comisiones; sabían que su destino personal estaba absolutamente ligado al del gobierno y por eso eran extremosos en su adhesión a Perón y a su esposa. Estos eran, sobre todo, los que sacaban de quicio a los opositores.

Todos estos factores coincidieron en crear desde el principio un clima tenso en la Cámara de Diputados. ¿De quién fue la culpa? Con distintos grados, de todos. De la mayoría peronista, por su intolerancia y su preferencia por recurrir a la fuerza numérica del bloque antes que afrontar el debate razonado. De la minoría radical, por su dogmatismo, la soberbia intelectual de algunos de sus integrantes, su desconfianza frente a toda iniciativa oficial y su tendencia a ser implacable con las inexperiencias del movimiento triunfante. Y por supuesto, también tuvo la culpa el propio Perón, que no intentó moderar la dureza de los suyos en el Congreso ni evitar los malos hábitos que fueron campeando incontenerblemente en el sector parlamentario que lo apoyaba. Trifulcas e incidentes de variada gravedad se sucedieron en las primeras reuniones, inevitablemente de tono político; más tarde, iniciados los trabajos de comisiones y puestos en debate diversos proyectos de ley importantes, los encontronazos cedieron un poco aunque, de todos modos, el espectáculo parlamentario estuvo matizado de diálogos ríspidos, improperios de uno y otro lado y hasta algunos incidentes con exhibiciones de armas, tazas de café planeando de un bloque al otro y principios de pugilatos. En agosto de 1946 la mayoría suspendió por tres sesiones a Sammartino "por desorden de conducta —señalaba la resolución, con cierto aire de diagnóstico psiquiátrico— en el ejercicio de sus funciones". La sanción había sido motivada por una frase que comparaba a algunos diputados peronistas, a quienes no nombró, con Panurgo, el superladrón de Rabelais... Poco después, el legislador radical enfrentó en su estudio un conato de agresión de un matón profesional.

En octubre, es Rodríguez Araya el que sufre un atentado en su casa de Rosario; un hecho más grave porque los agresores, que resultaron ser policías, le dispararon un balazo en el hombro, pretendiendo detenerlo: Rodríguez Araya había denunciado un negociado en que estarían metidos Colom y el senador Antille, y los policías dijeron tener una orden de detención librada por el juez federal de Rosario, lo que resultó no ser exacto.

En 1947, un año justo después de su suspensión, Sammartino fue expulsado de la cámara. Era la primera vez en la historia argentina que se excluía a un diputado por motivos exclusivamente políticos, pasando por alto la disposición constitucional que prohíbe molestar a los legisladores por las opiniones que viertan en el desempeño de su cargo. Sammartino había fundado un proyecto que reeditaba el famoso "decreto de honores" de Mariano Moreno en 1810 y había aludido a las esposas de los funcionarios, que no tenían por qué ser agasajadas. En el diálogo que se produjo, el diputado radical mencionó "el aluvión zoológico del 24 de febrero". Se produjo un formidable escándalo, hubo un duelo entre Sammartino y Colom, y la suerte del primero quedó echada: sus alusiones a "las mujeres de los funcionarios" resultaban indigeribles a un régimen que hacía de Evita una pieza maestra. Ya no podían soportar esa voz aguda de perfecta dicción, ese hombre a quien nada intimidaba y nadie podía controlar. En la sesión donde se votó su expulsión, desordenada y llena de gritos e improperios, mientras sus compañeros le preparaban una salida segura del Palacio del Congreso, Sammartino se dio el gusto de decir su discurso póstumo.

"Esta no es una *boîte* de moda, ni un club social. Esta es la Cámara libre de un pueblo libre. Y el presidente de la República no puede hablar como el jefe de una tribu al compás de tambores de guerra, para despertar el odio o la adhesión de las turbas ululantes..."

La renovación de la mitad de los legisladores en 1948 no mejoró la atmósfera de Diputados. Al contrario, la empeoró, porque ya no estaba Guardo en la presidencia del cuerpo, que al menos no azuzaba a sus compañeros de bancada. Su estrella había declinado y fue sucedido por otro sacamuelas, Héctor Cámpora, incondicional de Evita, a cuya notoria y proclamada obsecuencia se agregaba su origen conservador en la alimentación de una particular inquina contra los representantes del radicalismo. Bajo la presidencia de Cámpora, tres expulsiones más se agregaron a la de Sammartino a lo largo de 1949, vigente ya la Constitución Justicialista. El primero en caer fue Rodríguez Araya, que en la campaña electoral de su provincia para elegir gobernador había comparado al elenco gobernante con "Alí Babá y los Cuarenta ladrones". Tal como había hecho Sammartino, se ocultó unos días, y después sus amigos lo hicieron pasar al Uruguay.

En diciembre fue expulsado Cattáneo. Su falta: un rasgo de humor que no le cayó bien a Perón. El presidente había asegurado que podía vivir "con $ 200 por mes" y que el único bien que tenía era su quinta de San Vicente. El diputado radical ofreció comprarle la quinta por la valuación que había hecho al efectuar su declaración de bienes cuando asumió la presidencia... Reunióse un tribunal militar que privó a Cattáneo del uso del grado y uniforme que le correspondían como teniente coronel; de inmediato la Cámara de Diputados hizo suya la medida y votó su expulsión. Semanas después, en un avioncito particular, Cattáneo pasó a Montevideo.

Pero la medida coactiva que tuvo más repercusión en la opinión pública y mayor trascendencia política fue el desafuero de Ricardo Balbín concretado a fines de setiembre (1949). Si la expulsión de Sammartino, de Rodríguez Araya y aun de Cattáneo podían entenderse, aunque no justificarse, la sanción contra Balbín, prólogo descontado de su detención, resultaba incomprensible. El presidente del bloque radical no era arrogante ni agresivo, no hacía ataques personales, no tenía manías denuncialistas. Dirigía su bloque con responsabilidad y serenidad. Desde luego, castigaba fuerte al oficialismo, pero ¿no es casi obligada esta actitud en un dirigente opositor? En un congreso de su partido, Balbín había mencionado a Perón como "el dictador" y mencionado "la revolución radical". Un diputado pero-

nista denunció al juez federal de Rosario estas palabras:
con ello y la versión taquigráfica de la policía, el magistrado inició un proceso por desacato, dirigiéndose a la Cámara de Diputados para que, si lo creía necesario, dejara sin
efectos los fueros que amparaban a Balbín para continuar
el juicio. El procesado se dirigió entonces al juez manifes-
tándole que renunciaba a sus fueros, y aquel comunicó esta
circunstancia a Cámpora pidiéndole la devolución de las
actuaciones.

Los dirigentes del bloque peronista no iban a dejar esca-
par esta oportunidad, no obstante que el espontáneo alla-
namiento de Balbín hacía innecesaria una resolución de
desafuero. El 29 de setiembre, a pocas horas de concluir el
período ordinario de sesiones, el diputado Ángel Miel Asquía pide la palabra y solicita que el cuerpo se constituya en
comisión para tratar el pedido judicial de desafuero. Repli-
a Uranga destacando la extemporaneidad de la solicitud y
luego hace una larga exposición Vicente Bagnasco, peronista por Buenos Aires, que detalla los procesos por desacato que pesaban sobre Balbín, más graves, a su juicio,
"por cuanto... es un hábil orador, cuya mímica se apodera
de la emoción de sus oyentes y cuyo énfasis transforma a
menudo las palabras menos agraviantes en hirientes ofen-
sas, por la habilidad del gesto dramático y teatral". Le responde Vítolo quien, en uno de sus párrafos, pone el dedo
en la llaga: la diferencia en la evaluación de las expresiones
políticas del oficialismo y la oposición:

"Nosotros, a quienes se nos llama 'vendepatrias'; a
quienes, desde el jefe del Estado y su esposa hasta los legisladores y dirigentes, tratan de excluir de la vida del país;
nosotros, a quienes hay que 'darles leña' o 'romperles bo-
tellas en la cabeza'; a quienes se nos debería 'condenar a la
horca'; nosotros, frente a la sensibilidad de los señores di-

putados de la mayoría, ¡nosotros estamos incursos en el delito de desacato al señor presidente de la República!"

Habló también Pastor, el único representante conservador. Sus palabras fueron un noble reconocimiento de lo que había sido la libérrima atmósfera que reinó en tiempos de Yrigoyen. Recordó que siendo apenas un estudiante del colegio nacional había escrito cosas tremendas contra el presidente radical.

"A veces las releo —dijo Pastor— y me estremezco al pensar que en aquel entonces, un joven ciudadano podía decir bajo su firma tan tremendas cosas contra el señor Presidente, sin ser perseguido ni acusado. Ahí están esos artículos, como prueba de que había un presidente de la República que respetaba la libertad por encima de su susceptibilidad personal..."

La atmósfera del recinto era cada vez más tensa. No faltó un traspié que hizo sonreír a muchos, en uno y otro bloque. Su autor, un tal Albino Vischi, un hombre de edad, tucumano, peronista de buena fe y pocas luces, pidió una interrupción a Pastor. Este se la concede y entonces Vischi, pidiendo disculpas por su "casi nulo conocimiento en la materia", recordó el desafuero de Enrique del Valle Ibarlucea que —dijo— "fue también una gran injusticia del Senado de la Nación". Rápido, Mercader saltó:

—Le tomamos lo de "también"...

Y Dellepiane:

—Habló la conciencia del señor diputado...

Visca intentó disipar el efecto de la metida de pata y habló un rato en tono conciliador, asegurando que no había ninguna "animosidad personal" contra Balbín: "no ha de perder ni la gallarda valentía de toda su vida cívica, ni su profunda fe en la doctrina de su partido..." Termina Visca y se oye la ya familiar voz de Astorgano pidiendo que se cerrara el debate. Estalla el escándalo: ¿cómo se va a cerrar el debate si al imputado no se le ha dado oportunidad de defenderse? Gritos, consultas y mensajes, hasta que Astorgano retira su moción "para que pueda hablar el señor diputado por Buenos Aires". Frondizi insiste en que está anotado en la lista de oradores, pero Cámpora se mantiene firme: solo podrá hablar Balbín y después se pasará a votar.

Fue el de Balbín un discurso largo, emotivo, pronunciado en medio de un total silencio. Era pasado el mediodía y nadie se había movido del recinto, totalmente lleno. Balbín hablaba lentamente, con su suntuosa voz, tratando de no dejarse llevar por la emoción. Acusó a los jueces que desjerarquizaban el Poder Judicial:

"No tiene coraje judicial el juez que ha mandado esta nota: es de los que anduvieron en los pasillos del Congreso este último tiempo, mendigando la ratificación del nombramiento." No se quejaba de la actitud de la mayoría: "No es la voluntad de la Cámara: lo saben bien los señores diputados. Aquí se responde a una consigna, se cumple una consigna, y me parece bien. No lo reprocho. Reprocho el sistema".

Hablaba, como siempre, sin apuntes.

"Este es un proceso de intimidación. Señores diputados, óiganlo bien: echan a un hombre a la calle para vivir ustedes en libertad, sin darse cuenta de que yo seguiré siendo libre, mientras todos ustedes quedan presos e incapacitados para reaccionar." Denuncia la esencia del proceso que se está viviendo:

"Si esta fuera una revolución auténticamente argentina, triunfante y orgullosa, abriría la puerta a la prédica, a la difusión de ideas, al entrechocar de pasiones, al decir y al dejar decir. Para que el pueblo, en definitiva, fuera quien resolviera si están bien o mal en la conducción quienes conducen. Pero de esta manera, de un modo u otro, se llega al plebiscito unilateral, a la intimidación…" Se justifica: nunca ha hablado de hacer revoluciones:

"¡Cómo voy a comprometer a destiempo a las jóvenes generaciones radicales, cómo voy a pedirles el sacrificio de su sangre, si todavía tengo la mía sin gastarla! Yo hablé de otras cosas: yo hablé de la revolución radical sin armas, en el orden de las ideas…" Augura:

"Todos los triunfadores tienen la creencia de su perpetuidad; todos los triunfadores creen que vivirán su vida entera en el triunfo. Cuando una minoría les dice que están equivocados, que algún día los vencerán, se ríen, como se ríen ahora todos ustedes." Rinde homenaje a sus compañeros:

"Si éste es el precio que debo pagar por el honor de haber presidido este bloque magnífico que es una reserva moral del país, han cobrado barato: ¡ni fusilándome quedaríamos a mano!"

Terminaba Balbín su discurso, pero se equivocaba en una cosa: no había risas en el bloque peronista. Flotaba en la bancada mayoritaria una sensación de disgusto y había rostros mohínos. A muchos les había parecido excesiva la medida. Pero la orden estaba dada y había que cumplirla. A las cuatro de la tarde Balbín fue despojado de sus fueros por 109 votos contra 41. Cinco meses y medio más tarde, era detenido.

Así fue y trabajó el Congreso Nacional cuando la Argentina era una *fiesta*. Sancionó leyes importantes, pero no funcionó, en su rama joven, dentro de la atmósfera de libertad y respeto por las minorías que debe ser propia de los cuerpos colegiados; en cuanto al Senado, la no incorporación de opositores lo convirtió, virtualmente, en un bloque único carente de interés. Los debates de Diputados, en cambio, fueron seguidos apasionadamente por los sectores politizados de la opinión pública. Pero la imposibilidad de acceder a las emisoras radiales, la información parcial de la prensa oficialista y el limitado alcance de los diarios independientes y opositores, siempre indigentes de centímetros, redujeron al mínimo el efecto de la lucha librada por los radicales en el recinto: sus discursos, sus denuncias, el proceso que imaginaban estar haciendo al régimen peronista, moría sin hallar eco en las grandes audiencias nacionales.

Sin embargo, la paciente inversión que hicieron los diputados radicales con su actuación parlamentaria les arrojó suculentos réditos. Allí se dieron a conocer figuras nuevas como Balbín, Frondizi, Vítolo, Illia, Uranga, Monjardín, Mac Kay, Del Carril y otros muchos que eran desconocidos antes de 1943 y ahora se colocaron en igual o mejor nivel que otros correligionarios como Sammartino, Rodríguez Araya, Ravignani o Santander, de notoria actuación en la década anterior. Desde el bloque fueron tomando las riendas de su partido y se aprestaron a constituirse en la alternativa política de la Argentina cuando se agotara la experiencia peronista, una fatalidad que, con el eterno optimismo y la inagotable paciencia del político profesional, veían como un hecho seguro y acaso inminente. No fue, por el contrario, tan significativa la proyección posterior de los legisladores peronistas. Entre los senadores, solo Durand y Saadi tuvieron sobrevivencia política después de 1955; de los diputados, Albrieu y Cooke cumplieron trayectorias importantes. Y desde luego, también Cámpora, presidente de la Nación en 1973 por unas pocas semanas.

En la vida republicana, el Congreso cumple tres funciones insustituibles: legisla, establece un foro libre y ordenado para el debate de la problemática contemporánea, y crea un ámbito propicio para que se identifiquen y destaquen los futuros dirigentes.

La primera función el Congreso de 1946/49 la cumplió en medida muy aceptable. La segunda función no la llenó cabalmente, debido a la atmósfera de coacción creada por el bloque mayoritario, las sanciones contra los diputados de la minoría y el abuso de las técnicas parlamentarias restrictivas (debates de proyectos sin previo despacho de la comisión, constitución de la cámara en comisión para tratar sorpresivamente determinadas cuestiones, cierres de debate intempestivos, homenajes reiterados al presidente y su esposa, etc.), mediante la aplicación de ese instrumento terrible, los dos tercios de votos, de cuya fuerza se hizo una aplicación cada vez más frecuente.

Pero la tercera función del Congreso, la de facilitar la identificación de los futuros dirigentes por parte del público, la desempeñó cumplidamente, al menos en el caso de los radicales, y no porque este fuera el deseo de sus adversarios. Frondizi fue presidente de la Nación, también lo fue Illia, Balbín fue cuatro veces candidato presidencial y jefe de su partido durante varios lustros, y en sus últimos años, algo más que eso. De ese núcleo de hombres acosados, abrumados por el número de sus adversarios y aplastados por la coacción reiterada, saldrían presidentes, ministros, gobernadores, personalidades que por encima de las diferencias que después los separarían, habrían de recordar aquellos años como una de las etapas más puras y gratificantes de su vida pública.

CAPÍTULO VII

LA CONSTITUCIÓN DE PERÓN

En dos años de gobierno, como se ha visto, Perón había montado un sistema de características bien definidas, que marcaba un neto corte con la tradición institucional anterior a 1943. La renovación parlamentaria de 1948 había confirmado, aumentado, el apoyo popular a su persona, y una política económica triunfalista y una política exterior espectacular creaban la sensación de que la Nueva Argentina había robustecido sus bases hasta hacerse invulnerable.

Esta arquitectura necesitaba un coronamiento. Si el peronismo en el poder había cambiado todo, ¿por qué no cambiar también la Constitución? ¿Por qué mantener el tabú de su intangibilidad? ¿Qué más revolucionario que meter mano a la vieja carta, en vísperas de cumplir un siglo de (relativa) vigencia? La reforma de la Constitución de 1853 o su cambio total, parecía un objetivo obligado, que completaría las transformaciones operadas en el país bajo la conducción del líder justicialista.

LA INTENCIÓN DE LA REFORMA

Tal apetencia no era la única, por supuesto, ni siquiera la principal. El propósito más importante de una reforma constitucional se relacionaba con la permanencia de Perón en la presidencia de la Nación. No sabemos si la perspectiva de que su mandato feneciera en 1952 torturaba secretamente al presidente, pero ciertamente inquietaba a sus partidarios. ¿Quién otro podría reemplazarlo? ¿No sería una fuente de disturbios tanto la disputa por la sucesión como el período ulterior de quien sucediera a una figura tan fuerte? Los ejemplos históricos de Roca e Yrigoyen venían a cuento, y casi desde el principio del gobierno peronista se habían levantado voces más o menos espontáneas para destacar la necesidad de que el jefe justicialista no limitara su presidencia a un sexenio. Y era indudable que la mayoría del electorado apoyaría cualquier iniciativa en este sentido.

Además, existía en Perón la inquietud de incorporar a la Constitución la filosofía que venía exponiendo; su idea de una "doctrina nacional" imponía la necesidad de fijar en la ley de las leyes los principios, cartillas y lemas que formaban su ideario, para hacerlos trascender a las generaciones futuras.

Finalmente, otro propósito campeaba en el designio de reformar la Constitución: su modernización. Era indiscutible que persistían en el texto de 1853 muchos arcaísmos, normas en desuso y previsiones superadas por el tiempo. En realidad, no molestaban; al contrario, dan a la vieja carta el cálido sabor de la antigüedad, esa pátina que pocas instituciones argentinas pueden ostentar, joven como es el país. Pero a la prolijidad militar de Perón le molestaban esas incrustaciones del siglo pasado. En su mensaje al Congreso de 1948 lo había dicho: "La Constitución no puede ser artículo de museo que, cuanto mayor sea su antigüedad, mayor es su mérito, y no podemos aceptar sin desmedro que en la época de navegación estratosférica, que nos permite trasladarnos a Europa en un día, nosotros usemos una Constitución creada en la época de la carreta, cuando para ir a Mendoza debíamos soportar un mes de viaje". El argumento era fútil: con ese criterio habría que reformar los Diez Mandamientos, dictados para una tribu que peregrinó durante años entre Egipto y Palestina, un trayecto que hoy se hace en tres cuartos de hora…

Era indudable, sin embargo, que algunas normas de la Constitución debían cambiarse. En lo que iba del siglo se habían presentado al Congreso Nacional casi medio centenar de proyectos de reforma: una buena parte de ellos tendía a establecer la elección directa del presidente y de los senadores nacionales, precisar las facultades del Poder Ejecutivo nacional para intervenir las provincias o hacer posible la autoconvocatoria del Congreso Nacional. Todos dormían en los archivos parlamentarios, pero expresaban una necesidad que hasta los más recalcitrantes opositores a Perón reconocían.

Pero en 1948 no se trataba de perfeccionar la Constitución. Mudarla, retocarla al menos, era un símbolo. Significaba que el peronismo en el poder aparejaba un cambio total, una mutación en todos los órdenes. Significaba, también, que ese movimiento joven se animaba a meterse con la ley fundamental, el texto reverenciado aunque muchas veces no cumplido, que "la contra" invocaba a cada rato para denunciar las transgresiones del oficialismo. Era una demostración de potencia y una forma de amenazar a la oposición, demostrándole hasta dónde podía llegar el partido gobernante. Pero, por sobre todas las cosas, reformar la Constitución de 1853 era quitar de en medio el artículo 77, esa impertinente cláusula que marcaba inexorablemente el final del mandato de Perón en 1952.

EL MECANISMO EN MARCHA

En marzo de 1947 el diputado Eduardo Colom presentó un proyecto para que se declarara la necesidad de reformar la Constitución, a fin de posibilitar la representación parlamentaria de los territorios nacionales, implantar la elección directa de presidente, incorporar al artículo 14 los derechos del trabajador y, claro está, permitir la reelección presidencial. Según contó Colom años más tarde, el propio Perón le pidió que no moviera el asunto: era demasiado pronto para tratar el tema y había otras cosas importantes entre manos. En mayo' de 1948 volvió Colom a insistir: pero esta vez el mensaje presidencial que abrió el período legislativo no dejaba dudas de que Perón deseaba la reforma, que para entonces ya era propiciada por otros diputados oficialistas.

El 13 de agosto a la tarde (1948) empezó una maratónica sesión en Diputados para tratar la declaración de la necesidad de una reforma constitucional, según lo prescribe el artículo 30 de la misma Constitución. Asistía el ministro del Interior, y la presencia de Borlenghi azuzó al bloque radical a reprocharle la falta de libertades que pesaba sobre el país. Hubo varios incidentes y discursos más o menos eruditos sobre el tema; la oposición advirtió reiteradamente sobre la manera equivocada en que se estaba llevando adelante la iniciativa. Era la madrugada del 14 cuando terminó la sesión con la aprobación del proyecto. El 27 de agosto el Senado convirtió en ley la media sanción de Diputados en una reunión sin sobresaltos, como era normal en la cámara alta. El Poder Ejecutivo la promulgó el 3 de setiembre con el número 13.233. La Constitución de 1853, la vieja carta a cuyo amparo, aun con las transgresiones que sufrió, el país se había constituido y engrandecido, sería reformada.

Pero, ¿cómo estaba instrumentado el proceso reformador? Y ¿qué se reformaría? El asunto merece un análisis porque es típico del estilo peronista. La vía reformatoria pudo haberse transitado correctamente, tal como lo establecen la Constitución y la sana doctrina; pero la mayoría prefirió usar el peso de su voto sin atender las sensatas objeciones formuladas por la oposición y de este modo abrió un flanco de vulnerabilidad a todo el mecanismo puesto en marcha.

La incorrección del procedimiento fincaba en tres puntos. En primer lugar, el Congreso había votado una ley, no una declaración, como lo exige la Constitución. Una ley es algo diferente de una declaración: una cámara del Congreso puede declarar lo que se le ocurra, y el acto así generado termina en ese punto. Una ley, en cambio, está sujeta a un proceso creativo que la Constitución puntualiza detalladamente y que culmina con su promulgación por el Poder Ejecutivo. Por motivos ignorados, la mayoría peronista prefirió sancionar una ley y con ello abrió una brecha en la legitimidad de la iniciativa reformista.

El segundo punto se refería a las reformas mismas. La ley 13.233 establecía la necesidad de la revisión y reforma de la Constitución Nacional "a los efectos de suprimir, modificar, agregar y corregir sus disposiciones, para la mejor defensa de los derechos del pueblo y del bienestar de la Nación": una intención tan amplia y vaga, que abarcaba todo y nada en su enunciado. La doctrina constitucional, la tradición nacional y hasta la lógica jurídica y política indican que al declararse la necesidad de una reforma constitucional, debe señalarse qué artículos tendrían que ser modificados. Esa fue, por otra parte, la técnica de los proyectos presentados en 1947/48 por diversos diputados peronistas. Si no fuera así, el electorado no sabría qué habría de votar cuando tuviera que elegir a los constituyentes. Pero cuando el Congreso sancionó la ley, la mayoría ignoraba qué intenciones tenía Perón y optó por entregarle un cheque en blanco. Lo correcto hubiera sido detallar, artículo por artículo, como se hizo en 1860, 1866 y 1898, aquello que debían examinar los constituyentes; o al menos definir a grandes trazos el sentido y motivo del examen por realizarse. He aquí, entonces, otro flanco vulnerable que la oposición no dejó de atacar.

El tercer punto cuestionable era más grave todavía. El artículo 30 de la Constitución establece que la necesidad de la reforma debe ser declarada por las dos terceras partes, como mínimo, de los miembros del Congreso. Hay virtual unanimidad en la doctrina de que cada cámara debe reunir esta mayoría; ellas funcionan separadamente, y solo lo hacen en forma conjunta, como Asamblea Legislativa, en los casos que están expresamente determinados. Dicho de otro modo: en agosto de 1948 la necesidad de la reforma debió ser votada por los dos tercios de los diputados y los dos tercios de los senadores separadamente. En el Senado, la votación fue unánime. El problema se planteaba en la cámara joven. Pues el *quid* de la cuestión residía en esto: ¿los dos tercios de qué diputados? ¿Los que estaban presentes en el momento de la votación o la totalidad de los diputados existentes? Sobre 152 que integraban la Cámara de Diputados, los votos afirmativos fueron 96; no alcanzaban a ser los dos tercios del cuerpo, y solo eran los dos tercios de los diputados presentes en el momento de la votación. Sin embargo, la mayoría extraordinaria prescrita por la Constitución para una sanción extraordinaria como es la que decidirá la reforma de la ley fundamental debe estar referida —así opinan casi todos los que se han ocupado del tema— a la totalidad de los integrantes de cada cámara. No a los que estaban presentes en la sesión, sino a todos.

A la mayoría peronista le faltaban votos para alcanzar los dos tercios de los diputados. De las 158 bancas de la Cámara de Diputados existentes en 1948, estaban ocupadas solamente 152, pues había ocurrido el deceso de cinco diputados y uno (Sammartino) había sido expulsado. En consecuencia, los dos tercios de los diputados existentes debía ser 101, y para lograr este número, faltó al bloque peronista la presencia de cinco legisladores. Podrían haberlos obtenido. Se dice que algunos dirigentes del bloque mayoritario sugirieron postergar la votación del 14 de agosto a fin de lograr la asistencia de los faltantes, pero Subiza convenció a Perón de forzar la marcha y terminar de una vez. La inexistencia de la mayoría debida fue marcada una y otra vez por la oposición durante todo el proceso de reforma, y siete años más tarde sería invocada por el gobierno de la Revolución Libertadora para declarar nulas las reformas de 1949.

¿Por qué esta insistencia en llevar adelante un proceso cuestionado? No puede atribuirse a ignorancia: en la sesión del 13/14 de agosto, el diputado Alfredo Vítolo, entre otros radicales, marcó con excelentes argumentos las fallas del procedimiento. ¿Apresuramiento? No había ninguna urgencia y los votos faltantes podían completarse con relativa facilidad en pocos días más. Es de suponer que prevaleció aquí la omnipotencia que campeaba en el oficialismo y que Perón estimulaba, aunque verbalmente se manifestara legalista y cuidadoso de las formas. ¿Qué importancia, un voto más o menos? ¿Para qué detallar la nómina de las reformas? ¿Qué diferencia entre una ley y una declaración? Cualquier defecto —se pensaría— habría de ser lavado por el pronunciamiento popular.

LAS GRANDES DUDAS

Los partidos opositores denunciaron desde el primer momento estas fallas, y distintas opiniones de juristas independientes las reforzaron. Pero nada impediría a Perón tener *su* Constitución y, a partir de principios de setiembre, todo el aparato oficial de propaganda se lanzó a apoyar las listas que presentaría el Partido Peronista en las elecciones de constituyentes del 5 de diciembre (1948). Listas que —no está de más recordarlo— fueron confeccionadas por el secretario de Asuntos Políticos de la Presidencia sobre la base de los nombres que le enviaron los gobernadores a su pedido. El historiador peronista José María Rosa se ha burlado en su libro *Nos, los Representantes...* de la manera chapucera con que fueron designados los constituyentes de 1853; casi un siglo después, el método para elegir los candidatos peronistas fue más prolijo, pero no menos digitado... El descubrimiento del complot de Reyes, a fines de setiembre, vino a agregar un matiz emocional al lanzamiento del mecanismo reformador: si habían querido asesinar al líder, ¿qué mejor respuesta que un voto masivo para posibilitar su reelección en 1952? No se habló en concreto de las reformas por introducir en la vieja Constitución porque todavía no había proyectos definidos en el campo oficialista. Se lanzaron invectivas eso sí a la carta de 1853, un texto de un "liberalismo trasnochado", un cuerpo "anticuado" y "superado por el tiempo". Nadie sabía cómo ni con qué profundidad se reformaría, y lo único que flotaba implícitamente en el ambiente, tanto de los círculos oficiales como de la oposición, era la inevitabilidad de la eliminación del artículo 77.

Esta certeza sumió a los partidos de la oposición en distintos grados de angustia. ¿Tachaban de nulidad la ley 13.233 y se abstenían de concurrir a las elecciones de constituyentes? ¿O se presentaban y peleaban en la convención?

En realidad, el dilema solo era real para el radicalismo. Los comicios de diputados de 1948 habían reiterado los de 1946 en la extirpación de las representaciones electivas de las restantes fuerzas políticas: la Ley Sáenz Peña, con su sistema de mayoría y minoría, es cruel con los que salen terceros... De todos modos, el Partido Socialista, después de un arduo debate interno, resolvió aconsejar el voto en blanco, posición que sostenía la vieja conducción contra algunas expresiones juveniles. También se abstendrían los demócratas progresistas. No así el Partido Comunista, que se presentó a las elecciones para luchar contra una reforma que —descontaba— estaría imbuida de nazismo y falangismo. El Partido Demócrata resolvió no concurrir.

La UCR reunió su convención nacional en octubre para decidir la posición a adoptar. El enfrentamiento de unionistas e intransigentes encontraba ahora un nuevo motivo para encresparse: los primeros, sosteniendo la conveniencia de abstenerse para no legalizar el instrumento que se preparaba; los intransigentes, aduciendo la oportunidad que se abría para denunciar los abusos del régimen y difundir el programa partidario. En realidad, la postura unionista llevaba a un callejón sin salida: no participar en la Convención Constituyente arrastraba en buena lógica a la renuncia de todas las bancas legislativas y a la abstención en todas las elecciones posteriores, pues una Constitución se acepta o se rechaza *in totum*. Fue necesario echar en la balanza la autoridad personal de Ricardo Rojas, presidente del cuerpo, para aunar criterios. Finalmente se resolvió concurrir a la convocatoria electoral para sostener los principios históricos del radicalismo; se prohibió a los convencionales radicales auspiciar reformas a la Constitución, pero se les daba libertad para manejarse según las circunstancias lo aconsejaran. La resolución terminaba diciendo que la UCR mantenía su decisión de "organizar la Nación sobre las bases inconmovibles del pacto de Libertad, Democracia y Federación contenido en la Constitución del 53 para asegurar la libertad ciudadana y la justicia económica y social".

La campaña electoral fue corta y no muy entusiasta. El oficialismo no realizó grandes actos, salvo uno que organizó la CGT en el Luna Park. La UCR levantó tribunas en la Capital Federal y algunas ciudades del interior. Los socialistas, aunque abstenidos, efectuaron algunas movilizaciones. El 5 de diciembre se eligieron 158 convencionales constituyentes; de paso, los mendocinos, los cordobeses y los correntinos eligieron a sus gobernadores, y los porteños, un senador nacional.

El escrutinio no fue una sorpresa, desde luego. El Partido Peronista obtuvo 1.730.000 votos (61,38 por ciento), la UCR 757.000 (26 por ciento); los comunistas solo llegaron al 3 por ciento con 83.000 sufragios, y los conservadores, menos aún: 19.000 votos (menos del 1 por ciento). En la Capital Federal, Teisaire retuvo su banca con 339.000 votos; Arturo Frondizi candidato a senador radical, fue votado por 202.000 ciudadanos.

La Convención Constituyente sería, pues, cerradamente bipartidista: 110 convencionales peronistas, 48 radicales.

Semanas después, el 11 de enero, Perón convocaba a los convencionales de su partido a un asado en la quinta de Olivos. Sacos afuera, un friso de tiradores y sujetadores elásticos decorando el bucólico ambiente; Perón radiante y, a su lado, Quijano, hirsuto y enculado como siempre. Allí se representó el primer acto de la pequeña opereta cuyo final se vería en febrero.

La reunión empezó temprano, a las 8. Evita, poco amiga de madrugones, cayó a eso de las 10. El presidente glosó un proyecto que había elaborado José Figuerola, secretario de Asuntos Técnicos de la Presidencia, patrocinado por el consejo superior del Partido Peronista. Era pues, el plan oficial de reformas.

Cuando llegó al artículo 77, Perón leyó el texto de la redacción que se proponía: "El presidente y vicepresidente de la Nación durarán en sus cargos seis años y podrán ser reelegidos". La concurrencia, entonces, se puso de pie y aclamó largamente a Perón. Pero este agregó, una vez terminado el aplauso:

"Aquí el partido, aun contra mi voluntad, ha colocado al final del artículo, en reemplazo de 'y no pueden ser reelegidos sino con intervalo de un período', 'y pueden ser reelegidos'. Es indudable —siguió diciendo— que doctrinariamente este es un artículo de la Constitución que corresponde que sea así. A mí me han convencido a este respecto. Corresponde, por una simple razón: porque si el pueblo elige, debe elegir sin ninguna limitación, absolutamente ninguna limitación, y esto entra dentro de esta concepción."

Y agregó:

"Ahora, bajo el aspecto personal, se imaginarán que

yo reservo opinión en lo que a mí se refiere. Yo no solo no voy a poder aceptar una segunda presidencia, sino que no creo que quede en condiciones de aceptar una reelección... Yo estaré en el gobierno mientras crea que pueda hacer el mayor bien a la República, pero abandonaré el gobierno un minuto después que crea que ya no lo puedo hacer bien. El desgaste es extraordinario. Por esa razón, para mí esto no representa ningún compromiso. Creo que en nuestro movimiento hay hombres capaces, que pueden reemplazarme con ventaja..."

Después siguió explicando el resto de las reformas, hubo ovaciones varias y, finalmente, todos pasaron al condumio. Pero, sin duda, algunos de los presentes compararon las alegaciones de Perón en esta oportunidad, con los argumentos formulados en su mensaje del 1º de mayo del año anterior: pocas veces se había expuesto con tanta claridad, como en aquella ocasión, las razones que asistían al mantenimiento de la cláusula de la no reelección. Dijo Perón entonces:

"Mi opinión es contraria a tal reforma. Y creo que la prescripción existente es una de las más sabias y prudentes de cuantas establece nuestra Carta Magna. Bastaría observar lo que sucede en los países en que tal reelección es constitucional. No hay recurso al que no se acuda, lícito o ilícito; es escuela de fraude e incitación a la violencia, como, asimismo, una tentación a la acción política por el gobierno y los funcionarios. Y si bien todo depende de los hombres, la historia demuestra que estos no siempre han sido ecuánimes ni honrados para juzgar sus propios méritos y contemplar las conveniencias generales. En mi concepto, tal reelección sería un enorme peligro para el futuro político de la República. Es menester no introducir sistemas que puedan incitar al fraude a quienes supongan que la salvación de la Patria solo puede realizarse por sus hombres o sus sistemas. Sería peligroso para el futuro de la República y para nuestro Movimiento, si todo estuviera pendiente y subordinado a lo pasajero y efímero de la vida de un hombre."

El 1º de mayo, pues, Perón había expuesto razones doctrinarias, institucionales y políticas para rechazar la reforma del artículo 77; ahora exponía solamente una razón personal. El matiz era importante, y no dejó de ser notado por los más avisados. Por de pronto, el proyecto abría la posibilidad de un nuevo período para el jefe del justicialismo: era cuestión de convencerlo para que declinara sus razones...

De todos modos, el tema se discutía en los círculos de los convencionales mayoritarios. Allí estaban los amigos de Mercante, que veían en el gobernador de Buenos Aires al futuro segundo presidente justicialista; estaba el círculo más cercano a Evita, que acariciaba la idea de que fuera ella la sucesora de Perón. Y del otro lado estaba la oposición entera, que se sentiría muy agradecida al destino —y al oficialismo— si la perspectiva de aguantar a Perón quedaba limitada a tres años más y no se prolongaba ¡*horresco referens!* hasta 1958...

El foro de todos estos conciliábulos era la Convención Constituyente, próxima ya a reunirse, donde 110 peronistas y 48 radicales confrontarían sus posiciones.

LOS CONSTITUYENTES

La fauna de la Convención era variada. El peronismo había hecho un esfuerzo para llevar a su mejor gente. Como la ley 13.233 no establecía ninguna incompatibilidad entre la calidad de convencional y el desempeño de cualquier función en los poderes del Estado, el bloque oficialista incluía ministros de la Corte Suprema de la Nación, jueces, ministros nacionales y provinciales, además de dirigentes sindicales, profesores universitarios y diputados nacionales. Se distinguirían después individualidades como Ireneo Cruz, de la Universidad de Cuyo; Julio Lafitte, presidente de la Universidad de La Plata; Carlos María Lascano, decano de la Facultad de Derecho de Buenos Aires, Carlos Berraz Montyn y un joven abogado santafecino, Italo Argentino Luder. Caras conocidas en el recinto eran, entre otras, las de Héctor Cámpora y Joaquín Díaz de Vivar; previsoramente, las listas peronistas habían incluido los habituales cuzcos del bloque de diputados nacionales, Ángel Miel Asquía y Emilio Visca. Los constitucionalistas de peso, sobre los cuales recaería buena parte de la responsabilidad doctrinaria, eran Arturo Sampay, fiscal de Estado de la provincia de Buenos Aires, autor de numerosos trabajos sobre el tema, Pablo Ramella, sanjuanino, senador nacional, y Felipe S. Pérez, miembro de la Corte Suprema de la Nación —a quien sus enemigos llamaban "Felipe Spasa Pérez" por haber pronunciado en cierta ocasión un discurso sobre la universidad que era una copia textual del artículo respectivo del Diccionario Espasa...

Por supuesto, también convivían con estas notabilidades muchos convencionales anónimos. Y, pese al celo de Subiza en la selección de los nombres, hubo algunos casos pintorescos en las nóminas peronistas. Uno de ellos fue el del "Chaucha", que hizo reír a la oposición y provocó más de una cara larga en la bancada peronista.

Se contaba por entonces que, una noche, una comisión policial cayó a un cabaret de mala muerte en procura de un pájaro con la captura recomendada. De pronto advierten una pinta conocida.

—¡Eh "Chaucha"! Vení y no te hagas el vivo. Nos vas a acompañar a la comisaría...

Era un malviviente con suntuoso prontuario: ley de juego, riñas varias, delitos contra la propiedad, tráfico de estupefacientes, etcétera.

Pero el "Chaucha" los miró despectivamente y dijo:

—Más respeto, señores... Soy el convencional constituyente por la Capital Antonio López Quintana.

Y mostró la medalla y el carnet que lo acreditaban como tal. Los fueros no hubo necesidad de mencionarlos: la policía de la época sabía muy bien lo que era un diputado. Le hicieron la venia y se fueron... El "Chaucha" murió en su ley en mayo de 1969, en un tiroteo en la ruta Panamericana.

El otro caso divertido del bloque peronista fue el del convencional electo Pablo E. C. López, por Santa Fe. En la reunión preparatoria no presentó su diploma ni concurrió a las posteriores. El convencional radical José C. Susán denunció que el tal "Pablo E. C. López" era español de nacimiento y se había enrolado en Rosario con una libreta a nombre de "Pablo E. Carnero", y además poseía otra libreta a nombre suyo, pero que pertenecía a un tal Carlos Seddita. El convencional radical no dejó de meter una púa al denunciar el hecho: "¿No habrá muchos López, muertos y vivos, en estas condiciones?" Lo cierto es que, muerto o vivo, el convencional Pablo E. C. López nunca se presentó a la asamblea.

Naturalmente, éstas eran excepciones dentro de los delegados peronistas. La figura descollante del grupo era, sin duda, la del coronel (R) Domingo Mercante, gobernador de Buenos Aires y el convencional más votado del país. Era el momento más alto de su estrella política. Sensato y competente, estaba realizando una buena gestión de gobierno y mantenía una relación decente con la oposición. Dentro del peronismo, era sin discusión, el número dos...

Uno de los diputados oficialistas de la época, el cordobés Raúl Bustos Fierro, recordaba en 1969: "Apenas formulado el anuncio. (de Perón, el 1º de mayo de 1948, manifestándose en contra de la reelección) una ola de apresuramientos sacudió a las corrientes turiferarias infiltradas en nuestras filas partidistas. Entonces, ¿quién para 1951? (...) Restaban aún tres años de gobierno constitucional. No estaba siquiera dictada ley autorizando la elección a Convención Reformadora. Empero, quienes siempre entendieron a la revolución justicialista como personal *cursus honorum*, medro o privanza a la sombra del poder, emprendieron una vertiginosa carrera de adivinaciones, acercamientos, trenzas y empujones en procura del todavía incógnito presidente del 51. Varios apellidos fueron pronunciándose por los labios augurales a todo lo largo de 1948 y comienzos de 1949. El del coronel Mercante, gobernador de Buenos Aires, parecía eclipsar a los restantes. El "mercantismo" pasó a ser, prestamente, una sólida columna interna".

Sabíase que Mercante sería el presidente de la convención; estaba resuelto a dirigir los debates con ecuanimidad, acaso con la intención —perfectamente legítima— de ir creando un ambiente auspicioso hacia su persona, con vistas a la eventual presidencia de la Nación. Y lo cierto es que Mercante fue un buen presidente: condujo las discusiones con altura, evitó las agresiones verbales que eran desgraciadamente habituales en la Cámara de Diputados y muchas veces reprendió con energía las interrupciones y desbordes de sus propios correligionarios.

El conjunto radical por su parte no tenía la calidad promedio del "Bloque de los 44", pero de todos modos presentaba un lote de figuras de primera línea. Había juristas que, al mismo tiempo, eran hábiles políticos, como Amílcar Mercader, Anselmo Marini, Aristóbulo Araóz de Lamadrid y Ataúlfo Pérez Aznar; algunos eran jóvenes que hacían sus primeras armas: Alberto Spota y Ernesto López Sansón. Estaban el presidente y vicepresidente de la Universidad de La Plata de 1945, Alfredo E. Calcagno y Gabriel del Mazo, que con Antonio Sobral formaban el núcleo doctrinario del grupo. Otros nombres, como Jorge Albarracín Godoy, Adolfo Parry, Rubén Palero Infante, Ignacio Palacios Hidalgo y Carlos Sylvestre Begnis, eran menos conocidos en el público, pero tendrían una actuación destacada. Y como en todas partes se cuecen habas, también el bloque radical presentaba sus personajes curiosos: Víctor Alcorta, santiagueño, miembro eterno del comité nacional de la UCR y cliente inamovible de las mesas del Hotel Castelar, que, pese a lo ordenado por su partido, presentó un proyecto de resolución cuyos fundamentos llevan 16 páginas del Diario de Sesiones en cuerpo chico y es una de las piezas más delirantes de los anales parlamentarios argentinos. Para no nombrar (porque no hay que nombrarlo) a otro convencional radical, de la provincia de Buenos Aires, cuya histórica e ilevantable *jettatura* todavía eriza los pelos de quienes osan recordarlo...

El jefe de este núcleo era Moisés Lebensohn. A los 39 años, Lebensohn estaba en la plenitud de su talento. Entregado desde muy joven a la acción política con un celo de apóstol, pobrísimo, aborrecido por muchos de sus correligionarios de la provincia de Buenos Aires e idolatrado en compensación por los jóvenes intransigentes, este cargo de convencional sería el único de carácter electivo que desempeñaría en su vida, prematuramente apagada en 1953. Al contrario de lo que suele ser habitual en los políticos profesionales, tenía Lebensohn una cultura vasta y variada: podía divagar sobre balística como describir la obra de Leonardo. Imaginativo, afectuoso, con un encanto personal que seducía a todos, su alma judía se expresaba en el sueño de una Argentina para la humanidad renovada, *leitmotiv* de su prédica y habitual remate de sus discursos, pronunciados con una hermosa voz, una dicción perfecta y un equilibrio interno que le daban el aire de un poema.

La responsabilidad de Lebensohn era grande: por un lado debía cumplir el mandato de su partido impugnando el proceso de la reforma, pero también tenía que crear el espacio propicio para hacerlo en un ambiente mayoritariamente hostil, todo ello conduciendo un bloque donde los unionistas que lo integraban presionaban constantemente para que no se diera la impresión de que se estaba colaborando con el oficialismo.

Lebensohn inició su estrategia atacando el punto clave: Mercante. Contrariamente a lo que ocurría en la Cámara de Diputados, donde Balbín, presidente del bloque radical, tenía una relación muy fría con el presidente del cuerpo —primero Guardo, luego Cámpora—, empezó a frecuentar al titular de la convención con los valederos motivos de una mejor preparación de los trabajos legisferentes. "El seductor trato personal de Lebensohn —dice González Arzac— logró que ambos adversarios trabaran una relación amistosa, pese al antagonismo político. Mercante aseguró a Lebensohn que lo haría respetar en el uso de la palabra cuando le tocara hablar, puesto que el dirigente radical previó que sería molestado permanentemente." Y en efecto, Mercante cumplió su compromiso. Pero también es dable suponer que Lebensohn, ducho en "trenzas" y componendas de comité, habrá insinuado al gobernador de Buenos Aires las perspectivas que se le abrían si el artículo 77 se mantenía intocado...

Sea como fuere, el 24 de enero de 1949 iniciaba su reunión preparatoria la Convención Constituyente. Se eligió presidente a Mercante y se designaron las restantes autoridades sin que la minoría presentara candidaturas. Luego, Lebensohn intentó impugnar el proceso reformatorio, pero se lo declaró fuera de la cuestión —y lo estaba. La sesión terminó con la aprobación de una resolución que invitaba al presidente de la Nación a dirigir la palabra al cuerpo, una iniciativa que cuestionaron los radicales, aduciendo que ni Urquiza ni Derqui ni Mitre ni Roca habían estado presentes en los debates de las convenciones constituyentes que sesionaron durante sus respectivas presidencias. Pero los precedentes históricos no preocupaban mucho al bloque mayoritario y la resolución fue aprobada. Perón habló el 27 de enero en ausencia de la minoría; su discurso expuso en términos generales la necesidad de actualizar la Constitución y ponerla a tono con los tiempos modernos. "Había pensado en la conveniencia de presentar ante vuestra honorabilidad el comentario de las reformas que aparecen en el anteproyecto elaborado por el Partido Peronista" —dijo el presidente. "Desisto, sin embargo, de la idea, porque exigiría un tiempo excesivo." Era un buen pretexto para eludir el tema de la reelección.

La siguiente sesión tuvo lugar el 1º de febrero, y aquí ocurrieron las primeras incidencias serias. Sucedía que la Fundación de Ayuda Social María Eva Duarte de Perón había donado a la convención un cuadro de San Martín, tres banderas argentinas, un ejemplar de los Evangelios y un sillón para el presidente del cuerpo. Pero —he aquí el detalle— el sillón tenía insertado en su respaldo una fotografía del presidente de la Nación. En su carácter de titular de la convención, Mercante había aceptado la donación y ahora ponía este acto a consideración de sus pares. Allí se desencadenó el escándalo: los radicales, alegando que jamás el retrato de un presidente había estado presente en el

recinto de un cuerpo colegiado y recordando —¡cómo
no!— los retratos de Rosas en las iglesias de Buenos Aires;
los peronistas sosteniendo que "bajo su advocación (de Perón) corresponde tutelar esta Asamblea que reestructurará
nuestra Carta Magna", como dijo Miel Asquía, presidente
del bloque peronista. Después se aprobó el reglamento. Y
ahora se abriría un paréntesis, porque el bloque mayoritario debía saber el pensamiento real de su líder sobre el
tema que, por encima de abstracciones jurídicas y de realidades políticas, era el motivo central de la reforma.

¿NO REELECCIÓN?

En procura de un signo orientador, algunos convencionales almorzaron con Perón el 31 de enero o el 1º de febrero, en la quinta de Olivos. No coinciden las fuentes sobre nombres y fechas: según unos, los comensales habrían
sido Mercante, Cámpora, Visca y Bernardino Garaguso;
según otros, Cámpora, Visca, Rodolfo Valenzuela, Carlos
Alóe y Armando Méndez San Martín. El caso es que allí
preguntaron a Perón si debía eliminarse o no el artículo 77.
Perón habría contestado negativamente y reiteró su negativa cuando alguien —presumiblemente Valenzuela, que era
ministro de la Corte— le propuso dejar intacto el bendito
artículo, pero insertar una cláusula transitoria permitiendo
la reelección por esta única vez. "Yo dejaría todo como
está", habría dicho el presidente. Era el segundo acto de la
opereta, pero los visitantes salieron de Olivos en la creencia de que Perón realmente se negaba a ser reelegido. Esta
fue la noticia que circuló el 1º de febrero en el Palacio del
Congreso.

El 2 de febrero, *La Nación* traía un título en primera página que debió alegrar el desayuno de sus lectores habitua-

les: "El Peronismo no insiste en la idea de la reelección", y agregaba en la ampliación: "La ha retirado del proyecto que entró en la agitada sesión de ayer". La crónica anoticiaba que las mesas directivas de la convención y del bloque peronista, en una reunión mantenida el día anterior, habían resuelto retirar la modificación del artículo 77 atendiendo "la voluntad irreductible del general Perón de no volver a ocupar la presidencia, una vez vencido su mandato".

Años después, Colom contaría que Perón pasó muy malos ratos después de ese almuerzo. Se quejaba de que no lo habían interpretado, hablaba pestes de Mercante, "que se estaba trabajando la sucesión presidencial". ¿Cómo desdecirse ahora? Se enfureció cuando leyó las noticias periodísticas, pero ¿cómo salir del embrollo? Como un chico malcriado, Perón quería "hacerse de rogar". No deseaba aparecer codiciando una nueva presidencia, sino aceptando resignadamente una imposición abrumadora de su partido. ¡No lo entendían!

Fue Evita la que sin vueltas, napoleónicamente, terminó con el problema. En algún momento que no puede precisarse dijo a Miel Asquía lo que tenía que decirle. Se rumoreó que le telefoneó a altas horas de la noche ordenándole retirar el despacho de la comisión que mantenía intacto el artículo 77 y el obediente presidente del bloque peronista no solo destruyó los papeles sino hasta el plomo utilizado por la Imprenta del Congreso para imprimir el material… Lo cierto es que el 3 de febrero *La Nación* rectificaba su anuncio del día anterior: "Sigue en favor de la reelección el sector peronista": la precisión había sido difundida por el jefe de prensa de la presidencia de la Cámara de Diputados, que era, además, convencional de la mayoría. La crónica envolvía una disculpa implícita por la errónea noticia, asegurando que el abandono de la idea reeleccionista había corrido el día anterior como moneda de buena ley en el ambiente de la mayoría, pero que luego se había producido una reacción. Y para que no hubiera dudas, se publicaba un comunicado de la CGT que negaba haber abandonado la iniciativa de la reelección, pues este era el "unánime deseo de la clase trabajadora".

El tercer acto de la opereta había terminado con final feliz. Nadie pensaba ya, en el bloque peronista, no modificar el artículo 77. Todo estaba claro. Ahora, los convencionales de la mayoría que deseaban elaborar una nueva Constitución con todos los ornamentos necesarios para modernizarla, podían dedicarse a ello: el tema principal ya estaba resuelto.

El 15 de febrero se reunió la convención para tratar la impugnación general formulada por la bancada minoritaria. Amílcar Mercader, sólido en sus fundamentos teóricos y temible por su ironía en la esgrima parlamentaria, planteó las objeciones de su partido. Le respondió Berraz Montyn con un discurso brillante, esmaltado a cada momento de galanterías a sus adversarios. Hubo diálogos e incidentes a lo largo de la reunión, pero en general campeó un respeto recíproco que en esta y la siguiente sesión se manifestaría en una curiosa circunstancia: las prórrogas concedidas a los oradores "de fondo" para continuar sus exposiciones cuando vencía el tiempo reglamentario, fueron propuestas por sus adversarios: el propio Visca, increíblemente, pidió que Mercader siguiera hablando, cuando se agotó su plazo.

Terminada esta larga sesión, se convino en un prolongado paréntesis. Había numerosos proyectos elevados por los convencionales peronistas (los radicales se abstuvieron de sugerir reformas, de acuerdo con lo resuelto por su partido) que debían tratarse primero en el bloque, para pasar luego a la comisión respectiva. Con este doble control se trataba de evitar la anarquía que podía aparejar un aluvión de iniciativas entusiastas e incoherentes. Coincidió esta suspensión de las sesiones plenarias con la huelga de los gráficos, que dejó al país sin diarios durante varias semanas: *La Nación*, por ejemplo, no apareció entre el 7 de febrero y el 4 de marzo aunque el diario de los Mitre, al igual que *La Prensa*, no estaba en conflicto con su personal.

Solo el 8 de marzo se reunió el plenario de la convención, para tratar en general el proyecto de Constitución redactado por la comisión revisora.

Eran las ocho y media de la mañana. El recinto de la Cámara de Diputados estaba repleto; se encontraban presentes todos los convencionales, oficialistas y opositores (salvo, obviamente, el misterioso "Pablo C. López"), y el ambiente era sereno, aunque los periodistas parlamentarios más avezados olfateaban que la jornada sería decisiva. Después de despachar algunos asuntos de mero trámite, Visca pidió que se tratara sobre tablas el despacho de la comisión. Se oponen los radicales, se aprueba la moción y toma la palabra Sampay, el ideólogo de la reforma.

Se lo escuchó atentamente, durante casi tres horas, casi sin interrupciones, aunque una alusión del orador a Yrigoyen provocó un incidente que obligó a Mercante a suspender la sesión durante algunos minutos. Fue una eximia defensa del nuevo ordenamiento constitucional, basada en la caducidad del Estado liberal que, a juicio del disertante, debía reemplazarse por otro que proteja al ser humano de la opresión de los capitales codiciosos e introduzca el reconocimiento de la familia como núcleo básico de la sociedad. Defendió la reelección presidencial, negó que el proyecto tuviera ninguna connotación totalitaria y sostuvo que la no inclusión del derecho de huelga entre los "Derechos del Trabajador" no podía significar la negación de ella. Le respondió Sobral con una evocación de corte histórico, marcando las dos corrientes que, a su juicio, conformaban la evolución argentina: una absolutista y cesarista, la otra democrática y fundada en la libertad.

A la una y media se pasó a cuarto intermedio; todos desfallecían de hambre. Continuó la sesión a las cinco y media de la tarde. El recinto seguía lleno. Empezó la ronda oratoria Valenzuela, que enfatizó los aspectos sociales y de inspiración cristiana que a su juicio presentaba el proyecto. Después se concedió la palabra al presidente del bloque radical.

Empezó Lebensohn trazando el panorama del país desde el advenimiento del peronismo; luego se deslizó hacia Mussolini y el régimen fascista y comparó su sistema represivo con el que se había instalado, a su criterio, en la Argentina. Aquí empezaron las primeras interrupciones, pero Mercante mantuvo enérgicamente el orden, y Lebensohn continuó su discurso. Iba creciendo la tensión. De pronto se produce un diálogo revelador, sobre el cual pivotearía Lebensohn la decisión que tomaría más tarde. Estaba atacando la reelección presidencial y aludía a los Estados Unidos, que acababa de abolir la posibilidad de una tercera repetición del mandato después del fallecimiento de Roosevelt. Entonces Sampay lo interrumpe:

—Estados Unidos pudo elegir por tercera vez a su presidente Roosevelt en un caso en que era necesario para la salvación del país.

—Eso abona mi tesis, señor convencional, porque si habiendo existido un solo caso, un caso tan evidente de necesidad, la conciencia del pueblo norteamericano resolvió suprimir las reelecciones, eso demuestra cuál es el sentido y la fuerza de los principios constitucionales.

Eximio jurista, pero político inexperto, Sampay pronuncia entonces las palabras comprometedoras, que Lebensohn capturaría en el aire:

—Como allí —dice Sampay— también podría ocurrir aquí que después de la reelección de Perón, tuviéramos que poner otra vez la prohibición de reelegir...

Los aplausos que suscita esta declaración en la bancada oficialista no alcanzaron a cubrir la avinagrada voz de Borlenghi, que corroboraba:

—¡Porque es un caso excepcional, como el de Roosevelt!

—Es decir —puntualiza Lebensohn— que se trata de una reforma constitucional que no es permanente sino que se adecua a las necesidades del presidente de la República, ¡que nos está presidiendo desde ese sillón!

De uno y otro bloque se levantan voces, suena la campana de orden y remata Lebensohn:

—A confesión de parte, relevo de prueba... La mayoría, por la voz de su miembro informante, ha declarado que la reforma de este artículo se hace para Perón, ¡que era lo que nosotros sosteníamos ante el pueblo argentino!

Ahora el barullo parece incontrolable. Hablan todos, se grita mucho, suena de nuevo la campana. Imprudentemente, un convencional cordobés lanza un vozarrón:

—¡Perón es el San Martín de esta época!

—El elogio del señor convencional es pequeño —retruca despectivamente Lebensohn—. A Leguía le llamaban "el Júpiter Americano..."

Por fin el presidente impone orden, y Lebensohn continúa su discurso. Pero ya estaba dado el pretexto: la declaración de Sampay, corroborada por el convencional que al mismo tiempo era ministro del Interior, bastaba para justificar el acto espectacular que preparaba calladamente la bancada radical. De todos modos, Lebensohn sigue enjuiciando punto por punto el "dogal represivo"; venció su plazo y se le concedió una prórroga con el voto afirmativo del bloque mayoritario. Continuó Lebensohn, pero mientras seguía hablando había escrito un papel para ser circulado entre sus compañeros: ¿había llegado el momento de retirarse? Mientras los radicales se pasaban el mensaje de boquilla y asentían silenciosamente, su presidente seguía castigando: Napoleón, los sistemas totalitarios, la dilapidación de divisas. Del bloque mayoritario surgían algunas voces, pero él continuaba imperturbable su torrente oratorio.

Eran casi las nueve de la noche. Suena la campanilla indicadora de que la prórroga concedida al orador había vencido. Lebensohn remata su párrafo y levanta el brazo como pidiendo a la presidencia unos segundos más para terminar. Y entonces dice:

"El propio miembro informante de la mayoría ha confesado ante la conciencia argentina que la Constitución se modifica en el artículo 77 para Perón; con el espíritu de posibilitar la reelección de Perón..."

Mientras aumenta la grita del sector peronista, Lebensohn alza la voz y cierra sus palabras:

"La representación radical desiste de seguir permaneciendo en este debate, que constituye una farsa."

Se levanta, y al propio tiempo lo hacen sus 48 compañeros, que se encaminan hacia la salida. Durante unos segundos, la bancada peronista queda paralizada. Solo se escucha el ruido de las tapas de los escritorios que los radicales cierran violentamente. Pero en seguida estalla el escándalo.

"¡Cobardes!" gritan desde el bloque mayoritario. "¡Huyen ante el debate!"

Mientras se van retirando, los radicales rompen los impresos que tenían sobre sus bancas y los arrojan hacia el sector de la mayoría. Algunos convencionales peronistas avanzan para agredir a la retaguardia radical. Los más serenos tratan de detenerlos. Hay alguna exhibición de armas, y por un momento el recinto adquiere un aspecto de peligrosa violencia. Mientras los últimos radicales trasponen la salida, Lebensohn alcanza a gritar:

"¡Volveremos! ¡Volveremos para dictar la Constitución democrática que necesita el país!"

En unos pocos minutos, el hemiciclo ha quedado vacío en su tercera parte. El estupor del bloque peronista no ha pasado: era la primera vez que la oposición producía por sí misma un acto político, en los tres años de régimen peronista; la primera vez que los radicales colocaban al oficialismo ante un hecho imprevisto. En el recinto se forman agitados corrillos. Mercante ha abandonado el sillón de la presidencia. Todavía se oyen gritos e improperios.

Después de un intervalo de vacilaciones, Mercante vuelve a su puesto, hace sonar la campana y dice: "Continúa la sesión".

Hay aplausos y vivas prolongados. Alguien empieza a cantar el Himno Nacional. Todos se agregan al coro y la tensión se va descargando. Se pasa lista: hay 105 convencionales presentes, quórum de sobra. El presidente concede la palabra a Luder y el ambiente termina de serenarse. Ahora, todo será coser y cantar. Ya no están los incómodos censores. En unas pocas sesiones se sancionará la nueva Constitución.

COSER Y CANTAR

Así fue. El 9 de marzo la asamblea se reunió a las cinco y media de la tarde y aprobó en general el despacho de la comisión. Al día siguiente empezó la consideración en particular, a las ocho y media de la mañana, y, después de una pausa para el almuerzo, continuaron las deliberaciones hasta casi las once de la noche. El 11, otro madrugón: se empezó a las ocho y media y después del consabido intervalo, Mercante pudo exclamar a las seis de la tarde que quedaba sancionada "La Constitución de Perón" —aunque en el Diario de Sesiones la frase constó "queda sancionada la reforma de la Constitución Nacional". Durante estas agotadoras sesiones no se consideró cada artículo: las aprobaciones fueron en bloque. No obstante, los convencionales (hablamos de los de la mayoría, puesto que los radicales no regresaron a sus bancas) tuvieron oportunidad de hablar sobre los temas más importantes, reiterar su adhesión a Perón y su esposa y sembrar invectivas contra la actitud opositora.

Este pacífico panorama debe incluir un forcejeo que no trascendió en ese momento y veinte años después relató Alberto González Arzac sobre la base de los recuerdos de Sampay. Sucedía que en el anteproyecto del Partido Peronista se había incluido un artículo —que después sería el famoso artículo 40— que establecía una cerrada normatividad en materia de servicios públicos, fuentes de energía, yacimientos de petróleo, carbón y gas, así como la forma de expropiarlos. Era una expresión aguda de estatismo nacionalista que se introdujo, según se dijo, a sugerencia del secretario de Transportes, ingeniero Maggi, pero se asemejaba a otras iniciativas presentadas por varios convencionales, entre ellos el propio Sampay. La cláusula recogía, en cierta medida, los lineamientos de la política económica seguida hasta ese momento por Perón, pero su inserción en 1949, justamente cuando se estaba agotando, era inoportuna. Más aún, cuando la redacción que le dio Sampay imponía un procedimiento de expropiación detallado, que conceptualizaba el precio a pagarse sobre el costo de origen de los bienes, menos las sumas amortizadas y los excedentes sobre una ganancia razonable.

Según el relato de Sampay, Perón llamó el 9 de marzo a Mercante diciéndole que diplomáticos extranjeros sugerían la modificación del proyecto. El presidente de la convención transmitió la inquietud a Sampay y ambos entrevistaron a Perón en la noche del 10 de marzo, persuadiéndolo en el sentido de no modificar el artículo. Pero no las tenían todas consigo; suponían que el presidente, a último momento, podía ordenar que se eliminara o modificara de manera que perdiera su contenido. Entonces apuraron la sesión matutina del día 11 para llegar a la votación sin dar tiempo a una contraorden de la presidencia. Tal como temían, poco después del mediodía apareció en el estrado del recinto Juan Duarte, secretario privado de Perón, quien dijo unas palabras al oído de Mercante. Este hizo una seña a Sampay, quien cuerpeó la indicación y fingió entender que el presidente del cuerpo llamaba a Teisaire, que estaba a su lado. Teisaire se levantó y acudió al estrado, se enteró de que no lo llamaban, regresó al hemiciclo y dijo a Sampay que era a él a quien Duarte buscaba: habían pasado los minutos necesarios para que empezara la votación. Solo cuando terminó el recuento nominal de los votos, Sampay se encontró con Duarte, quien le transmitió el mensaje de Perón: el artículo 40 no debía ser aprobado. Pero ya estaba aprobado... Duarte recibió la noticia con indiferencia, sin entender nada de lo que había pasado, y esa noche, Sampay, Raúl Scalabrini Ortiz y Jorge del Río celebraron con vino y empanadas el triunfo de la posición nacionalista. Que agregaba un detalle: en el articulado se había incluido una cláusula que imponía la obligación a los

ministros de ser argentinos nativos, un tiro contra Figuerola, a quien consideraban el *contact man* usado por los representantes de los intereses que se consideraban afectados por el artículo 40, en sus apelaciones a Perón.

En cambio, Sampay no pudo hacer aprobar por Perón un
proyecto que calificaba como traición a la patria la concesión a empresas extranjeras de transportes ferroviarios,
puertos, redes de comunicación, fuentes de energía, bancos emisores de moneda o "cualquier otra riqueza nacional
que originariamente perteneciera al patrimonio público o
fuera recuperada por él". Perón objetó el proyecto alegando que el país había sido manejado anteriormente por empresas extranjeras concesionarias de servicios públicos, y
que dictar un artículo semejante sería como tildar de traidores a los anteriores gobernantes. El argumento estaba
inspirado, en realidad, por la misma preocupación que llevó a Perón a intentar torpedear el artículo 40: la convicción
de que la etapa nacionalista y estatizante de su política económica ya estaba concluida. Hay que recordar que esto sucedía en febrero/marzo de 1949, y que Perón, el 20 de enero, había despedido a Miguel Miranda.

Por fin, el 16 de marzo, la última sesión. La ley 13.233
había fijado a la Convención Constituyente un plazo im-
prorrogable de tres meses para llevar a cabo sus tareas: terminaba un mes y ocho días antes de lo previsto.

La sesión de clausura fue jubilosa. Ya habían desenrolla-
do sus discursos aquellos que no habían hablado antes, se
había dispuesto pagar los $ 12.000 que la ley fijaba como
emolumentos a cada convencional, se había resuelto depo-
sitar en el Museo Histórico de Luján los chiches obsequia-
dos por la Fundación de Ayuda Social, incluso el famoso si-

llón de la primera discordia. Habíase resuelto, en una sesión anterior, invitar al presidente de la Nación a prestar juramento a la nueva Constitución en la reunión final. Cuando llegó el momento de izar la bandera, el indescriptible Visca pronunció la siguiente pieza, que se transcribe tal como figura en el Diario de Sesiones:

"Señor presidente: en esta última sesión de la Convención Nacional Constituyente que nos ha congregado una vez más a quienes hemos tenido el altísimo honor de representar en ella al Partido Peronista y la responsabilidad de concretar en el texto constitucional la doctrina del jefe y conductor de la revolución, general don Juan Domingo Perón (prolongados aplausos) así como el contenido espiritual que anima al pueblo en su lucha por las conquistas sociales, en la persona de la conductora peronista, doña María Eva Duarte de Perón (prolongados aplausos), formulo, en representación del sector a que pertenezco, la siguiente proposición: que sea usted, señor presidente, quien concrete la aspiración de todos los Constituyentes peronistas; usted, que es el corazón de Perón (aplausos), usted, que es el amigo de la lealtad (aplausos), usted, que es el gobernador de la primera provincia argentina, que se sometió al juicio de su pueblo y salió airoso por su conducta, por sus condiciones de gobernante y por su profunda fe en los ideales de la revolución, que son los de la patria misma, usted, señor presidente, quien ice la bandera nacional en esta sesión de clausura de la Asamblea Nacional Constituyente." (¡Muy bien! ¡Muy bien! Aplausos prolongados.)

Ningún arúspice pudo prevenir que el "corazón de Perón", el "amigo de la lealtad", tres años después sería molestado, investigado y finalmente expulsado del Partido Peronista. Que sus amigos y colaboradores habrían de ser perseguidos al punto de tener, algunos de ellos, que abandonar clandestinamente el país. Que el nombre de Mercante, que compartió con Perón las luchas iniciales, instrumentó en buena parte la movilización del 17 de octubre de 1945 y fue el custodio de sus intereses en la Secretaría de Trabajo durante la campaña electoral de 1946, ese nombre sería borrado de la historia del peronismo todo lo cual se verá en otro volumen de esta obra.

Llegó, por fin, Perón, se lo ovacionó largamente, prestó juramento, y Mercante, después de unas breves palabras, dio por terminadas las tareas de la convención. La Constitución Justicialista ya era una realidad.

LA CONSTITUCIÓN JUSTICIALISTA

El nuevo ordenamiento constitucional no modificó totalmente la carta de 1853; ni siquiera se corrigió la numeración tradicional de su articulado. Se introdujeron numerosas modificaciones, algunas de pura forma, pero el esqueleto general fue mantenido. Se agregó al Preámbulo el *slogan* programático del peronismo ("... una Nación socialmente justa, económicamente libre y políticamente soberana") y se introdujeron enunciaciones retóricas como los derechos del trabajador, la familia, la ancianidad y la educación y cultura: los críticos observaron que entre los Derechos de la Familia no figuraba la indisolubilidad del matrimonio, y que los Derechos del Trabajador no incluían el de huelga. Se creó el "estado de prevención y alarma" como un mecanismo similar al estado de sitio. Se anunció la prohibición de disponer de libertad "para atentar contra la libertad". Se legitimaba el recurso de hábeas corpus, que en realidad funcionaba desde hacía muchos años. Se establecía la elección directa del presidente y vicepresidente, sin el trámite previo de los colegios electorales y de los senadores nacionales por el pueblo, no por las legislaturas. Se definía la función social de la propiedad y las empresas; el Estado se reservaba la importación y exportación, dejando a la iniciativa privada el resto de la actividad económica. El artículo 40 incluía como propiedad imprescriptible e inalienable de la Nación a los minerales, caídas de agua, yacimientos de petróleo, carbón, gas y demás fuentes naturales de energía; asimismo, se disponía que los servicios públicos pertenecen originariamente al Estado y bajo ningún concepto puedan ser enajenados o concedidos en explotación, y los que estuvieran en poder de particulares debían ser comprados o expropiados. Se confería a la Corte Suprema la facultad de interpretar en casación los artículos de la Constitución, y esta interpretación sería obligatoria para los tribunales nacionales y provinciales.

Finalmente se aprobó una media docena de disposiciones transitorias. Más que el texto mismo de la nueva Constitución —que, aparte de la reelección presidencial no incluía muchas cláusulas que resultaran violentamente rechazables—, fueron estas lo que más molestó al país no peronista. Por ellas se elevaban a veinte los ministerios del Poder Ejecutivo; se obligaba a jurar la Constitución a todos los que ejercieran una función pública; se obligaba a todos los jueces de la Nación a contar con un nuevo acuerdo del Senado para continuar en el cargo; se autorizaba a las legislaturas provinciales a reformar las constituciones locales, actuando como convenciones; y se unificaban los mandatos de los actuales senadores y diputados de la Nación prorrogando los mandatos hasta el 30 de abril de 1952.

Estas disposiciones hicieron apurar a los opositores el último trago de amargura. La obligación de un nuevo acuerdo permitió al gobierno hacer una purga en el Poder Judicial que, finalmente, no fue tan severa como se temía y

dejó en sus despachos a muchos jueces notoriamente antiperonistas, aunque colocó en los juzgados federales, que
entendían las causas políticas, a incondicionales del gobierno. La obligación de jurar la nueva Constitución an-
gustió a muchos empleados públicos, pero más a los diputados radicales, que también tuvieron que hacerlo, y prestaron juramento de fidelidad a la nueva Constitución con la
muerte en el alma, aunque autorizados por la convención
nacional de su partido. La conversión de las legislaturas
provinciales en convenciones constituyentes fue impugna-
da por la oposición allí donde la había y reprodujo a nivel
local lo que había ocurrido en el escenario nacional. La
unificación de mandatos, que regalaba a los legisladores un
año más en el goce de las bancas, fue rechazada por los diputados radicales: aquellos cuyo período vencía en 1950 no
aceptaron quedarse hasta abril de 1952 y renunciaron, con
lo que el bloque radical quedó notablemente adelgazado.

Pero si las disposiciones transitorias de la Constitución
de 1949 se cumplieron a rajatabla, no se puede decir lo mismo del resto de su articulado. El "estado de prevención y
alarma", por ejemplo, nunca se aplicó; en cambio, desde
setiembre de 1951 hasta el final del régimen tuvo vigencia
el "estado de guerra interno", mucho más restrictivo de los
derechos ciudadanos, como veremos en otro volumen de
esta obra; tampoco tuvieron principio de aplicación el artículo 40 y sus taxativas normas, al igual que el conjunto de
garantías que mantenían y aun ampliaban las de la antigua
carta. En cuanto a los "derechos especiales", su proclamación no inspiró ninguna legislación renovadora ni contribuyó a modificar una jurisprudencia que, de todos modos, iba
incorporando pacíficamente, de años atrás, conceptos ac-
tualizados sobre la función social de la propiedad y los límites de la voluntad individual. Pero todo esto no preocupaba

a la mayoría del pueblo argentino: para millones de hombres y mujeres, la Constitución Justicialista fue la rúbrica, el epítome de una política que apoyaba y de un hombre que interpretaba sus sueños y sus esperanzas. Y esta adhesión estaba muy por encima del propósito que inspiró su reforma, el irregular trámite que se practicó y la escasa aplicación de sus normas más novedosas.

Resta un interrogante sobre todo este episodio: ¿por qué actuó Perón como actuó?

Se recordará que en 1947 paralizó un proyecto tendiente a posibilitar su reelección; que en el mensaje de mayo de 1948 formuló los mejores argumentos que pudieran hacerse contra la reelección; que los reiteró, aunque con tibieza, en enero de 1949, para sobresaltarse, finalmente, a fines de ese mes, cuando pareció que se tomaban en serio sus manifestaciones; y que, por último, aceptó en silencio la modificación del artículo 77. Estas inconsecuencias fueron explotadas por los opositores, que las exhibieron como una prueba más de la hipocresía del presidente. ¿Por qué adoptó Perón una conducta tan equívoca y vulnerable a la crítica?

No hay una respuesta fundada en hechos. Pero puede presumirse que Perón incurrió en estos traspiés por chapucería. En efecto: el banco de pruebas del gran político no está en el poder, porque allí dispone de todos los medios; está en el llano, en cuya indigencia debe poner en juego sus recursos, su constancia, su imaginación. Perón hizo su iniciación política en el poder; solo después de 1955, habitante de los ingratos territorios de la derrota y del exilio, probaría su capacidad de maniobra y su sagacidad. En 1949 todavía cometía torpezas que eran el producto de una formación personal autoritaria, no negociadora; suertuda, no azarosa; directa, no maleable. No supo manejar la situación y avanzó más de lo debido en el terreno resbaladizo del rechazo: cuando tuvo que dar marcha atrás, se vio constreñido a hacerlo sin elegancia, forzadamente. Nadie pensó seriamente que Perón no quería ser presidente por segunda vez, pero legalista como era a veces, el obstáculo del artículo 77 lo abrumaba. En vez de tomar el tema con naturalidad, enfatizó los peligros de las reelecciones y dramatizó su particular desinterés, como esas damas que proclaman a los cuatro vientos su virtud para hacer más atractiva su seducción...

Chapucería, inexperiencia política. En su primitivismo Evita fue, como siempre, más auténtica que su marido y supo resolver el problema sin sutileza, pero con suma eficacia.

De todos modos, pertenece al observador retrospectivo el inofensivo derecho de conjeturar el rumbo de la historia si Perón hubiera sido sincero en su rechazo de la reforma del artículo 77, o si no hubiera podido retroceder en sus declaraciones. ¿Mercante habría sido su sucesor? ¿Lo habría permitido el círculo que rodeaba a Evita? ¿Se habría resignado Perón a ser un ex presidente conviviendo con su antiguo segundón? ¿Tenía Perón el suficiente sentido republicano para autolimitarse? ¿Habría tolerado el pueblo peronista, la CGT, a un Perón irrevocablemente renunciante a un segundo mandato?

Como ocurre en casi todos los grandes temas relacionados con el líder justicialista, la excepcionalidad del fenómeno encarnado en su persona desborda los juicios de valor y desquicia los análisis comunes. Como en tantos momentos decisivos de su trayectoria, algo que se parecía a la fatalidad le impuso sus soluciones sin atender a precedentes históricos, objeciones legales o problemas políticos. La

misma fatalidad que lo llevaría a su reelección y ulteriormente a su caída, en una parábola obligada, indetenible,
sombríamente lógica.

CAPÍTULO VIII
EL MANEJO DE UN RÉGIMEN

Se ha visto cómo fue estructurando **Perón** un Estado autoritario y compulsivo a través de la organización vertical de la fuerza política que era suya, ayudado por un aparato periodístico y radial prolijamente montado. Se han advertido los métodos que utilizaron sus adictos para silenciar a la minoría parlamentaria y a los partidos opositores, así como la culminación normativa y doctrinaria que significó la Constitución Justicialista, garantía de la perpetuación del sistema. También se ha relatado el manipuleo económico y las proyecciones internacionales que permitieron, en los tres primeros años de la primera presidencia peronista, un estado colectivo cercano a la felicidad y una amplia satisfacción de los sentimientos nacionalistas del pueblo argentino.

Hay otros aspectos que deben evidenciarse. Ellos hacen al manejo del régimen y tienen que ver con el tono y el estilo de esos años.

EL RITMO, LA GENTE, LA OBSECUENCIA, LA TORTURA

Uno de los aspectos es el ritmo casi frenético de actos de gobierno que urgió esta etapa.

Contrastando con el pausado tran-tran de las administra-

ciones de la década del '30, la de Perón producía hechos
permanentemente y daba abundante tema a los medios de
difusión y al comentario público. Inauguraciones, visitas,
viajes a uno u otro punto del país (casi siempre en tren,
pues Perón no era amigo de los traslados por vía aérea),
discursos ante grandes auditorios o charlas frente a delegaciones diversas, conferencias de prensa con periodistas argentinos o extranjeros, la entera gama de hechos que puede generar el titular de un Estado jalonaba las jornadas presidenciales de Perón. Prácticamente todos los días había
que leer una alocución del presidente sobre los temas más
diversos, en un estilo entrador y simplista, plagado de inex-
actitudes, a veces, pero siempre convincente y nutrido de
una intención docente y explicativa. El comienzo de sus tareas, a las seis y media de la mañana, daba al público la sensación, no desacertada, de una intensidad de trabajo que
de una u otra manera se transfundía a toda la administración pública.

Otra de las características de esta etapa, prolongada en
las que siguieron, fue la invariabilidad del elenco gubernativo. Fueron muy escasos los cambios de ministros, y algunos alcanzaron a estar un tiempo récord en sus puestos. Sin
duda molestaba a Perón cambiar de colaboradores y su
personalidad se imponía sobre ellos: si existían discrepancias en el gabinete, se disimulaban cuidadosamente. No fue
difícil lograrlo, pues su elenco jamás presentó personalidades destacadas. No obstante, fue de lo mejorcito que pudo
reclutar entre los confusos cuadros de sus huestes, cuando
asumió la presidencia.

Esa misma ineditez daba al gabinete de Perón un aire de
cosa nueva, de renovación, que combinaba bien con las ex-

pectativas que rodearon al nuevo gobierno en junio de 1946.

Pareció raro que un sindicalista como Angel Borlenghi estuviera al frente del Ministerio del Interior, pero el secretario general de la Confederación de Empleados de Comercio (cargo que siguió desempeñando durante su gestión ministerial) demostró ser un lince en las cosas políticas; a tal punto, que batió todas las marcas históricas de permanencia en ese cargo, manteniéndose hasta 1955. Había sido socialista, dio su apoyo a Perón en 1944, estuvo a punto de abandonarlo en setiembre/octubre de 1945 y, finalmente, su olfato tuvo la debida recompensa. Con sus anticuados lentes de pinza y su voz agria, Borlenghi supo acomodar sus manejos a los deseos presidenciales; la oposición, en cambio, lo aborreció de entrada, tanto por ser un renegado del "viejo y glorioso" como por ser responsable de la policía y de sus métodos represivos.

En el Ministerio de Relaciones Exteriores y Culto encontró Juan Atilio Bramuglia el destino político que le había sido negado durante la campaña electoral de 1946, cuando fracasó en su intento de postularse como candidato a gobernador de Buenos Aires por el Partido Laborista. Este abogado chascomusense de origen socialista era rápido e inteligente y estaba dotado de una natural simpatía y un espíritu moderado, negociador. Sabíase que pesaba sobre su persona un grave hándicap: la animadversión de Evita. Pero era para el presidente una pieza indispensable en el juego internacional que pensaba llevar a cabo y Bramuglia sobrevivió más de tres años a las sordas hostilidades que se le dedicaron, mientras obtenía para el país algunas satisfacciones no desdeñables, como ya se ha visto.

A cargo del Ministerio de Hacienda estaba Ramón Cereijo, un contador público cuyo aspecto físico, olvidable e

intrascendente, ocultaba una personalidad que era exactamente así: olvidable e intrascendente. Su gestión no tuvo
vuelo económico sino tranco contable: las ideas y directivas
las impartía Miranda, mientras Cereijo se dedicaba a llenar
registros y partidas, sufrir cuando tenía que exponer ante la
Cámara de Diputados y dedicar toda la pasión que podía
generar su pálido espíritu, a su auténtico amor: Racing Club.

El titular del Ministerio de Obras Públicas fue el mismo
que venía ejerciendo este cargo en el gobierno de facto.
Así, el general Juan Pistarini computó un buen número de
años al frente de la repartición que rigió durante todo el
primer período presidencial de Perón. Era un frustrado arquitecto con avasalladoras ganas de hacer cosas tangibles,
y logró adquirir, en el continuado desempeño de su cargo,
una notable aptitud. Exigía mucho a sus subordinados, sobre todo a los ingenieros, a quienes siempre estaba tomando examen.

"Vea, ingeniero inservible..." era uno de los latigui-
llos de Pistarini cuando quería enfatizar algo, mezclando
acritud y bonhomía con una técnica típicamente cuartelera
que, hay que reconocer, solía darle resultados.

La Justicia y la Instrucción Pública, misturadas por "el
ciego azar o las secretas leyes" diría Borges, en un solo ministerio, estaban a cargo del doctor Belisario Gache Pirán,
un ex magistrado judicial de ancestros tradicionales y pinta
distinguida; él y Juan Carlos Picazo Elordy, ministro de
Agricultura, uno de los escasos estancieros partidarios de
Perón, componían en el gabinete un binomio que mantenía débiles vínculos con los sectores sociales que habían
prevalecido hasta 1943.

Ministro de Guerra era el general Humberto Sosa Molina, un militar totalmente cerrado a todo lo que no fuera su
jurisdicción, pero competente en asuntos castrenses. Tro-

pero viejo, de cara achinada y redonda, duro con los suyos, camarada y amigo de Perón al que admiraba incondicionalmente, era una garantía de que el Ejército regresaría a sus específicas tareas después de su incursión por los campos políticos durante los tres últimos años. Perón había aprendido al lado del general Manuel A. Rodríguez, el ministro de Guerra de Justo, la importancia de hacer trabajar a los mílites de la mañana a la noche después de un interludio de poder, a fin de borrar de sus mentes toda inquietud no relacionada con entrenamientos y ejercicios. Y Sosa Molina era justamente el hombre que podía llevarlos a esa intensidad de labores, aunque careciera de la inteligencia de Rodríguez.

En el Ministerio de Marina fue designado el capitán de navío Fidel Anadón, curiosamente el jefe de la Escuela de Mecánica de la Armada que el 4 de junio de 1943 había demorado a tiros el avance de las fuerzas revolucionarias. Como Perón no participó de la marcha, no tenía motivos para guardarle rencor por una balacera que no había sufrido...

Tal el gabinete inicial de Perón, según el anacrónico esquema de los ocho ministerios fijados por la Constitución de 1853. La reforma de 1949 modificó ampliamente la estructura del gabinete, en la forma que ya se verá; pero de todos modos, también integraban el elenco que asumió el poder en junio de 1946 los titulares de varias secretarías de Estado que se habían venido creando durante el gobierno de facto. Estos virtuales ministros eran varios: el más prestigioso, Ramón Carrillo, un médico de distinguidos antecedentes, a cargo de la Secretaría de Salud Pública. La de Comercio e Industria la desempeñaría Rolando Lagomarsino, industrial textil cuyo apellido está asociado a uno de los aditamentos masculinos más característicos de la época, los sombreros "Flexil"; en 1947 su repartición fue dividida, y José Constantino Barro, un antiguo burócrata, quedó a cargo de Comercio. El brigadier general Bartolomé de la Colina, riojano, continuaba al frente de Aeronáutica, el arma mimada de Perón, apenas en sus comienzos como fuerza independiente. Finalmente, José María Freyre, dirigente del Sindicato del Vidrio, un buenazo totalmente nulo, era secretario de Trabajo y Previsión.

En el nivel de subsecretarios había algunos excelentes funcionarios, con experiencia e ideas propias: muchos de ellos serían los que harían posibles las futuras concreciones cuyos lauros habrían de llevarse sus ministros.

El equipo de Perón incluía otros personajes. En primer lugar, los titulares de las secretarías de la presidencia, una novedad en el organigrama clásico del Estado argentino. La Secretaría Técnica estaba a cargo del doctor José Figuerola, un pasable estadígrafo catalán; después de asesorar en España a Primo de Rivera, había sido funcionario de la CHADE y, finalmente, recaló en la intimidad del presidente, que mucho lo apreciaba, al punto de encomendarle el proyecto Primer Plan Quinquenal y permitir que lo leyera ante la Asamblea Legislativa. Secretario de Asuntos Políticos era el abogado nicoleño Román Subiza, tal vez el más desconceptuado de los colaboradores inmediatos de Perón. Había una Secretaría Militar, encomendada al coronel Oscar R. Silva, que tuvo vida afímera. Y, finalmente, estaba la Subsecretaría de Prensa y Difusión, elevada a secretaría de Estado en marzo de 1947, cuyo jefe fue invariablemente Raúl A. Apold, veterano periodista que no tenía la menor noción de los límites éticos de su función y cuyo único objetivo era producir alabanzas al gobierno por cualquier medio y promover el entronizamiento de las personas de Perón y Evita.

Personaje clave en el cortejo presidencial era el secretario privado de Perón. Juan Duarte era un poco mayor que su hermana. Muy ignorante, interesado solo en farras y mujeres, pasaba en esa época por buen mozo, con su bigotito recortado a regla y su peinado duro de gomina. Su avidez de dinero era una desesperada compensación a sus muchos años de *misiadura*; tendía por momentos a ser depresivo y asustadizo, lo que atribuían algunos a una enfermedad específica que padecería. Pero estos lastres los balanceaba Juancito porque era un auténtico buen muchacho, un tipo gaucho, generoso, amigo de sus amigos, esas típicas cualidades del corredor de artículos de tocador que había sido por mucho tiempo. Naturalmente, Juancito guardaba una adhesión casi animal al hombre que había hecho la fortuna de su familia. Pues no hay que olvidar que los consortes Duarte sacaron buen partido de sus connubios: uno sería ministro de la Corte Suprema de Justicia de la Nación, otro senador nacional por Buenos Aires, el otro, finalmente, subsecretario de Estado.

Más atrás venían otros ejemplares, una línea de reserva que avanzaría sobre las bajas que inevitablemente se irían produciendo. No fueron muchas, pero, como quiera que sea, en agosto de 1947 el ingeniero agrónomo Carlos A. Emery se hizo cargo de Agricultura, en setiembre de 1948 Anadón debió ceder la cartera de Marina al almirante Enrique B. García. y en agosto del año siguiente se hizo cargo de la Cancillería el joven abogado porteño Hipólito J. Paz.

Además de los funcionarios, estaban los asiduos: legisladores, gobernadores, dirigentes provinciales, políticos o sindicales que por algún motivo gozaban de acceso relativamente fluido a la intimidad presidencial. Durante la *fiesta*, Ricardo Guardo uno de ellos, como lo fue también el joven "Rudi" Freude, hijo de un viejo amigo alemán de Perón, y el padre Hernán Benítez, al que el presidente llamaba jocosamente "Damonte Taborda con sotana", por su irreprimible vocación politiquera. Y, por supuesto, el coronel Domingo A. Mercante, su camarada en los tiempos gloriosos de Trabajo y Previsión, ahora gobernador de Buenos Aires, donde estaba llevando a cabo un progresista Plan Trienal y se había rodeado de un núcleo de colaboradores inteligentes y dinámicos procedentes del forjismo o del nacionalismo, como Arturo Jauretche, Miguel López Francés, Arturo Sampay, Julio C. Avanza y otros. Pasaba Mercante por el delfín en aquellos años, y Evita repartía públicamente sus elogios entre él y Miranda.

Este elenco sufrió —ya se dijo— algunas variantes, no muchas, y la reforma constitucional modificó el aparato funcional del Estado, obligando a bajas e incorporaciones. Pero estos cambios presentan al observador una nota constante de rebaja en el nivel de los nuevos colaboradores. Este fenómeno se analizará en otro volumen de esta obra, pero hay que señalarlo desde ahora porque se vincula al tono del entorno presidencial desde el principio de la gestión. Un tono que empezó como entusiasmo espontáneo, siguió como instrumentación política y culminó en un aparato litúrgico rígido e inamovible que anquilosó el sistema y lo abrumó de mediocridad e hipocresía.

La obsecuencia del peronismo constituyó un fenómeno inédito en la política argentina. Si en otras épocas pudo existir, se trató de expresiones individuales sin relevancia ni significación: el carruaje presidencial de Yrigoyen pudo ser arrastrado por un grupo de fanáticos, pero esto no marcó el tono de su gestión. En el caso de Perón, la idolización de su persona y la de su esposa constituyó toda una política, para la cual hubo de estimularse y aun exigirse las manifestaciones más extremas del rendimiento y la adulación. Todo se fue implementando con este propósito y no puede eximirse al presidente de culpa, pues fueron los organismos de gobierno más cercanos a su persona —en especial la Secretaría de Informaciones desde que se puso a cargo de Raúl Apold y la Secretaría de Asuntos Políticos manejada por Ramón Subiza— los que promovieron esta modalidad.

Perón era demasiado soberbio para ser vanidoso. Hay que excluir, entonces, una motivación basada en la sensualidad personal. Entonces, ¿por qué estimuló la absurda obsecuencia que campeó a lo largo de su régimen? ¿Creía que era sincera? ¿Pensó que robustecía su sistema? Y sobre todo, ¿no advirtió el daño que infería a esos republicanos trabajosamente elaborados por la tradición política argentina?

No tenemos las respuestas. Pero es indiscutible que jamás se exaltó en la Argentina una figura política en los términos que los partidarios de Perón lo hicieron. Esta idolatría también se extendió a Evita, pero su caso era distinto, porque para mucha gente su figura adquirió el aura de un hada benefactora y más tarde, su enfermedad y temprana muerte la rodearon de compasión y nostalgia. Pero que Perón, en la plenitud de su edad, haya consentido y seguramente alentado el tono de adulación que desde 1947 planeó sobre su sistema, es incomprensible e imperdonable. No solo como un pecado contra la esencia del sistema republicano sino como un grave error, pues ofendió la sensibilidad de amplios sectores de la opinión pública que se sintieron agraviados y vejados.

Los ejemplos de estos excesos podrían ser infinitos: basta abrir un tomo del Diario de Sesiones de la época y espigar en los discursos de los legisladores oficialistas diversos alar-

des de imaginación para aumentar la intensidad de la ala-
banza. Alberto Ciria ha efectuado el recuento de algunos
de ellos en *Política y cultura popular*. Por grotescos no re-
siste el autor la tentación de destacar dos: el lujoso álbum
editado en 1948 por Carlos A. Warren con el título de
Emancipación económica americana, que se abre con una
nota sobre "Vidas paralelas del emancipador político general don José de San Martín y del emancipador económico
general Juan Domingo Perón". Otro: el libro *Perón. Preparación de una vida para el mando*, de Enrique Pavón Pereira, virtualmente la biografía oficial del presidente, publicada en 1952 y varias veces reimpresa, que relata hasta
los más triviales hechos de su vida, pero no registra su primer casamiento ni, obviamente, su viudez, como si Perón
hubiera llegado al tálamo con Evita tan casto como San
José...

Todo el tiempo de Perón está teñido de esta obsecuencia, transfundida como un pegajoso aceite a todos los com-
partimientos de la actividad nacional. En primer lugar, a la
administración pública.

En agosto de 1946, el flamante gobierno publicó un comunicado no muy diferente del que suelen difundir todos
los gobiernos argentinos al iniciar sus tareas: no se inventa-
rían nuevos puestos públicos, solo se cubrirían las vacantes
indispensables. Pero la declaración agregaba una precisión
insólita: sólo se designaría personal identificado con el movimiento triunfante. Aquí, como en otros temas, Perón ponía brutalmente de manifiesto lo que había sido una verdad
negada o disimulada. Pero lo que en administraciones anteriores no pasaba de ser una comprensible tendencia más
o menos balanceada por las necesidades del servicio público, ahora se practicó hasta extremos nunca vistos. Para
cada designación se necesitaría la recomendación de una

personalidad del oficialismo y la ficha partidaria era condición previa para los nombramientos.

Para muchos funcionarios y empleados, el requisito se convirtió en un drama espiritual que cada uno fue resolviendo de acuerdo con su conciencia. Pero "la ficha" se convirtió, a la larga, en un documento tan irrelevante como una cédula de identidad, un cartón carente de toda significación. Y este fenómeno también es típico del régimen, como lo fue la proliferación de retratos de Perón y Evita en las vidrieras de los negocios, que seguramente empezó por iniciativa de algún mercader entusiasta y a poco se convirtió en una obligación de incumplimiento peligroso: las campañas contra el agio y las inspecciones municipales brindaban demasiadas oportunidades para entrar en los locales, y no era saludable una vidriera o un salón de ventas sin los obligados retratos. Ocurría lo que Sarmiento describió cien años antes en su *Facundo*: el marchante que coloca una bandera colorada en la puerta de su boliche como reclame y la ciudad que poco a poco se va embanderando, porque si apareció esa novedad sería por algo y entonces mejor adherirse... Naturalmente, se convirtió en algo tan ritual el retrato de la pareja gobernante, que al final aparecía como un elemento funcional más, como las banquetas de las zapaterías o las máquinas de cortar fiambre de las rotiserías...

Estas miserias, insufribles para los opositores y los independientes, medraron en todo el país, pero se sintieron más pesadamente en las ciudades del interior, donde el opositor tenía nombre y apellido, y los aparatos de la coacción, aunque atenuados a veces por la impronta vecinal de las cosas lugareñas, podían hacerse sentir de manera prolija y permanente. La cesantía, la persecución mezquina, las adhesiones forzadas, la presión para afiliarse o para concu-

rrir a los actos litúrgicos del régimen, el luto obligatorio
cuando murió Evita, las suspensiones de actividades cada
vez que la CGT lo ordenaba, toda esa cotidiana compulsión
fue urdiendo motivos de rechazos viscerales que entonces
no podían manifestarse, pero, cuando pudieran hacerlo,
tendrían la violencia y desmesura que suelen tener los rencores largamente reprimidos.

Esto estalló más tarde, pero empezó en la *fiesta*. En ese
período donde la espontaneidad del apoyo popular a Perón
y su abrumadora condición mayoritaria debieron haber ex-
cusado semejantes presiones, inútiles y contraproducen-
tes, llevadas adelante por la máquina indetenible que el
mismo presidente había puesto en marcha.

La obsecuencia generalizada no produjo solamente estos desgastes. También debe sumarse a sus consecuencias
el predicamento que adquirieron en las altas esferas algunos célebres "chupamedias" que concursaban en una fre-
nética carrera de adulación y cuya influencia se debía solo a
su capacidad de servilismo. En otro volumen de esta obra
veremos cómo se fue acentuando esta tendencia, pero no
puede dejar de mencionarse aquí a Héctor Cámpora, autor
de no menos de veintiún proyectos de ley proponiendo distintos homenajes y loas al presidente y su esposa, seguido
de cerca por Emilio Visca, que de estas iniciativas tenía
diecinueve...

Servilismo, obsecuencia, sumisión total. O, para decirlo
en el especial vocabulario del régimen, "lealtad" y "adhesión incondicional". Esta palabra, "incondicional", había
provocado en 1890 una revolución; medio siglo más tarde
se alardeaba de ella, se hacía un mérito político de la incon-
dicionalidad, es decir, de una adhesión válida por sí misma,

hiciera lo que hiciere el destinatario de semejante apoyo.

No era que los partidarios de Perón fueran visceralmente obsecuentes. Muchos de ellos venían de las duras luchas sindicales de los años '30 o de las no menos duras luchas políticas contra el fraude conservador. Pero fueron aceptando una modalidad que el propio régimen estimulaba. Un caso asombroso que corrobora lo dicho es la renuncia en blanco que se hacía firmar a los legisladores oficialistas y, con posterioridad a 1950, la carta que debían entregar conteniendo críticas a Perón, de modo de poder exhibirla en caso de que se necesitara forzar una renuncia. Parece increíble, pero así ocurrió.

Entonces, la venalidad de algunos, el oportunismo de otros y en muchos una fe ciega en Perón, abonaban el terreno para que prosperara la carrera de las sumisiones totales. A lo que hay que sumar esta circunstancia: no pocos de los más serviles funcionarios, dirigentes o legisladores carecían de personalidad política propia, habían sido catapultados al escenario nacional o local en la avalancha del triunfo peronista; entonces se avenían a todo con tal de conservar los gajes que el batacazo de 1946 les había regalado. Y esto implicaba cerrar los ojos sistemáticamente a los desbordes y excesos que el régimen pudiera cometer.

En este momento de la *fiesta* no, pero en los finales del régimen, cuando el enfrentamiento con la Iglesia, el precio de semejantes rendimientos aparecía con todo su dramatismo en el espíritu de muchos "incondicionales".

Estas y otras modalidades tienen que ver con la calidad del elenco gobernante.

Era natural que un sistema autoritario, intolerante, teñido de una obsecuencia cada vez más extendida y dispuesto a no reconocer públicamente ningún error ni exceso, fuera empobreciendo gradualmente su propia atmósfera. Por otra parte, la presencia de un líder fuerte nunca favorece el florecimiento de personalidades a su alrededor. Pero el caso del peronismo es extremoso, porque la tendencia fue cortar las alas a todo el que pareciera aspirar a un vuelo propio.

En un primer momento, lá mediocridad del elenco peronista fue una consecuencia lógica de la improvisación del frente electoral de 1946. Desechos de los partidos tradicionales, oportunistas, bichos de toda laya que jugaron a la alternativa de Perón, se sumaron al lado de algunos valores humanos destacables. Pero en el andar del gobierno, éstos fueron borrándose progresivamente y quienes llevaron la batuta fueron los elementos más desconceptuados: uno de los ámbitos donde este proceso se vio con claridad fue el Congreso, donde Ernesto Palacio enmudeció y Visca o Colom hablaron. En el orden gremial ocurrió lo mismo: a medida que los viejos sindicalistas que habían apoyado a Perón eran desplazados o se arrellanaban en los sillones legislativos; surgían dirigentes sin antecedentes, identificables solo por una vocinglera "lealtad" y una rápida vocación de aprovechamiento de las buenas cosas que aparejaban sus cargos. Los equipos gubernativos sufrieron idéntica mutación en la etapa que siguió a la *fiesta*: el caso más patético fue el de Mercante, como ya se verá en otro volumen de esta obra.

Entonces, lo que Alberto Ciria ha llamado "el peronismo doméstico" fue ganando posiciones sobre los técnicos y funcionarios, que en un primer momento habían manejado los puestos clave. Y naturalmente, el "peronismo doméstico" estaba compuesto por domésticos, aptos solo para tareas domésticas...

Esto no se advirtió en toda su dimensión hasta 1950, aproximadamente, pero la pobreza del nivel de quienes daban contenido humano al aparato peronista ya se observaba desde el principio. Sin duda, tuvo que ver con muchos reflejos irracionales del bloque peronista en la Cámara de Diputados: frente al brillo y la peligrosidad de "los 44", la indigencia de un Cereijo, por ejemplo, contrastaba demasiado y era una invitación a que Astorgano mocionara el cierre del debate.

En ese momento y después, Perón insistió en la necesidad de formar dirigentes "virtuosos" y capacitar los cuadros. Pura retórica. La única manera de oxigenarse era abrir un permanente debate autocrítico, liberar a su sistema de la obsecuencia y la "lealtad", dar libre juego a los valores existentes. Pero todo esto era imposible. Estaba contra la naturaleza misma de su régimen, contra todo lo que había pacientemente elaborado para estructurar un aparato estatal y político de manejo fácil, incontrastable. Hubiera abierto el camino de las denuncias de ciertas mañas que el régimen había adoptado con naturalidad: la primera, su indiferencia frente a la reiterada aplicación de torturas a los detenidos por causas políticas.

He aquí algo que marca con un negro trazo el tiempo de Perón. Ningún argumento, ninguna excusa podrá justificar jamás el uso que la policía de Perón hizo de la tortura, sobre todo de la picana eléctrica, ese invento argentino cuya aplicación fue normal e impune en aquellos años. Lo que ocurrió en nuestro país con posterioridad al tiempo de Perón no debe empalidecer ese horroroso capítulo, porque si durante la Revolución Libertadora se fusiló en nombre de la Libertad, si en la década de 1970 se asesinó en nombre de la Liberación y después se masacró en nombre del Proceso, antes, desde 1946, se había torturado en nombre de la Justicia Social.

La picana eléctrica empezó a usarse en el gobierno provisional de Uriburu con los radicales; en la década del '30 se aplicaba eventualmente a los detenidos por delitos comunes, sobre todo en la provincia de Buenos Aires. Pero cuando alguno de estos hechos se descubría, estallaba un escándalo. Sin ser excepcionales, los tormentos pertenecían al submundo del delito y a los usos investigativos de la policía. A partir de 1946, en cambio, la picana era una frecuente secuela de la detención por motivos políticos.

Nadie que no haya sido sometido a esa ordalía puede tener idea de la angustia, el dolor, la humillación y la indefensión que padece la víctima de la picana. La ansiedad devoradora en los momentos previos, cuando no se sabe si vendrán o no a buscarlo, la súbita oscuridad para que no pueda individualizar a los operadores; el ruido de la puerta de la celda al abrirse, la venda en los ojos, el "paseo" hasta el lugar del suplicio... Y luego, el despojo de la ropa, las ligaduras con que se lo ata a la mesa mientras voces anónimas amenazan, bromean, se jactan... Y de pronto, la descarga eléctrica quemante, enloquecedora, en el pecho, el vientre, los órganos genitales; o la boca, las orejas. Son técnicos. Saben dónde están las partes más sensibles. No se equivocan. Picanean antes del interrogatorio para derrotar toda resistencia espiritual; o mientras interrogan, para que el torturado diga lo que sabe o admita lo que no sabe, lo que quieren que confiese. Saben las pausas que hay que hacer para que el suplicio no termine en un paro cardíaco y tienen un servicial médico al lado, para dosificar el tormento, no vaya a pasar lo que le ocurrió al obrero Carlos Aguirre en Tucumán en 1949, o al doctor José Ingalinella en

Rosario, en 1955, lo que casi le ocurre al estudiante Ernesto Bravo, en Buenos Aires, en 1951. Practican el juego de alternar el interrogador "bueno" con el "malo". Conocen hasta dónde puede llegar la resistencia física de cada cual, lo evalúan antes como una res. Porque son técnicos, Cipriano Lombilla, Francisco Amoresano, los hermanos Cardoso, Salomón Wasserman y tantos otros, sus discípulos menores, distribuidos en comisarías y brigadas donde se levanta al máximo el volumen de la radio para sofocar los aullidos de la víctima, en ese ambiente que parece un quirófano o un templo satánico con sus oficiantes, su altar, su víctima...

Esos tipos ¿eran monstruos? ¿Anormales? ¿Sádicos? Probablemente no. Es posible que fueran buenos padres de familia o excelentes amigos de sus amigos. Esto es lo terrible. El sistema los inducía a ejercer el oficio de la tortura. Los convertía en profesionales de la picana. Se los mencionaba con aprecio, se los condecoraba, se les regalaba algo, se les aseguraba su impunidad, eran ascendidos. Entonces, ¡claro!, extremaban su celo. Pero hay que fijarse bien: torturaban sin pasión. No odiaban al opositor que había caído en sus manos: lo torturaban porque esto era lo que de ellos se esperaba y porque la costumbre se había extendido demasiado para saltearla.

De Perón para abajo, todos sabían que se torturaba. Pero nadie hizo nada para impedirlo. Para Perón, un opositor preso, "un comunista", como solía decirse en cómoda simplificación, era una abstracción. Y nadie se compadece de una abstracción. Nadie puede imaginarle una cara ni ponerle un nombre ni adjudicarle un cuerpo ni escuchar los alaridos ni oler los sudores de su miedo ni medir el rencor que le come el espíritu después de terminada la "sesión". Si sobrevivió.

Ya desde 1946, los diputados radicales y distintos organismos políticos denunciaron casos de torturas. Algunos de los episodios más notorios, resonantes en los medios opositores, aunque silenciados por la prensa oficial, fueron los que protagonizaron unos muchachos de la Federación Juvenil Comunista detenidos en Dock Sud (junio de 1948); una veintena de obreros y obreras de la empresa mixta telefónica capturados en su domicilio (abril de 1949), cuyas denuncias fueron recogidas dos meses después por el Congreso de La Fraternidad, hecho único en el período; el estudiante Luis Vila Ayres (julio de 1949), el dirigente sindical Carlos Aguirre, que en plena huelga azucarera (noviembre de 1949) fue torturado hasta morir en los sótanos de la Casa de Gobierno de Tucumán y su cadáver, tirado en un camino de una provincia cercana. Hubo casos increíbles, como el de un hombre que fue detenido y torturado por pasar "en actitud sospechosa" frente a la Sección Especial (mayo de 1949), o el de un carnicero que confesó un crimen nunca cometido (mayo de 1949) bajo el apremio del tormento.

La Sección Especial, ubicada en la calle General Urquiza, al lado de la Comisaría 8ª, donde reinaban Lombilla y Amoresano, era la central de la tortura; en aquella época, enterarse de que un detenido había sido llevado a la Sección Especial era tener la seguridad de que sería picaneado o, por lo menos, maltratado, aunque había otros locales policiales en la Capital Federal y en la provincia de Buenos Aires con parecida fama, y se sabía que en casi todas las brigadas y delegaciones de la Policía Federal menudeaban esas prácticas, tanto con los detenidos políticos como con los comunes.

La Liga Argentina de los Derechos del Hombre, colate-

ral del Partido Comunista, llevaba una detallada nómina
de las denuncias de torturas y sus responsables. Triste símbolo: el mismo día que se juraba la Constitución Justicialista, el 16 de marzo de 1949, el comisario Lombilla allanó
sus dependencias, secuestró sus archivos e hizo incen-
diar parte del local. Con motivo de la ceremonia del juramento, estaban clausurados los accesos a la Plaza del Congreso, en cuyas inmediaciones tenía la liga su oficina; en
esas circunstancias acertó a pasar, por casualidad, el diputado Raúl Uranga, que de inmediato hizo la denuncia ante
la cámara, con el mismo resultado de otras similares.

Pero en julio de ese año ocurrió algo asombroso. Silvano
Santander, una vez más, pedía en la cámara pronto despacho de un proyecto que había sido presentado para que se
designara una comisión investigadora de las muchas denuncias existentes sobre torturas.

"Esos hechos, en cualquier país civilizado —dijo Santander— hubieran provocado las reacciones más viriles (...)
Hoy no queda un solo habitante de la República que ignore
que los hombres que... tengan la desgracia de caer en las
garras policiales no cuentan con ninguna clase de garantías
para su integridad moral y física."

Era un discurso casi rutinario; montones de veces se habían pronunciado palabras similares. De pronto, ¡oh, sorpresa!, la mayoría acepta el proyecto. Sí, se va a designar
una comisión: estará compuesta por diputados y senadores; tendrá amplias facultades...

Los diputados radicales no podían creer tanta belleza...
Y en efecto, la maniobra quedó clara pocas semanas más
tarde. Se designó un comisión bicameral compuesta por
Visca, Decker, Albrieu, Colom, un par de senadores peronistas, y Balbín y Parry por la minoría. A causa de renuncias, fallecimientos y, en el caso de Balbín, el desafuero

con que fue sancionado, la comisión quedó reducida a las personas de Visca y Decker, dos de los más descalificados integrantes del bloque mayoritario. Y estos, como "comisión bicameral", en vez de investigar torturas, se lanzaron a recorrer el país durante el año siguiente —como se verá en otro volumen de esta obra— para clausurar diarios independientes, intimidar a los opositores, en suma, "dar una vuelta de tornillo", como decía Perón.

Esta intemperancia para con el opositor, esta ausencia de tolerancia, era estimulada por el propio presidente de la Nación. Juan José Sebreli, que ha analizado brillantemente las connotaciones totalitarias del peronismo, recuerda algunas de las expresiones que Perón lanzó en la época que estamos estudiando. La agresividad de sus palabras, en esta primera etapa, cuando todo era color de rosa, cuando ninguna dificultad importante erosionaba el camino de su gobierno, contrasta con las generosas manifestaciones de su mensaje inaugural. A dos meses de hacerse cargo de la presidencia, prorrumpe: "¡El día que ustedes se lancen a colgar, yo estaré del lado de los que cuelgan!". Pocos días después reitera el *impromptu*: "¡Entregaremos unos metros de piola a cada descamisado y veremos quién cuelga a quién!". Al año siguiente, dice: "Con un fusil o con un cuchillo, a matar al que encuentre". En agosto de 1947: "Esta paz tengo que imponerla yo por la fuerza". En setiembre: "Levantaremos horcas en todo el país para colgar a los opositores".

Y así, una reiteración de torvas amenazas dichas por el primer magistrado. ¿Qué mucho que el pueblo peronista internalizara este rosario de invectivas? ¿Y que Evita, en su primitivismo, copiara y aumentara este tono?

El retroceso en los hábitos políticos argentinos y en la práctica de la convivencia cívica fue brutal, y la culpa de esta involución debe ser colocada en el platillo negativo de la balanza que mide el saldo del tiempo de Perón. Podría entenderse esta intemperancia si hubiera estado rodeado de peligros y amenazas, pero no era así a lo largo de la *fiesta*. Menos aún pueden entenderse las incoherencias de su régimen en materia de libertades públicas, de la que es un expresivo ejemplo la no derogación de la ley de residencia.

Si hubo un reclamo unánime y constante del movimiento obrero argentino a lo largo de toda su historia, éste fue la derogación de la ley 4144, sancionada en 1903, en plena época de la oligarquía, como recurso de defensa legal contra "extranjeros indeseables", es decir, contra los dirigentes sindicales españoles o italianos de ideología libertaria. Una simple orden del Poder Ejecutivo sin la menor garantía judicial, bastaba para expulsarlos del país. Desde entonces, casi todos los gobiernos aplicaron la ley con mayor o menor frecuencia, y desde entonces, también, una obligada reivindicación, casi de rutina, en los sindicatos, fue su anulación.

Como se sabe, el Congreso de 1946 se componía en buena proporción de legisladores obreros. Era cantado que ahora se daría satisfacción a la vieja exigencia de los trabajadores organizados, uno de esos temas de cajón, que vienen servidos y cualquier legislador recoge con entusiasmo. Los obreros apoyaban abrumadoramente a Perón y, por otra parte, ya no eran muchos los sindicalistas extranjeros, pues había una nueva generación al frente de las organizaciones gremiales.

Sin embargo, la odiada ley no se derogó. Los radicales empezaron entonces a reclamar la medida. Ahora, para ellos la rutina fue solicitar al comienzo de las sesiones, pronto despacho o tratamiento preferencial para el proyecto que habían presentado en ese sentido. Y ahora, increíblemente, eran los propios diputados obreros los que eludían el debate, con argumentos evidentemente dados *a contrecoeur*. Sus razones no se diferenciaban mucho de las que en una de esas oportunidades expuso un diputado obrero, Alcides Montiel.

"Nosotros no tenemos ningún apuro por la derogación de la ley 4144 porque ahora tenemos fe en el gobierno: porque nosotros estamos en el gobierno."

La superficialidad y falacia del razonamiento no merecen siquiera una refutación y la ley de residencia continuó vigente y boyante. Es cierto que Perón no la aplicó nunca, pero tampoco dio luz verde para su derogación, y seguramente debió extremar sus presiones sobre los diputados del bloque oficialista para frenar esa iniciativa, tan cara a los trabajadores. Agreguemos que hasta 1958 la ley 4144 no fue derogada.

La explicación de la indiferencia ante los abusos policiales o frente a la persistencia de la ley 4144, entre otros temas vinculados a las libertades y garantías ciudadanas, reside en que Perón era insensible a esos detalles. Eran cosas "gallináceas", que no podían hacerle perder el tiempo.

Cuando el autor de este libro habló largamente con él, en 1969, y le preguntó sobre el trato a la oposición, el ex presidente pareció no entender.

—¿La oposición? Nunca votó más libremente que durante mi gobierno...

—Pero no se trataba solamente de votar. Me refiero al trato que se le dio a los diputados opositores, a la prensa, a los abusos de la policía.

—¿La policía? Era más bien blanda... Yo mismo tuve que decirles varias veces que se pusieran más firmes. ¡Se preocupaban en detener a los redobloneros y descuidaban la seguridad!

(Y un guiño, como solicitando la complicidad del interlocutor.)

—Pero en su tiempo se torturaba, general...

—¿Se torturaba? ¿A quién se torturó?

—A mucha gente. ¡A mí!

Cara de asombro. Y con un aire de estar a punto de tomar el teléfono para averiguar qué había pasado, caramba, Perón se limitó a barbotar:

—¿Cuándo?

LAS AULAS

Estos hechos eran ignorados, en general, registrados como estaban en los indigeribles textos de los diarios de sesiones, o en hojas opositoras de ínfima circulación y corta vida. En cambio, los ojos y oídos de la gente recibían los mensajes continuos y abrumadores del aparato oficial de difusión. Planes y proyectos, realizaciones y declaraciones, lemas y loas alimentaban diariamente la necesidad de información de la opinión. Y, sobre todo, la imagen de Perón y Evita, a cuyo culto se volcaba todo el poder del Estado.

Un culto que comenzaba en la escuela primaria.

Fue este uno de los motivos de irritación opositora más legítimos y justificados. La escuela había sido siempre en nuestro país un territorio neutral, donde no se ejercía ningún tipo de discriminación política, racial o religiosa; la uniformidad del delantal blanco impuesta por el presidente Yrigoyen había respondido a la preocupación de que ni siquiera existiera un aspecto diferenciado en los alumnos según su indumentaria, de modo que todos se sintieran iguales. El régimen peronista, rompiendo esta tradición, intentó convertir a las escuelas primarias en centros de adoctrinamiento. Si no lo logró, fue por la torpeza de los procedimientos empleados, la pasiva resistencia de muchos maestros y maestras, y los contraataques domésticos que en los hogares de la contra intentaban borrar de la mente de los chicos lo que se les insuflaba en las aulas. De todos modos, la instrumentación política de la escuela primaria fue una monstruosidad que ningún argumento puede justificar.

En otro volumen de esta obra se verá cómo el aleccionamiento empezaba en los libros de texto de uso obligatorio, pues fue en la siguiente etapa del régimen peronista cuando se perfeccionó el sistema. Sin embargo, ya desde 1947 se obligaba a los maestros a comentar los discursos más importantes del presidente y algunos actos de gobierno, como el Plan Quinquenal, el discurso exponiendo la Tercera Posición o la Declaración de la Independencia Económica y en 1948, un tal Adolfo Díez Gómez produjo para editoriales de textos escolares una riada de libritos comerciales con títulos como *La Argentina milagrosa*, *Una mujer argentina* y otros que eran una abierta propaganda de Perón y Evita en el nivel de escuelas primarias.

Paralelamente, se fomentaba la delación para separar de sus cargos a los docentes que no cumplieran o cumplieran desganadamente las directivas. Después, cuando se organizó el Partido Peronista Femenino, muchas "delegadas censistas" que habían sido maestras se convirtieron en entusiastas denunciantes de sus antiguas colegas de *la contra*. Pero con ser graves estos hechos, faltaba la instrumentación dogmática que se implementaría en los próximos años, como ya se verá.

Algo semejante pasaba en la educación secundaria, ahora mediante la materia "Educación Ciudadana", que siendo en teoría una excelente introducción al estudio de las instituciones cívicas y a la historia de la evolución política argentina, en la práctica intentaba ser un medio de propaganda del régimen, sus protagonistas y sus realizaciones.

Pero aun con estas servidumbres, la instrucción primaria y la educación secundaria no fueron modificadas sustancialmente en la composición de sus cuerpos docentes. Muy diferente fue lo que ocurrió con la universidad argentina.

Es sabido que estudiantes y profesores universitarios fueron fervorosos adversarios de Perón durante el gobierno de facto. La normalización de las universidades, a principios de 1945, había sido la señal para desencadenar la gran ofensiva política de ese invierno y la ocupación de las casas de estudio en setiembre preludió las jornadas de octubre de aquel año.

Luego, durante la campaña electoral, los universitarios tomaron partido masivamente contra Perón: fueron muy escasos los que adoptaron otra actitud y, ciertamente, quienes lo hicieron debieron sufrir burlas y desaires de sus colegas.

En el intermedio entre la elección de Perón y su asunción presidencial, el gobierno de facto intervino las universidades. El futuro presidente prefirió que fuera Farrel quien adoptara la medida; total... ¡qué le hacía una raya más al tigre! El decreto de marzo de 1946 ahorraba a Perón disgustos y desgastes y preanunciaba la purga que haría el nuevo gobierno en lo que había sido un foco permanente de oposición. La medida provocó airadas protestas en estudiantes y profesores, pero esta vez no hubo huelgas: el pronuncia-

miento electoral de febrero había dejado a los universitarios tan estupefactos como a los dirigentes democráticos y,
perdida la batalla, solo cabía resignarse a las consecuencias.

Y las consecuencias pasaron como una aplanadora sobre
la universidad. Producida la intervención, menudearon las
renuncias de profesores: los dimisionarios sabían que les
cortarían la cabeza a breve plazo y prefirieron irse antes,
dando un portazo. En la Universidad de Buenos Aires renunciaron 116 docentes y 32 fueron cesanteados. En Córdoba se fueron 265 y 63 quedaron separados de sus cargos.
En La Plata dimitieron 102 y 141 sufrieron la cesantía. En
Cuyo, el Litoral y Tucumán las proporciones fueron más o
menos similares. En total, al finalizar el año 1946, los profesores universitarios echados eran 423 y los renunciantes
823. Unos 1250 docentes, la tercera parte del cuerpo profesoral de las universidades nacionales, habían quedado
excluidos.

Fue una sangría tremenda. Muchos de los profesores separados eran figurones desactualizados, beneficiarios de
posiciones por el simple paso del tiempo, que habían jugado a la carta democrática como un recurso de defensa de
sus feudos académicos. Pero la mayoría estaba integrada
por personalidades meritorias, consagradas a su labor, que
amaban sus tareas docentes y habían formado escuela. Es
muy difícil generalizar juicios y el tema merece, en realidad, una investigación que todavía no se ha hecho. Pero
aún admitiendo que la universidad necesitaba una puesta al
día y que algunas de las facultades eran cotos cerrados a los que
había que airear, parece indudable que la intervención de
1946 significó la dilapidación de una riqueza intelectual que
había costado mucho acumular.

Los puestos vacantes fueron cubiertos con los que aceptaron quedarse, con los que venían haciendo sus carreras y veían ahora la oportunidad de culminarlas, o con designaciones ajenas al mundo académico. Empezó la felicidad de los adjuntos y ayudantes convertidos en titulares; y como debían retribuirla, su adhesión al régimen se hizo clamorosa. Fue una sangría, pero no una transfusión de sangre nueva: en Medicina, por ejemplo, volvió a encaramarse la vieja "trenza" profesoral conservadora de José Arce. Bastaba ponerse el escudo peronista en la solapa para lavarse todos los pecados anteriores... Los muchachos llamaban "Flor de ceibo" a los profesores improvisados, aludiendo a la marca de productos de primera necesidad que vendía el gobierno para aliviar el creciente costo de la vida: como aquellas mercaderías, estos profesores eran baratos y de fácil reposición...

Así, la universidad se convirtió en una virtual dependencia del Poder Ejecutivo por disposición de la ley 13.031, aprobada en 1947: desde el rector hasta el último titular de cátedra, todos debían ser nombrados por decreto presidencial; la universidad dependía de una subsecretaría universitaria del Ministerio de Educación; carecía de autonomía funcional y financiera y se establecían penas de expulsión a quienes actuaran "directa o indirectamente en política". En política opositora, se entiende, ya que fueron muchos los funcionarios y legisladores peronistas que ocuparon diversos puestos en la estructura universitaria. La revista de la universidad fue confiada al padre Hernán Benítez, que hizo de sus lujosas páginas una tribuna falangista. La actividad universitaria se empobreció: se limitó a una función rutinaria de estudio y exámenes, sin frescura ni versatilidad.

En cuanto a los estudiantes, la intervención de 1946 significó la temporaria clausura de esa etapa militante y combativa que había vivido la Federación Universitaria Argentina desde 1943. Sus dirigentes decidieron volver a los libros y recibirse de una vez. Durante esos años, los centros de estudiantes vivieron una vida larvada; algunos, como el de Ingeniería, soportando persecuciones. Por otra parte, los efectos de la guerra fría se hacían sentir también en el movimiento universitario, donde socialistas y comunistas disputaban amargamente la conducción de las federaciones en las distintas universidades. La ley 13.031 eliminaba la representación estudiantil electiva en los consejos, de modo que la actividad de los alumnos —totalmente incomunicados de las autoridades— no tenía en la práctica otros objetivos que los puramente gremiales. Pero las asambleas de los centros eran verdaderos exámenes al mundo, discusiones interminables sobre lo divino y humano. En algunas oportunidades se hicieron paros o huelgas en solidaridad con luchas obreras: una de éstas fue la que se realizó en la Universidad de Buenos Aires en protesta por el asesinato del obrero Aguirre.

En otro volumen de esta obra habrá que contar la manera como el régimen peronista intentó posteriormente encuadrar al estudiantado universitario. Durante la *fiesta*, se limitó a apoderarse de la universidad, con una intención exclusivamente expoliadora. Como dicen Alberto Ciria y Horacio Sanguinetti, el propósito del peronismo en 1946 fue "eliminar a los docentes opositores sin fijarse en su mérito científico, y reemplazarlos por elementos adictos, sin contemplar tampoco méritos de otro orden; dictar una nueva ley que, anulando la autonomía, le permitiera controlar a las autoridades de la universidad y predicar por algún tiempo el apoliticismo". Después vendría la difusión obligatoria de la doctrina peronista, el copamiento del movimiento estudiantil y la represión de los alumnos opositores.

Por ahora, hacia fines de 1949, lo que estaba claro era

que la Reforma Universitaria quedaba muy atrás y la enseñanza superior se había mediatizado, con sus profesores "flor de ceibo" y la servicial posición de la institución ante el régimen. Pero, también hay que decirlo, se disfrutó de un mejoramiento en la infraestructura y en la difusión del deporte en los claustros y la asistencia al estudiantado. En esos años se inauguró la nueva Facultad de Derecho de Buenos Aires, se ampliaron y remodelaron edificios en otras facultades del país, se crearon las de Odontología y Arquitectura en Buenos Aires, se proyectó la creación de una ciudad universitaria y se abrieron departamentos para ayuda a los estudiantes. La matrícula aumentó sustancialmente: el número de alumnos de las universidades nacionales entre 1945 y 1955 se triplicó, aunque la cifra de graduados no creció proporcionalmente y se mantuvo cercana a las anteriores a 1946.

También en esos años desfilaron algunas celebridades de las ciencias, las letras y el pensamiento: las conferencias dictadas en 1949 por Hans Kelsen produjeron una renovación en la filosofía del derecho. Y sin duda fue un éxito el Congreso de Filosofía organizado por la Universidad Nacional de Cuyo, en marzo de 1949, al que asistieron o enviaron trabajos pensadores como Benedetto Croce, Martín Heidegger, Karl Jaspers, Gabriel Marcel, Julián Marías, Michele Sciacca, Edward Spranger, José Vasconcelos y los argentinos Coriolano Alberini, Carlos Cossio, Octavio N. Derisi, Eugenio Pucciarelli, Julio Meinvielle entre otros. En ese marco, Perón expuso las bases filosóficas del justicialismo —palabra que se había acuñado poco antes— en un extensísimo discurso que le había redactado Carlos Astrada, en aquellos tiempos un filósofo católico deslizado años más tarde al marxismo maoísta. Pero todos estos logros no podían cubrir las falencias de fondo, aquellas que desvirtuaban la misión primordial de la universidad, realizable solo en una atmósfera de libertad creadora, tolerancia por todas las opiniones y respeto por la autoridad que confiere la sabiduría.

Es que, como suele ocurrir en los regímenes autoritarios, el de Perón asumía una actitud panglossiana, sobre todo en los años de la *fiesta*; todo estaba bien, todo era lo mejor posible. Pensar distinto era ser *contra*. Señalar una omisión, cuestionar una verdad oficializada o una creencia generalizada, plantear algo nuevo en el campo de las ideas era casi subversivo. Es revelador lo que dijo el diputado Visca cuando clausuró una tradicional imprenta porteña en enero de 1950. El taller había inocentemente editado un libro de cierto historiador venezolano que formulaba algunos reparos a la trayectoria de San Martín.

"En este país se puede pensar cualquier cosa de Rosas, de Mitre, de Roca, de Yrigoyen, de Alvear y hasta del mismo Perón —prorrumpió Visca ante el estupor del personal—, pero del general San Martín ¡solo se puede pensar de una sola manera!"

Y cada vez más se ampliaban las áreas sobre las cuales había que pensar "de una sola manera". La complicidad de los resortes del Estado y el manipuleo de la opinión pública tendían a no permitir ninguna disidencia sobre lo que había que creer. Era obligatorio creer lo mejor del país: señalar aspectos negativos equivalía a cuestionar al régimen mismo. Típica fue, por ejemplo, la imagen que el aparato de propaganda oficial daba del mundo en relación con la Argentina: un horror de hambre, pobreza e inseguridad, que contrastaba con la paz y la prosperidad que reinaban en nuestro bendito país... Así se iban empobreciendo los territorios intelectuales de los argentinos, se tornaba provinciano su pensamiento, se trivializaba su problemática.

Aquí, todo andaba maravillosamente. Si algunas cosas no funcionaban todavía como debían, era por motivos circunstanciales o, ¡sí señor!, sabotaje de los comunistas.

Entre muchos ejemplos que podrían darse, se transcriben las palabras que dijo Perón en una reunión realizada por el Consejo Económico Nacional en junio de 1948, al que asistían representantes de la industria y del comercio. Quejábanse estos tímidamente de la inflación, la escasa productividad, las dificultades para importar maquinarias y repuestos, la situación del campo. Entonces dijo Perón:

"¿Hay algún problema en la economía de la República Argentina? No, no hay ningún problema. ¿Por qué? Porque ¿cómo me van a decir a mí que un país que paga toda su deuda externa, que compra casi todos sus servicios públicos, que está adquiriendo todos los otros, que tiene afuera un crédito de 8000 millones de pesos, que está organizando toda la economía y la riqueza sobre estos nuevos moldes, está en mala situación económica? No me lo van a hacer creer a mí, que lo estoy viendo y lo estoy viviendo…"

La universidad reflejó estas peligrosas simplificaciones. Y la complacencia culpable en semejante actitud, que Perón modelaba incesantemente al reiterar que el país ya no tenía problemas graves, hacía cada vez más difícil el ejercicio de la inteligencia. En su paraíso volteriano, el doctor Pangloss miraría embelesado a este aventajado discípulo, maestro en el arte de tapar todo, para que nada inquietante pudiera asomar la cabeza y arruinar la *fiesta…*

LOS PLANES Y LAS REALIZACIONES

Una característica novedosa del régimen peronista por su intención, más que por su realización, fue la que tiene que ver con el planeamiento de la gestión de gobierno. Perón, ordenancista y reglamentarista, quería establecer líneas de acción concretas, con objetivos precisos. Ya durante el gobierno de facto había logrado la creación de un Consejo de Defensa Nacional y luego del Consejo Nacional de Posguerra, primer organismo en el país con específicas funciones de planeamiento.

Asumida la presidencia, Perón quiso dar la sensación de que su gobierno tenía previstos objetivos para cada sector de la realidad nacional. José Figuerola, durante algunos meses coordinó ciertos estudios y proyectos sueltos, en una atmósfera de sigilo y misterio: la vena histriónica del presidente no podía perder la oportunidad de dar una gran sorpresa al país, demostrándole hasta qué punto todo estaba estudiado, previsto, planificado: en la temprana posguerra, la palabra "planificación" era mágica y el libro de Karl Manheim, *Libertad y planificación*, era una suerte de biblia para todos los aspirantes a técnicos-políticos de la época.

El 21 de octubre de 1946 tuvo lugar en el recinto de la Cámara de Diputados un acto sin precedentes en nuestra vida institucional. Estaban reunidos diputados y senadores, pero no en una asamblea, como ocurre cuando se congrega el Congreso en pleno, sino a título de oyentes. Fueron cuatro horas de perorata, en la que se alternaron Perón y Figuerola con el auxilio de numerosos gráficos, para explicar lo que sería el "Plan de Gobierno 1947-1951". Semanas más tarde, el paquete sería denominado "Plan Quinquenal", un nombre eufónico que en adelante rubricaría todas las obras públicas que se hicieran.

Pero el tal plan no existía. Era un proyecto de ley cuyo artículo 1º aprobaba los instrumentos legales que se acompañaban, y cuyo artículo 2º autorizaba al Poder Ejecutivo a emitir títulos de la deuda pública por el monto que fuera necesario y a emplear "cualquier otro medio adecuado" para su financiación. En cuanto a las leyes en sí, se trataba de veintisiete proyectos sobre temas heterogéneos: desde la creación del Cuerpo de Abogados del Estado y la Organización de los Ministerios, hasta de la Organización del Servicio Exterior de la Nación o de Arrendamientos Rurales y Aparcería; también se incluían proyectos sobre pesca y caza marítima, defensa de la riqueza forestal, creación del cuerpo de aduanas, reorganizando la Justicia Federal, regulando las funciones notariales, etcétera. De todo había en ese cambalache legal, aunque la mayoría de los proyectos respondían a necesidades reales de actualización normativa o de modernización de la estructura del Estado.

Después del *show* parlamentario, el Plan Quinquenal se convirtió en uno de los motivos de propaganda más explotados. Altos funcionarios brindaron conferencias, se hicieron cursos en las universidades, se dictaron clases alusivas en escuelas y colegios; la propia Evita inició la ronda con un discurso por radio que fue una de sus primeras incursiones oratorias. Todavía no había encontrado su tono: "la mujer del presidente de la República que os habla no es... más que una argentina más, la compañera Evita, que está luchando por la reivindicación de millones de mujeres, injustamente postergadas en aquello de mayor valor en toda conciencia: la voluntad de vigilar, desde el sagrado recinto del hogar, la marcha maravillosa de su propio país..."

Seguramente nadie leyó el mamotreto que se distribuyó entre los legisladores que contenía el plan, ni las lujosas publicaciones que se hicieron después. Pero "Plan Quinquenal" sonaba bien, parecía una palabra sacada del timbre que marca el martillo sobre el yunque, y, si se olvidaban sus ecos stalinianos, hacía pensar que era la panacea del país...

La fiscalización de su cumplimiento se encomendó a la Secretaría de Asuntos Técnicos de la Presidencia. Después, el asunto pareció dejar de interesar a Perón. El Congreso aprobó la ley de Organización del Servicio Exterior y la ley de Creación del Cuerpo de Abogados del Estado; en marzo de 1947 aprobó el artículo 2° del plan, que autorizaba al Poder Ejecutivo a proveer sin ninguna limitación su financiamiento. Más tarde fue prestando, morosamente, su aprobación a una decena de los proyectos. Los otros fueron olvidados, en algún caso —recursos contencioso-administrativos— la ley aprobada sobre el proyecto del Poder Ejecutivo fue vetada por este, sin que se conocieran nunca los fundamentos del veto a la propia iniciativa. En otro caso —Código Sanitario y de Asistencia Social— se aprobó una "ley base" para que el Poder Ejecutivo redactara y pusiera en vigencia su articulado, pero esto no se concretó nunca.

En realidad, el Plan Quinquenal fue un atisbo de planificación. Más no podía pedirse. No existía experiencia de planeamiento orgánico en la Argentina ni se contaba con equipos que pudieran hacerlo. En cuanto al inventor de la iniciativa, fue defenestrado —como ya se ha señalado— al incluirse sorpresivamente en la Constitución Justicialista un artículo que establecía la obligatoriedad de ser argentino nativo para desempeñarse como ministro del Poder Ejecutivo Nacional. Reemplazó a Figuerola desde noviembre de 1949 uno de los funcionarios más serviles del *entourage* presidencial, Raúl Mendé, quien en pocos meses acumuló bajo su mando un heterogéneo conjunto de organismos, comisiones, servicios e institutos, que le fueron dando un extraordinario poder. Pero este proceso pertenece a otro volumen de esta obra, como también le pertenece lo relativo al Segundo Plan Quinquenal, más orgánico y mejor planteado que su antecesor de 1946.

El mundo militar exige tantas prolijidades inútiles, que muchas veces los hombres de armas terminan creyendo que el orden es un fin en sí mismo y que, por el simple hecho de haberse instalado, suple mágicamente la ausencia de otros valores. Perón era uno de esos. Tantos años en la Escuela de Guerra, tantos esquemas y croquis, tantos reglamentos cuya mera existencia parecía dar respuesta a todas las situaciones posibles, sustentaban su convicción de que organizar la comunidad argentina consistía en inventar una estructura para cada sector, cada estamento, cada interés. Fabricada la estructura, cada cual debía insertarse en la que le correspondía y entonces todos los problemas quedarían solucionados. No importaba su autenticidad o su representatividad: por el hecho de existir, ellas significaban que el país estaba prolijo, ordenado; en suma, organizado. Claro que algunos no querían entrar: en ese caso, había que aniquilarlos.

Como esos juegos de guerra a que había aplicado por años su talento, Perón sabía que esto era también, en buena medida, una ficción. Pero una ficción útil a sus objetivos, porque en tanto el país estuviera así compartimentado, no habría espacio para disidencias o cuestionamientos. Cuando el presidente leyó el Plan Quinquenal ante el Congreso, el semanario *Provincias Unidas*, vocero del radicalismo intransigente, comentó irónicamente:

> *Tres horas habló Perón*
> *y tres más el catalán*
> *para explicarnos el plan*
> *de la nazificación...*

Era injusto. No era un plan de nazificación, ni siquiera un plan. Pero contenía el germen de lo que vendría después: la intención de una organización total y sin resquicios del cuerpo social argentino.

El régimen peronista fue innovador y original en muchos campos. Sin tener en cuenta el sistema mismo —extraño a la tradición política argentina por su autoritarismo y sus características coactivas—, hubo imaginación para concretar aperturas desconocidas hasta entonces, y adoptar gestos y modalidades inéditas.

Una de estas aperturas se dirigió al deporte. Perón había sido campeón de esgrima del Ejército, practicó boxeo y fue un discreto *amateur* en varias actividades. Seguía con atención los acontecimientos deportivos y se decía que era "hincha" de Racing, aunque su olfato político le vedó manifestar jamás ninguna preferencia por este u otro equipo. En innumerables oportunidades se refirió a los deportes como una escuela del carácter y una necesidad en la formación integral de la personalidad.

Pero más allá del auténtico interés que pudiera sentir, Perón usó la actividad deportiva para sus fines políticos y permitió, además, que la política se introdujera en ese territorio, antes inocente, para exaltar a unos, eliminar a otros, extorsionar, sobornar y, en definitiva, convertir las competencias en actos de adhesión a su régimen, hacer de los ídolos otros tantos propagandistas y presentar al exterior la imagen de un país donde la mente sana en el cuerpo sano definía a sus habitantes. No diferenció en esto su técnica de las que en su momento usaron Hitler o Mussolini, pero nadie lo había hecho antes en la Argentina. A cambio de este uso, al que muy pocos profesionales del deporte se resistieron, su gobierno apoyó la actividad, dio créditos a los clubes más importantes —sobre todo a Racing, el "Sportivo Cereijo", que construyó con el apoyo oficial un espléndido estadio bautizado, por supuesto, "Presidente Perón"—, facilitó viajes al exterior, otorgó premios suplementarios a campeones de distintas especialidades, recibió solemnemente a quienes dejaban en alto los colores nacionales, construyó complejos deportivos y asistió, a veces acompañado de Evita, a algunos acontecimientos importantes. Y también, va sin decirlo, hizo ignorar o silenciar a los escasos deportistas que eran notorios *contras*, cuyos nombres jamás pronunciaban Luis Elías Sojit, el locutor oficial del deporte, o los *speakers* que transmitían los acontecimientos en este campo.

El manejo del deporte por el régimen peronista se asocia —ya se ha dicho— a las técnicas usadas por los sistemas totalitarios europeos en ese terreno; ello ha dado motivo a algunos analistas para catalogar al peronismo como una forma latinoamericana del fascismo. Sin embargo, la construcción suntuaria y espectacular, característica de la era mussoliniana e hitleriana, fue ajena a las modalidades del régimen peronista. Sólo por excepción el gobierno de Perón cayó en la tentación de ese tipo de arquitectura, un estilo vagamente californiano que se refleja en la edificación destinada al turismo social y en los hogares-escuela levantados en todo el territorio.

En cambio se construyeron muchas escuelas, especialmente en la Patagonia: Ivanissevich se jactó años más tarde de haber levantado unas 6000 en todo el país, lo que es exagerado, pero no demasiado lejano de la verdad. También se construyeron muchos centros de salud de diversa envergadura, entre ellos el gran hospital de Río Cuarto, el Instituto Nacional de Cardiología y cinco policlínicos distribuidos en la Capital Federal y Gran Buenos Aires, cuya construcción se inició en la etapa que estamos analizando. Se registró también un impulso en la construcción de viviendas por organismos del Estado: solo en la zona metropolitana se edificaron la Ciudad Evita, cerca de Ezeiza, y los barrios Primero de Marzo, 17 de Octubre, Manuel Belgrano y Los Perales, además de algunos monobloques. Estas obras, destinadas a atender impostergables necesidades de educación, salud y habitación, así como los complejos turísticos de Chapadmalal y Río Tercero, definen con claridad las prioridades del régimen peronista en materia de obras públicas. Pero también es definitorio el abandono del progreso vial, que en la década del '30 había logrado un notable avance: según Ludovico Ivanissevich, en 1944 las rutas nacionales tenían 61.050 kilómetros, y once años más tarde, 60.185 kilómetros. Algunas provincias construyeron caminos, pero la obra vial de la Nación se paralizó durante todo el gobierno peronista.

Tampoco la ciudad de Buenos Aires vio levantar construcciones espectaculares; a fines de 1949, la Avenida 9 de Julio estaba detenida a la altura de la calle Tucumán, y la demolición de las dos manzanas que le permitirían llegar hasta la avenida Córdoba habría de demorar algunos meses. En realidad, la construcción suntuaria fue, durante la *fiesta*, propia de la actividad privada, y su expresión más impresionante fue el crecimiento de Mar del Plata. Estimulados por la extensión de las vacaciones pagas —en 1948 hubo 600.000 veraneantes— y por el régimen de propiedad horizontal sancionado en 1946, enormes cubos de departamentos fueron levantándose en la ciudad atlántica como un cabal ejemplo del despilfarro de la época, que pudo armar una ciudad para un millón de habitantes dotada de toda su infraestructura de servicios, para funcionar a pleno sola-

mente dos meses por año... Lo que corrobora, una vez
más, lo que se ha venido reiterando en las páginas anteriores: que el derroche fue perpetrado por el régimen peronista durante la *fiesta*, pero no solamente por él: todo el país
participó en esos años del espíritu del despilfarro, y gozó
dilapidando la riqueza acumulada en el lustro anterior.

Los logros más trascendentes del gobierno peronista en
el terreno de las realizaciones materiales y en la etapa de la
fiesta fueron obtenidos en los campos de educación y la
salud pública.

El juicio que merezca el manejo político que se hizo de la
educación pertenece a la historia. Pero las muchas escuelas, colegios y hogares-escuela que aún hoy sirven, con sus
instalaciones amplias y sus buenos materiales, constituyen
un honroso testimonio de la preocupación humana del primer gobierno de Perón y de la aptitud de sus técnicos.

En cuanto a la salud pública, es curioso que la mayor hazaña cumplida en este terreno haya sido casi omitida por la
propaganda de la época. Sus animadores fueron Ramón
Carrillo y Carlos Alberto Alvarado, su director de Paludismo y Enfermedades Tropicales. Era Carrillo un prestigioso
neurocirujano que en 1944 conoció a Perón y desde la asunción presidencial lo acompañó como titular del organismo
creado sobre la antigua Dirección Nacional de Higiene: un
santiagueño habilísimo en los trapicheos políticos y con
ideas muy claras sobre sanitarismo. En cuanto a Alvarado,
jujeño, había investigado durante años la transmisión del
paludismo, ese "chucho" que afectaba endémicamente a
una enorme proporción de habitantes del norte argentino.

Ambos formaron una dupla muy eficaz. Los índices de
mortalidad infantil y de enfermedades infecciosas se redu-

jeron notablemente durante su gestión y aumentó la capacidad hospitalaria en todo el país. Pero la obsesión de Carrillo y Alvarado era el paludismo: a lograr su extinción consagraron buena parte de sus esfuerzos desde 1946. Primero obtuvieron en setiembre de 1948 la sanción de la ley 13.266, que otorgaba amplias facultades a Salud Pública para combatir las endemias. Luego echaron mano del DDT, un producto químico nuevo, inventado durante la guerra, que era un agente destructivo de mosquitos de extraordinaria eficacia. Durante tres años los agentes de Salud Pública trabajaron casa por casa, pulverizando, desinfectando, pintando las paredes con una solución de DDT en la amplia zona afectada del país. Lástima que no se haya aprovechado el envión para extender la lucha también contra el mal de Chagas. De todos modos, el éxito fue fulminante: hasta 1946 se presumían 300.000 casos nuevos de paludismo por año; en 1949 solo se registraron 137. Con legítimo orgullo, Carrillo declaraba en 1951 que "hemos ganado dos millones de días de trabajo en esa zona". La ley y el insecticida, inteligentemente manejados, permitieron eliminar radicalmente el flagelo.

El uso del nuevo producto concretó, casi al mismo tiempo, un cambio fundamental en la vida rural argentina: la eliminación de la langosta, esa bíblica plaga que cíclicamente asolaba los campos y frente a la cual habían fallado todos los métodos inventados para exterminarla. La hazaña fue realizada por el Ministerio de Agricultura a cargo del ingeniero Carlos A. Emery, aunque su propulsor efectivo fue el director de Sanidad Vegetal y Acridiología, ingeniero Juan B. Marchionatto.

En setiembre de 1946 se firmó en Montevideo, entre varios países americanos, un convenio que comprometía a los signatarios a tomar medidas coordinadas y conjuntas contra el acridio. Esta cooperación recíproca era indispensable pues las langostas tenían sus asentamientos preinvernales en un ancho sector que comprendía territorios argentinos, bolivianos, paraguayos y brasileños. Pero sin esperar la ofensiva multinacional, el gobierno de Perón constituyó en 1947 un organismo en el que participarían todas las reparticiones que integrarían los diversos frentes de batalla. El mes anterior el presidente había anunciado el lanzamiento de la campaña; en ese momento, una enorme manga, tal vez la más grande de nuestra historia, sobrevolaba 400.000 kilómetros cuadrados de territorio argentino y se aprestaba a desovar sobre un millón de hectáreas.

La acción efectuada fue un modelo. Casi 7000 personas participaron, entre ellas unos 5000 efectivos del Ejército. Se instalaron bases en Corrientes, Misiones, Entre Ríos, Formosa, Chaco, Salta, Jujuy y Tucumán; se movilizaron camiones, jeeps, aviones y helicópteros. Y, por supuesto, varias toneladas de DDT.

La campaña 1947/48 fue decisiva y se completó con la acción conjunta de los países comprometidos en Montevideo. Posteriormente, año tras año, se fue repitiendo la acción antiacrídica con decreciente intensidad, pues la plaga ya había virtualmente desaparecido. El DDT había hecho posible en un par de años lo que no se había logrado en siglos. Cualquier gobierno lo hubiera hecho —rezongaban los *contras*. Es cierto. Pero fue el de Perón el que concretó la hazaña, y ese logro fue uno de los saldos auténticamente positivos de su administración; la que millones de hombres de campo agradecieron íntimamente, tal vez compensando las exacciones que sufrían en otros aspectos...

Es curioso, sin embargo, que el aparato de propaganda oficial no haya batido el parche sobre estos dos grandes triunfos y que las bocinas de Apold ensalzaran las realizaciones más insignificantes, marginando las verdaderamente transformadoras. Perón mismo, en *La fuerza es el derecho de las bestias*, apenas dedica media docena de líneas a estos triunfos. ¿Mezquindad? ¿Celos? ¿Error de apreciación? Lo que sea: el hecho es que el paludismo desapareció y la langosta fue aniquilada. Con poco más, un gobierno entero hubiera justificado su paso por el poder.

UNIFORMES Y SOTANAS

En la etapa de la *fiesta*, la relación entre el gobierno y las Fuerzas Armadas fue la que razonablemente debe esperarse en un sistema constitucional común. Además de los dos ministros de Guerra y Marina, solo un militar era titular de un ministerio, el de Obras Públicas. Algunos militares retirados estaban al frente de ciertas reparticiones, como la Policía Federal, o ciertas empresas estatales, como YPF. Pero no había injerencia política en las instituciones armadas y algunos oficiales notoriamente antiperonistas no fueron molestados. Dice Robert A. Potash, en su conocida obra, que "los datos sobre promociones y designaciones hechas durante los dos primeros años en que el general Sosa Molina se desempeñó en el Ministerio de Guerra son incompletos, pero la información sugiere que lo decisivo para los ascensos era la competencia profesional, antes que la tendencia política". Y agrega: "Para los oficiales subalternos, no ser partidarios de Perón, siempre que no incurrieran en actos manifiestos de hostilidad, no significaba un obstáculo insalvable en su carrera militar".

Es cierto que quedaban cicatrices de los enfrentamientos dentro de las Fuerzas Armadas, en especial el Ejército, ocurridos a lo largo de 1945. Pero en esta etapa no había mayores motivos de críticas militares al gobierno peronista: por el contrario, su política de industrialización, su política internacional y de justicia social coincidían con creencias profundas de los militares argentinos. Además, Perón era un camarada, uno de los suyos. Por otra parte, superados parcialmente los problemas con los Estados Unidos, el gobierno pudo reequipar a las tres armas con elementos modernos: aviones a reacción para la Aeronáutica, algunas naves para la Marina y elementos para unidades mecanizadas del Ejército, que hacia 1948 ya hacían las delicias de los uniformados. Pero hay que decir —siempre siguiendo al bien informado Potash— que ni estos gastos ni los que se hicieron contemporáneamente con destino a construcciones militares aumentaron la parte del presupuesto asignado a las Fuerzas Armadas, que después de gozar del 43,3 % en 1945, vieron reducida su parte a 24,9 por ciento, en 1949, con una disminución de la tropa en los mismos años, de un 14 por ciento, aunque no del cuerpo de oficiales, que aumentó en proporción desmedida en relación con los efectivos.

El único tema que pudo empañar la relación de las Fuerzas Armadas con Perón en la primera etapa de su gobierno fue el relacionado con las actividades de Evita. Por sincera que fuese su adhesión al presidente surgido de un gobierno de facto militar, algunos jefes no dejaban de molestarse con el predicamento que obtenía la mujer del primer mandatario. Como ya se verá, en febrero de 1949 el ministro de Guerra, Sosa Molina, el prestigioso general Carlos von der Becke, ya retirado, y el ministro de Obras Públicas, general Pistarini, pidieron a Perón que pusiera fin a las actividades de su esposa. El episodio careció, aparentemente, de aristas filosas y debe haberse protagonizado entre viejos camaradas con un tono amistoso y de consejo. Perón despidió a sus conmilitones con vagas promesas que por supuesto no cumplió.

En suma, la relación con las Fuerzas Armadas hasta 1949 fue óptima y los militares de las tres armas, con equipamientos modernizados y sin motivos para preocuparse por la política, trabajaron intensamente en sus tareas específicas. Esta situación, ya lo veremos, se fue modificando profundamente en las secuencias posteriores del régimen.

No menos pacífica fue, en este tramo, la relación con la Iglesia. Perón había efectuado, durante la campaña electoral de 1945/46, algunos actos de devoción que le ganaron la simpatía de la feligresía católica, especialmente del bajo clero. Subsistían las desconfianzas que algunos prelados habían manifestado sobre su persona en la época del gobierno de facto, pero la ratificación por ley del Congreso del decreto de diciembre de 1943 que imponía la enseñanza obligatoria de la religión católica en las escuelas, afianzó el apoyo de la Iglesia al gobierno constitucional. El cardenal primado de la Argentina, Santiago Luis Copello, se convirtió en interlocutor frecuente de Perón —quien, en algún momento, designó un "asesor teológico" (sic) de la presidencia— y en el área de educación fue notoria la gravitación eclesiástica. En 1948, un cura párroco ocupó una banca en Diputados por el partido mayoritario, circunstancia que no se daba en el país desde fines del siglo pasado y ese mismo año Perón hizo una breve visita a la basílica de Luján para dar gracias por el feliz resultado de una operación de apendicitis a la que había sido sometido. .

Aparecía Perón como el paradigma del gobernante cristiano y sus declamaciones anticomunistas tranquilizaban a los sectores católicos: la valla contra el sistema esencialmente perverso se personalizaba en este hombre que había purgado de comunistas el aparato gremial y, cuando la ocasión lo pedía, asistía a misa y comulgaba...

UN ENIGMA PARA ANALISTAS

Así iban pasando los primeros tres años del régimen de Perón, un régimen que algunos analistas, a la luz de la óptica marxista, han calificado de bonapartista. Otros observadores lo han catalogado como un mero populismo. Quién, lo clasifica como democracia de masas. Los opositores de entonces decían que era una forma de nazifascismo, una lisa y llana tiranía o, más matizadamente, una típica dictadura. ¿Qué fue, en suma, el sistema montado por Perón? ¿Una forma sudamericana de fascismo? ¿Una respuesta a las crisis que implica la formación del Estado nacional moderno en un país en vías de expansión?

Dejemos que los eruditos sigan repujando sus marcos teóricos. Las masas peronistas definieron el sistema que estaba por ponerse en marcha cuando, ya en la campaña electoral de 1946, voceaban una aclaración simple y rotunda: "Ni yanquis ni marxistas: ¡pe-ro-nistas!" Esto es una definición por exclusión y no vale demasiado, pero al menos sirve para subrayar la originalidad que los seguidores de Perón creían ver en su sistema. Pero en fin, ¿qué era el Estado peronista? ¿Qué fue el país bajo el peronismo?

Si algo caracterizó a Perón a lo largo de su prolongada trayectoria, fue el pragmatismo con que se manejó, el realismo que condicionaba sus movimientos, el desenfado con que tomaba esto o desechaba aquello según su conveniencia. Esta actitud es clave para entender la naturaleza del Estado que fue edificando en la primera etapa de su jefatu-

ra: "ni yanqui ni marxista", ni fascista ni populista, ni bonapartista ni democracia de masas. Una mixtura de todo lo
que le servía, un copioso puchero al que agregó siempre su
condimento personal sin curarse de ideologías previas, sin
preocuparse de las contradicciones entre lo que decía y lo
que hacía.

En el arduo año 45, desesperadamente necesitado de
apoyos, Perón solía citar a Roosevelt y a León XIII, a Yrigoyen y a Lenin, en un cambalache de ideas destinadas a
presentarse como un estadista moderno y renovador. Lo
mismo hizo —pero ya no en el campo de la retórica sino en
el terreno de la acción— durante sus primeros años de gobierno, para construir el Estado que quería o que las circunstancias le iban imponiendo. El examen de los elementos que caracterizan el sistema peronista revela contribuciones del fascismo (aparato de propaganda, deportes), del
socialcristianismo (apaciguamiento y negación de la lucha
de clases), del New Deal (modernización de la estructura
estatal), del laborismo inglés (nacionalizaciones), del falangismo (enseñanza religiosa, exaltación de la tradición
hispana). Hasta pueden encontrarse rastros del lencinismo
y el cantonismo, cuya política social estaba fresca en el recuerdo colectivo durante la estadía de Perón en Mendoza,
antes de 1943. Todo esto es bastante claro. Pero ¿a qué se
parece la Fundación Eva Perón? ¿Qué modelo reconoce
un sistema que matenía las formas democráticas, pero en
esencia era intolerante y autoritario? ¿Dónde está el antecedente de un nacionalismo exento de toda tacha de antise-
mitismo?

Dice Borges que todo autor inventa a sus precursores.
Los de Perón son tantos, que es imposible computarlos.
Pero esa mezcolanza de antepasados se resumió en algo
que tuvo un sabor inconfundiblemente argentino, para

bien y para mal. Reflejaba, a veces de modo deformado, lo que era y sentía la Argentina de la época.

El tono triunfalista de esos años, por ejemplo, las reiteradas jactancias sobre la inagotable riqueza del país y su posición eminente en el mundo, esa "tercera posición" impecable en su formulación y ambigua en el plano de los hechos, expresaban el estado de espíritu de la Argentina de posguerra, convencida de que, sin sus exportaciones, Europa moriría de hambre. El autoritarismo del régimen, mientras no se hizo insoportable, también tradujo un sentimiento muy común en vastos sectores de la población —sobre todo en la pequeña clase media—, cual era la necesidad de una "mano fuerte" que evitara el desorden e impusiera un sano temor por la autoridad. La figura del líder vino a ocupar el vacío de un caudillismo que estaba vacante desde la desaparición de Yrigoyen: un tipo de jefatura paternal que viene desde el fondo de nuestra historia y cuya inexistencia escamoteaba a las masas ese indispensable término de referencia que les permite encarnar sus aspiraciones en un hombre de carne y hueso —y también personalizar al enemigo. Y cuando la figura del líder se completó con la de su esposa, ese Juan y esa Eva redondearon el arquetipo ancestral del padre y la madre, represivos con unos, dispensadores de dones con otros, repartiéndose alternativamente el rol de la autoridad y el ejercicio del amor.

Porque debe quedar claro lo siguiente: el régimen que fue montando Perón pieza por pieza presentó elementos que, como ya se ha dicho, en lo bueno y en lo malo contenían innovaciones y eran extraños a nuestra tradición política. Pero aunque su introducción haya sorprendido en un principio y hasta haya suscitado alguna resistencia, su aceptación posterior demostró que existían las condiciones para hacer posible su funcionamiento; demostró que, en realidad, el país los asumía con toda naturalidad, sin grandes rechazos.

Hay muchos ejemplos. Evita, por caso. Cuando pronunció su primer discurso, en febrero de 1946, en el Luna Park, fue abucheada y no se la escuchó. Los propios peronistas rechazaban que una mujer, aunque fuera la compañera de su líder, tuviera injerencia en la política, que es cosa de hombres... Un año después, Evita disponía de una presencia incontrastable y, al culminar la *fiesta*, era una pieza fundamental de la arquitectura del régimen. El aparato de propaganda que la proyectó, se dirá; la penetración de su sistema de ayuda social, se alegará; sus propias condiciones personales, se reconocerá. Es cierto. Pero nada puede imponer indefinidamente lo que unánimemente se rechaza. El país peronista aceptó que la mujer del presidente, rompiendo todos los antecedentes, integrara con fuerza propia un poder bicéfalo.

Lo mismo puede decirse del servilismo y la obsecuencia, totalmente extraños a nuestra historia, como ya se ha dicho, al menos en la escala que medró en el régimen peronista. Cuando aparecieron las primeras manifestaciones de una adhesión que sobrepasaba lo político y tendía a la idolatría, hubo alguna molestia en ciertos sectores del oficialismo, especialmente los de origen radical y nacionalista o en algunos funcionarios con personalidad propia. En pocos meses esos resquemores se silenciaron. Instauróse un ritual que todo el oficialismo compartió y que las masas peronistas aceptaron naturalmente, como un acto de amor hacia Perón y su esposa. Es decir que la mayoría del país, no obstante una tradición republicana que repudiaba la obsecuencia hacia los gobernantes, en realidad había venido alimentando una secreta veta que la hacía posible y la justificaba. La excepcionalidad del caso de Perón, se dirá; la necesidad de personalizar un proceso difícil, se alegará; la presencia inevitable de oportunistas y aprovechadores en un movimiento improvisado, se reconocerá. Es cierto. Pero también es cierto que esta característica repugnante, que en la terminología peronista se denominaba "lealtad", floreció sin grandes rechazos. Héctor Cámpora dio, probablemente en el clavo, muchos años después, cuando se le preguntó la causa de aquellas manifestaciones de servilismo:

"El pueblo quería esos homenajes, quería que se le diera a Perón todo eso... Y nosotros cumplimos ese anhelo."

La respuesta nos lleva nuevamente al tema del manejo del régimen peronista y conduce sin violencia a uno de los más graves cargos que se le pueden formular: no había en la dirigencia peronista una preocupación de docencia. Era fácil aceptar y potenciar esas vocaciones instintivas, irracionales, que a veces aparecen como una negra resaca en el alma colectiva. No había interés en orientarlas hacia una mejora en las prácticas políticas. Seguir la corriente, exaltar esas tendencias como manifestaciones respetables simplemente por provenir del pueblo costaba menos y daba más réditos políticos.

El régimen peronista fue un descubrimiento de la realidad argentina en toda su crudeza. Cubrió desiertos que existían en el alma colectiva, dio voz a sentimientos profundos que nunca se habían manifestado antes. El país anterior a 1943, manejado por un elenco de políticos profesionales y dotado de delicados mecanismos compensadores y reguladores desapareció con Perón y de la mano de su líder regresó a su condición sudamericana. O más bien, esta afloró desbordadamente al conjuro del nuevo sistema. En-

tonces aparecieron elementos que componían el más burdo primitivismo político: líder, masas, consignas simplifi-
cadoras, objetivos patrioteros, paternalismo, enemigos
torvos acechando, traidores en todas partes, alegrías elementales y adhesiones viscerales... A partir de estas realidades, todo estaba permitido y nadie, Perón menos que nadie, intentó corregir la involución que significaban.

En el plano de la evolución cívica, en la marcha secular
hacia mejores formas de convivencia política, el peronismo
fue en ese momento un retroceso, un regreso involutivo a
la infancia nacional, a los vivas y mueras esquemáticos de
las primeras etapas de nuestra vida republicana. Este saldo
gravita como una pesada carga histórica sobre el enorme
adelanto que, a la vez, implicó la participación de las masas
en un proceso que sentían como propio.

André Breton decía que la revolución bolchevique era
una bestia fabulosa semejante al Aries del Zodíaco: "si la
violencia había anidado entre sus cuernos, toda la primavera se abría en el fondo de sus ojos..." Algo parecido podría
decirse del sistema vitalizado por la irrupción popular insti-
tucionalizada en 1946, que durante algún tiempo mantendría, entre hipocresías y falsedades, pero también entre actos de amor y felicidades colectivas, una visión primaveral
en los ojos de los argentinos.

CAPÍTULO IX

ÉL Y ELLA

Aproximémonos ahora a Juan Domingo Perón. Es indispensable hacerlo, pues él es quien marca y define en lo positivo y en lo negativo, el régimen inaugurado en 1946. En esta primera etapa, aunque Miguel Miranda haya sido el animador del proceso económico, aunque Domingo Mercante aparente ser el delfín, aunque Evita agregue el ingrediente más original, la figura del presidente es, sin duda alguna, la que imprime carácter a la época y su personalidad es la cifra de esos años, el vértice donde empieza y termina el edificio del sistema. Esos fueron los tiempos de Perón; los que modeló y caracterizó y a los que imprimió su estilo.

Su trayectoria vital es conocida y hay libros que se ocupan de ella: Enrique Pavón Pereira, biógrafo oficial de Perón, ha realizado una buena investigación y el norteamericano Joseph Page publicó recientemente una voluminosa obra al respecto. Por otra parte, el propio Perón habló mucho de su vida, aunque con esa tendencia a la fabulación que solía ser inseparable en sus relatos cuando estos se referían a sí mismo.

LA HISTORIA PRIVADA DE JUAN PERÓN

Había nacido en Lobos (provincia de Buenos Aires) en 1895. Su padre, Mario Tomás Perón, había sido juez de paz en La Plata y hacia 1890 se instaló en Lobos, donde todavía se conservaba la leyenda de Juan Moreira. Allí casó con Juana Sosa Toledo, una criolla de viejas familias de la zona, descendientes de castellanos. El padre del futuro presidente era hijo, a su vez, del doctor Tomás Perón, un prestigioso médico de la época de Mitre, de ascendencia sarda y de Dominga Dutey, hija de vascos franceses. El doctor Perón tenía, además, antepasados escoceses y esta *melange* fue aprovechada muchas veces por el presidente en conversaciones con delegaciones extranjeras o representantes de diversas colectividades: siempre tenía en sus venas unas gotas de la misma sangre de sus visitantes...

El matrimonio ya tenía un hijo, Mario, de cuatro años, cuando nació Juan Domingo. El hermano del presidente fue una figura borrosa y nada molesta que apareció por Buenos Aires a las pocas semanas de la asunción de la primera magistratura. Cuenta Ricardo Guardo que la llegada de Mario Perón consternó a su hermano y a Evita: era un hombre de campo, basto y solitario, y quería un cargo. Perón contó después una historia totalmente inexacta: dijo que, al asumir la presidencia, le dijo a su hermano:

"Aquí todos tenemos que trabajar, y vos también..."

Entonces Mario, después de resistirse un poco, habría aceptado la dirección del Jardín Zoológico de Buenos Aires, que ejerció hasta 1955. Adobaba Perón su relato diciendo que su hermano amaba a los animales y que un día acunó en sus brazos al gorila para tranquilizarlo, y remataba:

"¡Fue la única vez que un Perón fue amigo de un gorila!"

Toda la historia era inventada en función del chiste final, naturalmente. La versión de Guardo afirma que ante la aparición del personaje, a quien Perón no había visto durante años, se comunicó con Emilio Siri, intendente de la capital, y le pidió que le inventara un puesto donde no fuera notorio. Entonces a Siri se le ocurrió lo del zoológico.

La anécdota vale simplemente para acreditar la escasa vida familiar de Perón. Salvo una mención a los sufrimientos de su "vieja" en el discurso del 17 de octubre de 1945, pocas veces aludió a su madre y cuando esta falleció, en mayo de 1953, en Comodoro Rivadavia, casada de tiempo atrás con un tal Canosa, el presidente no pareció quedar demasiado afectado por la noticia. Su padre había muerto en 1928; cuando alguna vez habló de él, lo describió como un hombre austero, capaz de dar buenos consejos. Page deduce que el rasgo más característico del progenitor de Perón era su apego a la vida rural. De todos modos es interesante el tono borroso de los antecedentes familiares de Perón; afirmaba Martínez Estrada que era precisamente esa bruma la que hacía atractiva la persona del líder justicialista a las masas.

Cuando Juan tenía cuatro años, su padre decidió instalarse en el territorio de Santa Cruz. Vendió un campito que tenía en Lobos y se trasladó a las cercanías de Río Gallegos, donde había solicitado un predio fiscal. Perón relataría esta mudanza en 1970 a una revista de Buenos Aires:

"Hacia 1900 mi padre vendió la estancia y la hacienda porque decía que eso ya no era campo y se asoció con la firma Maupas Hermanos, de Buenos Aires, que poseía una gran extensión de tierra cerca de Río Gallegos. Al mudarse, abandonó todo, menos su gente y sus caballos. Organizó un arreo que debió trasladarse por tierra a través de más de dos mil kilómetros: así eran los tiempos. Conservó los mejores peones y les puso al frente un capataz, Francisco Villafañe, Pancho para nosotros."

Los dos hermanos crecieron en Chakaike, teniendo a su padre como maestro: la gente vieja de Santa Cruz no los recuerda. Pero el invierno de 1904 fue brutal y don Mario perdió parte de su hacienda. Se mudó, entonces, a las cercanías de Comodoro Rivadavia; Juan ya se había trasladado a Buenos Aires para seguir estudios secundarios. Entró como pupilo en un colegio de Olivos y estaba bajo la tutoría de su abuela paterna, la vasca Dutey.

"Aunque jamás me reprobaron en ninguna materia, no puedo decir que fui un alumno brillante, sino más bien un *uomo qualunque...*" recordaría años después.

Jugaba al fútbol y practicaba remo. Su intención era seguir medicina, como el abuelo: debe haber sido su vocación frustrada porque toda la vida tuvo la manía de diagnosticar y recetar. Pero unos compañeros que habían ingresado en el Colegio Militar lo decidieron a abrazar la carrera de las armas y, en 1910, a los 15 años de edad, ya era cadete.

Tampoco fue aquí un alumno destacado: egresó tres años más tarde como número 27 del arma de Infantería y número 43 de mérito general. Su primer destino fue en Paraná. Allí estuvo cinco años, con alguna estadía en Santa Fe; luego fue destinado al Arsenal de Guerra en Buenos Aires y después a la Escuela de Suboficiales, donde ascendió a capitán en 1924: en sus biografías oficiales y en los artículos de sus panegiristas, estas rutinarias misiones están consteladas de anécdotas que prefiguran el deslumbrante destino posterior de Perón: no hay modo de establecer su veracidad.

Dos años más tarde ingresa en la Escuela de Guerra, donde estudiará durante tres años mientras publica algunos trabajos sobre temas técnicos en la *Revista Militar*, No había abandonado las actividades deportivas: además de fútbol, practicaba boxeo y, en 1928, obtuvo el título de campeón de esgrima del Ejército. Ese mismo año falleció su padre, como se tiene dicho.

En 1929, el capitán Perón, de 34 años de edad, casa con Aurelia Tizón, de 17, hija de un fotógrafo del barrio de Belgrano. Nueve años durará su matrimonio, pues "Potota" morirá de cáncer en 1938. No tuvieron hijos: un extendido rumor afirmó, en su momento, que Perón era estéril como consecuencia de una enfermedad venérea mal curada que contrajo en su juventud: tampoco hay modo de acreditar la verdad de esta versión.

Interviene en 1930 en la conspiración de Uriburu, con quien se entrevista y al que recordará como "un perfecto caballero y un buen hombre". Fue llevado al complot por uno de sus superiores en la Escuela de Guerra y preparó alguno de los planes operacionales de los revolucionarios; pero el 3 de setiembre planteó al teniente coronel Alvaro Alsogaray sus disidencias y le anunció su retiro del complot. Sin embargo, a último momento algunos camaradas lo disuadieron. y entonces participó de la marcha de la columna que acompañó a Uriburu. Entró en la Casa de Gobierno donde cumplió funciones de custodia. Seis meses después, a pedido de uno de los jefes de la revolución, escribió sus recuerdos con claridad de conceptos y buen estilo: se publicaron después de 1955.

Apenas Uriburu asumió la presidencia de facto, Perón fue nombrado secretario del ministro de Guerra. Pronto fue enviado nuevamente a la Escuela de Guerra, ahora como profesor de historia ·militar. En los próximos años publicaría algunos artículos sobre estrategia y táctica, una *Toponimia patagónica de etimología araucana* y algunos textos más. En 1932 fue designado edecán del ministro de Guerra, general Manuel A. Rodríguez. Era un oficial apreciado, consagrado a su trabajo y con fama de inteligente. En 1936 se lo envía a Chile como agregado militar. Fermín Chávez, uno de sus más autorizados biógrafos, niega enfáticamente que Perón haya tenido problemas en Santiago por una supuesta causa de espionaje. En realidad, no los tuvo él sino su sucesor en la agregaduría militar, el teniente coronel Eduardo Lonardi. Relata Potash: "Perón que había dispuesto una transferencia de materiales en violación a las leyes chilenas de espionaje, dejó encargado a Lonardi que recogiera los datos sin informarle previamente acerca de la naturaleza o ilegalidad de la operación. Lonardi cayó en la trampa que las autoridades chilenas habían preparado a Perón, y aquel fue arrestado y alojado en una comisaría de policía de Santiago, hasta que el embajador argentino pudo conseguir su libertad. El episodio estuvo a punto de interrumpir la carrera militar de Lonardi, pero se le permitió continuar, en parte merced a la intercesión de su amigo y condiscípulo Benjamín Rattenbach, que estaba relacionado con el ministro de Guerra".

A su regreso —marzo de 1938— es destinado al Estado Mayor del Ejército. A fines de ese año quedó viudo y fue entonces cuando el ministro de Guerra lo convocó para enviarlo a Europa. Perón relató varias veces el objetivo de esa misión: estudiar la situación política del viejo continente en vísperas de una guerra que ya parecía inevitable. En febrero de 1939, el teniente coronel Perón parte hacia Italia, donde permanecerá varios meses haciendo cursos de alta montaña con los regimientos alpinos, escuchando clases de economía en Turín y Milán y participando en diversas maniobras militares. Aunque vivía en Roma, recorrió buena parte del norte de Italia y también viajó a Alemania, Francia, España y Portugal. Estuvo en piazza Venezia cuando el Duce anunció la declaración de guerra y anduvo en la península ibérica cuando todavía ardían los rescoldos de la guerra civil. Como en tantas otras etapas de su vida, casi no hay testigos de esas andanzas y se ha fantaseado mu-

cho sobre ellas: el propio Perón agregó celajes a estas conjeturas con vagos y contradictorios relatos.

A principios de 1941, ya ascendido a coronel, es mandado al Centro de Instrucción de Montaña, en Mendoza,
donde vive ocho meses. En noviembre de 1942 se encuentra en Buenos Aires, a cargo de la Inspección de Tropas de
Montaña. Se instala en un pequeño departamento de la calle Coronel Díaz, y trae como recuerdo cuyano una chiqui-
lina de 14 años, la "Piraña", a quien hace pasar por sobrina.
Son los últimos meses del gobierno del presidente Castillo.
Algunos camaradas se ponen en contacto con el prestigioso
coronel y le hablan de la necesidad de formar un grupo que
unifique al Ejército y lo vertebre con objetivos levantados.
En marzo del año siguiente firma el acta constitutiva del
GOU, cuyo reglamento ha redactado con el coronel Miguel A. Montes.

Lo que sobreviene después ya pertenece a la historia pública de Juan Perón. Y es lo que conoce el visitante que va a
entrevistarlo algún día, después de 1946. El visitante ha es-
cuchado docenas de veces su voz: esa voz ronca que Perón
esfuerza en mantener con un tono un poco más elevado que
el natural y que escanda rítmicamente las frases, rubrica-
das siempre por clamorosas ovaciones. El visitante ha visto
docenas de fotos del personaje, casi siempre sonriente, con
los cortos brazos en alto, vestido de uniforme o de civil. El
visitante ha apreciado en los noticiarios cinematográficos
su estatura dominante, sus gestos un poco automáticos. Lo
ha visto siempre rodeado de gente, apretando manos,
abrazando, saludando, inaugurando, haciendo la venia.
Siempre sonriendo. Y siempre rodeado de gente que lo
aplaude, lo aclama, rompe filas para acercársele, lo mira
con embeleso, con adoración.

Ahora, el visitante lo va a ver de cerca. En carne y hueso.

Ahora: dentro de media hora, de quince minutos, en unos segundos más...

PERÓN, EN CARNE Y HUESO

El visitante ha llegado hasta Perón, en la Casa de Gobierno o en la residencia presidencial. Lo recibe un hombre de buena talla, con una amplia sonrisa, lo conozca o no con anterioridad. Estrecha su mano con un apretón fuerte, a veces con las dos manos y una inclinación de cuerpo a lo samurai. De entrada no más, el visitante se sentirá cómodo: treinta y cinco años de vida militar han extremado la cortesía de su anfitrión. y los últimos años de vida política le enseñaron las maneras de seducir usando para cada cual el registro adecuado... Le dirá las palabras justas, deslizará algún halago, recordará el último encuentro o tendrá alguna galantería para el amigo común o la persona que lo envía.

Perón lo hará sentar cómodamente, invitará con un café, ofrecerá un cigarrillo o aceptará el que le presentan. Era un fumador moderado: alguna vez, en una de sus charlas desde la presidencia, dijo que el tabaco era para él como el lastre de un globo: cuando sintiera que su globo bajaba, tiraría el lastre por la borda: nunca lo tiró y siguió fumando casi hasta la víspera de su muerte, pero de modo muy parsimonioso.

Ahora el visitante puede observar a Perón. Rostro ancho, con un eco de ancestros indios. Aspecto saludable, aunque su piel está estragada por una afección que le marca zonas rojizas y moradas en los pómulos y mejillas. Chiquitas las cláusulas de los ojos. Frente amplia, nariz aquilina, pelo muy negro y abundante, que en algún momento de su presidencia se hace cortar demasiado, lo que abulta feamente su cara. A veces viste saco sport, pero generalmente lleva un ambo gris oscuro bastante impersonal y una corbata sobria; en estos años solía usar un absurdo moñito que no lo favorecía.

Mientras habla o escucha, mantiene una semisonrisa, como queriendo establecer una complicidad con su interlocutor. Por momentos deja colgada una frase y guiña un ojo —¿o será un tic?— insinuando su sentido con un movimiento de brazos. Deja hablar, no interrumpe, aparentemente atiende lo que le están diciendo, asiente con la cabeza. Maneja bien el idioma, su voz tiene un cierto tizne de afonía. Buena dicción, aunque la prótesis que usa desde 1947 lo obliga a mondar las sílabas con cuidado. Cuando toma la palabra no la deja por un buen rato. Aunque las cosas que dice pueden ser parte de un disco infinitamente repetido, parece expresarlas por primera vez, parece que está elaborando su pensamiento ante el visitante y regalándoselo como una primicia. No dice malas palabras ni groserías y suele esmaltar el diálogo con algún dicho, algún refrán, algún pareado del *Martín Fierro*, que remata con una risa corta y ronca, y el consabido "tic" del ojo. Si necesita embaucar a alguien, puede lanzar una catarata de cifras y porcentajes, no todos ciertos, pero siempre impresionantes. Sabe simplificar sus esquemas al máximo y nadie deja de entender un tema, por complejo que sea, cuando Perón lo expone a su manera. Si tiene que aterrorizar —aunque rara vez se encarga de estas faenas— sabrá mostrarse duro, despectivo, implacable. Pero su mejor cuerda es la seducción. y en esto resulta imbatible.

En buena hora el visitante es invitado a comer. Se asombrará entonces de la modestia de la mesa: un vinacho cualquiera, un pucherito de cola o un churrasco son los manjares habituales del comedor presidencial, resabio de tantos

casinos de oficiales frecuentados de soltero y después, de
viudo. Duerme la siesta siempre, puesto que se levanta
muy temprano y hace una cuestión de Estado encontrarse
en la Casa Rosada a las seis y media de la mañana; sus ínti-
mos, para seguir gozando del favor presidencial, tendrán
que modificar sus horarios y apresurarse a estar allí cuando
llega el presidente, todavía encendidas las luces de las calles...

Y Perón habla, habla. En los primeros años de su carrera
política, quienes lo frecuentaban se admiraban de la rapidez con que absorbía todo lo que en la conversación cotidiana podía serle útil: cada visitante era, en mayor o menor
medida, su banco de sangre intelectual... A medida que
transcurren los años de su presidencia, Perón recoge menos ideas y machaca, en cambio, las propias; las repite, las
adoba con su salsa sin cambiar la esencia, o prefiere contar
anécdotas y hablar de fruslerías. ¿Fatiga de quien está harto de convencer? ¿Efectos del poder absoluto, cuyo titular
no desea contradictores sino gente sumisa? Lo cierto es que
su círculo íntimo, a medida que va cambiando la composición a lo largo de sus años de gobierno, baja progresivamente su nivel intelectual. Conversar con Perón ya no será
cambiar ideas: será recibir y aceptar lo que dice el general
y, todo lo más, acotarlo con una expresión aprobatoria, ad-
mirativa, arrobada, en suma, servil. Y Perón habla y habla... El visitante, que ha llegado con el deslumbramiento
de ver al líder, al conductor, saldrá como en levitación, en-
tusiasmado y fervoroso, agradecido y entonado. Pero
quien mantenga su ecuanimidad puede hacer un balance
menos emotivo. Llegará a la conclusión de que, detrás de
su cordialidad y su campechanía, hay una enorme frialdad
en Perón. Más aún: su mundo de valoraciones solo admite
aquello que Perón quiere. La verdad no tiene importancia

para el. Ni tampoco la ética. Todo lo que piense y crea será
en función de sus conveniencias políticas; por lo mismo
tenderá a echar al olvido "el otro lado de las promesas",
como llama a su cumplimiento Marguerite Youcenar. Además (y esta es una actitud común en los hombres autoritarios) alimenta secretamente un árido desdén por la gente.
Podrá abrazar y halagar, pero en el fondo de su espíritu
desprecia a todos: a sus seguidores y a sus enemigos, tal vez
a aquellos más que a estos. Bajo una apariencia de humil-
dad, palabra que aparece frecuentemente en sus alocucio-
nes, Perón se siente absolutamente superior: en consecuencia, las normas comunes no están fabricadas para él.
Su actitud histriónica, condición de todo gran político, según Ortega, es impecable: entonces podrá cubrir de elogios
y seguridades al mismo cuya aniquilación ya ha puesto en
marcha —como ocurrió con Saadi. Podrá inventar una intriga para liquidarlo y mostrarse adecuadamente indignado
por la traición que denuncia —como pasó con Gay. Podrá
contar los infundios más increíbles como si fueran ciertos
—como sucedió con Reyes. No se sentirá atado a ninguna
obligación; a lo más, si alguien osa descubrir una de estas
maniobras, guiñará el ojo o mascullará una broma... ¡y a
otra cosa!

Verdad y mentira son iguales para su valoración. No es
un fanático, de esos cuya capacidad de juicio obnubila una
idea obsesiva sobre la cual construirá la discriminación entre lo bueno y lo malo: Perón es, sencillamente, un hombre
que descubrió la política en el medio del camino de su vida
y decretó en su intimidad que en ese ámbito no tendría ca-
bida la ética, ese estorbo. Su encuentro con la política ocurrió cuando estaba en el poder. No hizo el ejercicio de esa
actividad desde abajo, lo que permite modelar al protagonista en una lenta carrera de contrastes y victorias. Perón

hizo su vertiginoso aprendizaje desde arriba, valiéndose de los elementos que le facilitaba su posición en el gobierno de facto: entonces, más rápido que atraer era sobornar; menos fatigoso que persuadir, era intimidar y estaban a mano, disponibles, las radios oficiales, el dinero fácil, el sumo poder, para decirlo de una vez. De allí en adelante, poco podían importar los métodos y no interesaban los precios: lo único que contaría era la manera de mantenerse en el poder. Lo que no quiere decir, desde luego, que esta insensibilidad ética no le haya permitido promover iniciativas de bien público y animar un movimiento que llenó sentidas necesidades.

Es claro que un político no tiene por qué ser un alma franciscana. Debe ser ambicioso y competitivo, debe anhelar el triunfo. Pero caminar a través de un desierto moral, vacío de los valores que marcan los límites de la conducta en la vida pública; sentirse un superhombre, lleva casi siempre a la catástrofe. Porque esos valores existen, de todos modos, y su transgresión reiterada escandaliza a la comunidad. Carecer de moral pública es malo en sí mismo. Pero, además, priva al político y al gobernante de una cadena a tierra que es indispensable, una referencia de la que no puede prescindirse, so pena de perder el rumbo. Y esto —ya lo veremos en otro volumen de esta obra— es lo que con el tiempo ocurrió a Perón.

UN VENEZOLANO CUENTA

Hay docenas de testimonios de visitantes que, en líneas generales, evocan en parecidos términos sus recuerdos sobre Perón. Seleccionamos uno por tratarse de un diplomático latinoamericano de agudo criterio, el doctor Leonardo Altuve Carrillo, venezolano, a quien la Junta Militar que presidía el coronel Delgado Chalbaud envió en abril de 1949 para obtener apoyo de distintos gobiernos. Altuve Carrillo era un diplomático que había estado en Buenos Aires en 1942. Conocía, pues, el ambiente al que se dirigía, y antes de partir de Caracas hizo labrar por un orfebre una orquídea de platino con piedras preciosas; la alhaja, que reproducía la flor nacional venezolana, sería usada en Buenos Aires para reforzar su gestión...

En la mañana siguiente visité, por primera vez, al general Perón en la Casa Rosada, quien en esa visita me citó para las tres en "Los Olivos". "Allí conversaremos a calzón quitado sin la presencia de ese cojudo*" —me dijo— guiñando el ojo y al oído, refiriéndose al embajador de Venezuela, a quien yo por un sentimiento de cortesía había llevado conmigo al palacio presidencial. A las tres estuve en "Los Olivos". Me envolvió la magia taumatúrgica de Perón; parece que yo le causé también muy buena impresión. Estaba a punto de despedirme, y ya el general me había dicho que me llamaría para nuevas conversaciones, cuando apareció Eva. Entraba a la residencia y venía con visibles marcas de fatiga. Al pasar frente al salón en donde conversábamos el general y yo, saludó: "Buenas tardes, general", y siguió adelante; pero este la llamó: "Evita, vení acá, conocé a un venezolano muy inteligente de quien ya me siento muy amigo". La señora, mohína y coqueta a la vez, se excusó diciendo que estaba vestida de trabajo y un poco sucia, pero se acercó a nosotros. Efectivamente, en su rostrro, de una palidez soñadora, había algunas marcas de carbón. Al saludarla, saqué del bolsillo una preciosa orquídea labrada en platino con brillantes, que especialmente para ella se había ordenado a una joyería de Caracas. La ocasión la pintan calva, y yo la aproveché: "Le ruego, señora, acepte usted esta joya que es el símbolo* *de la flor nacional de Venezuela, como un recuerdo de la mujer venezolana."* La señora expresó su admiración por la joya y exteriorizó su alegría; inmediatamente la colocó en la solapa de su vestido sastre. *"Va haciéndose tarde —dijo— y usted se quedará a comer con nosotros; nuestra cena es frugal como de gauchos."* Gocé de aquella mesa cordial y sencilla y, al despedirme, la señora me invitó para que conociera sus obras sociales. Agradecí su invitación, sin pensar nunca que esa se llevaría a cabo al día siguiente y menos aún, en los alcances que tendría en mis futuras relaciones amistosas y políticas con ella y con su esposo.

Esa noche nos fuimos de fiesta el general Uriondo, Aulio Urdaneta Chuecos, Rafael Paredes Urdaneta, Nicolás Perazzo, Edito Ramírez y Walter Pereira. Cuando regresé al hotel, en una mañana fría de abril, en el horizonte pampero se levantaba un sol pálido y perezoso. Casi a las siete de la mañana me despertaron porque habían venido a buscarme para visitar algunas de las obras sociales de la señora Perón. La cabeza me daba vueltas y no tenía ánimos para nada, después de las emociones del día anterior y de una noche auténtica del Buenos Aires querido de los tangos arrabaleros. Pedí a Paredes Urdaneta, siempre dispuesto para el servicio del Estado, me suplantara y diera cualquier excusa creíble por mi inasistencia. Desde luego, había pensado que esa gira para conocer las obras sociales de la señora Perón, la haríamos en compañía de algún funcionario subalterno, que nos serviría de cicerone; nunca que la haríamos en compañía de la misma señora Perón.

Paredes Urdaneta jubilosamente me subrogó y tomó el auto que esperaba a las puertas del hotel; apenas el vehículo había recorrido algunas cuadras cuando el edecán, que había ido en mi solicitud, fijándose en Paredes, le dijo: "Señor, pero usted no es el embajador Carrillo, porque la señora me dijo que él era un hombre de barba". No valieron las excusas de mi subrogante, y dio órdenes al chofer de regresar al hotel. "Lo siento, señor, dijo el militar, pero tengo órdenes de llevar al embajador Carrillo, y debo cumplirlas aunque él esté moribundo."

Con gran aspaviento entró Paredes a mi cuarto y, por sus palabras, comprendí lo apurado de la situación. Una ducha caliente acabó de despertarme y me tonificó. Llevé conmigo a Paredes Urdaneta; tomamos el automóvil que veinte minutos después traspasaba el cancel de la residencia "Los Olivos".

El retardo estuvo a punto de dar al traste con la buena impresión que los Perón tuvieron de mí en la tarde anterior. A la entrada de un pequeño comedor, que daba al jardín, doña Eva estaba impaciente...

"Usted me ha hecho esperar" —me dijo—. "Señora, usted perdonará; este retardo involuntario me da ocasión de obtener su clemencia." La Señora, ante mis excusas de sentarme a la mesa, insistió para que lo hiciera, y yo, con una faccia tosta como dicen los napolitanos, la complací y además desayuné como si estuviera en mi casa y nada estuviera sucediendo o a punto de suceder. Terminado el desayuno, Perón amansaba su mate y los otros invitados: el general Galarza, ministro de Aviación de España, el embajador Marqués de Motrico, el general Uriondo, el doctor San Martín y unos edecanes, conversaban de sobremesa presintiendo la tempestad que se me avecinaba. Se despidió de nosotros el general: "Esta es una de las pocas veces —dijo— que llego tarde al trabajo; acostumbro a llegar a la oficina antes de apagar las luces". Explicando con esto que su arribo cotidiano a la Casa Rosada, lo hacía cuando aún estaba encendida la luz eléctrica de la ciudad. Serían como las siete y treinta del día.

Eva imperativamente dio órdenes para la partida: "En mi

automóvil van conmigo el embajador Motrico, el general Galarza y vos, Uriondo, vení conmigo también. En el otro coche va el embajador Carrillo con su amigo y San Martín". Su automóvil partió raudo; pronto lo perdimos de vista. El doctor dio equivocada la dirección de nuestro destino al chofer y, cuando aterrorizado cayó en cuenta de su equivocación, tuvimos que echar marcha atrás; se había perdido más de un cuarto de hora. Esa mañana había amanecido yo bajo un signo equivocado, pero los dioses clementes tocaron esa jettatura en una buena estrella cuya lumbre ilumina todavía mi recuerdo. Cuando llegamos al sitio indicado, allí sí que estaba brava la señora. Increpó a San Martín; lo trató mal de palabra. A mal tiempo buena cara; yo esperaba que mi buena estrella me sacara de esa incómoda situación. Recorrimos un espléndido edificio destinado a un ancianato; después de esa minuciosa visita por las diferentes dependencias y de haber saludado a un grupo de ancianos rebosantes de salud y alegría, que enternecidamente besaban a la señora Perón, la directora de la casa preguntó a Evita si podría presentarnos el Libro de Oro, para que en él consignáramos nuestras impresiones; lo que hizo, una vez dada la aprobación de la señora. En ese libro, con letra marcial el general Galarza escribió: "Aplaudo la obra social que hace la señora Perón"; pasado el libro al embajador de España, este escribió debajo de la firma del ministro de la Aviación de España: "Me uno al aplauso del general Galarza". Cuando me tocó el turno de firmar el libro, escribí poco más o menos estas palabras: "Todos los altos pensamientos que Marco Tulio Cicerón expresó en cláusulas de oro sobre la ancianidad, los han realizado en tierras de América las bellas manos bondadosas de Eva Perón". Doña Eva me agradeció con un beso en la mejilla mi escrito, ponderándolo con aquella su transparente espontaneidad. Después de tomar un refresco,

*aurante el cual la imprudencia española del embajador Mo-
trico susurró al oído del general Galarza un chiste, que ciertamente fue oído por la señora, esta nuevamente dio orden a
la comitiva de continuar la gira empezada para conocer
otras de sus obras. Pero al momento de la partida, ella cambió la disposición de la comitiva. Siempre con aquella su al-
tivez de mando, ordenó: "Ahora en mi coche se vienen el
embajador Carrillo con su amigo y vos, Uriondo; y en el
otro coche, con el edecán San Martín, van el general Galarza y el embajador de España". Partimos veloces. Durante el
trayecto, Eva con gran espontaneidad me relató muchas de
las cosas de su vida política y de su muy difícil misión en
ella, y con gran vehemencia contó las difíciles peripecias
ocurridas el día estelar de la sacada de la prisión de Perón; a
la altura de este relato, la señora, en una crisis nerviosa, se
deshizo en llanto. Para consolarla y reconfortarla en ese pequeño momento crítico me apresuré a decirle: "Señora, si
mi misión no tuviera el éxito que ya lo anunció mi entrevista
de ayer con el general Perón, yo podría considerarme un
hombre feliz porque estreché ayer la mano del más grande
de los argentinos, incluyendo a San Martín y hoy he visto
llorar los más lindos ojos de América". Como si dos claveles
súbitamente se hubieran deshojado sobre mi cara, la señora
Perón me besó en la mejilla otra vez; y supe, luego, que al
llegar a "Los Olivos" contó al general la escena, volcando su
candorosa emoción y ponderando la oportuna rapidez de
una inteligencia, que ella bondadosamente me atribuía.*

*En ese día se selló una respetuosa amistad entre la familia
Perón y el que suscribe. Las sucesivas conversaciones que
sostuve con el general Perón fueron llenas de propósitos de
integración y de una serie de proyectos que, de haberse realizado, hubieran fortalecido grandemente nuestra posición
política y económica en el hemisferio.*

Hasta aquí, el diplomático venezolano. Ahora volvamos al presidente, que continúa sus tareas habituales. En estos primeros años lo hace con una actividad incansable. El embajador de Gran Bretaña, decía de él en diciembre de 1946 que era "la figura más dinámica de América Latina" y lo describía así:

"Tiene empuje, es ambicioso y no vacilará en ser despiadado para alcanzar sus objetivos (...) El poder no se le ha subido todavía a la cabeza y mantiene una vivacidad juvenil y comprometida, disfrutando de su trabajo y dispuesto a escuchar."

Atravesaba Perón esa primera etapa de los dictadores pícnicos que describe Gregorio Marañón: "El nuevo jefe carece aún de fuerza propia y organizada, pero se la da el pueblo, que acoge siempre toda novedad política con alegría y esperanza; y sobre todo en el caso del dictador cuya característica es la capacidad de sugestión, el magnetismo de su gesto, sin lo cual no hay dictadura posible. El jefe absoluto ha de justificar la expectación y el acatamiento populares con actos de gobierno llamativos, numerosos y fuera de lo común, de los que forma parte inevitable la persecución de los que le precedieron y el derrocamiento de buena parte del antiguo orden..."

Y esta actividad, Perón la desplegaba en la Casa Rosada o en la residencia que sería el hogar de la pareja presidencial durante el término marcado por la Constitución.

EVITA, EN HUESO Y CARNE

El mismo día de la asunción presidencial, el matrimonio Perón se instaló en la residencia de Avenida Alvear, entre Austria y Agüero: allí vivió Evita hasta su fallecimiento y Perón hasta su derrocamiento.

La "Quinta Unzué" había sido originariamente una finca de veraneo que tres ingleses compraron al final del gobierno de Rosas, en lo que eran las quimbambas de Buenos Aires, esa barranca que prolongaba hacia el norte el alto de la Recoleta para declinar luego en dirección a Palermo. En 1855 los gringos la vendieron a don Mariano Saavedra, hijo del presidente del primer gobierno patrio, quien construyó la primera residencia y continuó con la obra de parquización. Detalle curioso: Saavedra había nacido en una residencia presidencial, el Fuerte de Buenos Aires, cuando su padre presidía la Primera Junta... Fue gobernador de la Provincia y en su casa se hacían frecuentes reuniones; para llegar allí había que ir por el camino del Bajo o arriesgarse por la calle de Chavango, la actual Avenida Las Heras, territorio de maleantes y compadritos. En 1883 adquirió la quinta don Mariano Unzué, un ricacho que hizo edificar la casa que más de medio siglo más tarde ocuparían los Perón.

Era una construcción imbuida de un vago estilo francés, no demasiado cómoda, aunque noble en líneas y proporciones. Unas columnas rodeadas de hiedra formaban la entrada del edificio, situado en lo alto de la barranca y casi invisible desde la Avenida Alvear, rodeado como estaba de un abundante conjunto de árboles. El río había ido retrocediendo, de modo que el frente de la "Quinta Unzué" ya no daba a las toscas sino a la Avenida Alvear. Pero a medida que Buenos Aires crecía y la avenida se afirmaba como el paseo de moda, la existencia de esa manzana en el pórtico de los jardines de Palermo se tornaba cada vez más anacrónica. En 1937 el Congreso resolvió su expropiación: era la época en que Justo soñaba demoler la Casa Rosada; el solar de la "Quinta Unzué" parecía ideal para construir allí la nueva sede gubernativa, incluyendo la vivienda del presidente.

La iniciativa de Justo no prosperó. La Casa Rosada, con todas sus falencias, estaba demasiado asociada a la idea del poder y, después de unos golpes de piqueta cuyo efecto no deseado fue descubrir los depósitos subterráneos de la antigua Aduana (hoy museo de la Casa de Gobierno), todo siguió como antes. La "Quinta Unzué" no fue convertida en residencia presidencial; lo fue la casa de los Madariaga Anchorena, en la calle Suipacha, donde el presidente Ortiz vivió su agonía durante cuatro años. "Enyetada" como parecía estarlo, los sucesivos presidentes evitaron la casa de Suipacha y los dos gobernántes militares de 1943/46 se establecieron en la vivienda de la Avenida Alvear. Aquí se instaló, pues, el nuevo presidente en junio de 1946. Él y su esposa habrían de matizar sus estadías en la imponente residencia que había sido de Unzué, con intervalos en la Quinta de Olivos, que ya desde los tiempos de Justo servía como vivienda presidencial para el verano.

Ahora es tiempo de dar entrada a Evita, un personaje tan singular que difícilmente admita comparación con otras mujeres de este siglo.

En vida de Evita, su biografía se mantuvo en un borroso plano que la mitología oficial y la chismografía opositora acentuaron con diferente intención, pero con idéntico resultado de ambigüedad. Las investigaciones de Otelo Borroni y Roberto Vacca, luego de Marisa Navarro permiten ahora —dejando de lado la enorme bibliografía fantasiosa o parcial dedicada a ella— una visión más clara de la breve e intensa trayectoria de quien no fue solo la compañera de Perón sino uno de los elementos más característicos y definitorios del régimen peronista.

Había nacido Eva Duarte en Los Toldos, en 1919, hija de Juana Ibarguren y de un estanciero de la zona, Juan Duarte. Era la menor de los cinco hijos naturales de la pareja, tres mujeres y un varón, Juan, que sería siempre el preferido de Evita. El estanciero tenía en Juana Ibarguren y su prole una familia paralela, además de la legítima y la niñez de la pequeña transcurrió en el ambiente clandestino que suponía su situación. Se dice que a los siete años de edad, al fallecer su padre en un accidente automovilístico, Juana Ibarguren y sus hijos se presentaron al velatorio, pero les fue negada esa última despedida. En realidad, al poco tiempo de nacer Evita, su padre se había trasladado a la ciudad de Junín, abandonando de hecho a su familia irregular. En 1930 será Juana Ibarguren la que se mude a Junín con los suyos: allí instaló una pensión y trabajó duramente para asegurar la subsistencia de su prole. En Junín completó Evita la escuela primaria. Las falencias de su educación, cuidadosamente ocultadas a lo largo de su vida pública, saltaban a la vista en su letra, propia de quien apenas ha practicado la escritura. (Las dedicatorias en sus retratos oficiales estaban escritas por otra persona y las raras firmas auténticas de Evita son un garrapateo de moscas.)

Participó en representaciones escolares y,entonces —diría años más tarde— comprendió que su vocación era el teatro. La vida de Junín era chata y aburrida; la condición social de los Duarte gravaba, con su origen ilegítimo, cualquier avance más allá de ciertos límites: a los 16 años Evita resuelve emigrar a Buenos Aires. Una difundida versión asegura que lo hizo con el cantor Agustín Magaldi y con el consentimiento de su madre; sea como fuere, en 1935 estaba Evita en la gran ciudad, tratando de abrirse camino en una carrera para la que no parecía muy dotada, escuálida como era entonces, con una voz ineducada y su negro pelo lacio, sin experiencia artística, sin dinero, sin amistades.

Según todas las referencias, la pasó muy mal hasta 1937. Todos los infiernos de la soledad, la pobreza y los manoseos del "ambiente" son conjeturables en esa prehistoria de Eva Perón. A partir de ese año ya figura en papelitos menores en los radioteatros y en las compañías que recorren el país. De todos modos, nunca fue una buena actriz, sobreactuada, dura y convencional, aunque no desentonaba con el pobre nivel de las que en aquella época transitaban por teatros y estudios de radio. Ambuló por diversas pensiones, a veces acompañada por su hermano Juan, que en algún momento parece haberle causado un grave problema, cuando Evita tuvo que reponer un dinero que su hermano había desfalcado en la empresa donde trabajaba.

Los últimos años del '30 asisten a una cierta estabilización de la muchacha de Junín. No es una triunfadora; su nombre no es de *primo cartello*, pero es bastante conocido. Había participado en actuaciones secundarias en algunas películas; las revistas de chismes incluían de cuando en cuando alguna gacetilla sobre ella, atribuyéndole, muy al estilo cursi de la época, un romance con un rico indutrial. Cuando adviene el régimen de facto de 1943, su vinculación con cierto militar que ocupa un alto cargo le permite acceder a papeles más importante en los radioteatros.

Y, finalmente, en enero de 1944, se produce el gran encuentro que definiría su destino. Los artistas realizan un gran festival para recaudar fondos con destino a la reconstrucción de San Juan, arrasada por un terremoto. Allí, entre sus pares, está Eva Duarte, que logra ser presentada a ese coronel de 47 años que está cumpliendo un papel cada vez más importante en el régimen militar. Días después, Evita se instala en el departamento de Perón —previa expulsión del recuerdo cuyano del coronel...

Ha terminado la prehistoria de Eva Perón. Esos años anteriores sólo valen como dato para entender los motivos de su actuación, la intención que animó su trayectoria. Porque ella trató de olvidar aquella década de miserias y ansiedades, pero esas vivencias la marcaron a fuego y hacen comprensible, en buena medida, todo lo que hizo y dijo en los breves años que le quedaban de vida.

La relación amorosa de Evita y Perón trascendió enseguida y no fue ajena a la vertiginosa carrera artística que recorrió en los dos años siguientes. En Radio Belgrano protagonizó una serie de novelas que se refería a algunas de las grandes mujeres de la historia universal; filmó algunas películas en papeles principales y actuó como voz única en unos "micros" de propaganda del gobierno de facto titulados "Hacia un futuro mejor". La abundancia de trabajo y las copiosas remuneraciones le permiten una vida ahora fácil, prolijas *toilettes*, joyas y, fundamentalmente, una convivencia más cómoda con su amante. Perón ha alquilado dos departamentos contiguos en la calle Posadas, entre Callao y Ayacucho; en uno recibe a sus visitas, en el otro vive con Evita. La actriz acompaña al coronel en las tertulias nocturnas, pero casi no participa de las conversaciones: escucha, calibra a la gente, los "cala". Es un rápido aprendizaje el que hace; se le está abriendo a su rápida percepción el mundo de la política, al que era totalmente ajena. Las fórmulas verbales que usa Perón —los descamisados, la oligarquía, la revolución, los vendepatria— quedan marcadas en su espíritu. ¡Tiene en ese momento 24 años!

Cuando la hegemonía de Perón hace crisis en octubre de 1945, Eva Duarte vive días de angustia. Busca refugio en las casas de algunas amigas, entre ellas la actriz Pierina Dealessi y suplica a amigos de Perón que busquen la manera de sacarlo del país: la actitud de Bramuglia, que se niega a hacer gestiones en tal sentido porque considera que el coronel debe quedarse, bastará para que Evita acaricie desde entonces una profunda desconfianza hacia él. En esos días sombríos, al dirigirse en taxímetro a algún lugar de la ciudad, el chofer grita a un grupo de estudiantes que está frente a la Facultad de Derecho:

—¡Miren a quién llevo!¡Es la Duarte!

Los estudiantes rodean el coche, la insultan y parece que le lastimaron un brazo. El episodio, poco conocido, fue relatado por Evita a Vicente Sierra, un par de años después, y también le habrá dejado una marca indeleble. De todos modos, ella no jugó ningún papel en el movimiento popular del 17 de octubre. Ni tenía la envergadura que llegó a tener después, ni conocía a la mayor parte de los dirigentes políticos que rodeaban a su compañero. Ese día quedó en el departamento de la calle Posadas, atemorizada por la suerte de Perón; es posible que se haya comunicado telefónicamente con él en el Hospital Militar. La mitología que se urdió posteriormente la ha descrito como una militante que arengaba a las masas y sacaba a los obreros de las fábricas para marchar en rescate de Perón: es totalmente falsa y la misma Evita reconoció honradamente en *La razón de mi vida* la incertidumbre que vivió en esos momentos.

Sin embargo, una gratificación, por lo menos, recibió en-

tonces: la tierna carta que Perón le escribió desde Martín
García, reiterándole su amor y prometiéndole regularizar
su situación cuando saliera del embrollo en que estaba:

Martín García, 14 de octubre de 1945.
Sta. Evita Duarte.
Buenos Aires
Mi tesoro adorado:
Solo cuando nos alejamos de las personas queridas podemos medir el cariño. Desde el día que te dejé allí con el dolor más grande que puedas imaginar no he podido tranquilizar mi triste corazón. Hoy sé cuánto te quiero y que no puedo vivir sin vos. Esta inmensa soledad está llena de tu recuerdo.

Hoy he escrito a Farrel pidiéndole que me acelere el retiro, en cuanto salgo nos casamos y nos iremos a cualquier parte a vivir tranquilos.

Por correo te escribo y te mando una carta para entregar a Mercante. Esta te la mando por un muchacho porque es probable que me intercepten la correspondencia.

De casa me trasladaron a Martín García y aquí estoy no sé por qué y sin que me hayan dicho nada. ¿Qué me decís de Farrel y Ávalos? Dos sinvergüenzas con el amigo. Así es la vida.

En cuanto llegué lo primero que hice fue escribirte. No sé si habrás recibido mi carta que mandé certificada.

Te encargo le digas a Mercante que hable con Farrel para ver si me dejan tranquilo y nos vamos al Chubut los dos.

Pensaba también que conviene si iniciaron algunos trámites legales, le consultaras al doctor Gache Pirán, Juez Federal muy amigo mío, sobre la forma como debe hacerse todo. Decile a Mercante que sin pérdida de tiempo se entreviste con Gache Pirán y hagan las cosas con él. Creo que se podrá proceder en el mismo juzgado federal del mismo Gache Pirán.

El amigo Brosen puede serte útil en estos momentos porque ellos son hombres de muchos recursos.

Debes estar tranquila y cuidar tu salud mientras yo esté lejos para cuando vuelva. Yo estaría tranquilo si supiera que vos no estás en ningún peligro y te encuentras bien.

Mientras escribía esta carta me avisan que hoy viene Mazza a verme, lo que me produce una gran alegría pues con ello tendré un contacto indirecto contigo.

Estate muy tranquila, Mazza te contará cómo está todo.

Trataré de ir a Buenos Aires por cualquier medio, de modo que puedes esperar tranquila y cuidarte mucho la salud. Si sale el retiro nos casamos al día siguiente y si no sale yo arreglaré las cosas de otro modo pero liquidaremos esta situación de desamparo que tú tienes ahora.

Viejita de mi alma, tengo tus retratitos en mi pieza y los miro todo el día, con lágrimas en los ojos. Que no te vaya a pasar nada porque entonces habrá terminado mi vida. Cuidate mucho y no te preocupes por mí, pero quereme mucho que hoy lo necesito más que nunca.

Tesoro mío, tené calma y aprende a esperar. Esto terminará y la vida será nuestra. Con lo que yo he hecho estoy justificado ante la historia y sé que el tiempo me dará la razón.

Empezaré a escribir un libro sobre esto y lo publicaré cuanto antes, veremos entonces quién tiene razón.

El mal de este tiempo y especialmente de este país son los brutos y tú sabes que es peor un bruto que un malo.

Bueno, mi alma, querría seguirte escribiendo todo el día, pero hoy Mazza te contará más que yo. Falta media hora para que llegue el vapor.

Mis últimas palabras de esta carta quiero que sean para recomendarte calma y tranquilidad. Muchos pero muchos besos y recuerdos para mi chinita querida.

PERÓN

En efecto, el 10 de diciembre se casaron en La Plata, en una ceremonia íntima. Quedaba atrás la relación irregular y ahora Evita podría ostentar el apellido de su hombre, al que acompañaría en algunas de sus giras electorales, sin participar en la campaña misma, pero evidenciando una gravitación cada vez mayor en las decisiones políticas que se adoptaban. Fue ella quien vetó la candidatura de Bramuglia a gobernador de Buenos Aires, insistiendo en la de Mercante, por quien sentía un especial afecto. No se trataba de análisis políticos: en las actitudes de Evita, el apoyo o la repulsa provenían de su intuición alerta, que reaccionaba fieramente cada vez que creía ver algo distinto de una total adhesión a Perón. En el pueblo peronista, el casamiento del candidato cayó bien: Evita era conocida por sus actuaciones radiales y los prejuicios burgueses sobre el pasado de la actriz no gravitaban en la gente común; por el contrario, se veía a Perón como el hombre que no abandonaba a su amante, a diferencia de los oligarcas que tomaban una mujer para su placer y luego la dejaban librada a su suerte...

Pero la intervención de Evita en la política, su rápida maduración no le impedía a veces alguna típica reacción de mujer celosa, como ocurrió en Santiago del Estero la noche de fin de año de 1945.

Hacía un calor espantoso y después del acto público, los peronistas santiagueños agasajaron a la comitiva con una guitarreada, como no podía ser de otro modo allí. De pronto, Evita se demuda, se levanta y sin dar la menor explicación se retira airadamente. ¿Qué había ocurrido? Pues que los musiqueros estaban interpretando un tema que había sido el preferido de la "Potota" y Evita, que lo sabía, no pudo aguantar los recuerdos que, sin duda, llenarían en ese momento el espíritu de su marido... El candidato tuvo que gastar todos sus recursos dialéctos para que Evita regresara a la reunión cinco minutos más tarde...

La única intervención pública de Evita en la campaña electoral del verano de 1946 no fue feliz. Ocurrió el 9 de febrero en el Luna Park de Buenos Aires. Se había programado un acto por algunos heterogéneos grupos que apoyaban al candidato laborista. Todos esperaban que hablara Perón, pero el coronel no estaba en Buenos Aires y Evita fue la encargada de pronunciar un discurso en su reemplazo. No pudo hablar. Se produjo un tremendo desorden, el público no hizo caso de los balbuceos de la esposa del candidato y todo terminó caóticamente. Parece asombroso que Evita, pocos meses más tarde, dueña de todos los recursos oratorios necesarios, no hubiera podido dominar aquella asamblea entusiastamente peronista; pero fue así. Por única vez...

Finalmente, el triunfo. María Eva Duarte será la Primera Dama en la Argentina. A los 26 años de edad. Diez años antes había llegado a Buenos Aires sin otra arma que su feroz decisión de triunfar. Ahora la vida le había regalado hasta lo que no hubiera podido imaginar nunca. Era como para agradecer al destino y quedarse quieta, limitándose a gozar su increíble hado.

Pero no la conocían quienes creyeron que ésta sería en el futuro la actitud de Evita.

Varios aspectos resultan fascinantes en la vertiginosa trayectoria de Eva Perón. Uno de ellos es la rapidez con que adquirió los instrumentos que manejaría en los seis años siguientes, los últimos de su vida. La seguridad en sí misma, el poder, la oratoria, la actitud personal, todo lo fue tomando ávidamente, golosamente, sin perder tiempo. Es claro que estaba en una posición única, apoyada por el amor del presidente y rodeada de la admiración, la obsecuencia o el interés de su propio círculo, y también es evidente que se hizo preparar y aleccionar: un aristócrata ruso radicado de tiempo atrás en Buenos Aires le enseñó a manejarse en sociedad y otros asesores le impartieron nociones de oratoria y la ayudaron a perfeccionar su estilo. Pero de todos modos había una admirable pasta en esa muchacha que en febrero de 1946 no había podido pronunciar tres frases seguidas en el Luna Park y que a fines de ese año ya era un poder dentro del gobierno.

En los primeros meses estuvo como tanteando su terreno. Luce deslumbrantes tocados: uno de ellos provocó comentarios risueños al mostrar generosamente el escote en un banquete oficial, teniendo a su lado nada menos que al cardenal Copello, cuyos ojos —se veía en la fotografía que publicaron los diarios— se clavaban obstinadamente en el plato que tenía adelante... La "Negra" Bozán osó presentarse a los pocos días en el Teatro Maipo con un escote no menos escalofriante y un cardenal embalsamado, con su rojo copete, pegado al hombro. ¿Hay que decir que por un tiempo la "Negra" no pudo actuar en el escenario donde era una figura familiar?

Es que también estos primeros tiempos de poder le dieron a Evita la dulce posibilidad de ejercer venganzas sobre gente del mundo artístico que en algún momento la había molestado real o supuestamente. De entonces data la virtual prohibición que pesó contra Pedrito Quartucci, Libertad Lamarque y Niní Marshall, entre otros. La primera dama podía ser rencorosa y vengativa, y de hecho lo fue varias veces contra antiguos compañeros o rivales. A medida que su poder se iba haciendo más incontrolable, podía descargar impunemente su ira o lanzar las frases más desenfadadas, de las que no se salvaban ministros, embajadores o altos funcionarios. Siempre había sido poco convencional y directa; ahora, su posición oficial le permitía darse el lujo de arranques temperamentales que hacían temblar...

Desde los primeros días de la gestión de su marido, apenas instalada la pareja en la residencia presidencial, Evita empezó a concurrir a un despacho en el edificio de Correos, cuyo titular era un antiguo amigo de su madre. Pero en setiembre de 1946 empezó a sentar sus reales en la Secretaría de Trabajo y Previsión. Allí recibía delegaciones cada vez más numerosas, atendía a pedigüeños y postulantes, dictaba órdenes, formulaba pedidos. Estaba en su salsa y poco a poco se iba convirtiendo en la indispensable rueda de trasmisión entre Perón y el aparato sindical. Además, desplegaba una acción informal de beneficencia, con medios infinitamente más grandes que los manejados por la tradicional Sociedad fundada en tiempos de Rivadavia y que había sido, desde siempre, un feudo de caridad de la clase alta. La Sociedad de Beneficencia fue intervenida en setiembre de 1946. Ya era un organismo anacrónico; pero sin duda hubo un elemento de venganza en la intervención que la fulminó por no haber sido designada Evita presidenta de ella, como era costumbre hacerlo con las esposas del presidente de turno; algunas de las instituciones que habían dependido de la Sociedad pasaron después a formar parte de la Fundación Eva Perón.

En los años de la *fiesta*, la presencia de Evita fue característica, y su acción, probablemente insustituible. En 1946 apenas empezaba a definir las funciones que cumpliría en el esquema del poder peronista, pero lo que se advirtió desde el principio fue que su rol (ajeno a la Constitución y muy poco republicano, como clamaban con razón los oposito-res) sería cumplido sin escrúpulos ni vacilaciones. Y lo que es más importante, con una temible integridad.

En el verano de 1946/47 la actividad de Evita prosiguió sin pausa. Los diarios y radios detallaban sus movimientos como suele hacerse con los altos funcionarios. Se la llama-ba "doña María Eva Duarte de Perón" y cuando el entu-siasmo desbordaba en los actos donde estaba presente, "la Dama de la Esperanza". Incluso empezó a circular por en-tonces, con poca fortuna, una marchita que decía

La Dama de la Esperanza
se llama Eva Duarte de Perón
la Dama de la Esperanza
es puro sentimiento y corazón

¿Cómo desplegaba "la Dama de la Esperanza" su "senti-miento y corazón"? Mediante actividades que la prensa ofi-cial describía como "de ayuda social": distribución de ropa, equipos o elementos diversos en escuelas o barriadas humildes. Por ahora, nada más que eso. En realidad, Evita estaba preparando en esos meses la realización del sueño de todo argentino: el viaje a Europa. Desde enero corrían rumores de que sería invitada a visitar España; en febrero se oficializa la invitación del Caudillo y un mes más tarde es aceptada por el gobierno argentino.

El Viaje no era solamente la concreción de un sueño. Se-ría, además, una prueba de fuego para Evita. Una cosa era repartir obsequios entre los chicos de las villas o manejarse entre grupos de dirigentes sindicales que le transferían la adhesión que sentían por su marido: otra muy diferente ha-bría de ser enfrentarse con los públicos y los dirigentes de

Europa, pues el Viaje, inicialmente limitado a España, sería alargado a otros países.

Nicholas Fraser y Marysa Navarro han descrito abundantemente la nerviosidad y ajetreos previos al periplo. Viajar en avión, en aquellos años, era toda una aventura, también para Evita, que nunca lo había hecho hasta entonces y probablemente sentía la misma desconfianza que su marido tuvo siempre hacia el transporte aéreo. No es de extrañar, entonces, la desgarradora carta que escribió desde el DC 4 de Iberia que la llevaba al viejo mundo, pocas horas después de su partida desde el aeropuerto de Morón:

Querido Juan:

Estoy muy triste al dejarte porque no puedo vivir lejos de ti; te quiero tanto que lo que siento por ti es una especie de idolatría, quizás no sé cómo expresarte lo que siento por ti, pero te aseguro que he luchado muy duramente en mi vida con la ambición de llegar a ser alguien y he sufrido muchísimo, pero entonces llegaste tú y me hiciste tan feliz que pensé que estaba soñando y puesto que no tenía otra cosa que ofrecerte más que mi corazón y mi alma te la di [sic] del todo, pero en estos tres años de felicidad, cada día mayor, nunca dejé de adorarte ni una sola hora, o de dar gracias al cielo por la bondad de Dios al concederme la recompensa de tu amor, e intenté, a cada instante, hacerme merecedora de él, haciéndote feliz; no sé si lo he conseguido, pero te puedo asegurar que nunca nadie te ha querido o respetado más que yo. Te soy tan fiel que si Dios quisiera que no te tuviera en esta dicha y me llevara te seguiría siendo fiel en la muerte y te adoraría desde el cielo; Juancito, cariño, perdóname por estas confesiones pero tienes que saber esto ahora que me voy y estoy en manos de Dios y no sé si me ocurrirá algo… tú me has purificado a mí, tu esposa, con todas sus faltas, porque yo vivo en ti, siento por ti y pienso por ti; cuídate del gobierno, tienes razón de que no compensa, si Dios nos deja que acabemos bien todo esto nos retiraremos y viviremos nuestra propia vida e intentaré hacerte todo lo feliz que yo pueda porque tu felicidad es la mía. Juan, si me muero te ruego que cuides de madre *que está sola y ha sufrido mucho, dale cien mil pesos; a Isabelita [Isabel Ernst, colaboradora de Evita en el departamento de Trabajo], que ha sido leal y sigue siéndolo, dale veinte y dale mejor paga y yo cuidaré de ti desde arriba. Quiero que mis joyas las guardes tú y San Vicente y Teodoro García para que te acuerdes de tu chinita que tanto te amó. Te pido esto para doña Juana porque sé que la quieres como yo, lo que ha pasado es que como tú y yo estamos viviendo en esta interminable luna de miel no mostramos nuestro cariño por la familia, aunque les adoramos. Juan, conserva siempre la amistad de Mercante, porque te adora y te es tan leal que siempre trabajará contigo. Ten cuidado con Rubi, le gustan los negocios, Castro me lo dijo y te puede hacer mucho mal y solo quiero que tu nombre siga siendo tan limpio como tú. Además, y esto me duele decirlo, pero tienes que saberlo, lo que él dispuso que se hiciera en Junín, Castro la sabe bien, te juro que es una infamia (mi pasado me pertenece, por eso en la hora mi muerte tú debes saberlo, es una mentira), todo esto es tan doloroso, amar a los amigos para ser tratada así. Salí de Junín cuando tenía trece años, qué cosa tan horrible pensar esa vileza de una muchacha. No te podía dejar engañado de esta manera. No te lo dije al irme porque estaba bastante triste entonces y no quería añadir aun más cosas. Pero puedes sentirte orgulloso de tu esposa porque cuidé de tu buen nombre y te adoré. Muchos, muchísimos besos...*

6 de junio de 1947

EVITA

Hay demasiadas cosas en estas líneas para intentar co-
mentarlas. Destaquemos solamente el intenso amor a Perón, el orgullo por haber sabido responder a quien la había
redimido y la necesidad desesperada de limpiar todos los
recuerdos que la avergonzaban. Es una mujer formidable,
íntegra, al que asoma tras estos párrafos casi inconexos, bal-
buceantes, temblorosos, que se acaban de leer.

EL VIAJE

Los dos meses y medio de gira por Europa fueron para
Evita una experiencia decisiva. Afirmaron su seguridad, le
permitieron sortear con solvencia más de una ocasión riesgosa y, sobre todo, dieron a sus fieles de la Argentina la
sensación de que el viejo continente recibía como un hada
bienhechora a la rubia esposa de Perón. No fue así, desde
luego, salvo en España, donde las multitudes la aclamaron
y el gobierno la colmó de honores y atenciones. Pero en
este caso, además del tradicional afecto entre España y Argentina, subyacía la seguridad de que un buen tratamiento
a "la Perona" podía aparejar, como de hecho ocurrió, la
generosa ayuda en alimento que el pueblo hispano necesitaba desesperadamente.

Evita cometió algunas "gaffes". No muchas, pero algunas: presentarse en el Palacio del Pardo arropada en un espléndido abrigo de marta cibelina en pleno verano madrile-
ño, hacerse esperar durante dos horas para asistir a la función de teatro y a la corrida de toros que organizaron en su
honor en Barcelona —tardanza que el gracejo español atri-
buyó a que ¡coño!, se trataba de "una señora corrida"— o
decirle a Franco, frente a la gran concentración que la aclamó en la Plaza de Oriente "cuando necesite reunir tanta
gente como esta, llámeme..." Y también deben computar-

se entre sus "gaffes" la donación de 500.000 francos a las víctimas de un siniestro en Brest, limosna que cayó muy mal en la opinión pública francesa. Asimismo, cosechó algunos disgustos: los antifascistas que se reunieron frente a su hotel en Roma para manifestar contra Perón o el tomatazo que le tiró en Berna un joven suizo que, felizmente, no acertó el blanco, además de la campaña que llevaron contra su presencia muchos periódicos izquierdistas de Italia, Francia y Gran Bretaña.

Hubo decepciones. La más grande, no ser designada con un título pontificio. El Papa Pío XII le concedió honores de reina —homenaje de la Guardia Suiza y veinte minutos de audiencia—, pero se limitó a derramar sobre la blonda cabeza tocada con un velo negro, los lugares comunes habituales en estas conversaciones y luego le obsequió un rosario. La reina de Inglaterra fue todavía más drástica y declinó recibirla para tomar el té, por lo que Evita canceló su visita a Gran Bretaña.

Pero en general, la gira europea le fue grata y Evita supo conducirse con dignidad y gracia en todos lados. En Francia estuvo de moda algunos días y en su viaje de regreso se dio el lujo de recibir el saludo de la conferencia de cancilleres de toda América reunida en Río de Janeiro. No recogió aclamaciones de grandes multitudes —salvo, ocasionalmente, en España, como ya se ha dicho— ni pudo difundir la doctrina que traía como un "arco iris de paz" sino a interlocutores formales que asentían cortésmente a sus palabras, en la intimidad de los despachos oficiales. Pero salió pasablemente bien de las pocas conferencias de prensa que concedió, su belleza impresionó en todos lados y aunque la antología de joyas y pieles que la engalanaban pareció insultante en una Europa que vivía aún la agonía de la temprana posguerra, su presencia no provocó otras reacciones negativas que las muy escasas que se han señalado.

La prensa oficialista de la Argentina describía la gira paso a paso, como un paseo triunfal. No lo fue: pero bastante se logró con que su protagonista, con el temperamento que cargaba, no hubiera incurrido en traspiés notables. Por su parte, los opositores tejieron toda suerte de infundios sobre el Viaje: le atribuyeron *coups de foudre* con apuestos acompañantes, aseguraron que la poco explicable visita a Suiza se debía a que llevaba allí una fabulosa suma de mexicanos de oro, exageraron sus equivocaciones y fabricaron chismes de toda laya. En realidad, la conducta privada de Evita fue inobjetable.

Pero hubo un punto donde no hubo ni pudo haber explicación alguna: el costo del Viaje. ¿De dónde sacaba la mujer del presidente argentino las fabulosas sumas que insumió el periplo de ella y su corte? Los modelos que compró al voleo en las casas más acreditadas, las joyas, las donaciones que hizo en todos lados, ¿de dónde salieron? Nunca hubo en el presupuesto nacional una partida asignada a este fin; en París, ante la insistencia de un periodista, declaró que el empresario Dodero pagaba los gastos. Nadie pudo decir nada sobre el dinero que costó el Viaje ni de dónde salieron esos fondos.

Sea como fuere, cuando regresó a Buenos Aires, a mediados de agosto, Evita inicia una nueva etapa de su vida. Ha apurado las exquisiteces del poder en el escenario europeo y proyectado su figura a todo el mundo. Ahora es como si empezara a desdeñar las galas que tanto ha lucido: joyas, peinados refinados, pieles, modelos de los mejores modistos europeos, todo comienza, lentamente, a pertenecer a un mundo prescindible. Doña María Eva Duarte de Perón está por morir. En su lugar, llena de fuerza y nervio, está naciendo Eva Perón.

El año del Viaje fue también el del voto femenino. Evita había tomado esta vieja bandera en los últimos meses de
1946, y ya el 12 de febrero siguiente habló por radio refiriéndose a la necesidad de implantar el voto para la mujer.

Era un objetivo regalado, una de las tantas realizaciones
que el aire de la época reclamaba y que la desidia o la politiquería habían ido postergando: más de veinte proyectos se
habían presentado con este propósito en el Congreso Nacional en las décadas de 1920 y 1930. Siempre habían nau-
fragado en la indiferencia. Ahora, la amplia mayoría de
que disponía el oficialismo hacía posible efectivizarlo, con
lo que Perón no solamente ampliaba el cuerpo electoral
sino que aseguraba una buena parte del apoyo del nuevo
electorado. Pues ¿qué partido podría organizar a las mujeres como el oficial?

A mediados de 1947 se discutió el proyecto en el Congreso, sin que se manifestaran discrepancias entre mayoría y
oposición. En realidad, la prolongación del debate se debió
a las ganas de muchos diputados y senadores de echar su
cuarto a espadas, sin agregar nada nuevo al tema. En setiembre se promulgó la nueva ley, que fue presentada
como una conquista personal de Evita: fue ella quien recibió solemnemente su texto. Y fue ella, naturalmente,
quien dio el primer impulso para la formación del Partido
Peronista Femenino, pues se acordó que el sector no for-
maría parte del partido oficial sino que sería una "rama"
distinta, una organización autónoma.

Sin embargo, no hubo apuro en su puesta en marcha y
solo dos años después de aprobada la ley, en julio de 1949,
se realizó el primer plenario del nuevo partido, en el Teatro
Cervantes de la Capital Federal. Más aún que su paralelo

masculino, el Partido Peronista Femenino fue un apéndice del gobierno, porque sus integrantes carecían de experiencia política anterior y sus promotoras fueron reclutadas de cualquier manera. A partir de una "delegada censista" en cada uno de los distritos electorales del país, se empezó a montar una red de unidades básicas que pronto cubrió todo el territorio. En algunos casos, la esposa del gobernador respectivo presidía el organismo local; generalmente, cada "delegada censista", provista de buenos sueldos y vivienda, se sentía una Evita lugareña y trataba —si el físico se lo permitía— de imitar el peinado, la indumentaria, la oratoria y los gestos drásticos de su ídolo. Este estilo las llevó a chocar muchas veces con las autoridades provinciales, aunque en ese tiempo no trascendieron tales fricciones.

En poco podía diferenciarse el Partido Peronista Femenino de la administración pública, pero así y todo, con su primitivismo, su indigencia ideológica y su machacona repetición de *slogans* de incondicional adhesión a Perón y Evita, fue una etapa indispensable en el camino político que debía recorrer la mujer argentina; y no pocas veces en sus locales, de un deslumbrador mal gusto, se ayudó a las chicas jóvenes en sus estudios o su trabajo, o se solucionaron problemas menores a través de fluidos contactos con las oficinas públicas o la Fundación Eva Perón.

LA FUNDACION

Esta fue, sin duda, la mayor afección de Evita. Es cierto que cumplía los deberes protocolares y políticos del Partido Peronista Femenino, llevada por ese sentido misional que siempre asumió con auténtica responsabilidad. Pero es probable que en el fondo le fastidiaran esas maestras, esas enfermeras, esas amas de casa proyectadas a funciones políticas que muchas veces las excedían, con sus chismes, sus remilgos y sus mediocres intentos de imitarla. Evita era "varonera": se sentía bien entre hombres, en los ambientes donde podía soltar sus exabruptos sin tener necesidad de cuidar una imagen de hada buena.

Y la Fundación le permitía esto, además de la inmensa gratificación de palpar, día a día, lo que estaba construyendo, y sentir, físicamente, la gratitud de los pobres, los viejos, los pibes. Su mesianismo se justificaba contemplando el crecimiento de las construcciones y la mágica transformación de los baldíos en policlínicos, escuelas, hogares de tránsito. Mostrando su obra a los visitantes extranjeros, puteando a los constructores atrasados, felicitando a los buenos administradores, dejándose adorar por los beneficiarios, Evita se sentía plena. Tal vez no feliz, porque su alma inquieta, insatisfecha, siempre hambrienta de cosas nuevas, no se remansaba nunca en esa quimera, la felicidad. Pero plena y limpia, eso sí podía sentirse.

Sus actividades de ayuda empezaron desde mediados de 1946 y prosiguieron aumentando incesantemente. La gente sabía que Evita era una mediadora infalible y le pedía aquellas cosas que necesitaban: desde una dentadura postiza hasta un equipo de fútbol, pasando por una vivienda o una jubilación. Rápida, intuitiva, expeditiva, Evita resolvía los problemas que se le planteaban, derivando a los postulantes a diversos organismos del Estado. Era una tarea agotadora, que cumplía en la oficina que se asignó en la Secretaría de Trabajo. Después fue ampliando esta actividad, llamó a algunos hombres y mujeres de su confianza para asistirla y se fueron creando algunos mecanismos muy elementales, sin burocracia ni complicaciones. Ya en 1947 la prensa oficialista hablaba de la "Cruzada de Ayuda Social María Eva Duarte de Perón" u "Obra de Ayuda Social

María Eva Duarte de Perón", aunque no existía formalmente ninguna de las dos. Donaciones de los gremios en oportunidad de firmar nuevos convenios laborales, ofrendas de algunas empresas —casi siempre de mal grado— o de unos pocos particulares deseosos de ser bien vistos por la ya omnipotente Señora, daban sustento económico a estas actividades.

Era indispensable institucionalizar de alguna manera lo que amenazaba convertirse en un caos incontrolable. En julio de 1948 el Poder Ejecutivo expide el decreto 20.564 que otorga personería jurídica a la "Fundación Eva Perón", con un modesto aporte inicial de $10.000 de la Fundadora.

A partir de ese momento y sin perder del todo la informalidad que había asistido sus comienzos, la Fundación empezó una actividad cuyo dinamismo se notaba aun en ese hervidero que era la Argentina de la *fiesta*. Bien pronto los carteles que anunciaban sus construcciones, las ambulancias que llevaban su etiqueta, la publicidad que multiplicaba la imagen de sus realizaciones se hicieron tan abundantes como esas frases de "Perón cumple/Evita dignifica" que florecían en todas partes, vinieran a cuento o no. El nombre rotundo de la Fundación, despojado su marbete del primer nombre de pila y del apellido de soltera de su fundadora estaba en todas partes y también en boca de todos: era el recurso posible, el proveedor de cualquier necesidad, el dispensador del pan dulce y la sidra que alegraría las jornadas de fin de año o la pelota número cinco que convertiría a los chicos de un barrio en campeones sudamericanos... por una tarde. Evita, con su tensión, su voracidad de hacer cosas, su ritmo frenético, promovía, empujaba, se abría a todos los planes posibles y admitía aun los proyectos más fantásticos.

Pero seamos justos. Ciertamente su personalidad, cada vez más madura, más sobria y militante, era el factor irreemplazable de este dinamismo. Sin embargo, hay que señalar que jamás hubo en el país —y pocas veces en el mundo— una institución privada más privilegiada que la Fundación Eva Perón. Fue, en realidad, un Ministerio de Bienestar Social paraestatal, alimentado con fondos públicos o fondos privados derivados de sus arcas, o contribuciones más o menos forzosas, que llenaba muchas de las necesidades que en la actualidad provee esa repartición, sin sus controles y resguardos.

Exenta de todo impuesto o contribución, sin obligación de rendir cuentas a nadie, la Fundación cosechaba distintas vertientes de dinero que por imperio de diversas leyes debían alimentar sus cajas. Por de pronto, un día de sueldo por todo aumento de salarios obtenido mediante convenios, un porcentaje de los impuestos recaudados por el Estado en las carreras hípicas, los casinos y la Lotería Nacional. Se embolsaba algunas multas; la más importante, cien millones de pesos que se impuso en 1949 a la sonada sucesión de Otto Bemberg. Muchos de los terrenos donde la Fundación hizo sus construcciones habían sido adquiridos por el Estado y cedidos después a la institución. Todo esto, sin contar con las exacciones a los empresarios, aceptadas por estos como un mal menor después del escarmiento que sufrió algún rebelde, como la Casa Massone, clausurada después de negarse a contribuir. Esa riada de dinero (llegó a tener mil millones de pesos de presupuesto anual) facilitaba, desde luego, todas las realizaciones. Evita tuvo el tino de designar administradores honestos, que generalmente llevaron un manejo correcto de esa fortuna feérica. Pero ni esta circunstancia, ni el propósito de solidaridad social que la animó —con prescindencia del burdo paternalismo que implicaba— ni la felicidad que tantas veces dispensó a la gente humilde, ni siquiera la vibración humana que introdujo en los intersticios de la fría administración pública, pueden hacer olvidar que la Fundación hizo beneficencia con dinero fácilmente obtenido mediante privilegios sin precedentes. Y que detrás de las dádivas existía una intención proselitista que para muchos argentinos era irritante y, más aún, insultante.

En 1949, pues, cuando la *fiesta* empezaba a apagar algunas de sus luminarias sin que nadie lo notara, Evita desempeñaba con seguridad y aplomo los tres roles que ella, o su marido, o ambos, o las circunstancias, le habían marcado. Era, en primer lugar, la polea de transmisión entre el gobierno y los gremios. En segundo lugar, era la jefa y animadora de la rama femenina del peronismo. En tercer lugar, la promotora de la actividad de ayuda social del régimen.

Tres funciones básicas, insustituibles. Si como intermediaria entre los sindicatos y su marido cumplía un papel de control de la "columna vertebral del movimiento peronista", como jefa de las mujeres manejaba uno de los tres elementos del mismo movimiento y a través de la Fundación, un poder económico cada vez más imponente y una mitología ayudista cada vez más penetrante.

Por ahora no era más que eso. Aunque eso era muchísimo.

ÉL Y ELLA; ELLA Y ÉL

¿Cómo era la relación entre Perón y Evita? Ya se ha visto, a través de las dos cartas reproducidas en páginas anteriores, las expresiones de un avasallador amor recíproco. Pero ambos eran animales políticos, y el contenido de su relación no podía dejar de teñirse con la materia que diariamente manipulaban. Entonces la pregunta debe ser: en esa pareja ¿quién usaba a quién? Porque inevitablemente, en un dúo que hace política, aunque se amen, alguno se vale del otro.

Este interrogante ha intrigado a los biógrafos de Evita y también Joseph Page la ha planteado en su libro sobre el líder justicialista. Es difícil de contestar; pero en esta primera etapa del régimen, la de la *fiesta*, parecería que fue ella la que ocupó gradualmente un lugar cada vez más amplio a costa de la complacencia de su marido, que observaba, divertido, cómo Evita iba afirmando su personalidad y hasta era útil para tareas que Perón desdeñaba o eludía.

Ésta es la impresión que transmite Ricardo Guardo, por entonces presidente de la Cámara de Diputados, quien frecuentaba diariamente la residencia de avenida Alvear, con su esposa. Cuenta Guardo:

"En la vida cotidiana, Perón era cariñoso con Evita, pero ella era reticente con él, más bien fría. Lo maltrataba verbalmente con frecuencia. Llevaba las conversaciones siempre hacia el terreno político y siempre para sacar ventajas para su posición. En esto, Evita le llevaba ventaja, porque Perón consideraba una cantidad de cuestiones como "gallináceas" y eran estas cuestiones las que ella manejaba hábilmente: designaciones, a veces importantes, pedidos, cosas menores que poco a poco le iban dando mucho poder.

"Una vez estábamos almorzando en la residencia. El balcón del comedor daba sobre la calle Austria y allí solían juntarse algunos chicos del barrio, esperando ver a Perón. Entonces Perón dijo: '¡Pobres chicos, voy a ver si busco alguna pelota para tirárselas!' y ella saltó: '¡Dejate de hacer teatro. Si a vos te importan un carajo los chicos!'"

"A veçes ella aflojaba un poco para conseguir algo. Me acuerdo cuando la huelga de los obreros municipales de la limpieza (agosto de 1947). Buenos Aires era un asco, con la basura tirada en todas partes. El jefe de Policía, Velasco, le había dicho a Perón que la culpa del problema la tenía el secretario de Salud Pública de la Municipalidad, que era Vicente Sierra. Pero no tenía razón y yo quería defenderlo a Sierra. Entonces hablé con Evita para que ella lo apoyara. Me dijo 'quédese tranquilo, Guardo, yo voy a defender a Sierra ante el general'. Al otro día en la residencia, me llamó, me hizo subir al dormitorio y me mostró la cama: estaba toda revuelta, medio torcida. Evita me dijo: 'Mire lo que me costó... Pero quédese tranquilo, a su amigo no lo van a tocar...' "

Perón defendió obstinadamente el espacio que su mujer estaba conquistando y que —no podía ignorarlo— generaba resistencias y críticas. En algunos casos por la subversión de los valores republicanos que significaba esta presencia con un poder cada vez mayor, en cuyo turno prosperaba un grupo conocido como "evitista". En otros casos, por el desgarro y la grosería con que Evita se manejaba: Robert Potash transcribe en su conocida obra el fastidio que provocaba en el general Juan J. Uranga, uno entre muchos, sin duda, el tratamiento de "vos" que usaba Evita para dar órdenes a los funcionarios del gobierno. El mismo autor relata el planteo que el ministro de Guerra y algunos pocos generales hicieron al presidente en febrero de 1949 en la quinta de San Vicente, donde el matrimonio estaba pasando unos días de descanso. Perón debe haber percibido que la entrevista generó algunos rumores, porque el 18 de febrero, al entregar sus diplomas a los nuevos agregados obreros en el servicio exterior, dijo:

"Ellos creen que porque digan que el general Perón

esté preso, ya el país no tiene gobierno. Yo me encontraba tomando la primera semana de descanso que me tomo desde que estoy en el gobierno, y una mañana me llevaron a San Vicente una noticia. Me dijo el mensajero, que era uno de mis allegados en la Casa Militar: '¿Sabe lo que dicen? Que usted está preso'. Y le dije yo: 'Magnífico, mientras no sea cierto...' "

Los uniformados, casi todos viejos compañeros de Perón, no adoptaron una posición conminatoria ni mucho menos pretendieron hablar en nombre del Ejército. Más bien transmitieron un consejo amistoso en el sentido de que convenía limitar las actividades públicas de Evita. El presidente los despidió con alguna vaga promesa de ocuparse del problema, y el episodio (que no tuvo estado público aunque la Embajada de los Estados Unidos lo reportó al Departamento de Estado) terminó con una visita de Perón y su esposa a Campo de Mayo, donde el ministro de Guerra formuló un elogio a la obra social que ésta desarrollaba.

No parece que hayan surgido otras objeciones en el sector militar contra el poder de Evita, al menos hasta 1951. Pero en la oposición y en la opinión independiente, la figura de la mujer del presidente, multiplicada hasta el cansancio por la propaganda oficial, resultaba un factor exasperante. Hay que destacar que en los finales de la *fiesta*, hacia 1949, la máquina montada a su alrededor estaba llegando a la perfección de su aptitud técnica. Fotógrafos y dibujantes disimulaban su fea nariz y sus gruesos tobillos, resaltando, en cambio, la belleza de su cutis; los modistos le definían una línea de indumentaria menos estridente que en sus primeros tiempos; los peinadores habían logrado un rubio tan natural para sus cabellos, que nadie recordaba las negras mechas de la Evita prehistórica. La dulce sonrisa de Evita presidía las oficinas públicas, las calles, las vidrieras de los negocios, los diarios, las casas de los humildes; pocos conocían las explosiones de rabia que retorcían a veces sus facciones y que determinaban caídas estrepitosas o sustos históricos. Una marchita pegadiza, "Evita Capitana", era como su himno particular, así como los chicos de los Campeonatos Infantiles voceaban el ritmo andantino y estimulante de su peán deportivo:

> A Evita le debemos nuestro club
> por eso le guardamos gratitud...

Atrás iban quedando las chapucerías de la primera época, el engolamiento de "la Dama de la Esperanza". Se afinaba, encontraba su onda propia, estaba acotando firmemente los territorios de su dominación.

Desde cierto punto de vista, lo merecía, porque mucho había trabajado para llegar a este pináculo. Aprendió a componer sus actitudes según el interlocutor, podía ser seductora y refinada, si se lo proponía; terrible e implacable cuando se le antojaba. Y, sobre todo, había aprendido a hablar en público. Primero ante la anónima presencia del micrófono, un artificio que por supuesto no desconocía. Pero dirigirse a grandes auditorios, esta fue su gran victoria. Ya en esta época manejaba con solvencia su oratoria, sin precedentes en el país, por ser una voz femenina y por el modo que la usaba. Fraseo urgido, apurado; dicción perfecta; voz desgarrada y dramática, sin matices, que tenía en vilo a los oyentes aunque sus descargas no fueran sino una sucesión de lugares comunes. Porque Evita no agregaba una idea nueva, un concepto original: todas sus arengas eran apelaciones reiterativas a la lealtad peronista, a la adhesión incondicional al líder, o incitaciones al odio contra los "oligarcas" los comunistas o "la contra". Pero aun en esas efusiones torrenciales se veía que su personalidad se hacía plena con el contacto directo y mareante de la multitud.

Si la autenticidad consiste en parecer lo que uno es, Evita fue absolutamente auténtica. No intentó disimular su costado negativo. Perón se hacía el buenazo, pero en realidad podía ser duro y brutal. Evita, en cambio, era vengativa y dominante, intolerante y ávida de poder; su discurso político padecía de una elementalidad y un primitivismo abrumadores. Pero nada de esto fue atenuado por ella, como si intuyera que el destino que le había tocado vivir le exigía una sinceridad desnuda hasta el hueso.

El destino de Perón y Evita había estado alumbrado por un signo mágico. Él, un militar del montón hasta 1943, se convierte en tres años en el líder de las masas argentinas. Ella, una actriz de tercera hasta 1944, tres años más tarde se transforma en una figura mundial. ¿Cómo no creer en que la suerte los acompañaría siempre? ¿Cómo no tomar con naturalidad los dones que les había brindado la vida?

Sin embargo, si en Perón hay permanentemente una vena de optimismo y seguridad que se traduce en su lenguaje público constelado de picardías y salidas pintorescas, en Evita existe una tensión constante, un temblor, una suprema seriedad. No hay alegría en Evita, ni aun en estos tiempos felices. Hay, en cambio, un avasallador sentido del deber: de lo que ella creía que era su deber. No disfrutó de la *fiesta*. Y a medida que estilizaba su persona y la tornaba sobria y militante, parecía estar persiguiendo biológicamente la parábola de ese régimen al que agregaba, con su presencia, el componente más revulsivo.

Pero esto se haría evidente después y semejante evidencia necesitaría el costo de su muerte para convertirse en una parte de la mitología popular. Pues si la *fiesta* fue disfrutada por la mayoría de los argentinos, para esta mujer

llena de rencores y ternuras, íntegra e inescrupulosa, incul-
ta e inteligentísima que fue Eva Perón, la *fiesta* no fue otra
cosa que una intensidad sin descanso.

CAPÍTULO X
ELLOS Y ELLAS

Hay un dato que es revelador del estado de espíritu de la población argentina en los primeros años de los tiempos de Perón: el crecimiento demográfico.

Desde 1930 en adelante, el aumento de la población era de alrededor de 250.000 nuevos habitantes por año; a partir de 1948 la cifra trepó bruscamente, siendo este año de más de medio millón, para declinar suavemente en los siguientes, manteniendo, sin embargo, una tasa muy superior a los años anteriores. Lorenzo Dagnino Pastore, que ha señalado la significación de estas tablas, dice que "el mejor período en cuanto al crecimiento de la población se extiende desde 1948 a 1951".

Estos números son algo más que una cifra. Señalan una seguridad, un optimismo, una felicidad general que inducía a las familias a crecer y multiplicarse, sin temor al futuro. Seguramente no ha habido un momento de bienestar colectivo tan intenso y generalizado como el de aquellos tres años de la *fiesta*. No es que no hubieran existido años de prosperidad en la historia próxima: lo fueron los tiempos que precedieron a la Gran Guerra, y el sexenio de Alvear se recuerda como un período exento de crisis graves y agraciado por un sostenido crecimiento. Pero esto era distinto.

ESTAR CUIDADOS

Había trabajo en abundancia, los aumentos de sueldos de 1944/45 y los que en 1946/47 consiguieron diversos sectores obreros (a veces mediante huelgas mal vistas por el gobierno, como ya se ha relatado) daban a la gente un poder adquisitivo nuevo, mágico, que se ejercitaba en la adquisición de muchas cosas, antes vedadas. En no pocos casos se trataba de elementos innecesarios: prendas de vestir para paquetear, artefactos de menaje prescindibles o poco prácticos. y sobre todo diversión: diversión en todas sus formas, desde cine hasta bailongos. Pero precisamente en esto radicaba una buena parte de la felicidad que gozaban anchos segmentos del cuerpo social: en tener, ostentar, gastar cosas adicionales, algo que nunca habían podido hacer porque la estrechez de los años anteriores les había obligado a adquirir solo lo imprescindible. Esas delicias inéditas postergaban las necesidades de vivienda, por ejemplo, y la quincena se derramaba en la sensualidad de la compra suntuaria.

Para los trabajadores de la industria, en gran proporción arribados desde el interior del país a partir de 1935 y, más copiosamente, desde 1942, la experiencia de vivir en Buenos Aires o sus aledaños se presentaba como una maravilla cotidianamente reiterada. Por de pronto, el trabajo: más seguro, mejor pagado, más limpio y de horario más reducido. Luego, la convivencia con la gente, el ejercicio de la sociabilidad, tan diferente de la soledad de la chacra o el aburrimiento de las mismas caras en los pueblos de origen. Y además, las diversiones: las noches del sábado, los bailes, la posibilidad del levante fácil, las visitas a los paisanos... Sobre todo, los bailes.

¿Adónde iban los "cabecitas" a divertirse? Sobraban lugares. En Palermo, el Salón Bompland, el Salón Norte (que antes fue el Parque Romano, en Las Heras y Malabia), el Kakuy, el Palermo Palace (en Godoy Cruz y Santa Fe) y, sobre todo, la legendaria Enramada, epítome y paradigma de "los bailes de Puloil". Si uno andaba por Retiro, allí estaba el Palacio de las Flores (Basavilbaso entre Libertador y la bajada de Juncal) y si la cosa se daba por Flores, las opciones eran La Carreta, el Círculo Santiagueño, Provincianos Unidos, la Salamanca o el Monumental de Flores. En la Boca estaba el Salón Verdi y, solo para correntinos, en la isla Maciel, El Palmareñito. No hay que confundir estos lugares con las peñas que florecieron en estos años y donde también se bailaba, pero exclusivamente folklore y de manera desinteresada, como una actividad danzante más o menos patriótica. De estas peñas había algunas que funcionaban en confiterías, en los altos o el sótano, como la Versalles, Mi Refugio, la América (en Santa Fe y Pueyrredón), Mi Rincón. Pero las peñas que eran exclusivamente tales se llamaban El Chasqui, Mi Rancho, El Pial, La Nazarena, El Lazo, El Ceibo y su frecuentación se componía de clase media tirando a alta.

Fue la época en que una voz humilde y bien modulada, la de Antonio Tormo, arrasó con las preferencias del público provinciano. El "cantor de las cosas nuestras" fue el primer intérprete de música popular que logró vender más de un millón de discos. Su *boom* fue "El Rancho 'e la Cambicha", al que siguió aquella trova que empezaba declarando: "Buscaba mi alma con afán tu alma…", y después, "Mis harapos", "La canción del linyera", "Merceditas" y otros no menos resonantes. A tal punto quedó identificado Tormo con los "cabecitas", que a éstos los llamaban "20 y 20": veinte centavos por una porción de pizza y veinte centavos para escuchar un disco de Tormo en las moviolas que ilustraban algunos comederos sin pretensiones, con una amplia gama de opciones en tango, música melódica y folklore.

Sin embargo, la felicidad no era solo eso. Tampoco se trataba únicamente del amparo del sistema generalizado de jubilaciones que empezaba a aplicarse, el régimen de vacaciones pagas que permitía conocer lugares de veraneo que antes sólo podían mirarse en los huecograbados de los diarios, ni la fuerza que daba al trabajador la certeza de la indemnización, si lo despedían. El estado de felicidad se asentaba sobre estos gozos materiales, pero también y fundamentalmente, en la sensación de estar protegidos, cuidados, por un gobierno que les pertenecía, que era del pueblo y le dedicaba sus preocupaciones, ¡desde las seis y media de la mañana! Un gobierno que, por otra parte, no era una entelequia lejana sino que se encarnaba en un hombre y una mujer sonrientes, atractivos, esos jóvenes padres llenos de fuerza y de ternura para los humildes que, la gente intuía, no habrían de traicionarlos nunca y les hablaban en un lenguaje llano y comprensible.

Hay que destacar que entre 1945 y 1949 los salarios reales se elevaron, según Guido Di Tella, en más de un 30 por ciento; ya veremos cómo después de este último año, el postrero de la *fiesta*, tendieron a disminuir. Pero, además, el sector asalariado aumentó en forma espectacular su participación en el producto nacional, del 45 por ciento al 55 por ciento en esos mismos años. Es cierto que había inflación: entre 1945 y 1952 se mantuvo en un persistente promedio anual de 25 por ciento, lo cual era mucho para la economía y, sobre todo, para la mentalidad de la época, acostumbrada a la inamovilidad del valor del peso argentino durante décadas. Ni la publicitada "Campaña de los 60 días", lanzada en 1946, ni.las detenciones de almaceneros y pequeños comerciantes que menudearon entonces y después pudieron detener el alza de los precios. Pero también hay que reconocer que la inflación de entonces no operaba como una trituradora del poder adquisitivo del dinero, como habría de ocurrir durante la década de 1970; era más bien, una ligera fiebre que provocaba exaltación y euforia. Por otra parte, como no existían contraindicaciones para la inflación y la actitud oficial consistía en negarla, había personas que se beneficiaban grandemente con la tendencia, como arrendatarios o inquilinos, compradores en cuotas, deudores hipotecarios o a largo plazo etcétera.

La política del peronismo estimulaba el consumo y, entonces, la constante demanda de bienes y productos empujaba al alza de los precios y, a veces, al desabastecimiento. Esto, a pesar del crecimiento del producto del sector industrial que aumentó a razón de cinco por ciento anual hasta 1950 y también del PBI, que entre 1946 y 1948 presentó un promedio de ocho por ciento anual —entre sus componentes no puede dejar de citarse la fantástica expansión del sector construcción, con un 10 por ciento anual durante los años de la *fiesta*. Pero el consumo era el factor fundamental de la economía de aquellos años: según Arthur Whitaker, el promedio de consumo del período 1946/52 tuvo un aumento del 3,5 por ciento anual.

Felicidad y también alivio. Los diarios y la radio hablaban permanentemente del peligro que habían corrido y que habían eludido por su propia decisión: ese Braden de facha porcina que estuvo a punto de embolsar a los argentinos con la complicidad de los oligarcas de la vieja explotación, con la ayuda de los perversos comunistas, con las comparsas de esos viejos y ridículos políticos que habían pasado la vida hablando y hablando, sin hacer nada por el bienestar del pueblo. Y entonces era como para respirar con alivio: ¡de la que se habían salvado! ¿Qué hubiera sido de ellos, estas mujeres y hombres del común que ahora pisaban fuerte y miraban cara a cara a todo el mundo, si la trampa del 46 los hubiera atrapado?

Era la Nueva Argentina, limpia, esplendorosa, orgullosa de sí misma, que había desdeñado a los yanquis, imponía condiciones a los ingleses, daba una generosa mano a Europa y era un ejemplo para América Latina. Y esta hazaña eran ellos, los trabajadores, quienes la habían hecho posible con su apoyo a Perón. Se sentían partícipes de la gesta, coautores del milagro y esa participación se palpaba físicamente en las ceremonias litúrgicas del régimen.

No hay duda que Perón copió el estilo de las grandes concentraciones fascistas para sus propios ritos políticos. Pero la alegría popular prestó a los actos del 1º de mayo y del 17 de octubre (después se agregaron otros, pero en la época de la *fiesta* solo existían estas dos fechas sacramentales) un tono que nunca tuvieron las regimentadas movilizaciones de Piazza Venezia. El balcón de la Casa Rosada, donde la multitud concentraba su atención esperando durante horas la aparición del Líder y su esposa; la explosión de entusiasmo cuando finalmente salían y abrazaban a todos con su saludo; el largo diálogo entre Perón y el pueblo, inaugurado en la noche del 17 de octubre de 1945 y proseguido después, en cada una de las ceremonias masivas de plaza de Mayo... Algunas veces, antes de los discursos, mientras iban llegando los camiones, artistas de diversa laya entretenían a la concurrencia. Durante el transcurso del acto, las mil ocurrencias de la gente se transformaban en palabras codificadas, en estribillos. Y todo el tiempo, la sensación de formar parte de un todo formidable, una máquina invencible: "todos unidos triunfaremos..."

¿Era esto una revolución? La pregunta se planteó muchas veces en esa época, tanto en el oficialismo como en la oposición. y cada cual la contestó desde su conveniencia. Para los peronistas, estar haciendo una revolución justificaba arbitrariedades y contravenciones que, de otro modo, no podrían tolerarse; para los opositores, so capa de una revolución, lo que se hacía era violar las pautas de la vida republicana. Era y sigue siendo un interrogante difícil de responder porque depende, en primer lugar, de lo que se entienda por revolución.

Sin entrar en terreno tan difuso, podría señalarse que en aquella etapa las mayorías populares tenían la sensación de estar participando intensamente en el proceso desatado desde 1946. Esto, en sí, ya era revolucionario. Pero en los hechos, tal participación era emocional, no operativa; aclamatoria, no de debate, aquiescente, no promotora. Ya se ha visto que el Partido Peronista carecía de vida interna y que en las organizaciones sindicales se tendía cada vez más a colocar la *lealtad* sobre la independencia. De este modo, la participación popular era una vivencia que exaltaba a las masas, pero no una realidad revolucionaria, aunque así lo pareciera. En el mejor de los casos, era apenas un comienzo, como lo había sido el pronunciamiento electoral de 1946.

Por otra parte, tampoco los actos de gobierno tenían dimensión revolucionaria, pese a que la palabra aparecía muchas veces en la oratoria de Perón y sus adictos, y hasta bautizó brevemente el partido oficial, como se ha visto. Las iniciativas adoptadas entre 1946 y 1949 fueron rectificaciones, ajustes al sistema, algunas de las cuales arrancaban de antes de 1943. El sistema previsional extendido a todos, el monopolio estatal sobre múltiples actividades, el nuevo ordenamiento bancario y financiero, el régimen aplicado al agro y su producción, dejando de lado toda valoración crítica, no transformaban radicalmente la sociedad, no daban lugar al predominio de una nueva clase, no cambiaban la titularidad de la riqueza ni las características de sus canales de distribución. Es cierto que se promovió una novedosa dirigencia, la sindical, antes no conocida, pero en todo caso su vigencia y poder dependían de la buena o mala voluntad del Estado, no de su propia fuerza.

Pero también es cierto que las revoluciones más profundas y duraderas radican en los espíritus, no en la administración de las cosas. Para las masas argentinas, el sentirse partícipes de un proceso que les brindaba lo que antes les había sido inalcanzable, era decisivo. Poder enfrentar al patrón o al capataz sintiendo el respaldo del Estado, era para el trabajador una novedad deslumbrante. Como lo era para el inquilino reírse de las exigencias del propietario o para el arrendatario rural, saber que el dueño no podría echarlo jamás de su predio. Y esto era lo revolucionario. La experiencia que se iba bordando en la intimidad de la conciencia de millones de argentinos que en algún momento vivían la evidencia de que algo sustancial había cambiado en su país.

Ya se sabe: la palabra "revolución" es una de las más convocantes y simpáticas del lenguaje político. Su prestigio viene de fines del siglo XVIII, cuando las monarquías despóticas, las sociedades opresivas, la dependencia colonial o las formas de explotación del trabajo humano parecían no poder cancelarse sino a través de la violencia. Desde entonces, la palabra fue bandera de grandes causas, pero también encubrió injusticias terribles y a veces engendró nuevas maneras de coacción. La discusión sobre si Perón encabezó o no una revolución es, en buena parte, retórica e inútil. Pero, sea como fuere, para muchas almas, lo que se vivió en aquellos años fue un cambio tan importante, que bien podría parecerse a uno de esos grandes cataclismos políticos y sociales que en otros siglos liberaron, saciaron el hambre y la sed de justicia o brindaron un poco más de felicidad a pueblos enteros.

LAS MÚLTIPLES FORMAS DE LA FELICIDAD

Pero sin necesidad de recurrir a comparaciones históricas, hay que señalar que había, en los años que evocamos, algunas felicidades particulares. Sin mencionar a los muchos beneficiados con los obsequios de la Fundación Eva Perón —una máquina de coser, una radio, además de la sidra y el pan dulce de fin de año— en esa época se concretaron algunas aspiraciones sectoriales que, modestas como eran, llenaban expectativas largamente acariciadas y hacían tocar el cielo con las manos a los agraciados. No todas eran de carácter venal: más bien se referían a la dignidad o al tiempo de la gente.

Por ejemplo, la modificación de los uniformes de los suboficiales de las Fuerzas Armadas, en 1948. Ya no usarían las casacas cerradas; el nuevo diseño incluía un cuello abierto que permitía lucir camisa y corbata, igual que los oficiales. No era un detalle nimio si se lo vincula con la autorización que permitió brevemente a los suboficiales cursar la carrera que, en teoría, podría habilitarlos a llegar a generales. En ese marco, tenía mucha importancia usar una indumentaria idéntica, en esencia, a la de los egresados del Colegio Militar.

Otro caso: el de los empleados públicos, los bancarios y

de seguros. Siempre habían trabajado seis días por semana, hasta que la ley del sábado inglés les ahorró la obligación de hacerlo en la tarde de esta jornada. Desde entonces, mediados de la década del '30, la tarde del sábado era
día de holganza y la noche se destinaba a tertulias, comilo-
nas, cine o baile, según las posibilidades de cada cual. En
1949 se estableció que no se trabajaría el día sábado en los
organismos del Estado, lo cual incluía Tribunales —derra-
mando así el descanso también sobre abogados, escribanos
y demás oficios vinculados a la curia—, y la medida se extendió en seguida a los bancos y compañías de seguros. Al
mismo tiempo se generalizó el descanso sabatino para docentes y alumnos de escuelas primarias y secundarias, oficiales o incorporadas. Así es como el ritmo de la semana
varió para un amplísimo sector, predominantemente de
clase media, pues la industria y el comercio siguieron labo-
rando los sábados; a veces solamente a la mañana, a veces
mañana y tarde.

Para los nuevos ociosos, la mañana del sábado se convirtió en un tiempo de paseo y compras; la avenida Santa Fe,
todavía no cortada por la 9 de Julio, ofrecía diez cuadras de negocios tentadores cuyas vidrieras multiplicaban
más modestamente sus ofertas en los barrios, sobre todo
los que albergaban habitantes de ciertos medios, como Flores, Belgrano o Villa Devoto. Se acentuaron entonces los
hábitos consumistas del público y, a su vez, los comerciantes inventaron nuevos incentivos para las compras. Fue de
entonces la creación de las fiestas del Día de la Primavera,
en la avenida Santa Fe, y luego del Día de la Madre, a la
que siguieron innumerables "días" cada vez más sacraliza-
dos.

En el sector educativo, la eliminación de actividades docentes los sábados permitió dedicar parcialmente esa jor-

nada al deporte. En los patios de escuelas y colegios se jugaba al fútbol o al básquet —el deporte de moda desde que en 1950 los argentinos ganaron a los norteamericanos el Campeonato Mundial—, y muchas de las competencias permitían a los equipos figurar en las organizadas por el gobierno o la Fundación.

¡Mañanitas del sábado! Sobre millones de horas-hombre perdidas, la maravilla de elegir entre las múltiples formas del *far niente* constituía una manera de recuperar el tiempo individual. Era, para muchos, el paraíso de la semana de cuarenta horas, algo que ni los socialistas más empeñosos hubieran podido soñar a principios de siglo...

Pero seguramente, la mayor felicidad sectorial impuesta por el gobierno peronista fue la que gozaron los inquilinos urbanos y los arrendatarios rurales, beneficiados por sucesivas prórrogas de los decretos del gobierno de facto que habían prolongado sus contratos, congelado su precio y, finalmente, prohibido su desalojo.

La congelación de los arrendamientos rurales y la suspensión de los lanzamientos aparejó consecuencias a las que ya nos hemos referido. En cuanto a los alquileres, su prórroga fue creando en las ciudades una clase privilegiada: la de los inquilinos que año a año, mientras la inflación roía suavemente el valor adquisitivo del dinero, iban pagando sumas cada vez más irrisorias por sus locaciones. Muchos propietarios optaron por vender las viviendas a sus locadores, hartos de cobrar sumas cada vez más chicas, y los precios que se pagaron fueron muy inferiores a los valores de mercado, puesto que los ocupantes eran inamovibles y, en consecuencia, se convirtieron en compradores forzosos. No pocos se negaron a comprar: ¡era mucho más cómodo seguir pagando todo los meses una suma cada vez más despreciable! La otra cara de la moneda fue el empobrecimiento de los que poseían una sola propiedad, esa casita que había sido el fruto de años de ahorro, el seguro que dejaba el marido para que su viuda pasara en tranquilidad el resto de su vida. Para ellos, el alquiler que cobraban, cada vez más mísero, era una traición, una burla de aquella Argentina en la que habían confiado.

Como casi todas las felicidades sectoriales del tiempo de Perón, esta tuvo un alto precio: la virtual paralización de la construcción privada de viviendas y, en consecuencia, el agravamiento del déficit habitacional que había empezado a notarse desde el principio de la guerra y que en la década de 1950 se tornó trágico. La construcción por vía oficial no compensó este déficit. También en este caso, lo que había sido un recurso de emergencia para impedir la especulación se convirtió en una solución virtualmente definitiva que benefició a un amplio sector pero a la larga perjudicó a la totalidad. Fue en este terreno de las locaciones urbanas donde comenzó a aparecer ese increíble figura jurídica que durante tres décadas acarreó innumerables molestias, pleitos y gastos: el deudor convertido en usurero, el deudor exaccionando a su acreedor.

Además había felicidades de calendario. Porque ¿días feriados? Un montón y para todos los gustos...

Repasemos: el 1º de enero para descansar de la chupandina de fin de año. El 6, para mirar lo que había en los zapatitos. El lunes y martes de Carnaval, para andar disfrazado, jugar con agua y recorrer los clubes. Jueves y viernes de Semana Santa, para atracarse de bacalao y empanadas de vigilia. El 1º de mayo había que ir a la Plaza y compadecer a Perón, porque era el día que más trabajaba, leyendo su mensaje al Congreso a las ocho de la mañana y discurseando desde el balcón a la tarde. El 25 de mayo, por supuesto, y el 20 de Junio por la bandera, y el 9 de Julio, ya se sabe. Desde 1952, el 26 de julio por Evita. El 12 de agosto era feriado desde 1946 en recuerdo de la Reconquista y combinaba con el 17, día de San Martín, como para cortar el invierno. Santa Rosa no era feriado, pero en esos tiempos la tormenta llegaba puntualmente y era como si lo fuera... El 11 de setiembre, Sarmiento para todo el mundo... de la educación. Y el 21, Día del Estudiante. El 12 de octubre uno se sentía gallego y ahí nomás venía el 17, Día de la Lealtad, la fecha máxima, jornada invariablemente esplendorosa cuyos ritos empezaban desde el mediodía y continuaban el 18, naturalmente para celebrar San Perón. El 1º y 2 de noviembre pasaban entre santos y muertos. Después llegaba diciembre, con su día 8 dedicado a la Inmaculada Concepción, y el 24 que veía el abandono masivo del trabajo antes del mediodía para continuar el día de Navidad. El 31, también feriado o asueto desde el mediodía, terminaba el laborioso año de los argentinos de la época.

Esto, sin contar, por supuesto, los domingos ni los sábados para todos los que hemos dicho. Y sin computar, tampoco, los "días" de diversos gremios que empezaron a instituirse desde 1944 e implicaban el ocio de esa rama de actividad, con la consiguiente sorpresa del público que, al ir a un restaurante lo encontraba cerrado y solo entonces recordaba que era el Día del Gastronómico, o al concurrir a un banco advertía que justamente ese día era el del bancario.

¿Era o no una *fiesta*?

Es claro que, al lado de las felicidades sectoriales que decimos, se registraban algunas decepciones, como las que habían vivido, a mediados de 1946, unos cien indígenas procedentes de la Puna, que no olvidaban las promesas que Perón les había hecho durante su campaña electoral. Salieron de Abra Pampa y se vinieron caminando hasta Buenos Aires para reclamar los títulos de las tierras que poseían desde tiempo inmemorial. Los medios de difusión oficiales llamaron a la caminata "el Malón de la Paz", aclamaron a los marchantes como "los hermanos aborígenes que vienen a reclamar justicia" y recordaron los latifundios de la alta pampa jujeña. Cuando llegaron, se entrevistaron con Quijano y finalmente, con el propio Perón, en el salón de invierno de la Casa Rosada. Se los alojó en el Hotel de Inmigrantes, se los agasajó, les hicieron notas en los diarios. Hasta que de pronto, una semana después del arribo triunfal, por alguna razón, se ordenó "de arriba" terminar con el espectáculo: los collas fueron metidos en un tren, en Retiro y se los reexpidió silenciosamente a la Puna.

Pero éstas eran excepciones y todavía podemos computar más felicidades sectoriales. Por ejemplo, las de las mujeres: centenares de mujeres cuyas vidas parecían adquirir una dimensión trascendente, levantada, a través de la figura mágica de Eva Perón, cuyos triunfos y maravillas compensaban la mediocridad de sus propias vidas. Las mujeres, titulares de derechos políticos desde 1947, que al palpar ese nuevo elemento de sus carteras, la libreta cívica, tocaban el instrumento que les permitiría defender a Evita y a su esposo y todo lo que ellos significaban. Durante el empadronamiento se temió que hubiera cierta retracción en las inscripciones y en Entre Ríos se obligó a las mujeres a presentar la libreta cívica para trámites tan inocentes como comprar una entrada de cine: en seguida quedó demostrado que era una precaución inútil, pues el empadronamiento había sido masivo. Ninguna mujer quiso dejar de estar presente en las futuras elecciones, aunque, por supuesto, muchas no fueran peronistas.

O los viejos, titulares de derechos en buena medida ilusorios, pero cuya inscripción en el texto constitucional, cuya reiteración verbal en la oratoria oficial les brindaban motivos para no sentirse solos, para creerse amparados y queridos. Y por supuesto los niños, "los únicos privilegiados en la Argentina de Perón", para quienes una "bici" o la participación en un campeonato o unos días de vacaciones en el mar o la sierra llenaban las fantasías de sus breves años.

Son muchos los casos que pueden señalarse para certificar este especial estado de espíritu que vivió el país de la *fiesta*. Un último ejemplo: los penados. Desde 1947 desapareció para ellos la pesadilla de Ushuaia. Aquel Penal —"el Capitolio de la capital austral", diría Ricardo Rojas en 1934— era el espantoso final de los reincidentes que merecían reclusión "en un territorio del Sur", según el artículo 51 del Código Penal. La total incomunicación con sus familias, el frío, la arbitrariedad del trato que recibían en esas lejanías, hacían del Penal de Ushuaia un infierno del que raramente se regresaba. El gobierno de Perón dispuso en el año que decimos la clausura del establecimiento.

¡Hasta el deporte brindó momentos felices! Como si todas las hadas se hubieran dado cita sobre la cuna del régimen, la *fiesta* deparó a los argentinos el triunfo, dos años consecutivos, en el Campeonato Sudamericano de Fútbol (1946 y 1947), Domingo Marimón ganó en 1948 la competencia "De la América Sur" entre Buenos Aires y Caracas, Delfor Cabrera, la maratón olímpica en el mismo año y Juan Manuel Fangio empezó su meteórica carrera en Europa. Y a juzgar por el tono de los locutores deportivos, era el propio Perón quien había conseguido esos lauros...

IR AL CINE

Y como el sueldo o la jubilación alcanzaban, el aguinaldo agregaba a fin de año un grueso rollito al bolsillo y la indemnización por despido llegaba como un regalo del cielo, no había necesidad de tener dos empleos, el tiempo sobraba y, en consecuencia, la gente empezó a frecuentar con mayor asiduidad el mágico mundo del espectáculo.

En esta etapa hubo muchísimo cine. En realidad, no existía otro espectáculo popular, porque no se había difundido en los grandes públicos el hábito de asistir al teatro y lo más cómodo, barato y accesible era el cine. Los tres primeros años del régimen peronista coincidieron con los de un gigantesco lanzamiento de películas norteamericanas, con sus mitológicos actrices y actores, sus formidables despliegues y su versatilidad temática. Frente a este poderío, los balbuceos del séptimo arte provenientes de Italia y después de Francia, quedaron abrumados.

Pero al público argentino le gustaban las películas nacionales. Se había acostumbrado a buenas realizaciones desde fines de la década del '30 y en 1944 el gobierno de facto había decretado un sistema de protección a la producción local que obligaba a todas las salas a exhibir una determinada proporción de vistas argentinas. Esta medida determinó en los años siguientes una avalancha de producciones nacionales. No puede decirse que sean muchas las recordables.

De las 32 películas argentinas estrenadas en 1946 merecen destacarse tres: "Donde mueren las palabras" (director Hugo Fregonese), un intento de armonizar cine y ballet, con partitura de Juan José Castro; "Rosa de América" (Alberto de Zavalía) sobre la vida de Santa Rosa de Lima; y "El ángel desnudo" (Carlos Hugo Christensen), que fue la inauguración artística de Olga Zubarry, y jugaba con un moderado erotismo, con un desnudo limitado a la espalda de la protagonista...hasta la cintura.

En 1947 los estrenos nacionales fueron 38 y de ellos pueden salvarse para el recuerdo unos siete: "Albéniz" (Luis César Amadori), con cierto brillo de producción; "Madame Bovary" (Carlos Schlieper, con Mecha Ortiz) ; "El pecado de Julia" (Mario Soficci, con Amelia Bence); "Como tú lo soñaste" (Lucas Demare, con Francisco Petrone y Mirtha Legrand). Estas tres recreaciones de temas de Flaubert, Strindberg y Kaiser marcaban una tendencia que se fue acentuando en años posteriores, generalmente con menos respeto por los originales. Hay que agregar "Santos. Vega vuelve" (Leopoldo Torre Ríos), "El retrato" (Schlieper) y una decorosa versión de "Corazón" (Carlos Borcosque).

En 1948 ya se palpan los efectos de la protección sobre la producción cinematográfica argentina. Los estrenos llegan a 41. En una línea de temática nacional sobresalen "Pobre mi madre querida" (Ralph Papier), con Hugo del Carril; "Pelota de trapo" (Torre Ríos), que resulta una expresión del neorrealismo criollo sobre la pasión del fútbol y "La calle grita" (Demare), con Muiño y Angel Magaña, que Jorge Miguel Couselo considera "un inusual testimonio en el período peronista, debido a la inflación y al alza del costo de la vida". También en esta línea puede incluirse "Tierra del Fuego" (Soficci). El melodrama culminó con ´Dios se lo pague" (Amadori), que fue un éxito de boletería, e "Historia de una mala mujer" (Luis Saslavsky).

En 1949 se presentan 47 películas argentinas. Hubo en

este enorme conjunto, dos sorpresas: "Historia del 900", que fue la revelación de Hugo del Carril como director y "Apenas un delincuente" (Fregonese), un semidocumental con reminiscencias del cine norteamericano, pero de esencia porteña. Amadori dirigió "Almafuerte", para Narciso Ibáñez Menta, y "Juan Globo" para Luis Sandrini, agregando una biografía de Ricardo Gutiérrez en "La cuna vacía". Hubo también un noble fracaso: "Esperanza" (directores sucesivos Francisco Mugica y Eduardo Boneo), que resultó pequeña en relación con su tema, la emigración en la pampa gringa, y con el actor principal, el ilustre Jacobo Ben Amí.

No es, como vemos, un saldo muy copioso sobre un total de 158 películas. En los años de la *fiesta* hay muchas cintas argentinas, pero la mayoría son las de "teléfono blanco", tilinguerías para un público acostumbrado por el cine norteamericano a comedias ñoñas, o penosas reelaboraciones de novelas y cuentos de escritores universales, *al uso nostro*. No hay en esos años —y casi no las habrá a lo largo del régimen peronista— películas consagradas a dar testimonio de la realidad de la nueva época que vivía el país, ni aportes para la comprensión del país de antes, ni siquiera para criticarlo. El cine argentino de la *fiesta* fue, mayoritariamente, comercial y superficial. Tal vez las facilidades impuestas en su protección aparejaron realizaciones apresuradas, sin preocupación por la calidad o la profundidad del contenido.

No puede decirse que hayan pesado interferencias políticas: desde luego, para dirigir o actuar, había que ser peronista, o por lo menos decir que se era... Casi todas las figuras de primer cartel estaban en alguna de las organizaciones de artistas vinculadas al gobierno: Fanny Navarro, Mirtha Legrand, Olga Zubarry, Zully Moreno, Amelia Bence,

Blanca Podestá, Pierina Dealessi, Hugo del Carril: ya se sabía que ser "contra" o haber tenido algún tropiezo con Evita equivalía a no poder trabajar.

Pero tampoco ese odioso requisito pesó en el saldo de la producción cinematográfica de la *fiesta*. Simplemente no hubo interés, por parte del régimen, de estimular la elaboración de mejores creadores. Divertir, distraer, hacer reír: este parece haber sido el propósito de los organismos oficiales respecto al cine. Y que los productores ganaran mucho dinero. Un crítico peronista, Abel Posadas, echa la culpa de semejante pobreza creativa a esta causa: "El cine de la primera década peronista se vio ampliamente favorecido por una serie de decretos que contribuían a su expansión. (...) La pequeña burguesía de la zona del litoral aprovechó la serie de medidas de protección para explotar la industria cinematográfica en derecho propio".

Es una explicación pueril: toda industria se explota en provecho de sus dueños. Pero no da razones para entender por qué el estado peronista, que se metió en todo, no intentó mejorar la producción cinematográfica y permitió el empobrecimiento de una actividad creadora que había logrado grandes realizaciones a fines de la década anterior y principios de la actual. A tal punto decayó su calidad, que nuestra producción perdió los mercados de América Latina que había conquistado años antes. Esta puntualización debe agregar como saldo positivo que el ritmo de producción, cuantitativamente destacable, permitió formar directores y técnicos que en la década siguiente lograrían contribuciones mejores.

De todas maneras, si el propósito fue hacer un cine banal, distraer al público, ello se logró acabadamente. Aunque grandes sectores seguían optando por las "cintas" norteamericanas, los públicos masivos absorbieron sin desa-

grado las toneladas de celuloide que se les asestaron anualmente, se divirtieron con las peripecias de sus protagonistas, se rieron con sus cómicos, lloriquearon con los dramas,
consagraron a actores y actrices y robustecieron, en suma,
una industria privilegiada por el Estado pero alimentada
por la adhesión de los espectadores, fuera cual fuere el alimento que se les entregara.

Aunque el cine era la atracción masiva por excelencia,
desde luego no era la única.

El Colón ofrecía sus habituales espectáculos líricos y veladas que, en la primera etapa del régimen peronista y al
conjuro de la prosperidad reinante, presentó los más grandes artistas, virtuosos y directores del mundo: Brailowsky,
Cortot, Yehudi Menuhin, Sergio Lifar, Herbert von Kara-
yan, la Callas, Beniamino Gigli, Del Mónaco y otros. La
tradicional sala comenzó, en esos años, una actitud de
apertura hacia lo popular, con funciones sindicales y precios estímulo, aunque siguió engalanándose con funciones
de etiqueta, como la que ofreció la pareja presidencial al
mandatario de Chile González Videla el 25 de mayo de
1947, con Gigli y Gianna Pederzini en "Cavallería Rustica-
na". Desde 1948, la Asociación Gremial del personal del
Colón organizó periódicamente beneficios para la Fundación, entre ellos una "Traviata", también con Gigli acompañado de su hija Rina. Dice Horacio Sanguinetti que el
Colón no estimuló a cantantes ni compositores nacionales,
aunque se aumentaron los cuadros burocráticos del teatro:
la apertura —opina— distó mucho de ser una auténtica revolución cultural.

No obstante, fue de esos años la creación de la Orquesta
Sinfónica Nacional, la Municipal y la Juvenil, así como la

orquesta de Radio del Estado, que fueron acostumbrando el oído del público a los grandes conciertos; una serie de ellos se institucionalizaron —después de la etapa que estamos evocando— los días jueves en el salón de actos de la Facultad de Derecho.

Y estaba el teatro, que en líneas generales, siguió las líneas comerciales y banales del cine. En las muchas salas existentes, el público frecuentaba comedias amables y obras intrascendentes. Hubo en esos años una sola creación teatral definidamente peronista: "Clase media", de Jorge Newton, estrenada en 1949 en el Teatro Municipal; en el mismo año Enrique Santos Discépolo dirigió e interpretó "¡Blum!", una aproximación original a un tema común. Pero también en 1949 se produjo un acontecimiento que se considera el primer paso hacia la reacción que años más tarde sacudiría el ambiente del teatro argentino: el estreno de "El puente", de Carlos Gorostiza, por el conjunto La Máscara, que no sólo constituyó un éxito de público, sino la primera oportunidad en que se planteó, en un escenario, un tema vinculado con la problemática de la época. Hay que hacer una excepción: el Teatro del Pueblo, que desde la época del '30 venía representando —con polémica entre el público después de bajado el telón— obras de tesis, nacionales y extranjeras. Su animador, Leonidas Barletta, debió ambular por varios locales, soportando siempre el espionaje policial y la mala voluntad de las autoridades. Era natural: ese teatro ¡era un nido de comunistas!

En alguna oportunidad, la censura municipal funcionó directamente, como cuando se prohibió a Margarita Xirgu representar *El Malentendido* de Albert Camus, en 1949, o exhibir varias películas por distintos motivos, entre ellas el mismo año *All the King's Men*, filme de Robert Rossen sobre la vida del político sureño Huey Long, con quien Perón fue comparado varias veces. A su turno *El Gran Dictador* de Charles Chaplin, nunca pudo exhibirse durante todo el régimen peronista.

Por supuesto, el género revisteril continuó en todo su esplendor. El Maipo y el Nacional eran los dos pilares de la revista porteña, con una reina indiscutible: Nélida Roca, la "Venus de la calle Corrientes". Bataclanas, cómicos, canciones, *sketches*, de todo había en esas salas, siempre repletas de público, pero faltaba algo que desde siempre había sido un componente inseparable del espectáculo: el chiste político. Reírse de Perón o del gobierno era impensable; hacerlo de los opositores tampoco se podía, porque era dar vida a sus dirigentes, aunque fuera en caricatura y las directivas oficiales mandaban ignorarlos, como si no existieran. Aun con esta carencia, la revista porteña pasó por una de sus mejores épocas en aquellos años.

SU MAJESTAD LA RADIO Y OTRAS DELICIAS

Pero el espectáculo auténticamente popular no fue visual sino auditivo. La radio fue, en aquellos años, el instrumento de difusión por excelencia. Lo era desde la década anterior y ya se ha dicho que la carrera de Perón se debió, en buena medida, al manejo radial a través de transmisiones "en cadena". Así siguió ocurriendo durante la *fiesta*, y las jornadas litúrgicas del régimen se difundían durante horas por todas las emisoras —que, como ya se ha relatado, pertenecían sin excepción al Estado— sin escapatoria para el oyente que quisiera escuchar otra cosa que discurseos y aclamaciones.

Ahora, sin embargo, había una diferencia: el aparato de radio se difundió más que antes. Ahora había que ser muy pobre para no tener una radio. Todavía no había llegado la era del receptor portátil, pero el público tenía facilidades para comprar diversos modelos y marcas. No existían frecuencias moduladas ni receptores de onda corta que no fueran profesionales, pero los artefactos se achicaron, dejaron atrás la forma ojival que afectaban antes y en cierto modo perdieron su anterior carácter sagrado. A la radio se pegaba, pues, la familia, a la hora de las comidas: las amas de casa a la tarde, cuando podían escuchar tranquilas las novelas (Juan Carlos Chiappe, Carmen Valdés, Mecha Caus); los chicos, cuando volvían de la escuela, para seguir las aventuras de pandillas y compañías infantiles que todas las tardes los transportaban en extraordinarias peripecias; los maridos, a la noche, para deleitarse con las audiciones cómicas o los conciertos de música popular que brindaba en ardua competencia con las mejores orquestas del momento, o para seguir las audiciones de preguntas y respuestas con sus suculentos "pozos". Y todavía, casi a medianoche, cuando todo quedaba en silencio, las muchachas románticas pegaban el oído al armatoste para comprobar si "esta noche es tuya" o erizarse de emoción con los poemas que recitaban a esa hora algunos locutores de inquietante voz...

La radio señoreó esos años. Gente que jamás leía los diarios se enteraba de lo que pasaba en el país y en el mundo mediante los noticiarios, algunos de ellos célebres por el estilo que habían adquirido. Las transmisiones deportivas no tenían otro vehículo que la radio y Luis Elías Sojit aprovechaba para intercalar sus propagandas al régimen. La radio era una presencia doméstica y cotidiana; las voces que de ella salían formaban parte del conjunto hogareño y se extrañaban cuando faltaban, como las de los seres queridos. Y si algo está asociado con la radio de aquellos años, es la música ciudadana. Eran los últimos años de la década del 40, en la que el tango tuvo un esplendor incomparable.

"Quien no vivió la década del cuarenta difícilmente logre comprender lo que fue la eclosión del tango en esos años. Tenía algo de furia con mucho de devoción. Una asombrosa cantidad de orquestas de primera línea ofrecían una extensa gama de estilos y cada año aparecía una nueva, aportando lo suyo, distinto de lo demás. Publicaciones dedicadas al tango expandían las letras de moda, comentaban obras, conjuntos o instrumentistas, o repartían chismes del ambiente. La radio, poderoso medio de comunicación entonces invicto y sin competencia, ofrecía verdaderos torneos de alta calidad entre las mejores orquestas a través de audiciones inolvidables, realizadas generalmente en las primeras horas de la noche, que llegaban a un público masivo."

El panorama que describe Miguel Scenna no es exagerado. Los conjuntos tangueros de esos años formaban legión, cada uno con su estilo propio, sus cantores identificables, sus fanáticos y sus sedes. Es imposible dar una nómina, pero no puede dejar de mencionarse, sólo para tener idea de la importancia del movimiento tanguero de la década, a conjuntos como los que dirigieron Aníbal Troilo, Osvaldo Pugliese (cuya militancia comunista lo llevó varias veces a la cárcel, sin que su conjunto dejara de tocar, pero eso sí, con un clavel rojo sobre el teclado para testimoniar la presencia del maestro), Miguel Caló, Francini-Pontier, Domingo Federico, José Basso, Alfredo Gobbi, Osmar Maderna, Ricardo Tanturi, Rodolfo Biaggi y tantísimos otros, además de los veteranos como Juan D'Arienzo, Carlos Di Sarli, Julio De Caro u Osvaldo Fresedo. Y no eran ídolos remotos: estaban al alcance de cualquiera: bastaba concurrir gratuitamente a los auditorios de las radios donde tocaban o, pagándose un cafecito, escucharlos durante horas en las confiterías con palco —¿se puede dejar de nombrar a El Nacional?— o bailarlos en los clubes periódicamente.

Sin embargo, el brillo del tango en esos años de la *fiesta* era sólo el reflejo final de la explosión vivida en los primeros años de la década. Diversos factores, que no es del caso exponer, estaban anquilosando las expresiones de la música ciudadana: las orquestas eran muchas y espléndidas pero se iban agotando las creaciones. En 1948 aparecieron los tres últimos grandes tangos de la década: "Cafetín de Buenos Aires", "Sur" y "Barrio de tango". En un excelente ensayo sobre la cultura popular en tiempos de Perón, señala Alberto Ciria: "Parafraseando a Oscar Wilde, podría decirse que más que en sus obras, los autores de tango peronistas ponían su peronismo en la vida, como funcionarios de entidades gremiales, propagandistas y burócratas culturales. (...) Quien examina con algún cuidado las letras de los autores citados más arriba (Homero Manzi, Enrique Santos Discépolo y Cátulo Castillo, F.L.) para no mencionar al prolífico Enrique Cadícamo o a Homero Espósito, no puede imaginar que la sociedad argentina y la porteña experimentaban cambios de magnitud…"

En efecto, era así. Se trataba de temas de nostalgia, recuerdos de lo perdido, evocaciones de un suburbio que ya no existía o de personajes inexistentes. El tango se ritualizaba en esos últimos años de la década del '40, se limitaba y encerraba en una obligada temática y un lenguaje irreal. Sólo la magnificencia sonora de sus orquestas consiguió disimular esta decadencia, que tardaría varios años en revertirse. Pero era difícil advertirlo: ¡se cantaban tan bien esas letras absurdas, combinaban tan bellamente los bandoneo-

nes, los violines, el piano, que una gran complicidad disi-
mulaba el creciente vacío del género!

Uno de los factores que minaba la vigencia del tango era
el creciente favor del público por la música folklórica. Inicialmente trasladada por los "cabecitas negras", en los últimos años de la década del '40 cobra una creciente aceptación entre las clases medias urbanas. Los dúos de Benítez-
Pacheco, Ocampo-Flores, los Hermanos Ábalos, Félix
Pérez Cardoso y José Asunción Flores, continuaban la labor
de difusión iniciada años antes por el Conjunto Cantos y
Leyendas de Villar-Gigena o la Tropilla de Huachi Pampa
de Buenaventura Luna. Ya empezaban a conocerse algunos intérpretes que demostraban una excelente calidad musical, como Eduardo Falú o Ariel Ramírez y, aunque vedado de trabajar en radio por su filiación comunista, Atahual-
pa Yupanqui, que venía entregando de años atrás algunas
de sus más grandes creaciones. Predominaba por entonces
una música fundamentalmente litoral y cuyana, pero ya se
estaba preparando el paso del éxito a las especies del Norte: precisamente en 1949, cuatro chicos del colegio nacional de Salta constituyen un grupo vocal y empiezan a actuar
con resonante suceso: se bautizan como Los Chalchaleros.
Ya existía un sólido público consumidor de expresiones de
proyección folklórica: había dejado de ser "música de ran-
chos" y ganaba el gusto de sectores sociales de todo nivel.
Para muchos, escuchar, cantar y bailar este tipo de música
era sentirse más argentinos.

El tango, el folklore y la música "característica", de la
que hablaremos en seguida, fueron el alimento diario de
las preferencias de aquella época. Esas melodías y esas palabras ("nunca del todo aprendidas / nunca del todo olvida-

das", diría Enrique Banchs) iban tejiendo la sustancia de los modos de expresión popular, los códigos que, en una música que se canta o se silba, un verso a medias tarareado, identifican desde entonces a cualquier argentino en cualquier parte del mundo.

El tango venía de antes. La música folklórica crecía rápidamente, pero también era anterior. Había buenas orquestas de jazz, como las de Héctor Lagna Fietta, Eduardo Armani o los Santa Paula Serenaders, pero su repertorio venía de afuera. Ninguno de estos géneros refleja el espíritu de la década del '40, y particularmente, el de la *fiesta*, como la denominada "música característica".

· La "música característica" es indefinible como especie musical. Podía incluir pasodobles y tarantelas, adaptaciones de foxtrots y shimmies, polkas y cumbias, pero en buena parte estaba constituida por composiciones locales sobre los temas más diversos. Una sola nota era común a ese heterogéneo acervo: eran músicas y letras livianas, de ritmo danzante y estribillos pegadizos. No les faltaba calidad musical a veces, pero carecían de pretensiones. El fuerte de los conjuntos "característicos" eran los bailes de clubes y las giras por el interior. Algunos de los más conocidos fueron la orquesta Continental y el de Juan Carlos de Marco.

El monarca indiscutido del género, con su excepcional manejo del bandoneón y su imaginación de arreglador, fue Feliciano Brunelli, cuyas modalidades imitaron casi todos los conjuntos que florecieron por entonces. La orquesta de Feliciano Brunelli reflejaba en sus creaciones la alegría, la despreocupación, la inocencia y también la cursilería y el sentimentalismo de la época. "En un bosque de la China",

"El Caimán", "¡Oh, señor Colón!" y "Zazá" marcaban la frontera de sus picardías. Escuchar ahora a Feliciano Brunelli en sus viejas grabaciones, clamorosos éxitos en su momento, es regresar a una época sin problemas existenciales, sin canciones de protesta, sin mensaje, para decirlo de una vez, cuando la música contribuía a ver la vida de color de rosa y nada más...

En el repertorio de las "características" hay una buena proporción de temas italianos y españoles. Era el reconocimiento de la importancia de las colectividades tradicionales, reforzadas en la temprana posguerra por la llegada de algunos miles de inmigrantes de esos orígenes. Pero en los años de la *fiesta*, sea por este motivo o por las especiales vinculaciones de la Argentina con España, la música de la península, en todas sus variantes, renovó y reforzó su vieja vigencia en el gusto de los públicos argentinos. Miguel de Molina, revoleando los ojos y moviendo el trasero, pobló Buenos Aires primero y luego todo el país con la Niña de la Ventera, el Hijo del Espartero, la Hija de don Juan Alba y otras similares filiaciones. En verano, era de rigor la *reprise* de las obras clásicas del género chico, y en los trolebuses y subterráneos se adivinaba durante la temporada estival, el tarareo del Coro de los Paraguas de Doña Francisquita, la canción de los Tres Ratas o la interpelación con motivo del Mantón de Manila. Y también era de rigor un hecho casi folklórico que se reiteraba verano a verano: en el teatro Avenida, al empezar "La Gran Vía", cuando el Caballero de Gracia empezaba su aria, una voz desde el gallinero prorrumpía: "¡Imbécil!", para que el anciano dandy, con dignidad y resignación, tuviera que confirmar: "...y efectivamente, ¡soy así!"

En cuanto al deporte… acaso no se hayan presentado, en toda la historia de la actividad deportiva argentina, espectáculos mejores, más excitantes y con mayor adhesión popular, que los de aquellos años de la *fiesta*. El apoyo gubernamental al deporte potenció un rico patrimonio humano que se venía formando desde fines de la década del '20 y que ahora afloraba en toda su fuerza y aptitud.

Fue la época de las grandes rivalidades que partían a las hinchadas tras antagonistas que competían en formidables confrontaciones en las que era mínimo el interés comercial. Y como no podía ser de otro modo, también en este campo pasaba el meridiano político y tácitamente a veces, otras veces voceando a gritos su fervor, peronistas y antiperonistas tomaban partido por uno u otro. Si para la hinchada contraria Rácing era "Sportivo Cereijo", si el "Mono" Gatica en estos sus comienzos, era el mimado del régimen y la personalización del *lumpen* proyectado a la soberbia y al desafío, si los Gálvez recibían toda clase de privilegios, ¿quién podía negar que la Academia, con su campeonato de 1949, repetido dos veces en los años siguientes, jugaba como nunca? ¿Que el "Mono" le aguantó en 1948 cuatro rounds a Prada con la mandíbula dislocada? ¿Que Gálvez en 1948, disputando a Fangio la Copa de América, finalmente ganada por Domingo Marimón, regaló una exhibición para quedar sin aliento? Fueron los años del reinado de Penny Post, un caballo cuya popularidad solo admite comparación con la de Botafogo, dos décadas atrás; los años del Hombre Montaña, el Conde Karol Nowina y Máscara Roja, con sus grandes exhibiciones de cachascán. Si Independiente fue campeón en 1946 y River Plate lo fue el año siguiente, en casi todos los equipos había nombres cuyo recuerdo ha perdurado: Martino, Pontoni y Zubieta, en San Lorenzo; Labruna, Moreno, Lousteau, Rossi y el gran Di Stéfano, en River; Boyé, en Boca Juniors, el cuadro xeneixe para el que no fueron estos los mejores años. Rácing componía su equipo con Salvino, Méndez y Bravo, y Pedernera jugaba para Atlanta y Huracán...

Terminada la guerra, volvían a recomponerse los circuitos deportivos internacionales y la Argentina lograba un papel destacado en estas competencias. Recordémoslo de nuevo: en 1946 y 1947 fue campeón sudamericano de fútbol y en 1947 obtuvo el primer puesto en el Campeonato Argentino de Natación. En las primeras Olimpíadas realizadas después de la guerra (Londres, 1948) Delfor Cabrera ganó la Maratón, Pascual Pérez y Rafael Iglesias, sendos campeonatos en sus respectivos pesos, la delegación, y una respetable cantidad de medallas. En 1947, "Gigi" Villoresi gana el circuito Retiro, la primera carrera internacional de automovilismo efectuado en Buenos Aires, que abrió la tradición de las competencias de este tipo. Y además, desde acá, mandábamos al viejo continente un fenómeno llamado Fangio que empezó a arrasar con las competencias más clásicas del automovilismo.

El atleta, el deportista, el púgil, todavía no había perdido del todo la condición de amateur y su entrenamiento era un sacrificio, carente en muchos casos de todo estímulo extradeportivo: esto empezó a cambiar en aquellos años con los obsequios y prebendas que el gobierno otorgaba a sus regalones. Pero hasta 1949, aproximadamente, el profesionalismo no prevalecía sobre la adhesión a la divisa y aún se mantenía la pura y gratuita competencia que es la esencia del deporte. En 1948 una larga huelga de jugadores de fútbol acarreó consecuencias catastróficas al deporte nacional de los argentinos. El campeonato nacional debió jugarse con divisiones inferiores (ganó Independiente), y una hemorragia de jugadores se derramó hacia Colombia. Para compensar la tristeza del éxodo, ese año las canchas exhibieron un curioso espectáculo: los referís ingleses, contratados por la AFA, arbitraban vestidos de saco y corbata, y asistidos por intérpretes... Las ocurrencias que provocaron los gringos en la tribuna forman parte del folklore del fútbol argentino, como lo es también la ausencia de nuestro país en el Campeonato Mundial de Fútbol de 1950, al que no se concurrió por temor a fracasar estrepitosamente ante la pobreza que aparentemente campeaba en nuestros equipos despúes de estos avatares. Pero fuera lo que fuere, el deporte constituyó, durante la *fiesta*, una de las grandes atracciones masivas. Y en buena ley, porque repetimos, tal vez nunca se conjugaron circunstancias tan favorables como las que en ese trienio ayudaron a que el deporte argentino regalara satisfacciones inolvidables.

Finalmente, quienes quisieran gozar del placer de la lectura, tenían a su disposición un vasto catálogo. Las editoriales argentinas producían, como se ha dicho, toneladas de obras que alimentaban las preferencias más diversas en el país y en América Latina. Los libros de autores argentinos formaban solo una pequeña proporción, porque la producción europea y norteamericana de posguerra atraía mayoritariamente al público lector. Pero en los años de la *fiesta* aparecieron algunas obras trascendentes y en este plano no pesaba el aparato coactivo que apretaba a la radio y la prensa: total ¿quién leía libros? La mayoría de los intelectuales no formaban parte del oficialismo, pero en esos años no tuvieron una actitud militante antiperonista; más bien fue la suya una posición indiferente, un poco irónica frente a la chabacanería y el mal gusto de algunos voceros del gobierno. Alejados de las dádivas del régimen, pero sin sufrir demasiadas molestias, seguían haciendo su trabajo de siempre los novelistas, cuentistas, ensayistas, dramaturgos e historiadores, tanto como los poetas y escritores en general. Había un grupo de escritores públicamente comprometidos con el peronismo, pero salvo Leopoldo Marechal, Homero Manzi, Enrique Santos Discépolo, el filósofo Carlos Astrada y algún otro, no eran los más prestigiosos del mundo del pensamiento y la creación literaria.

En 1946 apareció *El Carnaval del diablo*, de Juan Oscar Ponferrada, un libro de cuentos de Enrique Anderson Imbert y otro de H. Bustos Domecq (seudónimo de Jorge Luis Borges y Adolfo Bioy Casares), así como *Los Robinsones*, una novela de Roger Plá. En 1947 se publicó *La conquista del desierto*, de Juan Carlos Walther, una obra definitiva sobre ese proceso, y también *El último perro*, de Guillermo House.

El de 1948 fue un año brillante para las letras argentinas. Apareció *Adán Buenosayres*, de Leopoldo Marechal, sin alcanzar gran éxito, tal vez por la vinculación de su autor con el régimen: sus ejemplares llenaron durante años los depósitos de la editorial que lo imprimió. El mismo año, *Muerte y transfiguración de Martín Fierro*, un estudio de Ezequiel Martínez Estrada sobre el poema de Hernández y al mismo tiempo una meditación honda sobre el país y su destino. Un ensayista hace su primer trabajo de ficción: es Ernesto Sábato, que publica *El túnel*. En el campo historiográfico, Raúl Molina da a luz *Hernandarias*, documentada reconstrucción del primer tercio del siglo XVIII en el Río de la Plata.

El último año de la *fiesta* vio la publicación de *La muerte en las calles*, de Manuel Gálvez, una novela histórica sobre las invasiones inglesas; el admirable *Aleph*, de Borges, y

Aquí vivieron, acaso la mejor evocación de Manuel Mujica Lainez. Y a lo largo de estos años, como venía ocurriendo antes y seguiría después, la revista *Sur* continuó manteniendo abierta una ventana hacia Europa con su permanente actualización del movimiento cultural del viejo continente. Pero, salvo esta publicación periódica y alguna de arte como *Lyra*, fueron escasas las revistas que nuclearan grupos o movimientos con inquietudes sobre artes o letras.

El saldo cultural de la *fiesta* no fue rico. Al menos, no en la medida en que podían prometer la prosperidad del país y el espíritu que animaba a las grandes mayorías. Acaso fueron precisamente estos extremos, confortables y triunfalistas, los que impidieron plantear interrogantes, cuestionamientos, formas innovadoras o inquietantes, de esas que sacuden el conformismo de una época y sacan del fondo del cuerpo social nuevas ideas, nuevas propuestas, nuevos valores.

Todo parecía estar bien. No hacía falta tocar nada. Desde su altura, Perón reiteraba una y otra vez que ya no existía ningún problema en el país, que todo estaba resuelto y solucionado. La imagen del "contra" elaborada por los medios de difusión oficialistas hacía del opositor un tipo obstinado que negaba la realidad, pretendía ver siempre segundas intenciones, alegaba, discutía; en suma, alguien que tercamente se negaba a pensar como le indicaban. En eso consistía su pecado, como el de los partidos opositores o el de los diputados del "Bloque de los 44". Plantear algo que pusiera en entredicho lo que estaba dado y aceptado parecía casi subversivo. Molestaba.

Ellos y ellas eran felices. El cine, el teatro, la radio, los diarios, los espectáculos les mostraban, de lejos, un mundo rosado y los convencían de que la realidad nacional era la mejor. ¿A qué otras tablas, para qué cambiar nada, con qué objeto postular cambios? Si había que hacerlos, de eso se ocuparía Perón. Mientras tanto, lo que había que hacer era aprovechar los gozos de la *fiesta* y no innovar. Como hacían los cineastas oficialistas, que fabricaban productos para entretener; como los autores de tango, que creaban para la nostalgia. Nada de vanguardismos ni de cuestionamientos. La *fiesta* abominaba de esos aguafiestas que recuerdan que alguna vez hay que pagar lo que ha costado...

LAS LUCES QUE SE APAGAN

Cuando el año 1949 estaba concluyendo, Perón no tenía, en apariencia, ningún motivo para pensar que el futuro no le sonreiría como había ocurrido hasta entonces.

Ese año se había sancionado la Constitución Justicialista, cuya reforma había sido propuesta por el Congreso, votada por el electorado, aprobada en buena y debida forma por la Convención Constituyente, jurada por todas las corporaciones del Estado y aclamada por el pueblo. Ese año, también, el Primer Congreso Nacional de Filosofía había congregado a los pensadores más importantes del mundo como un marco intelectual de su régimen, y en ese escenario había precisado los fundamentos teóricos de su doctrina.

Optimista por naturaleza, dado a creer solamente en lo que quería creer, Perón podía estar convencido de que el sistema económico montado en 1946 podía resistir aún los desaguisados de Miranda, ya despedido: en realidad, las concreciones obtenidas habían costado un precio demasiado alto y urgían las rectificaciones. Para peor, en el invierno de ese año las lluvias empezaron a mostrarse raramente, y lo que pareció en principio una corta sequía estacional se fue convirtiendo en una prolongada escasez de agua. Pero nada de esto se traslucía en el tono triunfal de Perón.

En adelante, su preocupación se volcaría hacia la organización prolija de la comunidad en todo lo que pudiera quedar todavía desajustado. Que nada permaneciera fuera de la estructura del Estado. La prensa escrita estaba bajo control, salvo algunas excepciones de las que pronto habría de ocuparse. Las radios eran una sola voz. La oposición parlamentaria estaba silenciada. Los partidos de *la contra* languidecían entre las cuatro paredes de sus comités. Las universidades se habían reorganizado y no quedaban profesores ajenos al pensamiento oficial; ya no serían teatro de alborotos, aunque faltaba encuadrar al estudiantado, todavía sordamente rebelde. La CGT abarcaba todas las organizaciones de trabajadores y cuidaba que no se repitieran las escandalosas huelgas de 1946/48; habría que vigilar esos sindicatos donde todavía había comunistas infiltrados, pero en general eran *leales* y se identificaban con el gobierno. Nada había que temer por el lado de las Fuerzas Armadas, reequipadas y modernizadas. En cuanto a los empresarios, algunos hocicaban aún: era necesario incorporarlos a alguna organización por crear, igual que los productores rurales, siempre quejosos e insatisfechos.

No había problemas ni los habría. Evita cuidaba las espaldas del régimen con su relación con los gremios, formalizaba la organización de las mujeres, que habrían de votar por primera vez en 1951, y con la Fundación llenaba los intersticios que el Estado no podía ocupar en materia de ayuda social. No habría problemas. La próxima etapa sería la de consolidación y robustecimiento de la comunidad organizada y la identificación de la doctrina de Perón con la idea de Nación. El año próximo, por un feliz azar, sería el del centenario de la muerte del general José de San Martín; Perón, admirador del prócer por formación profesional, estaba decidido a hacer de las celebraciones sanmartinianas un motivo más de exaltación de su sistema. Así, el Año del Libertador General San Martín —declarado tal por el Congreso con obligación de mencionarlo en los acápites de los diarios, en la relación de los instrumentos públicos y documentos oficiales— habría de sugerir la identificación del fundador de la independencia de tres naciones con el presidente de la soberanía política, la independencia económica y la justicia social.

La reforma de la Constitución hacía posible ahora la continuidad de su obra, y en junio de 1949 el congreso del Partido Peronista había proclamado, virtualmente, la fórmula Perón-Mercante para la elección presidencial de 1951. Cuando se hiciera realidad el segundo mandato y la Argentina fuera una comunidad sin fisuras ni oposición, unánime, se proyectaría al continente el modelo justicialista para mostrar al mundo que una nueva concepción del hombre y del Estado había nacido en las pampas sudamericanas; el liderazgo al que estaba llamada naturalmente la Argentina sobre los pueblos del continente podría ejercerse sin dificultades y entonces se habrían cumplidos los objetivos que Perón acarició antes de 1943, en los cenáculos del GOU y en las tertulias con sus camaradas. La "Nueva Argentina" sería una realidad.

Ya había transcurrido la mitad del mandato presidencial de Perón. Con la perspectiva indudable de la reelección, había tiempo hasta 1958, por lo menos, para repujar esa realidad ya perfilada en sus grandes rasgos: un país sin lucha de clases ni pluralidad de opiniones, una comunidad donde no existirían grupos, sectores, intereses o fuerzas ajenas al Estado. Manteniendo, claro está, un pequeño co-

munismo para tener el cuco a mano, y un minúsculo bloque
parlamentario opositor para mostrar que esto era una democracia. Pero todo atado, sujeto, controlado, como una
unidad militar entrenada. Y en el pináculo de esa estructura, el Gran Conductor...

El primer día de 1950, Perón con todo el elenco de gobierno presidió el acto inaugural del Año del Libertador
General San Martín. En el aula magna de la Facultad de
Derecho el presidente pronunció un largo discurso que al-
ternó las alabanzas al prócer con la autovaloración de su
propia gestión gubernativa. Después de subrayar la significación del movimiento que encabezaba, Perón dejó caer
un párrafo que contenía una velada amenaza a la oposición:

"Los pocos argentinos que todavía no se hayan decidido,
tienen todo este año sanmartiniano para meditarlo. Como
intérprete de la gran mayoría del pueblo, yo los invito de
nuevo, en esta ocasión jubilar, para que se incorporen a las
filas de los que luchamos por la Nueva Argentina socialmente justa, económicamente libre y políticamente soberana."

Un año para pensarlo. Y ¿qué pasaría con los que, finalmente, vencido el plazo, no quisieran incorporarse?

Entretanto, el mundo aceleraba el ajuste de sus cuentas.
El resultado de la guerra había presentado el cuadro de dos
superpotencias que, concluida su alianza, trataban de ocupar los espacios que habían quedado políticamente vacíos
por la derrota del Eje o por el derrumbe de los sistemas que
antes contenían. Por una parte, los Estados Unidos tomaban al Japón bajo su virtual protectorado y al otro extremo
del mapamundi se consagraba a apuntalar la reconstruc-

ción de Europa occidental. Por otro lado, la Unión Soviética concluía con las últimas ambigüedades en los países que bordeaban su frontera europea e instalaba en ellos regímenes férreamente dependientes, con excepción de Yugoslavia, mientras comprobaba la fuerza o la debilidad de las defensas adversarias en zonas laterales como Irán o Corea. Lo había predicho Churchill en Fulton: los soviéticos aspiraban a quedarse con "los frutos de la guerra" y a estimular "la indefinida expansión de su doctrina" sin que ello significara necesariamente una guerra: Stalin conocía bien el grado de debilidad en que había quedado la patria soviética después de la tremenda sangría que sufrió.

Pero no obstante estas cautelas, la guerra parecía asomar su trágica facha en cada uno de los incidentes que sobresaltaron a la humanidad en aquellos años. Entre junio de 1948 y mayo de 1949, el bloqueo soviético sobre Berlín requirió, para ser superado, un titánico esfuerzo que costó millones de dólares semanales, en forma de un puente aéreo que mantuvo abastecida a la población de la antigua capital del Reich. Coincidió esta tensa confrontación con la erección de la República Federal Alemana, un aliado más para los Estados Unidos en el continente europeo como núcleo eventual de contención del avance soviético; la respuesta fue la fundación de la República Democrática Alemana, que integró la constelación de naciones que resguardaban el costado oeste de la Unión Soviética. Pero en 1948 ya había triunfado la democracia cristiana con De Gásperi en Italia, y este suceso aceleraba la creación de la OTAN en abril de 1949.

El Tratado del Atlántico Norte hacía *pendant* con otros más o menos similares en América Latina y Asia, tendientes a establecer un cordón armado en torno al poder soviético, tal como lo manifestaba el compromiso asumido por Truman en la doctrina que llevaría su nombre y cuya enunciación fue, sin duda, un importante componente de su inesperada reelección, en noviembre de 1949. El pueblo norteamericano había aprendido la lección: no quería repetir el aislacionismo de la primera posguerra y estaba dispuesto a respaldar no solamente a los organismos internacionales que integraba, sino también la injerencia de sus armas en cualquier parte del mundo donde hiciera falta. Como también había sacado fruto del episodio de Münich, y no creía positiva ninguna política de apaciguamiento mientras su país tuviera el monopolio de la bomba atómica.

Pero estas combinaciones y aquellas confrontaciones empezaron a perder significación, casi al mismo tiempo de ocurrir, cuando en 1949 sobrevinieron dos hechos cuya espectacularidad no permitió advertir su trascendencia real. Uno fue el estallido de un arma nuclear soviética, a mediados de ese año. Ahora, las dos superpotencias disponían de ingenios atómicos y comenzaba lo que Raymond Aron habría de llamar "el equilibrio del terror". Nadie lo advirtió en aquel momento, pero el empate imponía por fuerza un principio de coexistencia pacífica que apenas habría de evidenciarse claramente a mediados de la siguiente década. El otro hecho fue la derrota definitiva de Chiang Kai Shek. La instauración del régimen de Mao Tsé Tung sobre China, que en un primer momento desoló al mundo occidental con la incorporación de ochocientos millones de seres humanos al orbe comunista, a la postre constituyó un factor de hostigamiento en el flanco soviético y una fuente de amargas divisiones en la teoría y la praxis del comunismo en todo el mundo.

Claro, nada de esto podía adivinarse en 1949, mientras en la periferia del mapamundi seguían detonando explosiones localizadas que expresaban los profundos cambios de un mundo donde el colonialismo era cada vez menos viable y el nacionalismo —ese valor desdeñado por la ideología dominante hasta la Segunda Guerra Mundial— aparecía con una fuerza explosiva. En 1946 Indonesia había proclamado su independencia, a la que siguió una larga guerra con los holandeses, mal resignados a perder el control de sus más ricas posesiones. Filipinas también nacía a la independencia ese mismo año, apretadamente vinculada con los Estados Unidos. En 1947 dos enormes países se erigen sobre el recuerdo de la más amada posesión de los ingleses, pero el nacimiento de la India y Pakistán no se concreta sin horribles masacres, entre las cuales, la más conspicua, la de Gandhi. En 1948 aparece otro nuevo Estado, con su inauguración también teñida en sangre, Israel, cuya entidad parece condenada a desaparecer por la presión de sus vecinos árabes y por los propios palestinos que se alejan o son expulsados de su territorio. Y a lo largo de todo este año siguen luchando en Indochina los guerrilleros comunistas que quieren salirse del poder colonial francés bajo la conducción de un tal Ho Chi Minh. También en Irán y Malasia hay guerrillas comunistas, que finalmente serán aplastadas en sendos baños de sangre.

Son los confusos y contradictorios esbozos de un mundo todavía cargado con las inmediatas secuelas de la guerra pero que, a la vez, empiezan a definir con sus trazos las futuras líneas del equilibrio global. A fines de 1949, pese a los signos ominosos que pudieran anunciar la inminencia de una tercera guerra planetaria, la gran corriente de la historia estaba afirmando la perspectiva cierta de una estabilidad de fondo: más aún, de una repartición de áreas de intereses y esferas de influencias cuya existencia sería en el futuro la garantía de un mutuo respeto —no cordial pero eficaz— entre las dos superpotencias y sus epígonos menores. Quedan cuentas por arreglar, no faltarán motivos para tensiones, pero el empate atómico, la enigmática aparición de China, la desarticulación del Imperio Británico, la recuperación política y económica de Europa occidental; la estabilización de un colchón de seguridad soviético en Europa oriental, la personería de nuevas naciones que aspiran a mantenerse equidistantes, todo está configurando un nuevo cuadro cuya resultante inevitable es la paz. Sobresaltada, es cierto, tironeada y discutida, pero la única posible a un lustro del más gigantesco conflicto bélico de la historia humana.

Esa era la esperanza de centenares de millones de seres humanos ansiosos de acceder a los beneficios de una tecnología que estaba produciendo elementos de maravilla para la alimentación, la salud, el confort, las comunicaciones, la recreación, la educación y la cultura. Sobre los trapicheos de los políticos y las negociaciones de los diplomáticos, por encima de los objetivos de las potencias protagonistas, había en el mundo entero, al terminar la década del '40, un intenso anhelo de paz. Quien no lo entendiera así, se equivocaría. Quien creyera que se marchaba a otro conflicto planetario, aunque no fuera necesariamente de dimensión nuclear, estaría errado. Los Estados Unidos y la Unión Soviética podían chumbarse, desafiarse, explorar los recíprocos puntos débiles, pero ni Truman en la Casa Blanca ni Stalin en el Kremlin habrían de pasar sobre la intensa, ardiente, voluntad de sus gobernados, resueltos a que sus vidas no fueran atravesadas de nuevo por el espanto de la guerra.

Nadie comprendía esto en la Argentina y menos que nadie, el presidente, convencido de la inminencia de una confrontación ruso-norteamericana de la que habría de sacar buen partido. Por lo tanto, ni él ni nadie se preocupaban por el costo de la felicidad de esos años. He aquí uno de ellos, el más obvio: el agotamiento de la política económica lanzada en 1946. Otro: un sistema democrático que antes de 1943 había sido imperfecto, pero promisorio, triturado ahora por un aparato de coacción e intolerancia cada vez más insoportable. Otro más: la pérdida vertiginosa de posiciones relativas, en un mundo cuya reconstrucción aparejaba paralelamente nuestra marginación.

Prohibido aludir a todo esto. No solo porque así lo dispusieran las consignas oficiales, sino porque una gran complicidad mantenía una conjura de silencio al respecto. Cuando Hemingway describía a París como una fiesta, se refería a un pequeño núcleo de escritores y artistas norteamericanos que en la década del '20 vivían como príncipes en una Francia cuyos tristes francos se compraban a carradas por un dólar... Pero la *fiesta* de la Argentina de 1946 a 1949 no fue de un grupo. Fue de todos. Hasta de los opositores a Perón, que también gozaron en aquellos irrepetibles años los beneficios de una riqueza dilapidada, una soberbia ejercida sin prudencia y una suerte loca protegiendo cada día de la vida colectiva, llena de colorido y hechos resonantes.

Pero todas las fiestas tienen que acabar alguna vez. A fines de 1949 empezaban a apagarse las luces, las charlas bajaban de tono y algunos responsables sentían el regusto amargo de la resaca. El pueblo, todavía no.

Ellos y ellas amaban a Perón y a Evita. Les agradecían la dignidad que les habían conferido, gozaban de los dones que habían recibido. Pero también para esta buena gente la *fiesta* estaba terminando.

UNO Y SU TIEMPO

Hasta aquí hemos hablado del tiempo de Perón. Ahora déjenme restituirme el tiempo propio, aquellos años que también fueron míos, los que viví mientras pasaban las cosas que he contado.

Un muchacho no se derrumba porque haya triunfado el candidato de sus antipatías. Vi la victoria de Perón en 1946 como un suceso inesperado y vagamente molesto, pero no como una catástrofe personal. Mi vida no estaba condicionada a los avatares de la política o a los cambios de gobierno. De modo que, pasada la euforia preelectoral y el estupor de la derrota, me dispuse a la normalización: ahora tenía que aprobar algunas materias en la facultad. Durante unos meses escribí colaboraciones para un diarito de La Rioja que, por ser opositor, habrá durado muy poco; en ellas analizaba con temeridad el futuro destino de los ferrocarriles, los conflictos internos del peronismo, las actas de Chapultepec, los temas, en fin, que constituían el contenido de las conversaciones de los jóvenes politizados de entonces. También escribí en Provincias Unidas *y seguí de cerca la lucha de los núcleos intransigentes que en aquel momento iniciaban el asalto a la conducción partidaria. La gente que frecuentaba era invariablemente antiperonista: algunos auguraban muy escasa duración al experimento, otros lo miraban como un fenómeno de retroceso con la misma visión que tuvo Sarmiento de la época de Rosas, una etapa absur-*

da, a su juicio, porque estaba a contramano de las tenden-
cias del mundo contemporáneo.

En 1947 seguí avanzando en mi carrera y aprendí a tocar
la guitarra. Mi maestro, Adolfo Abalos, paciente y genial.
Mis habilidades, las mismas que ahora: tono y dominante, y
alguna cejilla para variar. Al año siguiente me tocó la cons-
cripción, así que mi voto no pudo sumarse al magro porcen-
taje opositor en las elecciones de marzo y de diciembre. Pero
no fue un año perdido: en la convivencia de la base aérea
aprendí de la gente lo que no había podido aprender durante
veinte años en mi ambiente, cerrado y convencional. Reos
divinos, amigos entrañables, la picaresca cuartelera en todo
su esplendor, suboficiales temibles que (lo descubrí y en se-
guida lo difundí entre mis aterrados compañeros) tembla-
ban a su turno delante de sus temibles esposas... Señores, fui
el peor conscripto aeronáutico de mi clase: por torpe, no por
rebelde. Debo confesarlo: fui yo quien perdió la llave del
avión del comandante en jefe de la Fuerza Aérea. Pero
¡cómo se comía en El Palomar y qué suntuoso paño era la
gabardina inglesa de nuestros uniformes! Una calidad que
no demostraron los Gloster, también ingleses, que a cada
rato reventaban en el aire y cuyos restos —y los de los pilo-
tos— había que andar buscando después.

Allí, en uno de los tantos arrestos o privaciones de salida,
cortado y además desinteresado de lo que ocurría en el mun-
do, me enteré de que Gandhi había sido asesinado y la De-
mocracia Cristiana triunfado en Italia. Pero los últimos me-
ses de mi conscripción los pasé en la sección jurídica de
Aeronáutica; pude dar algunas materias más y escribí mi pri-
mer trabajo historiográfico, un estudio sobre las consecuen-
cias de la batalla del Pozo de Vargas, que fue publicado en la
Revista de Historia y Letras de La Rioja. Para completar,
logré algún éxito en el elegante barrio donde estaba mi ofici-

*na, valorizando las fotografías de aviones destrozados que
yo hurtaba de los expedientes que allí tramitábamos: yo era
el héroe que milagrosamente me había salvado del capotaje,
y las dulces santiagueñas, las melodiosas correntinas llenaban sus ojos de asombro y compasión y ¿podríamos ir al Palacio de las Flores el domingo, que los dos tenemos franco?*

*En 1949 empecé a trabajar como pinche en un juzgado co-
reccional. ¡Qué bien alcanzaban los doscientos pesos del
sueldo! Con el primer cobro hice regalos a mi padre, mi madre, mis seis hermanas, y me sobró plata para comprarme
un sombrero Flexil y un rancho para el verano. Casi ninguno de los empleados del Poder Judicial era peronista, mucho menos el juez que me nombró. Pero sí lo eran el oficial
primero, borrachín y buenísimo, así como los vigilantes de
servicio en el juzgado. Y entre la frecuentación que había hecho de mis compañeros en el servicio militar y la fauna que
frecuentaba el tribunal, iba advirtiendo la realidad de una
adhesión entrañable y desinteresada, un auténtico amor por
Perón y Evita en gente que nada concreto le debía.*

*Año cuarenta y nueve, digo: el de la Convención Consti-
tuyente, el de la huelga de gráficos que durante un mes nos
impuso la alucinante experiencia de no poder leer La Nación con el desayuno... y ningún otro diario en ninguna
otra hora. El año que nos indignamos con el desafuero de
Balbín y la expulsión de Cattáneo. El Movimiento de Intransigencia y Renovación ya mandaba en el partido; en el
comité parroquial de la 19, que seguía siendo unionista, habíamos formado un núcleo sabattinista bajo la mirada so-
bradora de Carlitos Aversa, el caudillo de la sección, hombre de Sancerni, que nos dejaba inventar conferencias, cursos, seminarios y otros entretenimientos: bien sabía que en
la próxima interna nos mataba por cinco a uno...*

Buscábamos maestros. A veces vivos, más frecuentemen-

te en los libros. ¡Ah, la colección Austral, barata y manuable, cuyo recorrido nos entregaba los tesoros del pensamiento universal, las letras, la poesía, la ficción, la filosofía! Uno de los castigos que había soportado en El Palomar fue una imaginaria de dos a cuatro de la mañana todos los días durante un mes: aproveché el obligado desvelo para leer cuidadosamente La rebelión de las masas *y* Mirabeau o el Político. *Las fulgurantes ideas y el juego del lenguaje orteguiano me deslumbraron, del mismo modo que, poco antes, me había deslumbrado Unamuno con su fiereza y su rechazo a toda comodidad racional. Pero terminé desconfiando del vasco: ¿acaso el fenómeno peronista no era una expresión de lo que Unamuno exaltaba? Leí a Crane Brinton y su análisis de las grandes revoluciones, a James Burnham y sus predicciones sobre un mundo dirigido por los* managers, *a Curzio Malaparte y sus técnicas revolucionarias, a Harold Laski y su exposición del pensamiento laborista. También me sedujo Juan Larrea con* Rendición de espíritu, *cuyos dos tomos, publicados por el Fondo de Cultura, me costaron pesos ahorrados sobre cigarrillos no fumados y tranvías no tomados. Pero Larrea era un místico, y nosotros no buscábamos vías metafísicas a nuestras inquietudes sino claves para nuestro país, nuestro mundo contemporáneo. Nos había gustado Henry Wallace cuando enfrentó a Truman, adorábamos a Haya de la Torre y Rómulo Betancourt. Tratábamos ansiosamente de utilizar todo lo que podíamos pescar, en nuestras búsquedas intelectuales, en beneficio de una revolución con la que soñábamos sin poder definir. En cambio, nunca nos acercamos al pensamiento marxista: no por prejuicios ni por subestimarlo, sino porque nos intimidaba esa hermética cosmogonía que debía asumirse o desecharse en su totalidad, como una religión.*

En ese o el siguiente verano, un día que estaba en Río Ce-

ballos, *aburrido de lluvia, compré un libro de un tal Arthur
Koestler. A medida que avanzaba lo iba devorando, y al terminar la última página, cuando despachan a Rubashov en
un sótano de la prisión, abrí de nuevo el volumen y lo releí
ansiosamente: era el tema del fin y los medios que mis maestros jesuitas habían mencionado al pasar como un juguete
dialéctico, una vieja broma teológica, pero yo sentía oscuramente como el punto fundamental de toda política. Pues,
después de todo, ¿no sería que Perón, con sus métodos de-
magógicos, sus mentiras, sus abusos de poder, no sería
que...? No nos atrevíamos a esbozar siquiera una conclusión condicional. No podía ser que toda la gente que admi-
rábamos estuviera errada. Pero en el fondo, muy en el fondo
del espíritu, algo nos susurraba que tal vez nuestro esquema
no fuera tan correcto como creíamos y que, siendo auténticamente democráticos como éramos, alguna variable se nos
escapaba cuando Perón, con un castañeteo de dedos podía
juntar cien mil personas en Plaza de Mayo... Un tonto pro-
verbio de Confucio, leído no sé dónde, asomaba inocentemente a la memoria: "Cuando una multitud sigue a alguien,
hay que examinar el caso"...*

En 1949 ya estábamos en la facultad nueva. Criticába-
mos la remota ubicación —¿cómo se podía llegar a Las Heras y Figueroa Alcorta, esa lejanía?— y nos aburrían los
profesores mediocres, memoristas y chimenteros que eran la
mayoría. Pero había que reconocer la comodidad de las aulas, la belleza de la biblioteca, el esplendor del salón de actos, y su piscina, su gimnasio. Claro que no usábamos las instalaciones deportivas: eran sobornos y nosotros éramos inso-
bornables. Nos limitábamos a mirar desde las ventanas a
nuestros compañeros nadadores y atletas con olímpico desprecio, y nos íbamos al bar a seguir enjuiciando el mundo.
Sartre era discutido, pero pocos lo habían leído. Todos, en*

cambio, conocían Demian *y* La peste. *Hablábamos de historia: no nos gustaba Rosas porque no nos gustaba ningún
dictador, pero tampoco nos convencía del todo José Luis
Romero con sus* Ideas políticas en la Argentina, *valioso
pero escasamente interesado en lo que, intuíamos, había de
rico en el contenido de las masas. Descubríamos a Roberto
Arlt. Nos gustaba Borges, claro, maneja bien el idioma;
pero a Martínez Estrada nos acercábamos como quien se
aproxima a una montaña. Nos conmovían las novelas que
mostraban la realidad americana:* El mundo es ancho y ajeno, *de Ciro Alegría*, Huasipungo, *de Jorge Icaza*, Metal del
diablo, *de Augusto Céspedes*, Doña Bárbara, *de Rómulo
Gallegos... Quién más, quién menos, todos sabíamos de
memoria* La casada infiel, *podíamos cantar alguna canción
de la guerra civil española y recitar las cinco o seis líneas que
siguen a "Puedo escribir los versos más tristes esta noche..."
¿Marechal? ¿Ese que es no-sé-qué-cosa en el gobierno?
¿Tiene algo? No, no lo conozco. ¿Los reyes, de Julio Cortá-
zar? ¿Quién?*

*Las rumbas de Xavier Cugat y los mambos de Pérez Pra-
do, la música de Harry James y Duke Ellington. La voz de
Edith Piaf. Tangos no: eran para gente mayor. Folklore, de
tanto en tanto, en "Achalay" o "Mi rincón". ¡Y los boleros!
Esos boleros cuyo lento meneo permitía las aproximaciones
más perturbadoras y que forman, en el recuerdo, el marco
musical de aquellos años con sus infinitos argumentos de
amores, celos, desdenes, abandonos y entregas, aptos para
cualquier situación sentimental... Los bailábamos en "Re-
viens" o en "Fantasio", de riguroso colectivo porque nadie
tenía auto; y a la tarde, porque las mamás imponían las diez
de la noche como límite del regreso de sus hijas.*

Año cuarenta y nueve... La *fiesta en su apogeo para todos, aunque muchos no advirtiéramos que también noso-*

tros la gozábamos. Porque ese año, erigido por la reforma constitucional, un interrogante campeaba sombríamente en el espíritu de los contras: *¿será posible que tengamos que aguantar nueve años más a Perón y a esa mujer?*

CRONOLOGÍA

4 de junio 1946 - 31 de diciembre 1949

Esta cronología ha sido compilada por la profesora María Gracia González, a quien agradezco su eficaz colaboración.

1946

JUNIO

4. Asume la presidencia el general Juan Domingo Perón. Lo acompaña como vicepresidente el doctor J. Hortensio Quijano.

Gabinete: Angel G. Borlenghi (Interior), doctor Juan Atilio Bramulia (Relaciones Exteriores y Culto), doctor Ramón Antonio Cereijo (Hacienda), doctor Belisario Gache Pirán (Justicia e Instrucción Pública), general de ejército Juan Pistarini (Obras Públicas), general de brigada José Humberto Sosa Molina (Guerra), capitán de navío Fidel Lorenzo Anadón (Marina), Juan Carlos Picaso Elordy (Agricultura), José María Freire (Trabajo y Previsión), brigadier general Bartolomé de la Colina (Aeronáutica), Rolando Lagomarsino (Industria y Comercio), doctor Ramón Carrillo (Salud Pública).

Por decreto del Ministerio del Interior del 31 de mayo pasa a depender la Subsecretaría de Informaciones de la Presidencia de la Nación.

FAMA (Flota Aérea Mercante Argentina) inaugura dos líneas internacionales para Gran Bretaña y Chile.

Perón lee su primer mensaje ante la Asamblea Legislativa, esbozando su programa de gobierno: "Una vez más el brazo militar y el brazo civil hermanados han sostenido el honor de la Nación..." "El espíritu del pueblo velará implacablemente..."

5. Italia: los resultados del plebiscito dan el triunfo a la República. El rey partirá al exilio.

6. El gobierno declara que procurará una rebaja en el costo de la vida, vigilando estrechamente los precios de los artículos alimenticios.

La Argentina y la Unión Soviética restablecen relaciones.

Llega una misión presidida por Herbert Hoover en procura de víveres para Europa y Asia.

11. Perón anuncia una campaña para abaratar la vida. Será castigada la especulación, una de las causas de los movimientos alcistas.

En 35 horas 15 minutos realiza la travesía Londres-Buenos Aires un avión de la compañía South American Airways.

12. Comienza la "Batalla de los precios", coordinada por la Secretaría de Industria y Comercio. La dirige personalmente Perón. Intervendrán 350 inspectores que tendrán a su cargo la fiscalización de los precios en la Capital.

13. Recio temporal en el Río de la Plata que paraliza las actividades del puerto.

Italia: El rey Humberto parte dejando a su pueblo una proclama de protesta. Asume como jefe provisional el dirigente demócrata cristiano Alcide de Gasperi.

14. Nuevas medidas para abaratar la vida. Modificaciones a la ley 12.591 de abastecimientos.

Se reanuda la Conferencia de Paz de "los Cuatro Grandes" en París.

15. Se firma un convenio sobre venta de trigo. A cambio la Argentina recibirá carbón, petróleo, plomo y otros minerales.

17. Perón dirige una circular a los titulares de ministerios y secretarías en la que se formulan consideraciones relativas a la provisión de cargos en la administración nacional: no crear puestos nuevos salvo ciertas excepciones; vacantes cubiertas con hombres que se identifiquen con el gobierno.

18. Cobra mayor intensidad la campaña de los sesenta días para abaratar la vida, con la intervención de 650 inspectores de la Dirección de Abastecimiento de la Municipalidad. Perón inspeccionará personalmente algunos comercios.

Renuncian autoridades del Banco Central.

Se asignan fondos para reconstruir San Juan.

La Argentina pide a los Estados Unidos el desbloqueo de los fondos argentinos que ascienden a 2.575.465 pesos, inmovilizados desde 1944.

Llega por primera vez, en viaje experimental, un Lockheed Constelation.

Joe Louis vence a Billy Conn por knock-out y mantiene el título mundial.

21. Invierno con frío intenso: 4 grados bajo cero.

Decreto sobre el régimen del azúcar. Se fijan compensaciones a la industria del azúcar para la zafra de 1946.

:: Decreto en acuerdo de ministros dejando sin efecto la autarquía que había sido dispensada a Correos y Telecomunicaciones en 1944. Pasa a depender del Ministerio del Interior.

Acusan un aumento del 67 por ciento las importaciones de los primeros cinco meses del año respecto a 1945.

26. Inauguración del período de sesiones del Parlamento. El presidente lee su mensaje a la Asamblea, donde expresa sus directivas políticas y reseña la situación del país: destaca que por primera vez el país no deberá nada al exterior y será económicamente libre y políticamente soberano. Serán concedidos a la mujer sus derechos políticos y habrá participación del Estado en el orden industrial.

27. Fallece el presidente chileno Juan A. Ríos.

Cumple 50 años el Partido Socialista.

28. El Senado aprueba proyectos respecto a concesionarios de YPF, reconstrucción de San Juan e industria vitivinícola.

30. Se realiza en forma satisfactoria el ensayo de la bomba atómica en el islote de Bikini.

JULIO

1°. Comienza el rescate de las cédulas hipotecarias.

Crisis en Buenos Aires dentro del oficialismo, entre la Junta Ejecutiva Provincial, que preside el diputado provincial Roberto Coursac, y la Junta Central Provincial del Partido Laborista, que preside el diputado nacional Cipriano Reyes.

En Catamarca se pide la intervención a la Legislatura.

Llega una misión financiera británica que preside Sir Wilfred Eady. Negociará con una misión a cuyo frente actuará Miguel Miranda.

2. Se crea en el Ministerio del Interior el cargo de secretario general, que desempeñará el doctor Abraham Krislavin.

3. Se distribuyen bonos por 1400 millones de pesos para el rescate de las cédulas hipotecarias.

Queda constituida la República de Filipinas.

4. Se inicia el servicio regular de FAMA (Flota Aérea Mercante Argentina).

9. Arriba al país el profesor Howard Florey, descubridor de la penicilina.

11. Son aprobadas en el Senado modificaciones a la ley de abastecimiento (12.591).

La Dirección General de Estadística Municipal anuncia que al 31 de mayo la población de la metrópoli alcanzaba a 2.634.660.

Comienzan las negociaciones con la misión británica.

En Diputados, el presidente del bloque peronista, Roberto A. Decker, presenta un proyecto de juicio político a los miembros de la Corte Suprema.

15. Yugoslavia: condenan a pena de muerte a Draja Mihailovich, por crímenes de guerra y colaboracionismo.

16. La producción de caña alcanza a 8.050.000 toneladas.

17. El Senado aprueba la prórroga de las locaciones.

19. El Senado aprueba la represión de monopolios.

Se anuncia que hubo un aumento del 65 por ciento en las exportaciones.

20. Paros parciales de líneas férreas de capital privado por disposición de la Unión Ferroviaria y La Fraternidad.

21. El Poder Ejecutivo dispone el rescate de la deuda del 4 por ciento.

Bolivia: Una revolución popular derriba al gobierno militar. Dan muerte al presidente Gualberto Villarroel.

24. El Poder Ejecutivo señala precios máximos a varios productos.

25. Habla en público por primera vez la esposa del jefe de Estado, Eva Duarte de Perón. Se refiere a los nuevos decretos sobre rebajas de precios.

26. El Poder Ejecutivo de Catamarca disuelve la Legislatura. El Senado provincial destituye al gobernador Pacífico Rodríguez.

28. Sesión inaugural de la Conferencia de Paz de las 21 naciones.

31. Con motivo de los conceptos que sobre la infiltración nazi en el Ejército vertió el representante radical Silvano Santander en Diputados, el Poder Ejecutivo envía al cuerpo un extenso informe donde refuta los cargos.

Dos gobiernos locales en Catamarca: el gobernador Rodríguez reasume el cargo y el vicegobernador se niega a entregarlo. Ambos comunican su decisión al Congreso.

AGOSTO

1°. El Senado aprueba el proyecto de intervención a la provincia de

Catamarca. Mientras tanto continúan los dos gobiernos y se realiza una manifestación en favor del gobernador Rodríguez.

"El Malón de la Paz": marcha de indígenas del norte hacia la Capital para expresar sus anhelos al gobierno.

2. Se estrena "Donde mueren las palabras", con Enrique Muiño. Argumento de Homero Manzi y Ulises Petit de Murat, con la dirección de Hugo Fregonese y la dirección musical de Juan José Castro.

10. Se promulga la intervención a la provincia de Catamarca.

12. Italia: la policía de Milán anuncia que fueron encontrados los despojos de Benito Mussolini en un monasterio de Pavía.

13. Para extender al interior del país el régimen de tribunales de justicia de trabajo creados en la Capital por decreto 32.347 del año 1944, el Poder Ejecutivo dicta un decreto que refrendan los ministros de Justicia e Instrucción Pública, del Interior y el secretario de Trabajo y Previsión, por el que se invita a los gobiernos provinciales a convenir con el poder central la organización de dichos tribunales.

14. Delegados y dirigentes de la Junta Metropolitana del Partido Único, acompañados por el ministro del Interior, se entrevistan con el primer mandatario, quien expresa que el Partido Único de la Revolución necesita una organización y que no hay otro partido peronista.

16. Diputados convierte en ley el proyecto de tribunales de justicia administrativa originariamente enviado por el Poder Ejecutivo y que ya había aprobado el Senado.

17. Inauguración de la exposición ganadera en la Sociedad Rural. Asiste el presidente.

19. El Senado aprueba por unanimidad el Acta de Chapultepec y la Carta de las Naciones Unidas.

21. Explica el canciller el alcance contenido de las Actas de Chapultepec. La conferencia del doctor Bramuglia es transmitida por la cadena radiotelefónica.

El Senado sanciona el voto a la mujer.

Desembarcan grupos de jóvenes ex combatientes que actuaron en los frentes de Europa y Asia. En su mayoría son argentinos, pero hay también peruanos y chilenos.

23. El Senado aprueba un proyecto de suspensión por 90 días de algunos derechos de aduana.

Decreto mediante el que se establece que para ciertos productos no se dará curso a otras solicitudes de exportación que las presentadas por el Instituto Argentino de Promoción de Intercambio. Este manejará el envío al exterior de esos artículos y se faculta a la Secretaría de Industria y Comercio para que amplíe la lista de estos.

24. El Senado aprueba varios proyectos de obras públicas: línea telegráfica en San Luis, equivalencias de certificados de estudios y ferrocarril de Tinogasta a Chile.

26. Se inaugura oficialmente el Congreso Agrario. Asiste al acto y hace uso de la palabra el presidente de la República.

Tiene éxito en su gestión la misión comercial hindú. Se conceden permisos para exportar 300.000 toneladas de maíz.

30. Diputados aprueba los tratados internacionales suscritos por el gobierno de facto.

31. Se anuncia que será adquirida por el gobierno la Unión Telefónica.

SETIEMBRE

1°. "Seductor" gana el Gran Premio Jockey Club.

2. Se inaugura la Conferencia de Alimentación, en Copenhague.

Llega a Buenos Aires el doctor Pierre Fontaines, prestigioso geógrafo y líder católico francés.

3. Se formaliza la compra de la Unión Telefónica en 319 millones de pesos, más 6 millones de debentures.

Se reanudan las negociaciones con Gran Bretaña.

5. El Senado ratifica la compra de la Unión Telefónica. También aprueba la reforma a la ley orgánica del Ejército.

Diputados aprueba la prórroga al arrendamiento agrícola.

6. El doctor Oscar Ivanissevich, nuevo embajador argentino ante el gobierno de los Estados Unidos, presenta sus credenciales al presidente Truman.

El Poder Ejecutivo interviene la Sociedad de Beneficencia.

Se estrena "Cuéntame tu vida", con Gregory Peck e Ingrid Bergman. Dirección: Alfred Hichcock.

9. Segunda jornada sin transmisiones radiotelefónicas por la irreductible posición de las partes en disputa, los broadcaster y los gremios agrupados en la Federación del Espectáculo Público y la Dirección de Profesorado Orquestal.

11. El Senado aprueba las relaciones con la Unión Soviética. Además sanciona un despacho que declara de utilidad pública las fábricas de cemento.

12. El Senado aprueba el aumento de sueldos a los militares.

13. El Senado aprueba la prórroga a la ley de arrendamiento rural.

16. Es declarada ilegal la huelga de músicos de radio.

Visitan al país Tyrone Power y César Romero.

17. Se firman los textos del acuerdo Miranda-Eady con la misión británica. Están incluidos puntos relativos a los saldos de libras esterlinas, ferrocarriles y el futuro convenio de carnes.

19. Diputados sanciona la suspensión durante 90 días de nuevos desalojos en Buenos Aires.

El Senado aprueba la creación de la Facultad de Odontología.

Se anuncia un nuevo racionamiento de neumáticos.

Se inaugura la Exposición Aeronáutica.

24. Diputados aprueba la reforma a las jubilaciones civiles.

25. El Senado aprueba el estatuto de los partidos políticos. Además designa presidente en caso de acefalía al contraalmirante Alberto Teisaire.

Diputados aprueba créditos para obras públicas.

26. Al tratar la ley de truts, Diputados queda sin número en medio de gran tumulto.

27. Se firma un acuerdo comercial con la India.

28. En el Senado se sanciona la ley de reconstrucción de San Juan. También se aprueba la creación de tribunales de trabajo.

Diputados aprueba la compra de la Unión Telefónica.

La España musulmana, por Claudio Sánchez Albornoz. Ed. Ateneo.

OCTUBRE

1º Diputados vota feriado nacional el 17 de octubre. El cierre del debate determina ruidosos incidentes.

Se convierte en ley el proyecto de feriado del 17 de octubre por el Senado.

Se hace efectivo el cierre de los frigoríficos.

Nürenberg: se condena a muerte a 12 de los jerarcas nazis procesados, entre ellos Keitel, Goerin y von Ribentropp. Se condena a prisión a otros; Hess, a perpetuidad.

3. Se firman seis acuerdos comerciales con el Brasil de una duración de cinco años, a partir del 1º de enero de 1947. Importan 480 millones de pesos anuales para cada país en intercambio de mercaderías: trigo argentino por caucho y cubiertas brasileñas.

El consejero de la embajada argentina en los Estados Unidos, Martín Drago, entrega un cheque por 94.991.364 pesos al coronel Sosthenes Behn, presidente de la International Telephone Telegraph Company, por la compra de la Unión Telefónica.

Por decreto originado en la Secretaría de Industria y Comercio, el Poder Ejecutivo aprueba los convenios suscritos entre la Dirección General de Gas del Estado y la Cía. Explotadora de Usinas de Gas de Quilmes y Bernal. De acuerdo con ellos, los servicios de gas serán prestados en las mencionadas ciudades por el organismo nacional.

4. Perón, al concluir una exposición del Plan Quinquenal para 1947-1951 declara que la industrialización regulará el plan considerando posibles fenómenos deflatorios dentro de dos años.

5. Inicia su labor el Congreso Católico de Educación.

Tiempos de la República, por Federico Pinedo, ed. Mundo Forense.

El socialismo según la definición de Juan B. Justo, por Alicia Moreau de Justo, ed. Polis.

6. "Seductor" triunfa en el Gran Premio Nacional.

7. Se designa interventor de la Unión Telefónica al subgerente del Banco Central, doctor Alberto Ramón Fretes.

8. El presidente del Banco Central anuncia que la Unión Telefónica se convertirá en sociedad mixta.

11. Se reúne en Nueva York la Asamblea Internacional de Mujeres con representantes de gran números de países. En representación de nuestro país concurre la señora Ana Rosa Schlieper de Martínez Guerrero, de la Unión Argentina de Mujeres.

14. Se concede el Premio Nacional de Historia al doctor Enrique Ruiz Guiñazú.

16. Ejecución de los jerarcas nazis. Goering escapa a la sentencia suicidándose.

17. Se conmemora en Plaza de Mayo el 17 de octubre de 1945.

25. Se sanciona la ley de aumento de sueldos a los militares.

   Chile: elección de Gabriel González Videla por el Congreso, por no haber conseguido mayoría por votación popular.

30. Se firman nuevos convenios comerciales con España, por los cuales Argentina provee créditos por 750.000 pesos por dos vías. Una constituye la negociación en la plaza argentina de un empréstito que emite el gobierno español de 450.000 pesos, concedidos por títulos de 3,1/4 por ciento de interés y 25 años. La otra vía consiste en adelantos rotativos a 3 años de plazo por 350 al 12,75 por ciento de interés. El producto de ambas operaciones será destinado a la compra de productos argentinos.

31. Se anuncia que Gran Bretaña pagará el 12 por ciento más por las carnes sin establecerse todavía la cantidad a exportarse ni la forma de pago.

   Con respecto al "Malón de la Paz", Perón declara que el petitorio de los indios solicitaba que el teniente primero Bertonasco fuera designado director general de Protección al Indígena, agregando que "...éstos que han venido en el titulado 'Malón de la Paz' no representan las inquietudes y aspiraciones de los verdaderos indígenas de nuestro norte y por intermedio del Congreso se otorgarán las tierras que necesiten".

NOVIEMBRE

2. *Qué es el laborismo*, por Cipriano Reyes, ed. RA.

3. Chile: asume González Videla.

   "Académico" obtiene el premio Carlos Pellegrini.

4. Los representantes de todos los estados provinciales y de la Municipalidad de Buenos Aires exponen la situación financiera y económica por la que atraviesan, en la Conferencia de Ministros de Hacienda reunida en la Capital.

8. Diputados convierte en ley el proyecto sobre amnistía para todos los

infractores a la ley de enrolamiento y al cumplimiento del servicio militar, y el proyecto de creación de infantería de marina.

9. *Rivadavia y Canning*, por Ricardo Piccirilli, ed. Biblioteca Popular de Azul.

13. El Poder Ejecutivo formaliza la compra de cinco nuevos buques, tres para transporte de pasajeros y carga, y dos frigoríficos.

14. Se concede el Premio Nobel de Literatura correspondiente a 1946 a Herman Hesse.

Muere en Alta Gracia (Córdoba) Manuel de Falla.

16. Retorna a sus tareas el personal de los frigoríficos.

Se firma un pacto de amistad con el Paraguay. Se anuncia la formación de una comisión mixta para estudiar los problemas de interés común.

19. Son convertidos títulos del 3,5 por ciento por 400 millones. Para afrontar la operación se dispone la emisión de 1000 millones de pesos.

20. Comienza el rescate de títulos 1944-1947.

21. Decídese centralizar toda información oficial. La publicidad estará a cargo de la Subsecretaría de Informaciones.

25. Se realiza un acto en el Teatro Colón en el cual Perón explica a los gremios el alcance del Plan Quinquenal. Declara que ese acercamiento demuestra la importancia que adquirieron las fuerzas de trabajo en el país.

26. Producción récord de azúcar: 8.312.000 toneladas.

27. Diputados aprueba el Estatuto para el Periodista.

28. Diputados aprueba el escalafón para el personal de ferrocarriles del Estado.

30. *George Sand*, por Silvina Bullrich, ed. Emecé.

Asume la presidencia de México Miguel Alemán.

DICIEMBRE

2. Llega una misión oficial de Venezuela para concertar convenios comerciales.

El grupo principal de la marina norteamericana que intervendrá en
la expedición a la Antártida parte de Norfolk. El objetivo de la misión es realizar maniobras para probar equipos de bajas temperatu-
ras y establecer la importancia militar y estratégica de la zona.

4. Inicia su defensa la Corte Suprema ante el Senado. Alfredo Palacios hace una reclamación y se lo obliga a abandonar el recinto.

Se anuncia que el presupuesto para 1947 es de $ 2.523.743.312.

9. Se inaugura el XXII Congreso Mundial Judío en Basilea. Chain
Weisman aboga por el establecimiento del Estado judío.

Es promulgada la ley 12.882 por el Congreso Nacional que establece
la amnistía a los infractores a la ley de enrolamiento y servicio militar.

10. Se constituye la Empresa Mixta Telefónica Argentina, que sustitui-
rá a la Compañía Unión Telefónica del Río de la Plata Ltda.

13. Es suscrito un convenio comercial entre la Argentina y Chile sobre
cooperación económica y financiera.

16. El Estado adquiere los ferrocarriles de capital francés.

17. El presidente del Instituto de Promoción del Intercambio, Miguel
Miranda, y el embajador de Francia, conde Vladimir D'Ormesson,
representante de las compañías ferroviarias, firman el contrato de
compraventa de los activos físicos de las empresas ferroviarias de capital francés. La operación abarca las líneas de las Cía. General de
Ferrocarriles de la Provincia de Buenos Aires, Ferrocarril de Santa
Fe y Ferrocarril de Rosario a Puerto Belgrano, por un monto de
182.796.173,98 pesos moneda nacional.

18. Queda inaugurada la muestra de la industria nacional.

23. Cae en las inmediaciones de Rio de Janeiro un avión de FAMA que cumplía el servicio Londres-Buenos Aires, y que debía aterrizar en esa ciudad.

30. La Argentina y el Uruguay firman un convenio para el aprovechamiento de los saltos del río Uruguay en la zona de Salto Grande.

Una resolución de la Secretaría de Industria y Comercio dispone que ingresen en el control del IAPI otros productos, entre ellos, alpiste, avena y cebada.

Pasan a poder del Estado tres fábricas de gas: Cía. de Gas de La Plata y Cías. Concesionarias de Usinas de Gas de Quilmes y Bernal.

1947

ENERO

4. Comienza la primera regata a vela a Río de Janeiro. Los competidores parten de Dársena Norte.

Parte de Dársena A de Puerto Nuevo el transporte "Patagonia" en el que viajan integrantes de la misión que instalará un observatorio en la Antártida y ejecutará trabajos hidrográficos y de relevamiento.

6. Luego de 50 años de la conquista de la cumbre norte del Aconcagua, hacen cumbre sur los andinistas Kopp y Herold, socios del Club Andinista.

7. Se toma posesión de las fábricas de gas.

8. Inaugura sus servicios la empresa aérea Aviación del Litoral Fluvial Argentino (ALFA).

Por decreto del Poder Ejecutivo se crea el Liceo Naval Militar Almirante Guillermo Brown, dependiente del Ministerio de Marina.

10. Luego de un cuarto intermedio que duró cinco meses, se reúne la Convención Nacional de la UCR, sin la participación de los delegados del Movimiento de Intransigencia y Renovación.

11. El Poder Ejecutivo promulga la ley 12.922, sancionada por el Congreso, mediante la que son ratificados por el Parlamento gran cantidad de decretos leyes del período 1943-1946.

13. El ministro de Hacienda pone en funciones al primer titular de la Dirección General Impositiva, organismo de reciente creación que concentra la ejecución de fines perseguidos en forma dispersa por la Administración General de Impuestos Internos y la Dirección General de Impuestos a los Réditos.

14. Llega al país una misión comercial sueca luego de recorrer otras naciones sudamericanas. La preside el príncipe Bertil.

Se reúnen en el Banco Central el senador chileno doctor Jaime Larraian, el canciller argentino, doctor Bramuglia, el presidente de la entidad, señor Miguel Miranda, y los asesores chilenos señores Vergara y Rojas para tratar aspectos fundamentales de la revisión de las cláusulas del convenio de unión aduanera.

En reunión con el presidente de la República los miembros de la Junta Nacional y del Consejo Superior del Partido Único de la Revolución deciden que el partido oficial tome el nombre de Partido Peronista.

15. La mesa directiva de la Unión Cívica Radical Lencinista comunica a la Secretaría General de la Presidencia de la Nación, al senador nacional Alberto Teisaire que aquella agrupación ha decidido unirse al Partido Peronista.

El timonel Felipe A. Justo con el "Alfar" gana la regata Buenos Aires-Río de Janeiro.

16. Se anuncia que el expendio de medicamentos será fiscalizado y que el Estado patrocinará la fabricación de 15 especialidades farmacéuticas.

Francia: Vincent Auriol asume como primer presidente de la IV República.

17. Se dispone el desbloqueo de los fondos que el Brasil tenía deposita-
dos en nuestro país, provenientes de los saldos a su favor del intercambio comercial desde mediados de 1941. El monto es de 43 millones de dólares.

19. Llega al país una delegación de obreros norteamericanos.

20. Argentina firma un convenio con Suiza sobre intercambio, transporte marítimo y aéreo y seguros.

21. Se aprueban las reformas al convenio firmado con Chile, por lo que
se firman las cartas adicionales.

23. Se inicia una nueva fase de ejecución del Plan Quinquenal con la visita de una comisión de técnicos y economistas americanos contratados por el gobierno. Son especialistas en irrigación, construcción de
viviendas, etcétera.

24. Mitin de la CGT en apoyo del Plan Quinquenal.

28. El Comité Central Confederal de la CGT se reúne para considerar la
renuncia del secretario general, Luis F. Gay, dimitente al mismo
tiempo a los cargos de presidente de la Caja Nacional de Ahorro
Postal y miembro del directorio de la Empresa Mixta de Teléfonos
Argentina.

31. El Senado sanciona el proyecto del Poder Ejecutivo sobre creación
del Registro Nacional de las Personas.

FEBRERO

1°. La Subsecretaría de Informaciones crea la Dirección de Publicidad.

3. Parte hacia los Estados Unidos el presidente de la misión norteamericana invitada por Perón para colaborar en el Plan Quinquenal. Se-
leccionará 100 técnicos especializados en ingeniería y construcción.

En su despacho de la Secretaría de Trabajo y Previsión, Evita recibe
a una delegación de universitarios, quienes expresaron a través de

Antonio Cafiero su identificación con los postulados de la revolución.

5. El Senado aprueba la financiación del Plan Quinquenal.

7. Perón expone su acción de gobierno. Se refiere a la intervención del Estado en el orden industrial diciendo que tiende a impulsar la actividad privada en aquellos rubros en los que no se ha interesado por no ser remunerativos.

Se inicia la temporada internacional de automovilismo en el circuito de Retiro. Intervienen Oscar Gálvez, Aquiles Barzi y Luis Villoresi.

9. Luis Villoresi obtiene el Gran Premio Ciudad de Buenos Aires.

10. Son firmados en París cinco tratados de paz.

La Argentina y China firman un tratado de amistad.

11. Por intermedio del Banco Central se anuncia que el Poder Ejecutivo resolvió la compra de los ferrocarriles de propiedad británica.

12. Se firma el tratado de compraventa de los ferrocarriles británicos, incluidas las compañías asociadas, subsidiarias y colaterales. Así concluyen las negociaciones entre el IAPI, en representación del gobierno argentino, y la delegación representante de los ferrocarriles, contempladas en el convenio Miranda-Eady firmado el 17 de setiembre de 1946.

El monto asciende a 125,5 millones de libras esterlinas y los bienes de las asociadas, subsidiarias y colaterales importan 14,5 millones, lo que da un total de 150 millones de libras.

15. Luis Villoresi obtiene el segundo Gran Premio Ciudad de Buenos Aires.

20. Manifestación organizada por la CGT, en apoyo del Poder Ejecutivo por la adquisición de los ferrocarriles.

21. Se firma en Roma un convenio sobre inmigración, por el cual ingresarán al país 500.000 personas oriundas de la península.

Se inician las obras del gasoducto Comodoro Rivadavia-Buenos Aires.

24. Discurso de Perón al recordarse los comicios de 1946. Lee la Declaración de los Trabajadores y hace una advertencia a los comunistas.

25. El gobierno dicta un decreto con la Declaración de los Derechos de los Trabajadores.

MARZO

1°. Se firma un convenio hispano-argentino que permite a FAMA extender sus servicios a España.

Uruguay: asume como presidente Tomás Berretta.

6. Comienza el debate en Diputados sobre enseñanza religiosa.

7. El "Sheffield", de la Armada Británica, llega a nuestro puerto.

Bolivia: Enrique Hertzog es elegido presidente.

8. La Argentina alcanza el primer puesto en el IX Campeonato Sudamericano de Natación.

10. El Estado compra las propiedades del Eje (comerciales, industriales y financieras), que estaban bajo control de la Junta de Vigilancia de Propiedad del Enemigo.

Se publica el informe de los obreros norteamericanos sobre su viaje a nuestro país. Entre otras acusaciones revelan que el gremialista Gay podría estar detenido por estar en desacuerdo con el gobierno.

Inauguración de la Conferencia de Cancilleres en Moscú.

11. Refuta la CGT el informe de los obreros de los Estados Unidos.

14. Diputados aprueba el decreto del gobierno de facto estableciendo la enseñanza religiosa en las escuelas del Estado.

18. Quedan acordadas las bases de un convenio con Italia, las que se re-

fieren al compromiso de venta de productos panificables y carnes, a cambio de equipos y maquinarias industriales.

El territorio del Paraguay es declarado en estado de guerra.

21. El Senado dicta 30 días de arresto al director del diario *Tribuna* por considerar calumniosas e injuriosas las publicaciones de dicho periódico.

24. Feriado bancario por ser el primer aniversario de la nacionalización del Banco Central.

ABRIL

8. Fallece Henry Ford en los Estados Unidos.

Perón visita Mendoza inaugurando varias obras, entre ellas el Hospital Ferroviario.

9. Cuatro cuestiones de privilegio planteadas por diputados que se han alejado del bloque peronista, y girando todas ellas en torno de la cuestión política y gremial, dan motivo a un escándalo en el Congreso: los diputados Reyes y Colom a punto de dirimir a tiros sus problemas.

14. Reunión panamericana para conmemorar el Día de las Américas.

16. Se constituye un nuevo bloque en la Cámara de Diputados, con lo que hace crisis la disidencia dentro del peronismo. El nuevo grupo toma el nombre de Bloque Revolucionario Juan Perón.

17. El Senado aprueba la Ley de enseñanza religiosa.

18. Los dos grupos parlamentarios peronistas se entrevistan con el presidente quien declara la escisión asunto ajeno a su acción.

Se inicia la tarea censal en el sur del territorio nacional.

23. Regresa el "Patagonia" con la expedición enviada a la Antártida.

Se firma un convenio para los ex trabajadores de ferrocarriles de capital privado. Establece que a partir del 1° de abril el personal recibe sueldos determinados por el escalafón de los ferroviarios del Estado.

24. Finaliza la reunión de cancilleres de Moscú. Resultados nulos.

26. *Las ideas políticas argentinas*, por José Luis Romero, Fondo de Cultura Económica.

27. Inician obras hidroeléctricas en Salto Grande.

Es honrado el doctor Bernardo Houssay en la convención de Florida. Es distinguido por la Asociación Norteamericana de Fabricantes de Productos Farmacéuticos por sus estudios sobre diabetes y glándula pituitaria.

MAYO

1°. Perón inaugura un nuevo período legislativo. En su alocución afirma su adhesión a las instituciones y declara: ".Toda la obra de mi gobierno se dirige a la redención del pueblo argentino".

Son destituidos los ministros de la Corte y el procurador general. El Senado, constituido en tribunal, vota la separación de dichos magistrados.

Con la aprobación en Diputados, queda convertido en ley el proyecto del P.E. para combatir la inflación.

El Ministerio de Relaciones Exteriores da a conocer un convenio firmado con los Estados Unidos sobre transporte aéreo.

3. *Don Francisco de Miranda*, por Manuel Gálvez. Emecé.

4. Se promulga en Java occidental la independencia del Estado de Indonesia.

Cinco atletas argentinos conquistan el XV Campeonato Sudamericano en Río de Janeiro.

5. Queda integrada provisionalmente la Corte Suprema. Podrá intervenir en asuntos de superintendencia que no permiten dilación.

8. Enrique Larreta, autor de *La Gloria de don Ramiro*, se incorpora a la Academia Argentina de Letras como miembro de número.

10. Comienza el censo general en casi todo el país, excluida la zona sur.

17. En viaje experimental llega a Morón una de las aeronaves más grandes del mundo construida para transporte de pasajeros, un Douglas DC-6.

19. Se registra un eclipse total de sol.

Por un decreto originado en el Ministerio de Justicia e Instrucción Pública se reglamenta la enseñanza de la religión católica.

21. Inauguración oficial del puente que une las ciudades de Paso de los Libres con Uruguayana, sobre el río Uruguay, ocasión en que se realiza la entrevista Perón-Dutra.

26. El Presidente de Nicaragua es derrocado por un golpe de Estado organizado por Anastasio Somoza.

27. Aprueba el Senado la ley de aduanas.

29. Luego de una reunión de gabinete se resuelve que el jefe del Estado dirija la acción contra el agio.

JUNIO

2. El presidente del Banco Central y a la vez titular del IAPI, señor Miguel Miranda, actuando en este último carácter, declara que la India no ha cumplido con el trueque de arpillera por cereales, lo que ocasiona graves problemas a la agricultura y exportación.

Se estrena "Ana y el rey de Siam", con Irenne Dunne, Rex Harrison y Linda Darnell. Dirección: John Cromwell.

3. Se inaugura la Conferencia de Gobernadores, convocada por el Ministerio del Interior, para coordinar la campaña contra el agio. Concurren todos los gobernadores menos el de Corrientes.

Continúa la huelga del personal de limpieza de la Municipalidad. Se resuelve exonerarlo y se ejecuta la recolección de residuos por diversos medios.

Dimiten el jefe y el subjefe de policía.

El Poder Ejecutivo crea el Instituto de Inversiones Mobiliarias. Operará con valores nacionales y extranjeros con un capital de 100 millones de pesos.

4. Se celebra en diversos actos la revolución de 1943 y el primer aniversario del actual gobierno.

La Fraternidad aprueba el escalafón para los ferroviarios.

Se estrena "El pecado de Julia", con Amelia Bence, Alberto Closas y Aída Luz. Dirección: Gori Muñoz.

5. Es puesto en su cargo el nuevo jefe de Policía Federal, general Antonio Bertollo. Lo acompaña como subjefe el señor Víctor Fernández Basán.

Se estrena "A sangre fría", con Pedro López Lagar y Amelia Bence. Dirección: Daniel Tinayre.

Se soluciona el conflicto obrero de la Municipalidad. Los delegados deciden la vuelta al trabajo.

La Conferencia de Gobernadores termina su labor. Formula una serie de recomendaciones para combatir el agio.

7. Evita parte hacia Europa.

8. *La Corte Suprema ante el Tribunal del Senado*, por Alfredo Palacios. ed. Jus.

9. Se establecen relaciones diplomáticas con el gobierno de Egipto.

Reclamación diplomática argentina ante el gobierno paraguayo como consecuencia de una agresión cometida por fuerzas leales del gobierno de ese país contra una lancha argentina.

Truman nombra a Norman Armour secretario ayudante del Estado, en reemplazo de Spruille Braden.

Se estrena "Aguas borrascosas", con Michele Morgan y Jean Gabin. Dirección: Jean Gremillion.

11. Crisis gubernamental en Córdoba. El gobernador disuelve la Legislatura que le había entablado juicio político.

12. Senadores vota la intervención a Córdoba y La Rioja.

Diputados disuelve la comisión contra el agio, por las medidas adoptadas por el Poder Ejecutivo.

El Senado sanciona la ley del plan de siderurgia.

Evita recibe diversos agasajos en Madrid.

14. El secretario político de la Presidencia, Ramón Subiza, se hace cargo de la intervención a Córdoba.

El gobierno argentino otorga el placet al nuevo embajador norteamericano, señor James Bruce.

Catástrofe ferroviaria en Corrientes. Descarrila un tren que iba a Asunción, causando 20 muertos y medio centenar de heridos.

La Fraternidad agasaja al jefe de Estado.

16. El precio de la nafta sube a 35 centavos. El aumento cubrirá el déficit de la industria petrolera nacional.

18. El Senado vota proyectos sobre obras públicas, entre ellos, pavimentación de caminos en Córdoba y la construcción de una estación ferroviaria única en Tucumán.

20. El Poder Ejecutivo da a conocer datos provisionales del IV Censo General. Se estima que la población del país alcanza a 16.107.930 personas.

El Senado sanciona la ley sobre réditos.

21. Los primeros tres helicópteros que llegaron al país, de una flotilla de once contratados por el Ministerio de Agricultura para combatir la langosta y otras plagas, efectúan demostraciones en Morón.

La producción de trigo alcanza a 5.615.000 toneladas, lo que significa un aumento en un 43,7 por ciento respecto del período 1945-1946.

26. El diputado radical Ernesto Sanmartino presenta un proyecto que reglamenta los honores que puede recibir el primer mandatario, y que no pueden hacerse extensivos a su cónyuge. Esto causa una violenta reacción del bloque mayoritario y se prevé que el legislador recibirá una severa sanción.

Evita es recibida cordialmente en Roma.

27. Diputados sanciona la intervención amplia en Córdoba que afecta a los tres poderes.

29. Explota una bomba en un mitin socialista causando tres muertos.

Se informa que el déficit de 1946 alcanza a 345.500.000 pesos.

JULIO

1º Se firma un convenio comercial y financiero con Checoslovaquia.

El Banco Central da a conocer una nueva lista de artículos que no podrán importarse por no otorgarse permisos de cambio (joyas finas, fantasías, etc.).

La Comisión especial de Diputados designada para estudiar la conducta del doctor Ernesto Sanmartino y aconsejar medidas con motivo de las expresiones que vertió cuando presentó el despacho sobre reglamentación de honores oficiales aconseja su exclusión del cuerpo.

2. El Senado aprueba la intervención amplia a Córdoba.

Diputados vota la suspensión de desalojos hasta junio de 1949.

4. El diputado Cipriano Reyes es víctima de un atentado criminal en La Plata.

6. Llega a Buenos Aires el primer magistrado chileno, señor Gabriel González Videla, quien es recibido por Perón.

Defínese la "tercera posición": Perón dirige un mensaje a todos los pueblos del mundo para exponer su política internacional y contribuir a la prosperidad económica y la paz mundial. En su exhortación transmitida por 1165 emisoras, dice: "Argentina está dispuesta a materializar su ayuda".

7. Se estrena "Sangre y arena", con Rita Hayworth y Tyrone Power. Dirección: Ruben Mamoullian.

9. Se celebra el 131º aniversario de la Independencia. Con motivo de este festejo, Perón y el presidente chileno viajan a Tucumán donde concurren a la fiesta de la zafra. Asimismo, Perón declara la Independencia Económica en la histórica Casa de Tucumán.

FAMA inaugura un nuevo servicio Madrid-Roma.

12. El presidente chileno regresa a su país. Antes de su partida firma dos convenios internacionales, uno sobre nitrato de sodio y otro sobre la Antártida.

El Poder Ejecutivo reafirma los derechos argentinos sobre las islas Malvinas. El canciller manda una nota al embajador británico.

16. Miguel Miranda se hace cargo de la presidencia del Consejo Económico Nacional, por lo que renuncia a la titularidad del Banco Central.

17. El general Aristóbulo Vargas Belmonte asume la intervención de Córdoba.

Evita llega a Lisboa.

Asume como presidente del Banco Central Osvaldo Maroglio.

18. El presidente de Francia agasaja a Evita.

24. El Senado aprueba la nueva ley universitaria, la oposición se muestra contraria, fundamentalmente en lo que hace a la designación del rector y la otorgación de becas por el Poder Ejecutivo, pues considera que le resta autonomía a la universidad.

25. El ministro de Relaciones Exteriores da a conocer el texto del con-

venio comercial y financiero firmado con Francia, en París, el día 23. Se propone fomentar el intercambio financiero y comercial y compromete a las partes en el sentido de impulsar el comercio recíproco aliviándolo de impuestos, derechos y trámites al máximo posible.

27. Evita visita Niza y Mónaco.

Se inaugura una muestra histórica del radicalismo.

30. El Poder Ejecutivo envía al Congreso el presupuesto para 1948 que suma 4.238.031.911 pesos.

AGOSTO

2. Fallece Tomás Berretta, presidente del Uruguay.

Los accionistas de todas las compañías ferroviarias británicas aprueban por abrumadora mayoría el plan de los directores que consiste en aceptar el precio de 125 millones de libras por la venta de los ferrocarriles.

3. Fuerzas rebeldes paraguayas cañonean Asunción.

4. Se realiza un acto en el Teatro Colón de profesores y rectores de enseñanza media para agradecer a las autoridades la sanción de la ley 12.914.

En su primer acto la Corte Suprema en su nueva integración elige presidente a Tomás D. Casares por el término de tres años.

6. El Senado sanciona el proyecto de suspensión de desalojos.

8. Parte la delegación argentina para la Conferencia Interamericana de Cancilleres en Río de Janeiro. La preside el canciller Bramuglia.

Se da a conocer una circular del Banco Central por la cual se dispone elevar del 1 al 20 por ciento la indemnización que deben pagar los tomadores de permisos de cambio por la parte no realizada de éstos. Se da un plazo de diez días para el pago en las condiciones vigentes hasta ese momento.

Notable actuación de los representantes argentinos en el campeonato mundial de tiro. Obtienen victorias Enrique Díaz Sáenz Valiente y Pablo C. Cañasco, quien además establece un record mundial.

9. Se establece en 250 pesos el sueldo mínimo del personal del Estado.

En Córdoba se realiza el ensayo del primer avión a propulsión de reacción que se ha construido en el país. Consiste en un monoplano de caza bautizado con el nombre de "Pulqui".

13. Se estrena "Roma, ciudad abierta", con Aldo Fabrizzi y Ana Magnani. Dirección: Roberto Rossellini.

Se inaugura la Conferencia Interamericana de Defensa en Río de Janeiro.

15. Se proclama la independencia de la India. Lord Mounbatten transfiere la autoridad al dominio de la India y cambia su título de virrey por él de gobernador general. Alí Jinnah, jefe de la Liga Musulmana, es nombrado gobernador general de Pakistán.

18. Se constituyen tres comisiones en la Conferencia Interamericana, la primera relacionada a los principios, preámbulo y artículos protocolares del tratado; la segunda, para estudiar los métodos que deben emplearse en casos de actos de agresión o amenazas; y la tercera, para analizar los procedimientos que deben utilizarse para la ejecución del tratado.

Llega al país Andre Maurois, miembro de la Academia Francesa, para dar una serie de conferencias, invitado por los "Anales de Buenos Aires".

Renuncia el ministro de Agricultura, Juan C. Picaso Elordy.

19. Asume el nuevo ministro de Agricultura, ingeniero Carlos A. Emery.

Comienzan una serie de conferencias de Perón que son transmitidas por radio. La primera de ellas se titula "La labor de gobierno".

El Poder Ejecutivo dispone la clausura del semanario *Provincias Unidas* por un artículo y un grabado que "afectan la soberanía del país y agravian a otros países latinoamericanos". El título del artículo es "Quintadinha, bochorno de América".

21. Perón pronuncia otra conferencia: "Acción de los opositores".

El alto mando paraguayo anuncia que terminó la revolución en su país.

22. Se emite por radiodifusión otra conferencia de Perón: "La orientación económica, social y política internacional del gobierno".

Diputados aprueba el proyecto de jubilaciones y pensiones civiles.

Queda constituida la Conferencia Argentina de la Bolsa de Comercio.

23. Con la conferencia llamada "Conclusiones", Perón termina el ciclo comenzado el día 19.

Evita regresa de su gira por Europa. Una multitud la recibe en Puerto Nuevo.

24. Los miembros de la Conferencia de Río de Janeiro discrepan en la calificación de la agresión. La posición argentina es que la agresión, para ser tal, debe ser de un Estado no americano contra uno americano.

Ecuador: es depuesto el presidente Velazco Ibarra. Asume el coronel Carlos Manuteno.

26. En Río de Janeiro se aprueba el anteproyecto sobre agresión y seguridad. Se calificará de agresión en cualquier parte y forma, y se tomarán medidas colectivas para reprimirla.

27. Se aprueba el despacho sobre agresión en la Conferencia Interamericana.

28. En Río de Janeiro se delimita la zona de seguridad interamericana. Se extiende del Polo Norte al Polo Sur, y de un punto cercano a la Siberia soviética a otro al este de Groenlandia.

Por un decreto del Poder Ejecutivo se designa interventor de la Dirección General de Aduanas a Walter A. Von Rentzenn.

SETIEMBRE

1º. Clausura de la Conferencia Interamericana de Rio de Janeiro. El presidente Truman pronuncia el discurso de cierre.

2. El Banco Central vuelve a otorgar permisos de cambio. Transitoriamente se reanuda la cotización de la libra esterlina.

4. El Senado vota la intervención a Corrientes. El Poder Ejecutivo promulga la ley. Se considerarán caducos los poderes Legislativo, Ejecutivo y Judicial de la provincia.

5. El Senado aprueba el proyecto de estatuto para los docentes privados.

6. *Historia de las ideas sociales argentinas*, por Ricardo Levene, Espasa Calpe.

7. "Nigromante" triunfa en el Gran Premio Jockey Club.

9. La Cámara de Diputados sanciona la ley del voto femenino.

Se designa interventor en Corrientes al general Filomeno Velazco.

10. El Senado aprueba el convenio con Bolivia. Además, vota 21.000.000 de pesos para construcciones de Correos y Telecomunicaciones.

11. Diputados vota 100 millones de pesos para construcciones de Salud Pública.

El Senado aprueba la prórroga de la ley de alquileres.

15. Son ampliadas las funciones del Consejo Económico Nacional.

Diputados aprueba el proyecto de registro de productores agropecuarios.

Se inaugura la II Asamblea General de la ONU.

El Poder Ejecutivo autoriza la importación de ciertos productos y suprime requisitos de permisos de cambio para algunos países.

18. El Senado aprueba el proyecto de la ley universitaria.

Se reanudan los envíos de carne a Gran Bretaña.

23. Promulgación de la ley del voto femenino y concentración en Plaza de Mayo para agradecerla.

Diputados aprueba el convenio con Bolivia.

26. Diputados sanciona la ley universitaria.

27. El Senado aprueba créditos para obras públicas y la creación de la Facultad de Arquitectura y Urbanismo.

Diputados aprueba el presupuesto para 1948.

30. El Senado aprueba el presupuesto.

Diputados finaliza sus sesiones.

YPF denuncia convenios sobre distribución y comercialización de nafta concertados diez años antes con Standard Oil, Shell Mex Argentina y empresas menores.

OCTUBRE

7. Con la presencia del legado papal, se inaugura el Congreso Mariano Nacional.

Se promulga la ley universitaria.

10. Se firma un convenio con Rumania por el que la Argentina concede crédito por 25 millones de pesos para compras.

11. Se publica *Soberanía argentina en la Antártida*, de la Comisión Nacional de la Antártida, con una nota preliminar de Perón.

13. Se firma un convenio con Italia: desbloqueo de fondos, crédito por 350 millones de pesos e importación de artículos italianos.

17. Nuevo aniversario del 17 de octubre. Concentración en Plaza de Mayo. Perón habla desde los balcones de la Casa Rosada.

Se reúne el Congreso de la CGT.

20. Parten para Yacuiba, Perón y Evita, para entrevistarse con el presidente boliviano.

22. Estreno en el Broadway de "El jugador", con Roberto Escalada y Judith Sulián. Dirección: Klimovsky.

23. Entrevista de los presidentes argentino y boliviano en Yacuiba. Canje y ratificación del tratado económico-financiero-cultural suscrito.

Se otorga el Premio Nobel de Medicina al doctor Bernardo Houssay.

27. Perón visita Itatí.

28. Se entrevistan, a bordo del "Tecuara", Perón y el presidente del Paraguay, general Higinio Morinigo.

Cumple 50 años la Escuela de Mecánica de la Armada.

NOVIEMBRE

1º. El gobierno toma posesión de los ferrocarriles franceses. Los actos se realizan simultáneamente en las cabeceras de las tres líneas: Compañía General de Ferrocarriles de la Provincia de Buenos Aires, Compañía Francesa de Ferrocarriles de la Provincia de Santa Fe y Ferrocarril de Rosario a Puerto Belgrano.

2. La Universidad de Cuyo nombra a Perón doctor honoris causa en agradecimiento por el proyecto de ley universitaria.

Se cumple el 30º aniversario de la Declaración Balfour.

"Doubtless" obtiene el premio Carlos Pellegrini en San Isidro.

4. La Nación anuncia que el 7 del corriente no aparecerá en virtud de

la disposición de la Secretaría de Trabajo y Previsión que prohíbe la distribución y venta de diarios en determinadas fechas.

5. La Municipalidad prohíbe un acto público del "Club del 53".

7. Se clausura la sede del "Club del 53".
   Se celebra el aniversario de la Escuela de Mecánica de la Armada.

9. River Plate obtiene el campeonato de fútbol de primera división.

11. Comienza un paro de obreros metalúrgicos.

12. Se estrena "Evasión", con Delfi de Ortega, Esteban Serrador y Fernando Lamas. Dirección: Ignacio Domínguez Rivera.
    Todas las universidades agasajan a Perón.

14. Una misión americana adquiere 25.500 toneladas de maíz para Europa.

15. El personal metalúrgico es intimado a reanudar sus tareas.

17. Por resolución tomada en asamblea general los metalúrgicos deciden volver al trabajo.

20. Paro ferroviario de 24 horas, que se alternará con otras tantas de trabajo. Piden un reajuste de los escalafones.
    En Westminster se casa la futura reina de Inglaterra, la princesa Isabel, con el duque de Edimburgo.

21. Se inaugura la Conferencia de Comercio y Empleo en La Habana.
    Se inicia el Gran Premio Internacional de Automovilismo en Palermo. Perón da la señal de partida.

22. Nuevo paro ferroviario.

23. Llegan al país los restos de los padres de San Martín.
    Reanudan su labor los obreros ferroviarios.

24. Se resuelve el conflicto de los obreros ferroviarios. Se promete analizar sin demora sus pedidos de mejoras salariales y posibilidades de ascenso.

25. Se reúnen los ministros de Hacienda provinciales para tratar asuntos económico-financieros y de beneficio común.

28. Se anuncia el desbloqueo de fondos entre la Argentina y Checoslovaquia, decretados durante la guerra.

Muere en un accidente aéreo en el Sahara el general francés Leclerc.

29. Se clausura la Conferencia de Ministros de Hacienda.

La ONU aprueba la partición de Palestina en dos Estados, uno árabe y otro judío.

30. Se realizan comicios internos de la UCR en la provincia de Buenos Aires. Triunfa el Movimiento de Intransigencia y Renovación.

DICIEMBRE

1°. Finaliza el Gran Premio Internacional de Automovilismo con el triunfo de Oscar A. Gálvez.

2. Renuncian autoridades de la CGT. Se hace una crítica a la labor del secretario general, Aurelio Hernández.

9. El Consejo Económico Nacional anuncia que el interventor de EMTA informó sobre la instalación de nuevas líneas para mejorar el sistema.

Llega al país el príncipe Axel de Dinamarca.

11. El doctor Bernardo Houssay recibe en Estocolmo el Premio Nobel de Medicina.

En reunión de gabinete se decide invertir 100 millones de pesos en viviendas.

20. *La naranja*, por Enrique Larreta, Espasa Calpe.

22. Elecciones internas de la UCR en la Capital. Triunfo del Movimiento de Intransigencia y Renovación.

24. Convocado por el Poder Ejecutivo, el Senado comienza sus sesiones extraordinarias.

25. Se estrena "Mirad los lirios del campo", con Silvana Roth y Francisco de Paula.

28. La Argentina gana el Campeonato Sudamericano de Fútbol.

1948

ENERO

1°. La Argentina y Chile renuevan por el término de cinco años el convenio sobre importación de carne vacuna y gravámenes aduaneros.

6. Chile: el Senado se niega a escuchar al miembro comunista Pablo Neruda. El presidente Alessandri renuncia. Por unanimidad la Asamblea rechaza la renuncia.

7. Se renuevan las negociaciones con la misión comercial británica. Al respecto el presidente del Consejo Económico Nacional. Miguel Miranda, declara que se procura iniciar de inmediato los embarques de carbón hacia la Argentina, y de carne hacia el Reino Unido.

8. Para reafirmar la amistad con España, Perón obsequia a Franco con un lote de cinco equinos y uno de tres bovinos.

   Huelga de repartidores de hielo por la prohibición de vender el producto por kilogramo.

10. Inauguración del dique "El Nihuil" en San Rafael.

11. Inauguración de la Conferencia Internacional del Trabajo en Lima.

Se proyectará la acción conjunta que permita a los trabajadores elevar su nivel de vida.

12. Según un informe emanado del Banco Central, se descubren billetes falsos de $ 5 de la actual emisión.

14. Reanudan sus tareas los repartidores de hielo. Crean una comisión de emergencia para lograr sus objetivos.

El embajador argentino en Italia, Rafael Ocampo Jiménez, declara que el envío de alimentos a ese país ha estrechado los vínculos entre ambas naciones.

15. La Corporación Argentina Productora de Carne (CAP) hace efectiva la compra del 80 por ciento de las acciones del frigorífico Smithfield Argentine Meat Company, cuya fábrica se encuentra en Zárate, lo que le permitirá la utilización de propiedades e instalaciones tanto en la Argentina como en Gran Bretaña.

16. Se estrena "El tango vuelve a París" con Alberto Castillo, Aníbal Troilo y Fernando Lamas. Dirección: Manuel Romero Dri.

17. Se disputa el Gran Premio Internacional Ciudad de Buenos Aires. Participan Juan Manuel Fangio, Aquiles Varzi, Oscar A. Gálvez y Luis Villoresi. Este último resulta ganador de la prueba.

21. Se registra un temblor de tierra en la Capital Federal.

En reunión de gabinete se aprueban las bases del Consejo Económico para regular la entrada al país de maquinarias, capitales, técnicos, obreros, para promover la industria, sin afectar la nacional.

El Poder Ejecutivo promulga la ley sobre desalojos. Establece un plazo para que el locatario pueda desalojar a sus inquilinos.

23. El Poder Ejecutivo estudia la situación de las provincias de Catamarca, La Rioja y Santiago del Estero. Se habla de una posible intervención.

La CGT realiza un acto en el Luna Park de apoyo de los obreros argentinos a la reciente Conferencia de Lima. Asisten el secretario de Trabajo y Previsión y Evita.

- 26. Se firma un acuerdo sobre inmigración de italianos.

27. Se interrumpen las negociaciones con Gran Bretaña.

28. El Poder Ejecutivo resuelve intervenir Santiago del Estero, Catamarca y La Rioja. Se renovarán los tres poderes.

29. Son designados los interventores: Ramón Subiza, para Santiago; Enrique Carbaliera, para Catamarca, y Erasmo Carreño, para La Rioja.

FEBRERO

1°. El Papa exhorta al pueblo argentino a colaborar en el alivio de las necesidades de Europa.

Gran Bretaña crea la Confederación de Estados Malayos.

6. El poder Ejecutivo da a conocer las notas intercambiadas por las embajadas británica y argentina respecto de los derechos de nuestro país sobre la Antártida.

9. Naciones Unidas crea el Consejo Económico de América Latina (CEPAL).

10. Pío XII recibe la contribución argentina (alimentos) para ayudar al restablecimiento de Europa, a través del cardenal Coppello.

12. Es suscrito el acuerdo que regula el intercambio comercial y financiero entre la Argentina y Gran Bretaña, ad referéndum de las autoridades de Buenos Aires y Londres.

14. Se cumple el centenario del natalicio de Paul Groussac.

15. Venezuela: asume el mando el doctor Rómulo Gallegos. Primer presidente elegido por elección directa.

16. El Poder Ejecutivo crea la Secretaría de Educación, con la categoría de ministerio. Asume como titular el doctor Oscar Ivanisevich.

Se proclama la República Democrática del Pueblo al norte de Corea; zona ocupada por la Unión Soviética.

17. Se informa que el comercio exterior en 1947 alcanzó la suma de 1.663.000 pesos.

18. Se firma en Roma un tratado aéreo ítalo-argentino por el que la línea argentina se extiende a Amsterdam y la italiana a Santiago.

Por una declaración de nuestra cancillería se reafirman los derechos a argentinos en la Antártida.

20. Inauguración del ferrocarril a Chile por Socompa.

21. Perón, acompañado por su esposa, se traslada en automóvil a Río IV.

23. Arriban a Córdoba Perón y Evita, procedentes de Río IV. Asisten a diversos actos. El presidente es nombrado doctor honoris causa por la universidad.

24. Concluye la gira de Perón por Córdoba. Inaugura obras en Deán Funes y San Francisco.

La locomotora "La Porteña" es llevada a Retiro.

26. Perón parte hacia Colonia, a bordo del "Tequara" para entrevistarse con el presidente uruguayo Batlle Berres.

27. Entrevista Perón-Battle. Emiten una declaración conjunta.

Se disponen nuevos planes de estudio para la enseñanza media. Se incorpora el estudio del latín.

28. *Perón expone su doctrina*, ed. Nueva Argentina, Centro Universitario de Buenos Aires.

MARZO

1°. Pasan a poder del Estado los ferrocarriles ingleses. La ceremonia de la toma de posesión se realiza en Retiro. El ministro de Obras Públicas lee un mensaje de Perón, quien habla desde su lecho de enfermo. También se escucha un discurso de Evita.

Perón es operado de apendicitis. Resultado satisfactorio de la intervención.

2. Se crea la Subsecretaría de Cultura.

5. El Ministerio de Hacienda anuncia que el ejercicio de 1947 dio un superávit de 500 millones de pesos.

Se informa que se mantendría la organización de los ferrocarriles hasta tanto se fije la organización definitiva.

7. Se realizan elecciones en la Capital y diez provincias, para elegir 83 diputados.

11. Se estrena "Dios se lo pague", con Zully Moreno y Arturo de Córdoba. Dirección: Luis César Amadori.

12. El Brasil invita oficialmente a Perón.

18. El Poder Ejecutivo declara incorporada al Estado la EMTA, con lo cual los servicios telefónicos serán totalmente nacionales.

La Secretaría de Salud Pública da a conocer el texto del acuerdo sanitario panamericano firmado entre el Uruguay, el Brasil, el Paraguay y la Argentina, bajo el auspicio de la Oficina Sanitaria Panamericana, en Montevideo.

Se firma un acuerdo comercial con Holanda. Consiste en una operación de trueque por cinco años, de tres buques tanque anuales por cereales y carnes.

19. Perón hace una breve visita a Luján.

21. Se realizan elecciones complementarias en Buenos Aires.

24. Termina su labor la Conferencia de Comercio Mundial reunida en La Habana. Emite una carta donde recomienda las actividades de intercambio en el mundo. Este documento no es firmado por la Argentina. Tampoco lo hacen Polonia y Turquía.

26. Giménez Zapiola anuncia el remate de la estancia "La Choza", de Bernardo de Irigoyen, en General Rodríguez, el 6 de abril. Base: $ 3200.

30. Inauguración de la Conferencia Interamericana en Bogotá.

    Paralización casi absoluta de los bancarios en la Capital y alrededores. La huelga es declarada ilegal.

31. El escrutinio de las elecciones en la Capital arroja como resultado el triunfo del peronismo. La primera minoría corresponde al radicalismo.

ABRIL

1°. En la Conferencia Interamericana de Bogotá, el doctor Bramuglia habla de los ideales de paz argentinos y de la necesidad de cooperación política y económica.

    Es habilitado el local provisional del Mercado del Plata.

2. Acto de confraternidad argentino-mexicano organizado por la CGT en honor de una comisión médico-militar mexicana que visita el país.

    En Bogotá comienza la labor de las distintas comisiones de la Conferencia Interamericana. La primera se encarga de la elaboración del pacto constitutivo; la segunda estudia los propósitos del sistema, sus miembros y el proyecto del artículo primero del pacto constitutivo; la tercera, las disposiciones de varias rectificaciones del tratado y su vigencia.

3. Se da un crédito de 15 millones de pesos para la construcción de escuelas de enseñanza media y técnica.

Truman promulga la ley de ayuda a Europa, que importará más de 6.000 millones de dólares.

5. En Bogotá el representante argentino, doctor La Rosa, declara que la Argentina se opone a toda acción colectiva de las naciones americanas.

España: actos de adhesión al Acuerdo hispano-argentino.

7. En acuerdo de ministros fue aprobada la financiación del Plan Quinquenal.

En Bogotá, la Argentina defiende sus derechos sobre las islas Malvinas y la Antártida.

8. En Bogotá, la Argentina propone la organización del Banco Interamericano.

9. Se firma el protocolo adicional al acuerdo adicional firmado con España.

Colombia: debido al asesinato del líder liberal Jorge Gaitán, se produce una insurrección. La multitud asalta edificios públicos y los liberales declaran derrocado al gobierno.

12. Se anuncia que el sueldo mínimo para la administración será de $ 300. Esto afecta también al personal de los organismos descentralizados.

13. A pesar del movimiento insurreccional en Bogotá, se decide continuar las sesiones de la Conferencia Interamericana.

Una flotilla de la Fuerza Aérea traslada 50 toneladas de víveres para Bogotá.

La Agencia Judía anuncia que se ha instalado el gobierno en Palestina.

16. El representante argentino ante Naciones Unidas, doctor José Arce, es elegido presidente de la Asamblea General.

Se mandan medicinas a Colombia.

18. "Etendard" triunfa en el clásico Otoño.

19. "La Argentina" realiza su último viaje como buque escuela por no tener ya capacidad necesaria para continuar en actividad.

Acto en el Teatro Colón realizado por la CGT para despedir a los obreros latinoamericanos que visitan el país. Discurso de Perón.

Italia: triunfo demócrata cristiano. Es elegido Álcide de Gasperi.

21. Se informa que por orden de la Secretaría de Trabajo y Previsión, la Comisión de Protección al Aborigen, dependiente de dicho organismo, entregará 7800 hectáreas de tierra apta para la ganadería, ganado vacuno, ovino y caprino a indios de Chubut.

26. Se elige como futura sede de la próxima Reunión Interamericana a Caracas. Las delegaciones aprueban varias resoluciones, entre ellas la que condena la agresión económica.

28. Se da a conocer el decreto del Poder Ejecutivo del 22 de abril que encomienda a la Comisión Nacional de Cultura de la Secretaría de Educación la realización de un plan integral de política cultural.

29. Es clausurada la Conferencia de Bogotá. Las 21 naciones firman la Carta de Organización de Estados Americanos. Ella fija la naturaleza y propósito del nuevo organismo, los derechos y deberes de los Estados y las normas para la cooperación.

MAYO

1º La CGT organiza un acto por el Día del Trabajo. Total paralización de actividades. Discurso de Perón donde expone detalladamente la labor social cumplida, la política económica y la ejecución de las obras fijadas en el plan oficial.

6. Eduardo Mallea recibe el Gran Premio de Honor instituido por la Sociedad Argentina de Escritores.

7. La Secretaría de Industria y Comercio suscribe un convenio con la

empresa Masseratti, que efectuará un estudio sobre las posibilidades de lograr en el país el perfeccionamiento de la industria automotriz.

11. Comienzan las tareas de empadronamiento femenino.

Italia: la Asamblea Parlamentaria elige presidente a Luigi Einaudi.

13. Diputados vota la suspensión de desalojos rurales.

14. Se proclama en Tel Aviv el nuevo Estado hebreo. Reconocimiento de los Estados Unidos. Las naciones árabes se declaran en guerra contra el sionismo.

El Senado vota la prórroga de arrendamientos.

15. Evita viaja a Santiago. La acompañan el ministro de Obras Públicas y el secretario de Educación.

Es promulgada la ley sobre arrendamientos.

Ejércitos árabes invaden Palestina.

17. Se estrena "Historia de una mala mujer", con Dolores del Río, Francisco de Paula, Fernando Lamas, Alberto Closas. Dirección: Luis Saslavisky.

19. Diputados aprueba la creación de la "Orden del Libertador General San Martín".

21. El Senado aprueba la creación de la "Orden del Libertador General San Martín".

23. Se estrena "Por ellos... todo", con Enrique Muiño. Dirección: Carlos Schliepper. Música: Julián Bautista.

28. Hombres de negocios extranjeros agasajan a Perón y a su esposa.

30. El equipo argentino de básquetbol conquista el campeonato sudamericano.

31. Se inician los congresos de la Unión Ferroviaria y de La Fraternidad.

JUNIO

1°. Se fija un nuevo escalafón para el gremio bancario.

Se conocen nuevos resultados provisionales del Censo General. La metrópoli, con 3.000.371 habitantes, ocuparía el décimo lugar en el mundo.

Las cifras estadísticas proporcionadas por la Dirección de Inspección y Encauzamiento de Inmigrantes bajo la dependencia del Bancc Central revelan que en los primeros cinco meses del año el total de inmigrantes llegados al país suman 43.515, número que sobrepasa a todo el año 1947.

2. Paros en muchos bancos.

3. Paraguay: es depuesto por el ejército el general Higinio Morinigo.

5. "El gaucho" gana el Premio México en el circo de San Isidro.

7. Se firma un acuerdo comercial con Yugoslavia.

Como resultado de las negociaciones entabladas por el gremio bancario son dictadas dos resoluciones: levantamiento de sanciones disciplinarias a los cesantes en el reciente conflicto y modificación de la parte económica del escalafón puesto en vigor para el gremio.

11. Por decreto dictado en acuerdo de ministros se dispones que no deberán gravitar en los precios los aumentos de salarios. En lo sucesivo deberán soportarlos las empresas.

Diputados aprueba la institución de legaciones en Arabia Saudita, Irán y Egipto.

Se establecen rebajas impositivas para las actividades agropecuarias, pesqueras y transportes.

16. El Senado aprueba la creación de la Universidad Nacional Obrera.

Es sancionado el convenio comercial y financiero con Francia.

24. Diputados aprueba la incorporación al Código Civil del régimen de adopción de menores.

25. El Senato vota la implantación de nuevas legaciones en Arabia Saudita, Irán, Egipto y Unión Sudafricana.

27. La convención de la Unión Cívica Radical elige sus autoridades. Es designado presidente Ricardo Rojas.

28. El Poder Ejecutivo remite al Congreso el presupuesto para 1949. Se financiarán gastos por 4.569.562.069 pesos.

El Poder Ejecutivo crea la Secretaría de Transportes. Se designa para ocupar la titularidad al teniente coronel Juan F. Castro.

JULIO

1°. El Senado aprueba el estatuto de la Policía Federal y reformas al Código de Minería.

2. El proyecto sobre Salto Grande queda convertido en ley.

El Poder Ejecutivo crea la Dirección de Asistencia Social. Tendrá a su cargo el mejoramiento físico, moral y material del empleado y su familia, que serán beneficiados en carácter de afiliados en forma obligatoria.

3. Se da a conocer un decreto del 25 de junio por el cual se dispone el desbloqueo de fondos austríacos.

Se reglamenta la compraventa de billetes foráneos, señalándose un margen del 10 por ciento de utilidad sobre el mercado libre a casas y agencias de cambio.

5. Se firma un acuerdo comercial con el Brasil.

7. Se estrena "El tambor de Tacuarí", con Juan Carlos Barbieri y Ricardo Canales. Dirección: Carlos Borquesque.

8. Se firman dos convenios con Finlandia que establecen el intercambio de productos y créditos con aquel país.

10. El Instituto Aerotécnico de la Secretaría de Aeronáutica, en sus instalaciones de Córdoba, termina de construir un aparato de guerra diseñado para misiones de combate y caza nocturna, bautizado con el nombre de "Ñancú".

14. Se firma un convenio con Hungría que contempla la compra, por ambas partes, de diversos productos.

16. Diputados vota la reforma a la ley de desalojos: se refiere a los trámites de los propietarios que desean ocupar sus fincas.

17. Queda inaugurada la Primera Exposición Nacional de Salud Pública. Participan todos los organismos técnicos de la Secretaría de Salud Pública.

21. El Senado aprueba créditos extraordinarios que suman más de 3000 millones de pesos para reforzar varias partidas del presupuesto.

22. El Senado aprueba el Tratado Interamericano de Asistencia Recíproca firmado en Río de Janeiro el 2 de setiembre de 1947.

   Renuncia el diputado peronista Malecek, cuando todo indicaba que la Cámara votaría su separación.

23. El Senado vota el desbloqueo de los fondos de Francia.

   Roberto de Vicenzo triunfa en el torneo de Haroldgate, Inglaterra.

27. Paralización de algunas dependencias administrativas y plantas de producción de la metrópoli de YPF, ante la tardanza de la aprobación del escalafón pedido por el gremio.

29. El Senado aprueba el convenio con Checoslovaquia.

   Con gran brillo son inaugurados los XIV Juegos Olímpicos en Inglaterra.

30. El Senado sanciona la ley sobre fiebre amarilla. También aprueba el proyecto de colonización de Catamarca.

AGOSTO

1°. Por un decreto del Poder Ejecutivo se destinan partidas para Justicia y Educación.

5. Diputados resuelve la exclusión del representante radical Ernesto Sanmartino. En una nota dirigida al presidente de la Cámara, los 42 diputados radicales presentan su renuncia.

7. El atleta argentino Delfor Cabrera vence en la maratón olímpica de Londres.

9. El poeta Juan Ramón Jiménez, de visita en Buenos Aires, da su primera conferencia: "Límite del progreso".

   Se estrena "Pelota de trapo", con Armando Bo, Santiago Arrieta y Orestes Caviglia. Dirección: Leopoldo Torres Ríos.

10. Por decreto del Poder Ejecutivo se declara incorporado al estatuto legal de los trabajadores del transporte, al personal de las empresas incorporadas al dominio del Estado.

11. Diputados aprueba el presupuesto del año 1949.

    En homenaje a la memoria de San Martín son encendidas varias antorchas perennes que son conducidas a varios puntos del país: "Llama de la Argentinidad".

13. Argentina gana dos campeonatos olímpicos de boxeo: en peso mosca, Pascual Pérez, y en peso pesado, Rafael Iglesias.

    En sesión extraordinaria, Diputados aprueba la reforma constitucional.

    Inauguración de la Muestra Internacional de Ganadería en Palermo.

14. Se clausuran los XIV Juegos Olímpicos.

15. Paraguay: El nacionalista Natalicio González presta juramento como presidente.

Es proclamada la República de Corea meridional.

19. Diputados sanciona el proyecto de creación de la Universidad Obrera.

20. Diputados aprueba el proyecto del voto de los suboficiales.

23. Se firma un acuerdo comercial con Yugoslavia.

25. Se anuncia que serán emitidos bonos del Tesoro por 250 millones de pesos.

Se registra un temblor de tierra de gran magnitud en el noroeste argentino.

27. El Banco Central y el Banco de la República Oriental del Uruguay suscriben un acuerdo de pagos.

El Senado aprueba el proyecto de la reforma constitucional.

En Diputados sucede un escándalo de grandes proporciones como consecuencia de una serie de incidencias que matizaron las sesiones, especialmente cuando se considera un proyecto de modificación del decreto que en 1944 dio estructura al Banco Municipal de la Ciudad de Buenos Aires. Este asunto es objeto de acerbas críticas por parte de la oposición.

28. Decreto por el cual el Poder Ejecutivo determina la organización de la Secretaría de Transportes.

En el Salón Dorado de la Secretaría de Trabajo y Previsión tiene efecto el acto de proclamación por parte de Evita de los Derechos de la Ancianidad.

SETIEMBRE

1°. El Senado aprueba las reformas a la ley de jubilaciones y sanciona el proyecto sobre organización del país en tiempos de guerra.

Diputados vota un millón de pesos para los damnificados de Salta, víctimas del movimiento sísmico.

2. El Senado convierte en leyes varias iniciativas: subvención de hipódromos, modificación de impuestos internos, reorganización de la DGI, exclusión de gravámenes a diputados y cónsules, presupuesto de la Dirección de Fabricaciones Militares.

El IAPI informa que en su balance general desde su creación hasta el 31 de diciembre de 1947 se registran $ 1.238.263.763,75 de utilidades.

YPF autoriza la venta libre de nafta en el Gran Buenos Aires.

3. Diputados aprueba el proyecto de ley de expropiación y arrendamiento.

Luego de dirigir un mensaje al país, Perón firma un decreto que promulga la ley de reforma constitucional.

Países Bajos: Después de media centuria de reinado, la reina Guillermina deja su cetro a su hija Juliana.

Paro total del gremio cinematográfico.

4. El Poder Ejecutivo envía al Congreso el proyecto de ley de elección de convencionales de la Constituyente. Auspicia la utilización del padrón nacional actualizado al 31 de agosto último, la simultaneidad de elección de diputados y senadores para las vacantes que existan a la fecha de la convocatoria.

5. "Cruz Montiel" triunfa en el Gran Premio Jockey Club.

6. Se estrena "La muerte camina en la lluvia", con Olga Zubarry y Guillermo Bataglia. Dirección: Carlos Hugo Christensen.

8. Se convierte en ley el proyecto sobre arrendamientos.

El Senado elige presidente de la República en caso de acefalía al contraalmirante Alberto Teisaire.

9. El Senado aprueba el presupuesto para 1949.

13. Se estrena "La calle grita", con Enrique Muiño y Angel Magaña. Dirección: Lucas Demare.

17. Diputados aprueba la creación de la Secretaría de Transportes y la elección simultánea de convencionales y legisladores.

Es asesinado el conde Folke Bernardotte, mediador de la ONU en el conflicto árabe-israelí.

18. Muere el escritor alemán Emil Ludwig, en Ascona, Suiza.

21. El canciller argentino preside el acto de apertura de la Asamblea General de las Naciones Unidas, en París.

22. Diputados aprueba la creación de la Dirección de Asistencia Social.

El Senado aprueba el proyecto por el que se dispone la caducidad y liquidación de la Corporación de Transporte de la Ciudad de Buenos Aires.

Comienzan a funcionar oficinas para el empadronamiento femenino.

Se crea el Consejo de Coordinación Interministerial por decreto suscrito en acuerdo general de ministros.

Por decreto del Poder Ejecutivo se amplía el capital de la CAP a $ 250.000.000.

23. El ministro del Interior da a conocer el decreto que fija la fecha del 5 de diciembre para las elecciones simultáneas de convencionales constituyentes, senador por la Capital Federal y diputados por vacantes extraordinarias.

El Senado convierte en ley la creación de la Secretaría de Transportes.

El jefe de Policía, general Bertollo, anuncia que se tramaba un complot para asesinar a Perón y Evita.

24. El anuncio del complot provoca un paro general. Ante la concentración popular en Plaza de Mayo, Perón habla de las instancias del atentado.

Las dos Cámaras expresan su repudio.

Se da a conocer la nómina de implicados en el frustrado atentado: John Griffiths, Cipriano Reyes, Héctor Reyes, doctor Walter Manuel B. Allende, capellán Víctor Jorba Farías, Luis García Velloso, Lía S. de García Velloso, León Emilio Francimont, Carlos Alem, capellán Fidel Horacio Moreno, Amador Ernesto Vila, Lidia Riquelme, doctor Ernesto González Ávila, Manuel Alejandro Quiroga, doctor Guillermo Paat, sacerdote Carlos Grandi.

30. Diputados convierte en ley el proyecto que establece la propiedad horizontal. Aunque faltaban pocos minutos para terminar el período ordinario y quedaban por votarse 15 artículos, no se aceptó ningún otro pedido de palabra y quedó convertido en ley el proyecto.

Evita se traslada en automóvil a Rosario acompañada por el gobernador bonaerense Mercante. Asiste a actos preparados en su honor por entidades obreras.

OCTUBRE

4. Se dicta un decreto por el que se derogan las medidas de contralor dispuestas a principios del '45 respecto a residentes nacionales de países enemigos.

Estanislao de la Torre es designado nuevo interventor de Corrientes.

5. Se dicta prisión preventiva para los implicados en el atentado contra el presidente y su esposa.

8. El Poder Ejecutivo fija más restricciones al consumo de papel por lo que los periódicos deben reducir su número de páginas.

11. Queda inaugurado el XV Congreso Internacional de la Sociedad de Autores y Compositores (SADAIC).

El Poder Ejecutivo designa interventor de la Dirección General de Tierras al coronel (R) Emilio Ramírez.

13. En acuerdo de ministros es promulgada la ley de propiedad horizontal.

17. El Poder Ejecutivo da a conocer el decreto por el que se convoca a elecciones el 5 de diciembre.

18. A raíz de la visita del canciller español, se formalizan cuatro convenios y un protocolo entre los gobiernos de España y la Argentina: migración, servicio militar, convalidación de títulos y estudios e intercambio de libros y publicaciones.

19. Se inicia la carrera automovilística por el Gran Premio América del Sur.

20. La Junta Nacional del Partido Demócrata Progresista hace una declaración en la que manifiesta su oposición a la ley que promueve la reforma constitucional.

21. Por decreto del Poder Ejecutivo se asignan nombres de próceres a las principales líneas férreas nacionales: Ferrocarril de Buenos Aires al Pacífico, Ferrocarril General San Martín; Ferrocarril del Estado, Ferrocarril Nacional General Belgrano; Ferrocarril Central Argentino, Ferrocarril Nacional General Bartolomé Mitre; Ferrocarril de Entre Ríos y Nordeste Argentino, Ferrocarril Nacional General Urquiza; Ferrocarril del Sur, Ferrocarril Nacional General Roca; Ferrocarril del Oeste, Ferrocarril Nacional Domingo Faustino Sarmiento; Líneas Patagónicas, Ferrrocarril Nacional Patagónico.

22. La Argentina y el Brasil firman un acuerdo financiero y de pagos.

27. Se estrena "Ana Karenina", con Vivien Leigh y Ralph Richardson. Dirección: Julián Duvivier.

NOVIEMBRE

2. Estados Unidos: elecciones presidenciales. Triunfa Truman y su partido consigue mayoría parlamentaria.

Hacienda da a publicidad el decreto por el que se incorpora el oro al régimen de las leyes destinadas a combatir el agio.

7. "Académico" gana el premio Carlos Pellegrini en San Isidro.

Al cumplirse treinta años de la firma del armisticio que puso fin a la Primera Guerra, Perón emite un mensaje al presidente y al pueblo de Francia.

12. La Argentina y Bulgaria reanudan sus relaciones diplomáticas.

El Poder Ejecutivo crea la Dirección de Sanidad Escolar.

El Tribunal Internacional condena al ex primer ministro japonés Tojo y a seis de sus principales colaboradores a pena de muerte. A los demás se les impone prisión perpetua.

15. El presidente francés Vincent Auriol emite un mensaje de amistad a Perón y al pueblo argentino.

Inauguración de la campaña electoral de la UCR.

21. Por decreto del Poder Ejecutivo se crea la Orquesta Sinfónica del Estado.

Inauguración de la III Conferencia de Ministros de Hacienda para considerar en sus lineamientos económicos y financieros la reforma constitucional.

23. Acto de adhesión de la CGT al proyecto de reforma constitucional.

24. Venezuela: un golpe militar derroca a Rómulo Gallegos.

29. Se dan a conocer los despachos aprobados por la III Conferencia de Ministros de Hacienda de las provincias. Entre sus conclusiones se destaca lo referente a los principios sobre el régimen de recursos del Estado cuya incorporación a la nueva Constitución auspicia la Conferencia.

DICIEMBRE

2. El Partido Peronista clausura su campaña, proclamando candidatos para los comicios del día 5.

4. Perón, en su mensaje a los pueblos del mundo, fija la posición pacifista del país.

La Argentina e Italia firman un protocolo de amistad y colaboración.

5. Elecciones de convencionales para la Asamblea Nacional Constituyente, de diputados y de senador por la Capital.

7. Perón dona al Uruguay dos planeadores.

Se firma un convenio sobre comercio y régimen de pagos con Polonia.

11. Finaliza el Gran Premio de América del Sur. Se impone Oscar A. Gálvez.

14. Convenio aéreo chileno-argentino que concede facilidades a la aviación comercial de ambos países.

En Corrientes y Mendoza triunfa el peronismo.

La Argentina y Dinamarca firman un convenio sobre comercio y régimen de pagos.

15. Termina el escrutinio en la provincia de Buenos Aires. Triunfo del peronismo.

El Salvador: debido a que intentaba prolongar su mandato por dos años, es derrocado por el ejército el presidente Castañeda Castro.

18. Termina el escrutinio en la Capital: se impone el Partido Peronista.

Con motivo de la proclamación en Bolivia de los Derechos de la Ancianidad, Evita emite un mensaje al pueblo y gobierno de ese país.

1949

ENERO

7. Fallece en Arizona el director Víctor Fleming, creador de "Lo que el viento se llevó".

10. En la nueva estructuración que se da al Ministerio de Relaciones Exteriores se crea la Dirección General, organismo que prácticamente reemplazará a la Subsecretaría Técnica. Se designa como su titular a Jorge M. Torrent.

Evita exhorta a aumentar la producción y así evitar el alza de precios.

16. Oscar A. Gálvez triunfa en las 1000 millas argentinas.

18. El canciller argentino, junto con los embajadores de Gran Bretaña y Chile expresa la no necesidad de enviar barcos de guerra en la actual temporada a la zona antártica.

19. El Poder Ejecutivo crea las secretarías de Economía y Finanzas, designando como titulares al doctor Roberto A. Ares y al doctor Alfredo Gómez Morales, respectivamente. Ellas dependerán de Presidencia y estarán a cargo de un secretario con jerarquía de ministro secretario de Estado.

Renuncia el señor Orlando Maroglio, pues implícitamente se adjudica la presidencia del Banco Central al secretario de Finanzas.

21. UTA realiza un acto en el Luna Park en honor de Perón y Evita en agradecimiento por mejoras concedidas.

26. Se crea un clasificador único en las tarifas de ferrocarriles.

Por decreto del Poder Ejecutivo se crea la Secretaría de Correos y Telecomunicaciones de la Nación que dependerá de la Presidencia de la Nación.

27. Se dicta un decreto que acepta la renuncia de Miguel Miranda como director del Consejo Económico Nacional, el que se modifica teniendo en cuenta las nuevas secretarías.

FEBRERO

1. La Convención Nacional Constituyente realiza la primera sesión ordinaria. Predomina el escándalo.

2. Se anuncia que el bloque peronista se mantendrá firme respecto del principio de reelección presidencial que ha presentado en la Constituyente.

Por decreto del Poder Ejecutivo se interviene la provincia de Santa Fe para renovar el Poder Ejecutivo.

5. Se declara ilegal el paro de gráficos que se registra desde días atrás por no aceptar la intimación del Ministerio de Trabajo a reanudar sus tareas.

6. Oscar A. Gálvez triunfa en el Gran Premio María Eva Duarte de Perón disputado en Palermo.

8. Comienza una huelga total de gráficos que se extiende hasta el 3 de marzo. Con este motivo van dejando de aparecer casi todos los diarios más importantes del país.

Intervención en Santa Fe. Toma posesión de su cargo el interventor federal coronel Adaro.

10. Un grupo de altos jefes militares, encabezados por el ministro de Guerra, visita a Perón en la quinta de San Vicente para sugerirle una disminución de las actividades públicas de Evita.

El Ministerio de Hacienda cancela con fondos de la Tesorería letras por 32.400 pesos.

El interventor federal comunica la caducidad del Poder Ejecutivo de Santa Fe.

13. El volante italiano José Ascari se impone en el Gran Premio Internacional Ciudad de Rosario.

14. Tras 9 días de descanso en San Vicente, el presidente reanuda su labor en Casa de Gobierno.

15. A fin de dar cumplimiento al acuerdo firmado con Bolivia acerca de la construcción del ferrocarril de Yacuiba a Santa Cruz de la Sierra y Sucre, el Poder Ejecutivo ordena a la Tesorería poner a disposición de la Gerencia General de Ferrocarriles del Estado, a medida que lo requiera, la suma de 36.793.125,89 pesos. Cuando Bolivia reintegre

ese importe mediante la entrega de petróleo crudo fuel oil en los términos del acuerdo firmado con nuestro país, el Ministerio de Hacienda determinará las condiciones en que YPF ingresará en la Tesorería de la Nación el valor del producto que reciba del gobierno boliviano.

17. Es modificada la reglamentación de ascensos de la ley orgánica del Ejército.

Chaim Weizman jura como presidente de Israel, luego de ser elegido por la Asamblea Constituyente.

27. Fangio triunfa en el Gran Premio de Mar del Plata.

Revolución en Paraguay. Es detenido el presidente Rolón. El Partido Colorado anuncia haber asumido el gobierno. Se designa presidente a Felipe Moras López.

MARZO

3. La Unión Ferroviaria realiza un acto para celebrar el primer aniversario de la nacionalización de los ferrocarriles.

En acuerdo general de ministros, el Poder Ejecutivo reconoce al Estado de Israel.

El Poder Ejecutivo crea por decreto la Secretaría de Defensa Nacional. Es designado como titular el general de división Humberto Sosa Molina, quien continuará como ministro de Guerra.

4. Vuelven a aparecer los diarios, al solucionarse la huelga de gráficos. Se establece que los periódicos tendrán como máximo doce páginas y un suplemento semanal de ocho. Además, será expropiado el papel existente en el país, el que será distribuido por la Subsecretaría de Informaciones.

5. Se anuncia que el Poder Ejecutivo ha impartido instrucciones a los interventores de La Rioja, Catamarca, Santiago y Santa Fe para que convoquen a elecciones.

6. El Poder Ejecutivo da a conocer un decreto por el que crea la Direc-

ción General de Migraciones, que dependerá de la Secretaría Técnica de la Presidencia de la Nación. Asume como titular el coronel Enrique González.

8. El bloque radical se retira de la Convención Constituyente, debido a las discusiones entabladas acerca de la reelección presidencial, que, según el bloque peronista, debe ser considerada extraordinaria y darse solo en el caso de Perón.

11. Quedan sancionadas las reformas a la Constitución.

La CGT realiza un paro de 12 horas en adhesión a ella. .

Los representantes de las ocho naciones que participan de las negociaciones del Pacto del Atlántico Norte aprueban su redacción final.

14. El ministerio nacional es objeto de un nuevo ordenamiento conforme al texto de la Constitución reformada. El Poder Ejecutivo confirma a todos sus ministros y provee Jas nuevas carteras con los actuales secretarios.

16. Perón jura la nueva Constitución.

Se estrena en el Teatro Argentino "La corona de espina", de José María Sagarra, con Margarita Xirgu.

17. Los ministros del Poder Ejecutivo juran la Constitución.

18. Los miembros de la Corte Suprema y otros funcionarios juran la Constitución.

Se declara una huelga del personal de frigoríficos.

21. Renuncia el doctor Tomás D. Casares a la presidencia de la Corte Suprema. En su lugar es designado el doctor Felipe S. Pérez.

22. Se informa que el convenio de carnes con Gran Bretaña presenta un quebranto de 300.000.000 de pesos.

Motiva una amplia investigación judicial reiteradas denuncias sobre detenciones ilegítimas.

24. Por decreto del Poder Ejecutivo se crea la Subsecretaría de Culto en el Ministerio de Relaciones Exteriores, asumiendo como titular el doctor Arturo M. Mañé.

25. Se firma un protocolo de pagos con España.

28. Es intervenida la Legislatura santafecina, fundándose la ampliación en la necesidad de uniformar los mandatos.

31. Deja de regir el convenio Andes con Gran Bretaña. Seguirán los embarques de carne, pero disminuidos.

ABRIL

1. Se anuncia que rigen nuevos salarios para los obreros de los frigoríficos.

2. Destinan títulos por 1900 millones de pesos a Previsión Social. Serán vendidos en concepto de aportes del Estado.

3. Fangio logra una brillante victoria en San Remo.

 Grave atentado en la sede del Partido Comunista.

4. Es firmado en Washington el Pacto del Atlántico Norte.

 Por decreto del Poder Ejecutivo se crea la Subsecretaría de Ganadería en el Ministerio de Agricultura.

5. Se da publicidad al nuevo convenio con España, complementario al protocolo Perón-Franco de abril de 1948.

 Perón preside la inauguración de la Escuela de Diplomacia.

7. El Consejo Económico Nacional anuncia cómo se procederá para la importación de papel de diario. Al llegar al país será expropiado, y su distribución estará a cargo de la Subsecretaría de Informaciones.

8. El jefe de Estado clausura el Congreso de Filosofía en Mendoza.

9. Se realizan comicios en La Rioja, Catamarca y Santiago del Estero.

10. Perón visita San Juan.

12. Es modificado el reglamento del Consejo Económico Nacional en cuanto atañe a la designación de autoridades y designación del cuerpo. El decreto establece que la presidencia será ejercida por un miembro permanente designado por el Poder Ejecutivo que durará en esas funciones por dos años, pudiendo ser reelegido.

15. Se anuncia que el Poder Ejecutivo resuelve prestar su auspicio oficial por intermedio del Ministerio de Relaciones Exteriores y Culto para la organización del Museo Histórico de la Iglesia en la Argentina, como organismo del Arzobispado de Buenos Aires. Dispone también interesar a las dependencias y municipios para que acuerden las facilidades que a tal objeto fueren solicitadas.

16. Termina el escrutinio en Santiago del Estero. Triunfa el peronismo pero con una disminución de su caudal de votos y proporcionalmente un aumento del correspondiente al radicalismo, con respecto a las elecciones de convencionales constituyentes de diciembre. Diciembre: 60.000 a 9.000   Abril: 44.000 a 21.000

18. Resultan graves las derivaciones del conflicto entre la filial local de la CGT y el gobierno de Salta, desautorizada aquella por la central obrera, que de Buenos Aires envió delegados interventores. La CGT salteña insistió en sus reclamaciones contra el decreto de precios máximos y contra ministros y funcionarios provinciales, haciendo efectiva una huelga de manifestaciones callejeras que dieron origen a choques que causaron tres muertos.

El escrutinio de Catamarca da el triunfo al peronismo, que obtuvo 33 electores de gobernadores y vice, 11 senadores y 21 diputados. El radicalismo obtuvo 1 diputado.

19. Bajo el amparo militar reina el orden en Salta. Renuncian ministros y funcionarios.

La Comisión Intersocietaria representativa de la Industria Gráfica se dirige al Ministro de Finanzas requiriéndole la pronta revalidación de las solicitudes y permisos ya otorgados que representan el material de urgencia, cuya llegada evitaría la paralización de muchos talleres.

20. Inauguración del Congreso de Paz Mundial en París con representantes de 69 naciones.

21. En Salta, vuelven al trabajo los obreros de todos los gremios.

22. El Congreso de la Unión Obreros Petroleros aprueba el despacho por el que se solicita la nacionalización de las empresas petroleras del país.

24. El equipo argentino categoría varones de atletismo retiene el campeonato sudamericano, disputado en Lima.

25. Queda inaugurada en el Uruguay la IV Conferencia Regional de la OIT.

26. Se anuncia una nueva detención de Cipriano Reyes, excarcelado dos días antes.

27. El Sindicato de Prensa agasaja a Perón y a Evita.

28. Por decreto del Poder Ejecutivo se crea la Dirección de Vigilancia de Precios y Abastecimientos, con el inspector general Miguel Gamboa como titular.

30. Inauguración del aeropuerto Ministro Pistarini, en Ezeiza.

MAYO

2. Se da a conocer un decreto del Poder Ejecutivo por el que se procede a la nacionalización de todas las sociedades mixtas de aeronavegación que pasarán a depender del Ministerio de Transporte. Se designa al comodoro (R) Martín R. Cairo interventor general de dichas compañías: Zonda, Alfa, FAMA y Aeroposta Argentina.

3. Cumple 85 años de vida la Editorial Kraft.

5. Se estrena *Río Rojo*, con John Wayne y Montgomery Clift. Dirección: Howard Hawke.

4. En nombre del Poder Ejecutivo los ministros de Hacienda, Relaciones Exteriores, Finanzas e Industria y Comercio firman convenios comerciales y de pagos con las tres zonas alemanas ocupadas por fuerzas aliadas. Nuestro país exportará por 33.800.000 dólares e importará por 25.000.000.

Es firmada el acta traslativa de dominio que perfecciona jurídicamente el proceso de nacionalización de los ferrocarriles que fueron de propiedad británica en territorio argentino.

8. Se anuncia que en los comicios de Santa Fe el peronismo obtuvo 43 bancas en la Legislatura y el radicalismo 17.

Fangio triunfa en el IV Circuito Internacional de Perpiñán.

9. Perón inaugura obras en Santiago del Estero. Densas multitudes asisten a los actos.

Se conocen los resultados de las elecciones de abril en La Rioja. A pesar del triunfo del oficialismo, éste perdió votos con respecto de las elecciones de diciembre.

La Asamblea General de la ONU aprueba el ingreso de Israel a la organización.

11. Se informa que el peronismo obtuvo mayoría en todos los distritos de La Rioja por lo que le corresponden las 18 bancas de la Legislatura.

12. Se formaliza la compra de las empresas de navegación pertenecientes a la familia Dodero.

13. Diputados sanciona la ley sobre la vivienda.

Se realiza en la estación de Federico Lacroze el acto de toma de posesión del Ferrocarril Central Buenos Aires.

16. Se firma un convenio de ventas de 600.000 toneladas de trigo con Brasil. Se proveerá de 300.000 toneladas más en condiciones y forma a determinar.

19. Diputados vota los convenios con Bulgaria y Hungría.

Se imponen más restricciones al expendio de nafta.

22. Fangio obtiene un gran triunfo en el Premio Internacional de Marsella.

27. El Departamento de Estado amerciano anuncia la formación de una comisión conjunta con la Argentina para estudiar los negocios recíprocos y las posibilidades comerciales existentes.

JUNIO

6. El Ministerio de Industria y Comercio da a conocer un decreto por el cual se restringe el consumo de energía eléctrica debido a que es superior a las provisiones técnicas de las empresas.

Federico Onis es agasajado en la Casa del Escritor.

8. Se firma un convenio comercial y financiero con Japón.

Por un informe que eleva al Ministerio de Hacienda se conoce que la DGI en 1948 recaudó 3.143.008.492 pesos.

9. Se excluye de Diputados con el voto del bloque peronista al representante radical Agustín Rodríguez Araya. Se decide pasar a la justicia federal el pedido de informe sobre el IAPI formulado por aquel legislador. Votada su exclusión, Rodríguez Araya se refugia en la embajada del Uruguay porque se rumoreaba que iba a ser detenido en cuanto terminara la sesión.

10. El Poder Ejecutivo declara que Rodríguez Araya está en libertad y por lo tanto no hay razón para su asilo.

El Senado sanciona el establecimiento de relaciones diplomáticas con Yugoslavia.

12. Rodríguez Araya parte para Montevideo.

14. Se producen manifestaciones contra la exclusión de Rodríguez Araya.

    Se da a conocer un decreto del Poder Ejecutivo por el cual se fija el 31 de marzo último como fecha de cese de actividades de la Subsecretaría de Educación.

15. Un debate en el Parlamento uruguayo repercute en nuestro país. Se refiere a la exclusión de Rodríguez Araya. Las cámaras remiten declaraciones de repudio a ese debate. El Senado pide al Poder Ejecutivo una reclamación.

16. Se estrena *Vidalita*, con Mirta Legrand, Fernando Lamas, Narciso Ibáñez Menta. Dirección: Luis Saslavsky.

17. El Senado repudia el atentado contra la embajada uruguaya en esta capital.

18. Por un decreto del Poder Ejecutivo se aprueba la nueva organización del Ministerio de Transporte. Estará subdividido en tres subsecretarías (Administrativa, Técnica y de Marina Mercante), integrándose a estas las correspondientes direcciones nacionales y generales.

24. El Senado sanciona la ley sobre desalojos.

26. Fangio triunfa en el Gran Premio de Monza.

27. Es suscrito el convenio comercial anglo-argentino que entrará en vigor el 1º de julio. Regulará una parte muy importante de las importaciones y exportaciones de nuestro país.

29. Se inicia la Conferencia de Peritos Económicos de las naciones adheridas al Plan Marshall.

JULIO

4. El Poder Ejecutivo da a conocer el presupuesto para 1950. El monto total alcanza a 11.783.646.186 pesos moneda nacional.

6. El Senado aprueba el convenio concertado entre el gobierno nacional y la provincia de Buenos Aires sobre la Universidad de La Plata.

   Se estrena "De hombre a hombre", con Enrique Muiño. Dirección: Hugo Fregonese.

7. Diputados vota la ley orgánica de ministerios.

9. FAMA inaugura un servicio diario a Chile.

10. Fangio triunfa en el Gran Premio de Albigeois.

12. Una delegación de intelectuales, periodistas y dirigentes brasileños visita a Perón.

13. El Senado aprueba el establecimiento de relaciones diplomáticas con la Orden Militar de Malta.

14. Diputados aprueba la venta de inmuebles que el Estado no necesite.

   El Senado aprueba numerosos acuerdos sobre transportes aéreos con varios países: Italia, Dinamarca, Noruega, Suecia, Países Bajos y Francia.

15. Diputados aprueba el proyecto por el cual el IAPI, la Comisión Nacional de Granos y la Junta Argentina de Carnes desempeñarán sus funciones bajo la dependencia del Ministerio de Economía.

   Se anuncia que el Consejo General de Educación pasa a depender del Ministerio de Educación, al igual que la Dirección General de Enseñanza Primaria.

   El Senado aprueba el convenio comercial con Hungría y el desbloqueo de fondos con Dinamarca, Luxemburgo, Checoslovaquia, Noruega, Italia y Países Bajos.

18. CAP obtiene una victoria parcial provisional en el juicio entablado contra los Estados Unidos por 702.307 dólares que dice que le adeuda por suministro de carne de cordero entregada a Gran Bretaña.

20. El balance del IAPI dado a publicidad indica un beneficio de 560 millones de pesos.

Diputados aprueba la designación de más de un millón de pesos para adquirir lugares históricos existentes en el exterior. El debate promueve discusiones sobre la figura de Rosas y el revisionismo histórico.

21. Diputados ratifica dos protocolos de límites con Bolivia y el Paraguay.

22. El Senado aprueba convenios comerciales con Italia, Finlandia y Países Bajos.

Se realiza un acto en Retiro organizado por la Unión Ferroviaria en celebración de la creación del Ministerio de Transportes. Se homenajea al titular de la cartera, Castro, a Perón y a Evita.

23. En una nota dirigida a las autoridades nacionales, el Colegio de Abogados se pronuncia por la necesidad ineludible de investigar las denuncias sobre torturas.

26. Diputados designa una comisión bicameral para que realice investigaciones sobre las denuncias sobre torturas.

28. El Senado aprueba el proyecto de suspensión de desalojos hasta el 30 de setiembre.

29. Reunión de la Convención Nacional del Peronismo. Se proclama la necesidad de reelegir al presidente.

Se firma un nuevo convenio con Checoslovaquia, adicional al de julio de 1947 y setiembre de 1948.

AGOSTO

3. En carácter de organismo consultivo del Consejo Económico Nacional, es creada por el Poder Ejecutivo la Comisión de Cooperación Económica.

4. Diputados vota un crédito para la Fundación Social María Eva Duarte de Perón.

   El Senado vota dos convenios internacionales, con Hungría y Bulgaria.

   El Senado aprueba la compra de las empresas Dodero.

5. En Ecuador se registra un terremoto que causa 4200 muertos.

6. Arriba a Dársena Norte el transatlántico Presidente Perón, procedente de Southampton.

   Labor en el exilio, por Nicolás Repetto, ed. La Vanguardia.

9. La Argentina y Noruega firman un acuerdo comercial.

11. Diputados vota el presupuesto para 1950.

    El canciller Bramuglia presenta su renuncia. No hay información oficial sobre esta actitud.

12. En viaje hacia Chile, Albert Camus visita brevemente nuestro país.

13. Hipólito Jesús Paz es designado canciller, en reemplazo de Bramuglia.

18. Paro de portuarios.

20. Inauguración de la Muestra Nacional de Ganadería en Palermo.

22. Convenio comercial peruano-argentino.

24. El Senado acuerda un crédito adicional al presupuesto, y otro de hasta 70 millones de pesos para la fundación de ayuda social.

26. Diputados aprueba el convenio comercial con Gran Bretaña que reemplaza al convenio Andes.

El Senado vota convenios con Yugoslavia, Rumania y Dinamarca.

27. El Estado satisface las mejoras solicitadas por el personal marítimo.

29. Con referencia a la sanción del subsidio de 70 millones para la obra que encabeza Evita, el Poder Ejecutivo remite al Congreso un mensaje con razones que fundamentan su veto a la decisión parlamentaria.

SETIEMBRE

1º. El Senado aprueba el convenio con Gran Bretaña.

Se firma con Francia el protocolo adicional al convenio suscrito en julio de 1947.

3. Se anuncia que se importarán productos de España por 70 millones de pesos.

5. Cae nieve en Buenos Aires. Por breves instantes blanquéanse las calles.

7. El Senado aprueba el proyecto para 1950.

8. El Poder Ejecutivo dispone la suspensión del respaldo oro a la moneda nacional. También realiza otras reformas al estatuto del Banco Central.

Se firma un convenio comercial y financiero con Finlandia.

Fallece el compositor alemán Richard Strauss en Suiza.

9. El Senado aprueba proyectos sobre instrumentos de organización de la OIT y convenios de la Conferencia del Trabajo.

11. Paraguay: crisis política. Dimite el presidente Moras López. Asume el doctor Federico Chávez.

16. Diputados aprueba el proyecto del Poder Ejecutivo que suspende el respaldo de oro y divisas.

21. Se inaugura el nuevo edificio de la Facultad de Derecho y Ciencias Sociales. Ex profesores y alumnos saludan en su casa particular al ex ministro Jorge Eduardo Coll, iniciador de la obra.

    Diputados dispone la redacción del Código de Minería.

22. El Senado aprueba al proyecto sobre la Dirección Nacional de Servicio del Empleo.

23. El Senado convierte en ley el plan de reforma bancaria.

25. La Unión Soviética ratifica que posee la bomba atómica desde 1947.

27. El Senado incorpora a los representantes de La Rioja. También aprueba convenios comerciales con Polonia y Suecia, la modificación del régimen de demandas contra la Nación y la creación de la Universidad de la Patagonia.

    Diputados aprueba el despacho de la Comisión bicameral respecto de los alquileres.

    Cae un avión de FAMA que venía del Ecuador con una delegación de la fundación social M. Eva Duarte de Perón que había ido a auxiliar por la catástrofe.

29. Diputados suspende los fueros legislativos de Ricardo Balbín, requerido por un juez de Rosario a raíz de una denuncia formulada por un representante del bloque oficialista que encontró excesivos los términos sobre el líder en un discurso en Rosario.

    El Senado aprueba el proyecto por el que se dispone la caducidad de la liquidación de la Corporación de Transportes de la Ciudad de Buenos Aires.

30. El Senado convierte en ley varios proyectos; reglamentación de par-

tidos políticos y crédito por 400 millones para compensar el quebranto en el comercio del trigo.

OCTUBRE

1°. El gobierno resuelve fijar nuevos tipos de cambio. Se procederá además a la congelación de precios en el mercado interno.

China: los comunistas establecen oficialmente su gobierno en Pekín. Piden el reconocimiento internacional como único gobierno legal de China. Chou En Lai asume como primer Ministro de Relaciones Exteriores, y Mao Tsé Tung como presidente del Consejo de la República Popular.

La muerte en las calles, por Manuel Gálvez, El Ateneo.

3. A 60 millas de Punta Arenas se hunde el rastreador "Fournier". No hay sobrevivientes.

El ministro de Industria y Comercio da a conocer un decreto por el cual se congelan los precios de artículos de alimentación, servicios no sujetos hasta el momento a precios máximos.

6. Se informa que el Estado dispone la reorganización de sus líneas aéreas, creando un grupo que atenderá al tránsito internacional, transoceánico y continental servido por FAMA y dos grupos de cabotaje con Aeroposta Zonda y una sección de ALFA. El restante de esta última línea tendrá a su cargo los servicios con hidroaviones.

8. Se firma un protocolo adicional del pacto con Italia de octubre de 1947, comercial y financiero.

9. Se realizan protestas por el desafuero del diputado Balbín.

10. Una delegación obrera jujeña acompaña por el diputado peronista Oscar M. Medina se entrevista con el ministro del Interior reclamando la intervención. Aduce que el gobierno local violó la Constitución Nacional en lo que se refiere a la libre agremiación.

11. Inauguración oficial del Congreso Histórico Municipal Interamericano.

13. Es designado ministro de Ejército el general de brigada Franklin Lucero.

14. Queda promulgada la ley que modifica el Código Penal.

17. El aniversario del 17 de octubre se celebra con una concentración en Plaza de Mayo, donde pronuncian discursos Perón, Evita y el secretario general de la CGT.

18. Se anuncia la promulgación de la ley que incorpora al presupuesto 400 millones de pesos para cubrir el déficit que produzca la venta de trigo.

27. Se informa que el Estado venderá tierras de su propiedad. Con el producto obtenido se amortizará la deuda del IAPI con los bancos. .

NOVIEMBRE

3. Comienza la disputa del Gran Premio de la República Argentina organizada por el ACA.

5. Autoridades del Banco Central difunden once circulares que contienen las disposiciones designadas para introducir mercaderías extranjeras.

7. "Cruz Montiel" triunfa en el Premio Carlos Pellegrini en San Isidro.

8. Se inaugura en el Teatro Colón el VI Congreso Agrario.
   El doctor Raúl A. Mendé es designado ministro de Asuntos Técnicos.

9. Se estrena "Las llaves del reino", con Gregory Peck. Dirección: John Stahl.

18. La mesa directiva del bloque peronista de la Cámara de Diputados, luego de considerar la situación de Catamarca decide solicitar al Poder Ejecutivo el envío de la intervención federal a esta provincia.

21. En el sanatorio donde se halla internado es operado el vicepresidente Quijano.

La Asamblea General de las Naciones Unidas toma resoluciones respecto de las colonias italianas. Decide que Libia se convierta en país independiente a partir del 1º de enero de 1952. Con respecto a la Somalía italiana difiere su independencia para dentro de diez años; en cuanto a Eritrea, una comisión estudiará la situación para que la Asamblea después decida.

22. Son intervenidos los tres poderes de Catamarca. Se designa como titular de la intervención al doctor Félix Nazar.

23. Una comisión bicameral realiza un procedimiento en *La Nación*. Dispone la intervención de los libros contables.

24. El presidente de la comisión bicameral parlamentaria encargada de estudiar las denuncias de un matutino acerca de una presunta intervención foránea en la política argentina realiza otros procedimientos. Son intervenidos *La Razón, Crítica, El Mundo, Associated Press* y *United Press*.

26. El señor Juan Virgilio Debenedetti es designado nuevo intendente de la Municipalidad de Buenos Aires, dependiente del Poder Ejecutivo Nacional.

27. Se realizan actos comiciales en Salta y Jujuy.

Finaliza el Gran Premio de Automovilismo, con un recorrido de 11.035 kilómetros. Resulta ganador Juan Gálvez.

El ex gobernador de Catamarca, Vicente L. Saadi, es detenido por la Policía Federal.

DICIEMBRE

1º Las doce naciones adheridas al Pacto del Atlántico aprueban un plan defensivo.

La comisión bicameral interviene el Jockey Club y el Automóvil Club Argentino.

2. Por un decreto del Poder Ejecutivo se otorgan 75 millones de pesos al Ferrocarril Nacional General Belgrano en carácter de anticipo del Estado por el déficit que soporta.

3. Perón da a conocer su declaración de bienes debido a las expresiones del diputado radical Atilio Cattáneo, las que considera calumniosas. A la vez expresa que *La Prensa* y *La Nación* se han hecho eco de aquellas, solidarizándose en cierta manera con dicha acusación.

   Las Montoneras, por Héctor Olivera Lavié, Hachette.

5. El ministro de.Finanzas anuncia que se invertirán por año 164 millones de pesos en maquinarias.

   Termina el escrutinio en Jujuy. Triunfo peronista.

   Se inicia un nuevo proceso contra el ex gobernador doctor Vicente L. Saadi por defraudación al fisco como consecuencia de la utilización de empleados de la municipalidad de la capital en beneficio personal.

6. La CGT expresa su solidaridad con Perón respecto de las acusaciones vertidas contra éste.

7. Se publica un decreto del Poder Ejecutivo por el cual se aprueba la resolución dada contra el teniente coronel (R) Atilio Cattáneo por el Tribunal Especial de Honor constituido en esta capital de acuerdo al reglamento vigente del Ministerio de Ejército. Se le prohíbe el uso del uniforme y el título de grado.

   Es creada en Londres una nueva organización obrera mundial, la Confederación de Sindicatos Obreros Libres, destinada a buscar el mejoramiento del nivel de vida de los trabajadores. Los sindicatos adheridos cuentan con 50 millones de afiliados.

8. Toca a su fin el juicio de la Corporación Argentina de Productores de Carne en los Estados Unidos. El general William S. Culbertson, abogado defensor de la CAP, que reclama al gobierno de USA 17.123.715 dólares por el envío de carne a Gran Bretaña bajo el sistema de préstamos y arriendos, declara ante el Tribunal de Apelaciones que el presidente Roosevelt dio a dicha corporación seguri-

dades de que no sufrirá pérdidas financieras a consecuencia de la transacción de 1942.

Huye a Formosa el gobierno de Chiang Kai Shek.

9. La Asamblea de la ONU decide poner bajo control internacional la ciudad de Jerusalén.

10. Homenaje de los escritores argentinos y americanos al poeta guatemalteco Miguel Ángel Asturias, antes de regresar a su país. Es autor de *Sien de alondra* y *El señor presidente*.

Catástrofe en las vías del Ferrocarril Mitre entre las estaciones de San Isidro y Las Barrancas: más de 40 muertos.

11. Diputados vota la exclusión de Cattáneo. A la sesión no asiste el bloque radical.

12. Se inaugura la IV Conferencia de Ministros de Hacienda.

Se realiza la primera reunión del Comité de Unión Latina. Es presidido por Enrique Larreta.

La CGT realiza un paro de 15 minutos en desagravio del presidente.

El ex diputado Cattáneo viaja a Montevideo.

Se realiza un acto en el Teatro Colón de la sección femenina de la CGT. Evita habla sobre "Los derechos sociales de la mujer".

16. Clausura de la Conferencia de Ministros de Hacienda. Realiza recomendaciones respecto de la reducción de gastos públicos, traspaso de deudas provinciales a la Nación y planes de obras de gobierno de la provincia a los municipios.

18. El volante Ascari triunfa en el Gran Premio Ciudad de Buenos Aires.

20. Se firma un convenio comercial y de régimen financiero con Paraguay. Responde al propósito de aumentar el intercambio de productos naturales.

23. Monseñor Miguel de Andrea celebra en Roma sus bodas de oro con la Iglesia.

27. Es librado el gasoducto Presidente Perón al servicio público, por el cual se abastecerá a la Capital Federal y al Gran Buenos Aires, desde Comodoro Rivadavia.

30. A pesar de la petición de miembros del Senado respecto a que presente su propuesta de ascenso. Perón ratifica su rechazo.

NOTAS*

*En el último volumen de *Perón y su tiempo* se presentará la bibliografía general utilizada en la obra.

CAPÍTULO I
EL PAÍS EN LA POSGUERRA

Cifras sobre el país: Anuario Estadístico de la República Argentina, tomo I, Compendio, Dirección General del Servicio Estadístico Nacional, Secretaría de Asuntos Técnicos, Presidencia de la Nación, Buenos Aires, 1948; *Anuario Edilicio de la Ciudad de Buenos Aires,* 1945-1946; *Anuario Estadístico del Comercio Exterior,* 1946; *Censo Industrial,* 1946.

Impresiones de sir Reginald Leeper: Perón, Braden y la diplomacia británica, por Carlos Escudé, en *Todo es Historia* número 138, noviembre de 1978.

CAPÍTULO II
HACIA LA COMUNIDAD ORGANIZADA

Disidencias preelectorales en el peronismo: El 45, por Félix Luna. Muchos de los procesos relatados en *La Argentina era una Fiesta* tienen antecedentes inmediatos en *El 45,* por lo que no se hará mención de ellos en los capítulos siguientes.

Partido Laborista: Testigo de la primera hora del peronismo, por Luis Monzalvo, Ed. Pleamar, Buenos Aires, 1974.

Berrinche de Perón: Primera Plana, 17 de mayo de 1966.

Campanilla de Reyes: íd., 15 de mayo de 1966.

Ecos de la posición de Reyes en el Sindicato de la Carne: "La Organización obrera y el Estado Peronista, 1943-1955" por Walter Little, en *Desarrollo Económico* número 75, octubre-diciembre, 1979. Todavía en junio de 1948 el órgano del sindicato aclaraba que "los sindicatos apoyan al gobierno revolucionario precisamente porque es revolucionario" y puntualizaba que "este apoyo no puede limitarse al aplauso obsecuente y menos podemos ponernos incondicionalmente bajo las órdenes de ciertos funcionarios que cometen graves errores por su ignorancia absoluta de lo que es el movimiento sindical". El tono de ese editorial, disuena con la nota conformista y de "lealtad" que en general predominaba en el movimiento gremial de la época.

Relato de Beveraggi Allende: Doc. número 642, Departamento de Estado, 15 de octubre de 1948. Debo a la gentileza del doctor Celso Rodríguez el conocimiento de este documento. Para el tema *El Partido Laborista, el fracaso de Perón y el problema argentino*, por Walter Beveraggi Allende, Ed. Rosso, Buenos Aires, 1956.

Bavio y Teisaire: Primera Plana, 27 de junio de 1967.

Testimonio de Ricardo Guardo: conversación con el autor del 16 de agosto de 1982.

Teisaire no mandaba: Libro Negro de la Segunda Tiranía, Comisión de Afirmación de la Revolución Libertadora, pág. 60, Buenos Aires, 1979.

Testimonio de Mario Oderigo: carta al autor del 2 de setiembre de 1982.

Forcejeos Auchter-Asís: El Perón que yo conocí, por Felipe Gómez del Junco, Ed. del Autor, 1982.

Intervención a Córdoba: Historia de Córdoba, por Efraín U. Bischoff, Ed. Plus Ultra, Buenos Aires, 1977.

Catamarca: "Panorama político de Catamarca 1946-1950", por Francisco Ramón Agüero, tesis de licenciatura inédita. El autor agradece al licenciado Agüero el envío de su trabajo.

La Rioja: Historia de La Rioja, por Armando Raúl Bazán, Ed. Plus Ultra, Buenos Aires, 1979.

Santa Fe: Historia de Santa Fe, por Leoncio Gianello, Ed. Plus Ultra, Buenos Aires, 1978, ampliada por el profesor Gianello en extensa carta al autor; también, informe de la licenciada Adriana B. Martino a quien agradezco su gentileza.

Salta: Informe de la profesora Eulalia Figueroa Solá, a quien agradezco su gentileza.

Santiago del Estero: El federalismo y las intervenciones federales, por Juan Rafael, Ed. Plus Ultra, Buenos Aires, 1982, e informe ampliatorio del doctor Juan Rafael, a quien agradezco su gentileza.

Mendoza: Informe del doctor Carlos A. Chacón, a quien agradezco su gentileza, quien conversó extensamente sobre el tema con el doctor Alberto Serú García.

San Juan: Informe del ex senador nacional doctor Pablo Ramella, a quien agradezco su gentileza.

Corrientes: "Una provincia radical durante el peronismo" por Antonio Emilio Castello en *Todo es Historia* número 199/200, diciembre de 1983.

Tucumán: "La Política en Tucumán a partir de Caseros (XII). El fulminante triunfo laborista", por Carlos Páez de la Torre, en *La Gaceta* de Tucumán, 15 de agosto de 1983.

Jujuy: Informe del ex gobernador doctor Horacio Guzmán, a quien agradezco su gentileza.

Juicio a la Corte: "Historia del Poder Judicial" por Julio Oyhanarte, en *Todo es Historia*, número 61, mayo de 1972.

La CGT de Perón: "Conflictos obreros durante el régimen peronista" por Louise M. Doyon en *Desarrollo Económico* número 67, octubre/diciembre de 1977; "La organización obrera y el Estado peronista, 1943-1955" por Walter Little en *Desarrollo Económico* número 75, octubre/diciembre de 1979. También "La caída de Luis Gay", por Juan Carlos Torre, en *Todo es Historia* número 89, octubre de 1974; "La CGT por dentro" y "Huelgas obreras", en *Primera Plana* del 16 de mayo de 1967 y 23 de mayo de 1967; *La Nueva Argentina*, por Pedro Santos Martínez, tomo I, Ed. La Bastilla, Buenos Aires, 1976; *El Peronismo*, por Peter Waldmann, Ed. Sudamericana, Buenos Aires, 1981.

Prada-"Pravda": Una Gran Lección, por Guillermo D. Plater, Ed. Almafuerte, pág. 119, La Plata, 1956.

Perón purifica la prensa: Le Peronisme, por Pierre Lux-Wurm, Librairie Generale de Droit et de Jurisprudence, pág. 130, París, 1965. Dejamos sentado que no hemos podido comprobar la cita de Lux-Wurm en los diarios de la época.

Diarios y radios: el proceso relatado en estas páginas está detallado en *Libro Negro de la Segunda Tiranía* y en las notas de *Primera Plana* correspondientes al 21 y 28 de febrero de 1967 y 7 de marzo del mismo año, además de las obras generales. Sobre *El Intransigente* de Salta: *Desde mi celda*, por David Michel Torino, Impresora Rumbos, Buenos Aires, 1953. Es curiosa la negación lisa y llana formulada por algunos voceros peronistas a este proceso; tal, Raúl Bustos Fierro *Desde Perón hasta Onganía*, Ed. Octubre, pág. 109, Buenos Aires, 1969, que se refiere irónicamente a la "tiranía" de Raúl Apold por negar a la oposición "el acceso a la Radio del Estado". Como se ha dicho, las voces opositoras no tuvieron acceso a ninguna radio desde febrero de 1946 hasta julio de 1955.

CAPÍTULO III
LA EUFORIA Y EL DERROCHE

Reforma Financiera: "Función del Estado en la vida económica del País y en el manejo y administración de la hacienda pública" por Alfredo Gómez Morales, en *Hechos e Ideas*, año X, tomo XII; julio/agosto de 1949. Es de señalar que esta brillante nota del entonces ministro de Finanzas concluía con veladas advertencias sobre la necesidad de reformar el sistema financiero creado en 1946, ante el incumplimiento de algunos objetivos y el decrecimiento de las reservas de divisas, la caída de las exportaciones y el excesivo endeudamiento público.

Banquero suizo: "Perón, Miranda y la compra de los ferrocarriles británicos" por Carlos A. Escudé, en *Todo es Historia*, número 142, marzo de 1979.

Compra de la Unión Telefónica: La Primera Presidencia de Perón. Testimonios y Documentos, por Hugo Gambini, Centro Editor de América Latina, Buenos Aires, 1983.

Compra de los ferrocarriles: Carlos A. Escudé, obra citada. También, *Política Exterior Argentina, 1930-1962*, por Alberto Conil Paz y Gustavo Ferrari, Ed. Círculo Militar, Buenos Aires, 1971; y *Perón y la crisis argentina*, por Julio Irazusta, Ed. La Voz del Plata, Buenos Aires, 1956.

El "rehén" británico: Gran Bretaña, Estados Unidos y la declinación argentina, por Carlos A. Escudé, Colección "Conflictos y Armonías", Ed. de Belgrano, Buenos Aires, 1982.

Marina mercante: Historia de la Marina Mercante Argentina, por Aurelio y Anselmo González Climent, tomo v, Ed. del Autor, Buenos Aires, 1973.

Agua y Energía: "Agua y Energía, un connubio feliz", por Jerónimo Jutronich, en *Todo es Historia*, suplemento número 45, marzo de 1972.

YPF ¿sociedad mixta?: El ejército y la política en la Argentina, 1945-1962. De Perón a Frondizi, por Robert A. Potash, Ed. Sudamericana, Buenos Aires, 1981.

Desplazamiento de YPF: "Combustible, electricidad, minería", por Abraham Eidlicz, *Sur*, número extraordinario 1930-1960, Buenos Aires, 1961, donde se cita un artículo del ingeniero E. P. Cánepa y M. L. Villa en *La Ingeniería*, número 951.

El IAPI y el agro: "Agricultura y ganadería", por José Alfredo Martínez de Hoz (h.) en *Sur*, número extraordinario 1930-1960, Buenos Aires, 1961, también Julio Irazusta, obra citada.

Gómez Morales: La primera presidencia de Perón, por Hugo Gambini, Centro Editor de América Latina, Buenos Aires, 1983.

"Simplemente con achicar...": Carlos A. Escudé, obra citada, p. 362.

Caída de la producción agraria: "Pasión y muerte de la chacra argentina", por Hugo Nario, en *Todo es Historia* número 195, agosto de 1983.

Importación de bienes de capital: "Industria", por José A. Blanco, en *Sur*, número extraordinario 1930-1960, Buenos Aires, 1961.

Opiniones de Adolfo Dorfman: en *Cincuenta años de industrialización en la Argentina, 1930-1980*, ediciones Solar, Buenos Aires, 1983.

Miranda y la hojalata: Carlos A. Escudé, obra citada, pág. 298, nota.

Juicios sobre la economía de Perón: Ensayos sobre la historia económica argentina, por C. F. Díaz Alejandro, Amorrortu Editores, Buenos Aires, 1975; *La Economía Argentina*, por Aldo Ferrer, Ed. Fondo de Cultura Económica, México, 1963; *La fuerza es el derecho de las bestias*, por Juan Perón, s.e., 1955; *Cinco años después*, por Antonio Cafiero, El Gráfico, Buenos Aires, 1960; *Porfiando hacia el buen camino*, por Federico Pinedo, Ed. del Autor, Buenos Aires, 1955; *De la economía social-justicialista al régimen liberal-capitalista*, por Antonio F. Cafiero, Editorial Universitaria de Buenos Aires, Buenos Aires, 1961, reedición corregida del anterior libro citado del autor.

CAPÍTULO IV
LA TERCERA POSICIÓN

Diversas noticias: en *Política exterior argentina 1930-1962*, por Alberto Conil Paz y Gustavo Ferrari, Ed. Círculo Militar, Buenos Aires, 1971; *La Argentina y los Estados Unidos 1810-1960*, por Harold F. Peterson, Ed. Universitaria de Buenos Aires, Buenos Aires, 1970.

Nacionalistas contra Chapultepec: en *Primera Plana* del 7 de junio de 1966.

Polémica sobre convenio ANDES: En las ya citadas obras de Julio Irazusta y Antonio Cafiero.

"Relación Triangular": Gran Bretaña, Estados Unidos y las clases dirigentes argentinas: 1940-1945, por Mario Rapaport, Colec. "Conflictos y Armonías" en la *Historia Argentina*, Ed. de Belgrano, Buenos Aires, 1980.

Convenios con países limítrofes: La Nueva Argentina, tomo I, por Pedro Santos Martínez, Ed. La Bastilla, Buenos Aires, 1976.

CAPÍTULO V
LA OPOSICIÓN

Partido Comunista: Esbozo de Historia del Partido Comunista en la Argentina, Comisión Central del Partido Comunista, Ed. Anteo, Buenos Aires, 1947.

Ghioldi con angustia: El socialismo y la crisis argentina, por Américo Ghioldi, s.e., Buenos Aires, 1948. Sobre la posición socialista entre 1946 y 1949, *Anuario Socialista* de los años 1946, 1947, 1948 y 1949 (el correspondiente a 1959 no se editó).

Conservadores patéticos: "Alianzas políticas en el surgimiento del peronismo: el caso de la provincia de Buenos Aires" por Ignacio Llorente, en *Desarrollo Económico* número 65, abril-junio de 1977; "La Argentina electoral, 1946-1973" por Luis González Esteves, en *Criterio* número 1894/95, diciembre de 1982; *El voto peronista* por Manuel Mora y Araujo e Ignacio Llorente, Ed. Sudamericana, Buenos Aires, 1980; "Historia de las fuerzas políticas conservadoras en la Argentina", por Emilio Hardoy, 21 notas publicadas en *El Cronista Comercial*, 1980/81.

Radicales: El Radicalismo, El Movimiento de Intransigencia y Renovación, 1945-1957, por Gabriel del Mazo, ediciones Gure, Buenos Aires, 1957; "¡Qué renuncie el comando de la derrota!" por Francisco Hipólito Uzal, en *Todo es Historia* número 201, enero de 1984.

CAPÍTULO VI
EL CONGRESO.

Labor legislativa: Anales de Legislación Argentina tomo VI, 1946, y tomo VII, 1947, Ed. La Ley, Buenos Aires, 1953; tomo VIII, Buenos Aires, 1954; tomos IX-A y LX-B, Buenos Aires, 1955.

Frondizi y Visca: carta del doctor Arturo Frondizi al autor del 17 de agosto de 1982.

Elección de Guardo: testimonio del doctor Ricardo Guardo al autor del 21 de agosto de 1982.

Desafuero de Balbín: "1950, Balbín Preso", por Mario Monteverde en *Todo es Historia* número 174, noviembre de 1981.

.CAPÍTULO VII
LA CONSTITUCIÓN DE PERÓN

Diversas noticias: "Diario de Sesiones de la Convención Nacional Constituyente", Imprenta del Congreso de la Nación, Buenos Aires, 1949; "Vida, pasión y muerte del artículo 40", por Alberto González Arzac, en *Todo es Historia*, suplemento del número 52, agosto de 1971; *Los nacionalistas*, por Marisa Navarro Gerasi, Ed. Jorge Alvarez, Buenos Aires, 1969; *Primera Plana* del 13 de junio de 1967; *Desde Perón a Onganía*, por Raúl Bustos Fierro, Ed. Octubre, Buenos Aires, 1969; *Materiales para el Estudio de la Sociología Política en la Argentina*, por Darío Cantón, Ed. Instituto Di Tella, Buenos Aires. 1968.

CAPÍTULO VIII
EL MANEJO DE UN RÉGIMEN

Vidas Paralelas...: Emancipación económica americana, por Carlos A. Warren, tomo I, Ed. Estadigraph, Buenos Aires, 1948, volumen de casi 600 páginas en formato grande.

Casto como San José: Perón. *Preparación de una vida para el mando 1895-1942*, por Enrique Pavón Pereira, ediciones Espiño, Buenos Aires, 1952, con ocho reimpresiones hasta ese momento.

Recuento de alabanzas: Política y cultura popular. La Argentina peronista, 1946-1955, por Alberto Ciria, ediciones La Flor, Buenos Aires, 1983. También en *¿Qué es esto?*, por Ezequiel Martínez Estrada, Ed. Lautaro, Buenos Aires, 1956; *Libro Negro de la Segunda Tiranía*, Comisión de Afirmación de la Revolución Libertadora, Buenos Aires, 1980.

Amenazas de Perón: Los deseos imaginarios del peronismo, por Juan José Sebrelli, Ed. Legasa, Buenos Aires, 1983.

Qué había pasado, caramba: conversación de Juan Perón con el autor en Madrid, en enero de 1969.

Adoctrinamiento en las aulas: "Peronismo para escolares" por Alberto Ciria en *Todo es Historia*, número 199/200, diciembre de 1983.

Cesantías y renuncias de universitarios: en "Informe de la Federación de Agrupaciones para la Defensa y el Progreso de la Universidad Argentina", diciembre de 1946.

Intención exclusivamente expoliadora: Los reformistas, por Alberto Ciria y Horacio Sanguinetti, Ed. Jorge Alvarez, Buenos Aires, 1968.

Plan Quinquenal: Los Planes Quinquenales, por Juan Amadeo Oyuela, Centro Editor de América Latina, Buenos Aires, 1972.

Abandono de la obra vial: "Obras y servicios públicos", por Ludovico Ivanissevich Machado, en *Sur*, Argentina 1930-1960, Buenos Aires, 1961.

Paludismo: "Ramón Carrillo o la salud pública", por Rodolfo F. Alzugaray en *Todo es Historia*, número 117, febrero de 1977; "Se acabó el chucho...", por Eduardo H. Martine y Raúl A. Jorge, en *Todo es Historia* número 198, noviembre de 1983.

Langostas: "La campaña nacional contra la langosta 1947/1948", Ministerio de Agricultura de la Nación, Buenos Aires, 1948; "Organización Interamericana de la Lucha contra la Langosta", Ministerio de Agricultura de la Nación, Buenos Aires, 1948. Agradezco al doctor Juan María Marchionatto su colaboración en este tema.

Dejemos que los eruditos...: Perón y el Justicialismo, por Alberto Ciria, Ed. Siglo XXI, Buenos Aires, 1971, donde resume las discusiones sobre el tema, y del mismo autor, el capítulo I de *Política y cultura popular*, varias veces citado; también *La era del bonapartismo*, por Jorge Abelardo Ramos, tomo V de *Revolución y contrarrevolución en la Argentina*, 4a. edición revisada, Ed. Plus Ultra, Buenos Aires, 1972; *La naturaleza del peronismo*, por Carlos S. Fayt, Ed. Viracocha, Buenos Aires, 1967.

Justificación de la obsecuencia por Cámpora: en *Primera Plana* número 226 del 25 de abril de 1967. Cámpora agregó: "Todo empezó con el primer obsequio que le hizo a Perón un sindicato: lo siguieron otros y otros. Nadie quería ser menos. ¿Cómo hace usted para detener esa avalancha de homenajes?"

CAPÍTULO IX
ÉL Y ELLA

Biografías: Perón. Preparación de una vida para el mando, por Enrique Pavón Pereira, Ed. Espino, Buenos Aires, 1952 y reediciones; *Perón. A Biography*, por Joseph Page, Random House, New York, 1983.

Niñez de Perón: en *Panorama*, Buenos Aires, 1970, "Las memorias de Juan Perón"; relatos más o menos similares en *El 45*, por Félix Luna, Ed. Jorge Álvarez, Buenos Aires, 1969.

Borrosos antecedentes familiares:¿Qué es esto?,por Ezequiel Martínez Estrada, Ed. Lautaro, Buenos Aires, 1956.

Incidente en Chile: Perón y el peronismo en la historia contemporánea, por Fermín Chávez, Ed. Oriente, Buenos Aires, 1975; la versión de Robert A. Potash en *El ejército y la política en la Argentina 1945-1962. De Perón a Frondizi*, Ed. Sudamericana, Buenos Aires, 1981.

Un venezolano cuenta: Yo fui embajador de Pérez Jiménez, por Leonardo Altuve Carrillo, Ed. del Autor, Caracas, 1973, págs. 221 y sigs.

Embajador británico: "Braden, Perón y la diplomacia británica", por Carlos A. Escudé en *Todo es Historia* número 138, noviembre de 1978.

Pícnico: El conde duque de Olivares, por Gregorio Marañón, Ed. Espasa-Calpe Argentina, Colección Austral, Buenos Aires, 1950, 7a. edición, pág. 49.

Evita: La Vida de Perón, Testimonios para su Historia, tomo I, por Otelo Borroni y Roberto Vacca, Ed. Galerna, Buenos Aires, 1971, no hay segundo tomo; *Evita*, por Marisa Navarro, Ed. Corregidor, Buenos Aires, 1981.

Prehistoria de Eva Perón: "Prehistoria de Eva Perón" por Jorge Capstsisky en *Todo es Historia* número 14, junio de 1968.

Carta a Perón desde Martín García: El 45, por Félix Luna, Ed. Jorge Álvarez, Buenos Aires, 1969.

Guitarreada en Santiago del Estero: Confieso que no tengo registrada la fuente de esta anécdota. No creo que me la haya contado Perón, pero estoy casi seguro de que lo hizo Eduardo Colom, testigo presencial, que participó en la gira electoral. Raúl Bustos Fierro, en su libro ya citado, relata el episodio con algunas variantes.

Carta de Evita desde el DC-4: Eva Perón. La verdad de un mito, por Nicholas Fraser y Marysa Navarro, Ed. Bruguera, Buenos Aires, 1982.

Evita defiende a Sierra: testimonio del doctor Ricardo Guardo al autor en agosto de 1982.

CAPÍTULO X
ELLOS Y ELLAS

Aumento demográfico: "Una visión de la demografía", por Lorenzo Dagnino Pastore, en *Sur*, número extraordinario 1930-1960, Buenos Aires, 1961.

Consumo durante la fiesta: "La Argentina económica, 1943-1982", por Guido Di Tella, en *Historia Política Argentina 1943-1982*, Ed. de Belgrano, Colección Estudios Políticos, Buenos Aires, 1983, que transcribe el material publicado por *Criterio* en su edición de Navidad de 1982. En su nota, Di Tella divide la evolución económica del régimen peronista en tres períodos idénticos a los que el autor define en la presente obra. También *La Argentina y los Estados Unidos*, por Arthur Whitaker, Ed. Proceso, Buenos Aires, 1956.

Malón de la Paz: Tres años después, el 1º de agosto de 1949, el Poder Ejecutivo Nacional expidió el decreto Nº 18.341 por el que se declaró de utilidad pública y sujetos a expropiación cincuenta y seis "rodeos" ubicados en los departamentos jujeños de Tumbaya, Valle Grande, Humahuaca, Cochinoca, Rinconada, Yaví y Santa Catalina, para permitir el afincamiento de sus moradores. En 1959 esas tierras fueron transferidas a la provincia de Jujuy. ("La Ley Emancipadora" por Leopoldo Aban, Jujuy, 1974).

Cine Argentino: agradezco el informe que redactó a mi pedido el crítico Jorge Miguel Couselo, sobre el que se han basado las noticias que se brindan en este campo.

Pobreza del cine en la época: La cultura popular del peronismo, por Abel Posadas y otros, Ed. Cimarrón, Buenos Aires, 1973.

El Colón: "Historia política del Teatro Colón", por Horacio Sanguinetti en *Todo es Historia* número 5, setiembre de 1967.

El Tango en los '40: "Una historia del bandoneón", por Miguel Ángel Scenna en *Todo es Historia*, números 87 y 88, agosto y setiembre de 1984.

Tangueros peronistas: Política y cultura popular. La Argentina peronista 1946-1955, por Alberto Ciria, Ed. La Flor, Buenos Aires, 1983.

AGRADEZCO profundamente la continua y afectuosa colaboración de Marisel Flores y la profesora Patricia Ovejero, y de modo muy especial las facilidades con que los funcionarios y el personal de la Biblioteca del Congreso de la Nación hicieron menos ardua nuestra tarea.

APÉNDICE

En 1948/49, la situación económica de nuestro país fue seguida con atención por la embajada de los Estados Unidos en Buenos Aires, a cargo de James Bruce, y, dentro de ese tema, la posición de Miguel Miranda fue objeto de diversos análisis e informaciones.

Se presenta a continuación, sin comentarios, una selección de fragmentos de despachos enviados por la embajada al Departamento de Estado sobre tales temas.. Salvo indicación en contrario, los documentos están firmados por el embajador Bruce. Con excepción del fechado el 4 de enero de 1949, todo el material transcrito es inédito y se encuentra en los archivos nacionales de Washington. Agradezco vivamente al doctor Celso Rodríguez su diligencia y generosidad que me han permitido el conocimiento de estos y otros documentos. En la traducción, hemos preferido expresar el sentido de las frases más que trasladarlas a una versión servilmente literal.

22 de junio de 1948: El gobierno argentino advierte que la aguda escasez de dólares y la caótica situación financiera y económica pueden provocar pronto una crisis para la administración. El presidente y Miranda convocaron a líderes de la industria argentina la semana pasada para solicitarles sugerencias que remediaran la situación económica y financiera. Aquí aumenta la convicción de que el presidente se verá forzado a realizar cambios drásticos en el IAPI y la estructura económica y financiera o correrá el riesgo de ser depuesto. (Despacho 652.)

2 de julio de 1948: En algún momento Perón va a tener que librarse de Miranda y de los otros ladrones asociados con él o el Ejército probablemente lo limpie. (Telegrama A-366.)

21 de setiembre de 1948: Un alto funcionario de la Cancillería (argentina, F.L.) me refirió en conversación privada el viaje, a los Estados Unidos, de Maroglio, y enfatizó la "tremenda disputa" que existe dentro del gobierno argentino envolviendo a Maroglio, Miranda y otros. Me dijo que esa disputa se basa en personalismos, pero también abarca la manipulación con el IAPI o su eliminación (firma Bay, consejero de la embajada). (Telegrama 941.)

15 de diciembre de 1948: El anuncio de Montevideo (se refiere a una versión difundida por una radio de Montevideo sobre inminentes cambios en el gobierno argentino, F.L.) refleja simplemente los rumores que circulan aquí, últimamente muy abundantes. Tienen que ver en su mayoría con el presidente del Consejo Económico, Miranda, y el presidente del Banco Central, Maroglio, que, durante varios días han sido particularmente intensos debido a la situación de Maroglio, que está y no está en el gobierno. Después de su reciente viaje a los Estados Unidos, Maroglio estuvo en su despacho, luego estuvo ausente una semana o más; finalmente, reasumió sus funciones y subsecuentemente partió para tomarse otras "vacaciones". También se rumorea que Maroglio estuvo implicado en el escándalo que dio por resultado el arresto de dos funcionarios de la Casa Rosada, por presionar la obtención de préstamos bancarios para la compra y transferencia aquí de una planta de aluminio italiana inexistente, según luego se supo. (Telegrama 794.)

4 de enero de 1949: Las condiciones de la Argentina se han deteriorado en los últimos meses de tal modo que es imposible avizorar una solución en las circunstancias presentes. Maroglio, presidente del Banco Central, viajó recientemente a los Estados Unidos con un bonito plan para incrementar las exportaciones a ese país, y una vaga y oscura idea de obtener un gran crédito que no debía ser "crédito". Miranda, presidente del Consejo Económico, ha afirmado reiteradamente que "se cortaría las manos" antes que participar en la obtención de un empréstito exterior. El presidente Perón ha sido también igualmente categórico al denunciar la idea de un préstamo para la Argentina. (...) Proclaman que la Argentina no tiene deuda externa. De acuerdo con los números, es así. Pero ellos quieren ignorar el hecho de que la Argentina debe probablemente más de 300 millones de dólares a bancos norteamericanos en letras de crédito y otros adelantos. La escasez de dólares en la Argentina es muy aguda. Hay dificultades para llenar sus requerimientos normales en las necesidades urgentes, como petróleo. (...) En cuanto Bramuglia volvió a la Argentina, Evita pidió su cabeza. El éxito de Bramuglia en París y su visita a Washington fueron, claramente, demasiado para Evita. Parece que Perón y otros lograron que no insistiera en su exigencia de que Bramuglia renunciara; y ella aceptó dejarlo tranquilo por tres o cuatro meses. Bramuglia maneja la Cancillería sin la ayuda de Evita y, en general, se cree que se opuso a la visita de Evita a Europa, en 1947, y que falló en el proyecto que ella tenía de hacerse invitar a Washington. Bramuglia sobresale ampliamente sobre cualquiera de la presente administración y es el único que tiene algo parecido a una visión razonable de los asuntos exteriores. Cuenta con el respeto de muchos argentinos; y su alejamiento del gabinete probablemente pondría a la administración en real peligro de derrocamiento. Como los elementos militares son tenidos como fuertes partidarios de Bramuglia, odian a Miranda y a Maroglio; y ven a aquél como el único miembro del gabinete honesto y destacado. Es el único que goza de estima. En vista de la actitud de Evita, parece que su futuro será dificultoso. (Telegrama 7, publicado en "Foreign Relations of the United States", 1949, pág. 475. Hemos agregado este documento a la secuencia de los informes inéditos que se están leyendo, por considerarlo pertinente.)

21 de enero de 1949: Naturalmente, el Departamento de Estado estará muy complacido, como lo estamos nosotros, por los cambios producidos en el gobierno. Entre Miranda y Maroglio crearon una situación muy corrompida y, como informamos con mucha frecuencia, la situación financiera y comercial estaba encaminándose a una crisis que probablemente hubiera volteado al gobierno en algún momento. El Banco Central, el IAPI y todo lo que estaba conectado con ambos están corrompidos de la cabeza a los pies. No es solamente por el dinero que todos robaron —que, por supuesto, es muy grande— sino que, al mantenerse la posición que les permitía estos robos, dañaron toda la economía argentina, destruyendo la iniciativa individual, acumulando inventarios de productos invendibles y haciendo todo lo que podían para arruinar las finanzas de lo que podría ser una nación poderosa. (Telegrama A-38.)

21 de enero de 1949: El punto crítico ocurrió hace unas tres semanas a raíz de un pago al contado del 3 por ciento con el que Miranda estaba extorsionando a exportadores de lana. En el momento de emitir las licencias de exportación, hizo que los exportadores pusieran el 3 por ciento de sus ingresos en efectivo sobre su escritorio, sin otorgarles recibo.

Cuando uno de ellos protestó, Miranda dijo que tenían que hacerlo porque era para la cuenta de la señora Perón. El tipo era justamente un amigo de la señora Perón y, al día siguiente, por la mañana temprano fue a verla y le contó todo. La señora prácticamente saltó y dijo que jamás había recibido un centavo de Miranda ni directa ni indirectamente; que no había tenido negocios de ninguna naturaleza con él y que no permitiría que su nombre sirviera de burla por un ladrón como Miranda; que Miranda tenía que irse y que si no se iba, ella dejaría el país y se iría a vivir a Biarritz, dejando sus dos diarios, *Democracia* y *Noticias Gráficas*, a sus queridos descamisados. Agregó que Miranda no había tenido nada que ver con la compra de esos diarios, operación que había arreglado enteramente a través de bancos privados. Después la señora fue a la Casa Rosada y le contó todo al presidente. Él trató de calmarla, le dijo que fuera una buena chica y se quedara tranquila, a lo que ella respondió que lo que estaba diciendo iba muy en serio. Como el presidente no adoptó ninguna actitud concreta, ella no volvió a almorzar con él ese día —tienen por costumbre almorzar juntos—; y almorzó con otro amigo/amiga (en inglés *friend*, de género indefinido, F.L.), lo que perturbó mucho al presidente. Cuando después de intensa búsqueda la ubicó por la tarde, la situación de Miranda ya estaba resuelta. (Aerograma A-39.)

24 de enero de 1949: Por el momento, Miranda está definitivamente afuera: no tiene siquiera un escritorio o un despacho en la Casa Rosada y ha viajado al Uruguay. Algunos colegas del cuerpo diplomático opinan que los problemas de Miranda solo están comenzando, y sus robos y otras transacciones ilegales serán verificadas y tendrá que comparecer ante la justicia. Yo cuestiono que esto vaya a ocurrir, pues habiendo estallado un escándalo serio últimamente, por el que la mayoría de los participantes está en la cárcel (¿el proceso al directorio de la Empresa Telefónica Argentina?, F.L.), dudo que el gobierno quiera enfrentarse con otro en un nivel tan alto como el de Miranda. Por otra parte, Miranda disgusta tanto a los otros miembros del gabinete, a las Fuerzas Armadas y al pueblo en general, que no se sabe cómo concluirá este asunto. (Aerograma 43.)

28 de enero de 1949: La renuncia de Miranda, aceptada ayer, es una combinación de verdades históricas y falacias económicas. El Ejército ha insistido en que la corrupción debe ser erradicada del gobierno y, por lo que podemos observar, los nuevos nombramientos corresponden a gente reputada como honesta. (Telegrama 97.)

20 de mayo de 1949: El coronel Sosthenes Behn (presidente de la International Telephone & Telegraph, ITT, F.L.) llegó a Buenos Aires hacia el 21 de abril y habló con el presidente Perón sobre los problemas económicos de la Argentina y los problemas específicos de su propia compañía. El presidente Perón reconoció que la Argentina estaba en una situación económica crítica e indicó que el gobierno de los Estados Unidos podía poner las condiciones que quisiera en pago de cualquier ayuda que pudiera brindar a la Argentina. El presidente dijo que las instrucciones impartidas al embajador Remorino contienen esencialmente este punto de vista. Cuando el coronel Behn mencionó el negativo efecto del artículo 40 de la Constitución Argentina en las inversiones extranjeras, el presidente Perón pidió al coronel que preparara una legislación interpretativa, que el Poder Ejecutivo podría someter al Congreso. (Sumario de la conversación mantenida en el Departamento de Estado, en Washington, entre el coronel Sosthenes Behn y Thomas D. Blake, de la ITT y dos funcionarios del Departamento, 167.219, del Archivo del Departamento de Estado.)

31 de agosto de 1949: Conversación mantenida por el presidente Perón con el embajador Bruce el 18 de agosto: refiriéndose al sentimiento pro Estados Unidos y contra la Unión Soviética prevaleciente en la Argentina, el presidente Perón dijo que cuando los Estados Unidos declararan la guerra a Rusia, la Argentina haría lo mismo al día siguiente. Se agrega que, para enfatizar esta declaración, Perón la reiteró. (Despacho 593.)

ÍNDICE

III
LA EUFORIA Y EL DERROCHE

IV
LA TERCERA POSICIÓN

V
LA OPOSICION

VI
EL CONGRESO

X
ELLOS Y ELLAS

Esta edición de 3000 ejemplares
se terminó de imprimir en
Impresiones Sud América,
Atuel 666, Buenos Aires,
en el mes de febrero de 1987